U0863625

国家出版基金项目
NATIONAL PUBLICATION FOUNDATION

青海少数民族古籍丛书

青海省少数民族古籍工作『十三五』规划项目

青海世居少数民族金石录

马小琴　马　忠　桑杰加　整理

青海人民出版社

图书在版编目（CIP）数据

青海世居少数民族金石录 / 马小琴，马忠，桑杰加整理. -- 西宁：青海人民出版社，2018.1
ISBN 978-7-225-05531-2

Ⅰ. ①青… Ⅱ. ①马… ②马… ③桑… Ⅲ. ①少数民族—金石—研究—青海 Ⅳ. ① K877.04

中国版本图书馆 CIP 数据核字 (2018) 第 003589 号

青海世居少数民族金石录
马小琴　马　忠　桑杰加　整理

出 版 人　樊原成
出版发行　青海人民出版社有限责任公司
　　　　　西宁市城西区五四西路 71 号　邮政编码：810023　电话：（0971）6143426（总编室）
发行热线　（0971）6143516 / 6137730
网　　址　http://www.qhrmcbs.com
印　　刷　北京雅昌艺术印刷有限公司
经　　销　新华书店
开　　本　889mm × 1194mm　1/16
印　　张　30
字　　数　550 千
版　　次　2018 年 11 月第 1 版　2018 年 11 月第 1 次印刷
书　　号　ISBN 978-7-225-05531-2
定　　价　198.00 元

版权所有　侵权必究

《青海少数民族古籍丛书》
出版说明

《青海少数民族古籍丛书》是根据党中央、国务院关于整理我国少数民族古籍的指示精神，由青海省民族宗教事务委员会少数民族古籍保护中心规划整理，由青海人民出版社出版发行。

青海是一个多民族杂居的地区，各民族在长期的历史发展和互相交往中，创造并保留了大量的精神财富，它包括历史、语言、文学、艺术、哲学、宗教、天文、历算、地理、军事、医药、美术、生产技术等。这些精神财富有的用文字记载了下来，有的则以口头方式在民间流传。由于历史的原因，过去从未被系统地整理过，以致损失严重。

党的十一届三中全会以来，党中央、国务院多次下发文件，指出："整理古籍，把祖国宝贵的文化遗产继承下来，是一项十分重要的、关系到子孙后代的工作"，从而把整理古籍，包括少数民族古籍列入了国家的议事日程。为了贯彻落实党和政府的上述精神，抢救青海少数民族的文化遗产，使广大人民了解和研究青海，更好地为青海社会主义现代化建设、为社会主义物质文明和精神文明建设服务，我们采取边搜集、边整理、边出版的方式，有计划地把青海各少数民族古籍，以《青海少数民族古籍丛书》的形式，陆续奉献给大家。

少数民族古籍的时代跨度比较大，为了使多数人能够看懂，我们在不影响原意的前提下，对这类古籍一般都作了标点、分段、注释、繁体字改简化字、翻译（少数民族文字译为汉文）等整理工作，对明显的错误进行了校正和说明。本丛书一律采取横排，并以辑录、汇编或单行本的形式出版。由于古籍作者受所处时代以及阶级的局限，反映到书的内容上难免精华和糟粕并存，这就要求广大读者用辩证唯物主义和历史唯物主义的观点来阅读。

《青海少数民族古籍丛书》以出版青海省各少数民族古籍为主，同时也承担一些根据青海省同兄弟省、市、区协作规划所应整理出版的少数民族古籍。

青海少数民族古籍整理出版工作刚刚起步，在青海历史上属开创性的工作。由于我们的经验和水平有限，错误在所难免，敬请读者批评指正。

青海省民族宗教事务委员会

少数民族古籍保护中心

2018年4月16日

前　言

《青海世居少数民族金石录》是以金属、石碑、木材、砖为载体，以少数民族著名人物生平事迹、宗教活动场所的建筑历史等为主要内容的文物古籍，是青海少数民族古籍的重要组成部分。它作为研究青海少数民族史、宗教史的第一手资料，具有文献古籍和口传古籍无法比拟的权威性。由于青海地处西北边疆，交通不便，信息闭塞，加之青海少数民族地区经济文化落后，历史上本来就存在"文献罕征"的空白。又由于历代战乱中人为的破坏和自然风化等因素，大部分金石资料损失殆尽，有些幸存在地方文献中，有些至今与其载体一并处于自然毁损的过程中。

为了抢救这部分古籍，我们在青海省民宗委领导和社会有关单位以及有关人员的支持、协助下，除悉心搜集地方文献、私人笔记、学术报刊中的资料外，还亲赴文物古籍分布点，或笔录或拍照，共搜集金石资料 206 件，其中，藏族卷收碑（石经、摩崖石刻、钟、锅铭刻）42 通，印、匾 22 方；回族卷收碑 53 通，印、匾 31 方；撒拉族卷收碑 8 通，匾 4 方；蒙古族卷收碑 4 通，印 25 方；土族卷收碑 17 通。这些古籍历尽沧桑，保存至今，实属不易。我们将这部分资料进行校勘、标点、分段、注释，以期使这部分古籍得以保存下去，并为中国少数民族史、宗教史研究尽一分微薄之力。

《青海世居少数民族金石录》收录资料以刻制时间先后为序。每篇资料由四部分组成，第一部分为照片和仿碑刻文字抄件；第二部分为提要，说明碑刻名、著者、刻者、形式、时间、主要内容、存处或出处等；第三部分为碑刻正文，进行必要的校勘、标点、分段;第四部分为注释，对碑刻资料涉及的一些人名、地名、字词等进行简要注解。□为辨认不清的残缺字；〔 〕括号内的是校正的字；（ ）括号内的是补遗的字。为尽可能保证这些资料的准确性，对目前尚存的一些碑文依原格式进行了抄录，并与该碑照片一同附加书中，以备查对。这些弥足珍贵的照片以及文字资料的搜集工作得到了许多朋友的鼎力相助。本书中明正德阿拉伯文铜香炉和金牌信符照片由贾鸿键先生提供，暖川子冶将军墓表照片由赵存禄先生提供，马来迟传教拐杖和修达坂山汽车公路记照片由丁明俊先生提供，侯家岭拱北铁锅照片由马兴国先生提供，积石关护林碑及奄古鹿拱北匾额照片由金索南先生提供，修达坂山汽车公路记仿碑抄录件由马成云先生提供，苦芦湾陈管营两处原有回民远祖坟茔纪念碑照片及抄录件由冶生福先生提供，蒙古族二十九方旗扎萨克印由群克加、董志强、先巴先生提供。

《青海世居少数民族金石录》作为青海省少数民族古籍整理出版“十三五”规划项目立项整理，是在搜集、整理《中国少数民族古籍总目提要》青海各民族卷铭刻类古籍的基础上进行的，在搜集、整理过程中得到了青海省民宗委领导和社会有关单位、人士的大力支持。在此对所有支持和帮助本书整理出版的领导和朋友们一并表示由衷的谢忱！由于我们才疏学浅，尽管花费了不少心血，但这份材料中遗漏和错误在所难免，仰祈广大读者批评指正。

马　忠

2018 年 5 月于西宁

目录
CONTENTS

藏族

瞿昙寺皇帝敕谕碑 /3

御制金佛像碑 /7

永乐十六年瞿昙寺皇帝敕谕碑 /15

御制瞿昙寺碑 /20

御制瞿昙寺后殿碑 /28

佑宁寺碑 /35

清赐建广惠寺碑 /38

金佛寺碑 /43

贵德珍珠寺碑 /44

翻修小金瓦殿镀金铜瓦殿顶集资碑 /46

小金瓦殿维修鎏金志 /51

马氏墓志碑 /58

都兰吐蕃墓出土藏文碑刻 /62

却吉・夏珠旺嘉、丹增嘉措、强巴丹达等人布施银两碑 /64

班禅大师、章嘉国师、巴图活佛等人布施银两碑 /71

玛热活佛土丹彭措及僧人绛曲绕杰、嘉木样嘉措等布施银两碑 /79

玉树贝沟摩崖刻造佛像简志 /86

玉树贝沟崖刻《庙宇身像礼赞及发愿辞》/89

玉树贝沟崖刻《般若波罗蜜多心经》/91

玉树贝沟崖刻《普贤行愿品》/95

玉树勒巴沟摩崖佛像题记祈愿文 /101

瞿昙寺天顺三年石刻六字真言 /103

玉树嘉纳嘛呢石经城 /104

泽库和日石经墙 /105

天峻夏日哈石经院 /107

玉树贝沟大日如来佛堂岩刻佛菩萨名称 /109

玉树贝沟摩崖线刻佛塔祈愿文 /111

长条石刻《文博・才嘉文集》/112

囊谦嘉玛嘛呢石碑 /114

尖扎恰合旦滩地界石刻文 /115

吐蕃古铜钟 /118

瞿昙寺象牙印 /120

瞿昙寺鎏金铜印 /121

夏宗寺铸钟铭文 /122

瞿昙寺大明宣德钟 /123

圣地扎西曲寺大锅铭刻文 /124

圣地扎西曲寺弥勒佛像造像祈请文 /126

圣地扎西曲寺弥勒佛像装藏目录 /127

塔尔寺花寺石碑 /128

九世班禅额尔德尼驻锡塔尔寺记事碑 /133

弘化寺碑 /144

弘化寺残碑 /145

瞿昙寺匾 /146

隆国殿匾 /147

皇帝万万岁木牌 /148

独尊匾 /149

佛威震虏匾 /150

西来正觉匾 /151

锄邪护正匾 /152

慈云殿匾 /153

告往知来匾 /154

金丹济世匾 /155

普护群黎匾 /156

德被桑梓匾 /157

御赐贤能述道禅师匾 /158

威镇双林匾 /159

宣扬胜业匾 /160

保文佑武匾 /161

梵教法幢匾 /162

护国保民匾 /163

光明圣地匾 /164

雨花金界匾 /165

无上真禅匾 /166

威德赫濯匾 /167

回族

百字赞 /171

明正德阿拉伯文铜香炉 /173

暖川子冶将军墓表 /175

创建定西门记 /181

湟中破虏碑记 /183

南川大捷题名碑记 /190

西川大捷题名碑记 /192

封祁连山铭 /194

湟中三捷记 /197

孟公祠碑记 /203

马来迟传教拐杖铭文 /204

原任甘肃西宁镇总兵官高天喜碑文 /205

候家岭拱北铁锅铭文 /209

邑佐侯陶太爷穿井碑记 /210

创建义学碑记 /211

新政碑 /213

凤山书院碑记 /215

蔡姑太墓志 /217

河州庄马进忠墓碑 /220

河州庄马明（才）墓碑 /222

修栅掘井记 /224

下治泉马明福墓碑 /225

重修大通县城垣、衙署、庙宇、书院、义学碑记 /226

刘公毅斋功德碑记 /227

旌忠、旌节祠碑记 /229

重建西宁社仓碑记 /230

西宁小峡河新筑南北两关记 /231

西宁昭忠祠碑记 /232

修理河阴书院碑记 /233

招复民兵原额碑记 /234

社仓碑记 /235

新建碾伯考棚并筹五峰、凤山书院聘金膏火记 /237

重修学宫碑记 /238

修浩门河渡船记 /239

慈善碑 /240

十二扇围屏 /243

福星马公墓碑 /250

皇清例赠武德都尉星堂治府君墓表 /252

重修洋噶硖一带道路碑记 /257

重建西宁大寺碑记 /259

重建塔尔湾清真寺德政碑 /265

甘肃青海护军使署总务处长周君子扬墓表 /268

青海省政府主席马公阁臣墓表 /270

良教堡上治泉清真寺竣工碑记 /280

苦芦湾陈管营两处原有回民远祖坟茔纪念碑 /284

抗日阵亡将士纪念碑 /291

修达坂山汽车公路记 /293

清故善堂杨老太翁先生墓志 /296

蟠龙嫡派七传善堂杨老道祖归真七十年纪念碑 /302

湟中凤凰山天方后裔墓志 /307

重建西宁大寺碑记 /312

重建西宁东关大寺碑记 /317

盘龙山真脉四传蔡姑太太拱北纪念碑 /322

指挥府砖雕 /325

冶土司官方印 /326

冶镇邦钤记印 /327

冶土司词章印 /328

克昌厥后 /329

教贯古今 /329

精一 /330

功德之道 /330

最初无称 /330

会昌建福 /330

教阐天方 /331

惟精唯一 /332

真宰无方 /333

造化真元 /333

清修真行 /334

阐扬真理 /335

天生好德 /336

敦崇教育 /337

兴教建国 /338

大宰真主 /338

开天古教 /339

以教勖忠 /339

至仁极慈 /340

玉理精神 /341

乘鸾蕊珠飞净土，化鹤远度归清宫 /341

教授五命此间既是天方，道遵三程何必远求西域 /341

清净明心义通释旨，真实进德理合儒宗 /341

有无天地权衡内，生灭人神掌握中 /342

日非真不耀月非真不明至教非真不能万古，天得一以清地得一以真圣人得一以参三才 /342

仰大化之玄妙乃生生生，参主宰之精宏能有有有 /343

大道本无歧要从这个门来，至诚原不二莫向别处路走 /343

撒拉族

建（循化）城记 /347

新设循化营记 /349

草滩坝工水渠记 /350

小积石斋述略记 /351

积石关护林碑 /353

水利章程碑 /356

循化县城东门肉丘坟碑文 /359

大理院水章判案碑 /360

金牌信符 /364

清真无染 /365

尽性立命 /366

明心见性 /367

蒙古族

阿巴嘎、阿巴哈纳尔、喀尔喀僧人布施银两碑 /371

当彩呼图克图、孟克席吉布施银两碑 /377

达尔罕察汗呼图克图布施银两及阿嘉呼图克图禁止僧人住夏期中作泥土活而布施银两碑 /381

蒙古族僧人献银买地供给寺僧口粮碑 /386

青海西左前旗扎萨克银印 /391

青海北左翼末旗扎萨克银印 /393

青海南右首旗扎萨克银印 /395

青海西左后旗扎萨克银印 /397
青海西右后旗扎萨克银印 /399
管理青海南右翼末旗扎萨克银印 /401
管理青海南右中旗扎萨克银印 /403
管理青海南部土尔扈特前旗扎萨克银印 /404
管理青海南部前旗扎萨克银印 /405
管理青海北翼右旗扎萨克之印 /406
青海南部左翼末旗管辖扎萨克之印 /408
青海南部左翼首旗管辖扎萨克之印 /409
青海南部土尔扈特后旗管辖扎萨克之印 /410
青海南部土尔扈特中旗管辖扎萨克之印 /411
青海西部右翼南旗管辖扎萨克之印 /412
青海霍硕特西右翼前旗旗政府印 /413
青海霍硕特南左翼末旗旗政府印 /415
青海霍硕特前左翼首旗旗政府印 /417
青海南部土尔扈特南中旗旗政府印 /419
青海喀尔喀南右翼旗旗政府印 /421
青海绰罗斯北中旗旗政府印 /423
青海察汉诺罕旗旗政府印 /424
青海霍硕特西右中旗旗政府印 /425
青海河南亲王府印 /426
五世阿嘉呼图克图禅师银印 /427

土族

敕赐李英金书铁券文 /431
高阳伯李文铁券铭文 /432
增修巴暖三川堡寨山城记 /433

广福观修建记 /435

重修宁番寺记 /437

会宁伯李公墓志铭 /439

钦依南川守备署都指挥佥事陈公墓志 /441

追赠特进荣禄大夫右军都督府左都督李公神道碑 /444

明故前推诚宣力武臣特进荣禄大夫柱国会宁伯李公神道碑 /446

明故奉天翊卫推诚宣力武臣特进荣禄大夫柱国高阳伯李公墓志铭 /449

明故诰封昭毅将军锦衣卫指挥使守村李公暨孙淑人合葬墓志铭 /451

怀远将军万程李君墓志铭 /454

捐募重立会宁伯碑叙 /456

敕赐广福观梦感记 /458

新修札都水渠记 /460

官亭渡口红崖路碑 /462

甘氏墓志碑 /464

青海世居少数民族金石录

藏族

瞿昙寺皇帝敕谕碑

དའི་མིང་རྒྱལ་པོའི་ལུང་གིས།

ཏའི་མིང་རྒྱལ་པོའི་ལུང་གིས།
ཟི་ལིང་གི་ས་ཆའི་མི་དཔོན་ཆེ་ཆུང་། དམག་མི་སྡེ་ལ་སོགས་པ་ལ་བློ་
བ་ངེས་བསམས་ན་སངས་རྒྱས་ཀྱི་བསྟན་པ་དར་ནས་ལོ་མང་དུ་སོང་། ཕྱོད་ནུབ་
ཕྱོགས་མི་རྣམས་ཀྱང་། བསྟན་པ་ལ་དད་ཅིང་གུས་པ་ལོ་མང་དུ་བྱས། སངས་
རྒྱས་ཀྱི་བསྟན་པ་ཡང་དག་པ་སྟོང་པ་ཉིད། འགོག་པ་གཙོ་ཆེ་སེམས་ཉིད་ཀྱི་
སེམས་ཅན་ཐམས་ཅད་འདྲེན་པ་མི་རྣམས་དགེ་བ་ལ་བཀོད། རྟོགས་པ་རྣམས་ཀྱི་
དོན་རྟོགས་ཤིང་རིག། སངས་རྒྱས་ཀྱི་བསྟན་པའི་ཡོན་ཏན། འདི་དང་ཕ་རོལ་
ཀུན་ལ་ཕན་ཐོགས་འདི་ནང་ན་མཁས་པ་བསྟན་པ་དར་དུ་འཇུག་པ། དེ་ཕྱོགས་
ཀྱིས་མི་རྣམས་བསླུལ་བ་ཡིན། མ་རིག་པ་རྣམས་བསལ་བ་ཡིན། དགེ་བ་བཅུ་
གནས་སྐོབས་ཆེ་བ་རྣམས་ཀྱིས། དམན་པ་ལ་མི་བརྙས། ཆེ་བ་རྣམས་ཀྱིས་ཆུང་
བ་ལ་མི་བརྙས། འཕྲུག་རྩོད་ལ་སོགས་པ་མེད། འཕྲོག་པ་དང་ཐེན་པ་མེད།
དེ་ལྟ་བུ་བྱས་ན། སྟོད་སྨད་རང་རང་གི་ལུགས་བཞིན་གྱིས། ཆེ་ཆུང་རྣམས་སོ་
སོའི་བྱ་བ་དང་ལས་ཆུས་ཀྱིས། མི་ཐམས་ཅད་བསོད་ནམས་བདེ་སྐྱིད་ཀྱིས་ཐམས་
ཅད་རྒྱལ་ཁམས་བདེ་བའི་ངང་དུ། གོང་དུ་མི་མངོན་པའི་ངང་ལ་རྒྱལ་ཁམས་ཀྱི་
སྲུངས་སྐྱོབ། མར་སེམས་ཅན་ཐམས་ཅད་སྒྲོལ་བ་ཕོའི་ཡོན་ཏན་རྒྱ་ཆེ། ཐར་བླ་
མ་བསམ་ལོའི་དུས་ནས། སངས་རྒྱས་ཀྱི་བསྟན་པའི་ཆོས་དར་བ། གོང་མའི་
ཕྱོགས་སུ་ཤིན་ཏུ་དད་པས། ངེས་ཀྱི་ཡབ་ཏའི་ཙུ་རྒྱལ་པོའི་ནན་གྱིས་ཁོ་རང་
འདུག་པའི་སྡེ་ས་མིང་། ཁྲུ་ཏམ་སི་བཏགས་ནས་གནང་། ད་ལྟ་ཨོན་པོ་དཔལ་
ལྡན་བཟང་པོ། དོན་ཡོད་བཟང་པོ། དེ་བཞིན་གཤེགས་པའི་བསྟན་པ་ལ་
བསླབ་ཤིང་ཐེག་པ་ཆེན་དོན་རྟོགས་ཤིང་། སྙིང་རྗེའི་སེམས་ཀྱིས་མི་རྣམས་ཁྲིད་
ཅིང་དགེ་ལམ་ལ་མི་རྣམས་སྒྲོལ་བ། རང་གི་བླ་མ་བསམ་ལོའི་ཆོས་ལུགས་འཛིན་
པས། ངེད་ཀྱིས་ཤིན་དུ་བསྔོད་པ་བྱས། ད་ལྟ་ནན་གྱིས་ཁྲོད་ལ་ཁྲུ་ཏམ་སིའི་སྡེ་
དཔོན་བྱས་པ་ཡིན་པས། མི་དཔོན་དམག་མི། མི་སྡེ་ལ་བསོགས་ཀྱིས། སོ་
སོའི་དད་པ་དང་། མོས་པ་བྱས་ནས། བསྟན་པ་ལ་བཀུར་སྟི་བྱས་ནས། བན་
དཔོན་ཁོ་རང་ཅི་བདེར་འགྲོ་འོང་དང་སྒྲུབ་པ་བྱེད་དུ་ཆུག། ལུགས་དང་མི་
མཐུན་པའི། གནོད་འཚེར་མ་བྱེད། ཁོའི་སྡེ་ལ། གཏོགས་པའི་ཁང་གཞིས།
ས་ཆ་རི་སེའུ་ར་ཟོག་ཆར་རྐྱེན། གནག་ལུག་ལ་སོགས་སྐད་ག་དང་། འཕྲོག་
འཐེན་མ་བྱེད། དེ་ལྟར་བྱས་ན་བསྟན་པ་དར་བ་དང་། ཆོས་ཀྱི་སྒོ་མོ་ཆེར་
འཕེལ་བ། དེ་ཕྱོགས་ཀྱི་མི་རྣམས། རང་གི་བྱ་བ་དང་། ལས་སྐབས་དང་།
དགའ་བའི་ལས་སྒྲུབས། ངེད་ཀྱི་ཁྲིམས་ལུགས་དང་། མི་མཐུན་པས། དཀོན་
མཆོག་མི་དད། ནན་གྱིས་སྐད་ཆོལ་ཞིང་མིའི་ལུགས་དང་མི་མཐུན་པའི་རྩོད་གཞི་
བྱེད་ཅིང་བསྟན་པ་ལ་གནོད་པ་བྱེད་ན། ཁྲིམས་ཐར་དུ་མི་འཇུ
ག ལུང་ཡིན།། ཡུང་ལོ་དྲུག་པའི་ཟླ་བ་ལྔ་བའི་བཅོ་ལྔའི་ཉིན་དགེའོ།།

瞿昙寺皇帝敕谕碑

大明皇帝敕谕西宁等处地面大小官员军民诸色人等

朕惟佛氏之兴其来已远西土之人久事崇信其教以空寂为宗以普度为心化导善类觉悟群迷功德之著无间幽显有能遵崇其教以导引夫一方之人去其昏迷响慕善道强不至凌弱大不至虐小息争斗之风无侵夺之患上下各安其分长幼各遂其生同归于仁寿之中同安于泰和之世上足以阴翊皇度下足以劝善化俗其
功德所及岂不远哉囊者喇麻三罗藏扬佛法忠顺朝廷我皇考太祖高皇帝特赐其所居寺额曰瞿昙令其侄班丹
端约藏卜
演如来之教法悟大乘之真诠以慈悲导一方以善行化众类以嗣承其叔三罗之宗教朕甚嘉之今特令住持瞿昙寺官员军民人等务要各起信心遵崇其教听从本僧自在修行并不许侮慢欺凌其常住一应寺宇田土山场园林财产孳畜之类诸人不许侵占骚扰庶俾佛教兴隆法门弘振一方之人亦得以安生乐业进修善道若有不遵朕命不敬三宝故意生事侮慢欺凌以沮其教者必罚无赦故谕

永乐六年五月十五日

【提要】

此碑立于瞿昙寺金刚殿右侧廊下，红砂石质。汉文与藏文合璧石刻碑。碑首、碑身为一石，碑座另一石，碑首刻有简单花纹。碑阳右半为汉文，直书11行；左半为藏文，横书41行。另外，碑阴刻汉、藏文各一行，文曰“永乐二十一年七月吉日竖”。为明永乐六年（1408年）皇帝敕谕西宁等处各色人要一心向佛，与人为善，保护寺院财产，守一方平安。

碑今在青海省海东市乐都区瞿昙寺，无残损。碑面360厘米×168厘米，右半汉文11行，左半藏文41行。碑文收入格桑本主编《瞿昙寺》，四川科技出版社2000年版。

【碑文】

瞿昙寺皇帝敕谕碑

大明皇帝敕谕：西宁等处地面大小官员、军民诸色人等，朕惟佛氏之兴，其来已远，西土之人，久事崇信。其教以空寂为宗，以普度为心，化导善类，觉悟群迷，功德之著，无间幽显。有能遵崇其教以导引，夫一方之人，去其昏迷，响慕善道，强不至凌弱，大不至虐小，息争斗之风，无侵夺之患，上下各安其分，长幼各遂其生，同归于仁寿之中，同安干泰和之世，上足以阴翊皇度，下足以劝善化俗，其功德所及，岂不远哉！曩者喇麻三罗藏扬佛法，忠顺朝廷，我皇考太祖高皇帝特赐其所居寺额曰瞿昙，令其侄班丹端约藏卜演如来之教法，悟大乘之真诠，以慈悲导一方，以善行化众类，以嗣承其叔三罗之宗教。朕甚嘉之，今特令住持瞿昙寺官员军民人等，务要各起信心，遵崇其教，听从本僧自在修行，并不许侮慢欺凌。其常住一应寺宇、田土、山场、园林、财产、孳畜之类，诸人不许侵占、骚扰。庶俾佛教兴隆，法门弘振，而一方之人亦得以安生乐业，进修善道。若有不遵朕命，不敬三宝，故意生事侮慢欺凌，以沮其教者，必罚无赦。故谕。

永乐六年五月十五日

ཏའི་མིང་རྒྱལ་པོའི་ལུང་གིས།

ཟེ་ཡིང་གི་ས་ཆའི་མི་དཔོན་ཆེ་ཆུང་། དམག་མི་སྡེ་ལ་སོགས་པ་ལ་མློ་བ་ངེས་བསམས་ན་སངས་རྒྱས་ཀྱི་བསྟན་པ་དར་ནས་ལོ་མང་དུ་སོང་། ཕྱོད་ནུབ་ཕྱོགས་མི་རྣམས་ཀྱང་། བསྟན་པ་ལ་དད་ཅིང་གུས་པ་ལོ་མང་དུ་བྱས། སངས་རྒྱས་ཀྱི་བསྟན་པ་ཡང་དག་པ་སྟོང་པ་ཉིད། འགོག་པ་གཙོ་ཆེ་སེམས་ཉིད་ཀྱི་སེམས་ཅན་ཐམས་ཅད་འདྲེན་པ་མི་རྣམས་དགེ་བ་ལ་བཀོད། རྨོངས་པ་རྣམས་ཀྱི་དོན་རྟོགས་ཤིང་རིག། སངས་རྒྱས་ཀྱི་བསྟན་པའི་ཡོན་ཏན། འདི་དང་ཕ་རོལ་ཀུན་ལ་ཕན་ཐོགས་འདི་ནང་ན་མཁས་པ་བསྟན་པ་དར་དུ་འཇུག་པ། དེ་ཕྱོགས་ཀྱིས་མི་རྣམས་བསླུལ་བ་ཡིན། མ་རིག་པ་རྣམས་བསལ་བ་ཡིན། དགེ་བ་བཅུ་གནས་སྟོབས་ཆེ་བ་རྣམས་ཀྱིས། དམན་པ་ལ་མི་བརྙས། ཆེ་བ་རྣམས་ཀྱིས་ཆུང་བ་ལ་མི་བརྙས། འཕྲུག་རྩོད་ལ་སོགས་པ་མེད། འཕྲོག་པ་དང་ཐེན་པ་མེད། དེ་ལྟ་བུ་བྱས་ན། སྟོད་སྨད་རང་རང་གི་ལུགས་བཞིན་གྱིས། ཆེ་ཆུང་རྣམས་སོ་སོའི་བྱ་བ་དང་ལས་ཆུས་ཀྱིས། མི་ཐམས་ཅད་བསོད་ནམས་བདེ་སྐྱིད་ཀྱིས་ཐམས་ཅད་རྒྱལ་ཁམས་བདེ་བའི་ངང་དུ། གོང་དུ་མི་མངོན་པའི་ངང་ལ་རྒྱལ་ཁམས་ཀྱི་སྲུངས་སྐྱོབ། མར་སེམས་ཅན་ཐམས་ཅད་སྒྲོལ་བ་ཕོའི་ཡོན་ཏན་རྒྱ་ཆེ། སྔར་བླ་མ་བསམ་ལོའི་དུས་ནས། སངས་རྒྱས་ཀྱི་བསྟན་པའི་ཆོས་དར་བ། གོང་མའི་ཕྱོགས་སུ་ཤིན་ཏུ་དད་པས། ངེས་ཀྱི་ཡབ་ཏའི་ཇུ་རྒྱལ་པོའི་ནན་གྱིས་ཁོ་རང་འདུག་པའི་སྡེ་ས་མིང་། ཁྲུ་ཏམ་སི་བཏགས་ནས་གནང་། ད་ལྟ་ཨོན་པོ་དཔལ་ལྡན་བཟང་པོ། དོན་ཡོད་བཟང་པོ། དེ་བཞིན་གཤེགས་པའི་བསྟན་པ་ལ་བསླབ་ཤིང་ཐེག་པ་ཆེན་དོན་རྟོགས་ཤིང་། སྙིང་རྗེའི་སེམས་ཀྱིས་མི་རྣམས་ཁྲིད་ཅིང་དགེ་ལམ་ལ་མི་རྣམས་སྒྲོལ་བ། རང་གི་བླ་མ་བསམ་ལོའི་ཆོས་ལུགས་འཛིན་པས། ངེད་ཀྱིས་ཤིན་དུ་བསྟོད་པ་བྱས། ད་ལྟ་ནན་གྱིས་ཁྱོད་ལ་ཁྲུ་ཏམ་སིའི་སྡེ་དཔོན་བྱས་པ་ཡིན་པས། མི་དཔོན་དམག་མི། མི་སྡེ་ལ་བསོགས་ཀྱིས། སོ་སོའི་དད་པ་དང་། མོས་པ་བྱས་ནས། བསྟན་པ་ལ་བཀུར་སྟི་བྱས་ནས། བན་དཔོན་ཁོ་རང་ཅི་བདེར་འགྲོ་འོང་དང་སྒྲུབ་པ་བྱེད་དུ་ཆུག། ལུགས་དང་མི་མཐུན་པའི། གནོད་འཚེར་མ་བྱེད། ཁོའི་སྡེ་ལ། གཏོགས་པའི་ཁང་གཞིས། ས་ཆ་རི་སེའུ་ར་ཟོག་ཆར་རྐྱེན། གནག་ལུག་ལ་སོགས་སྐད་ག་དང་། འཕྲོག་འཐེན་མ་བྱེད། དེ་ལྟར་བྱས་ན་བསྟན་པ་དར་བ་དང་། ཆོས་ཀྱི་སྒོ་མོ་ཆེར་འཕེལ་བ། དེ་ཕྱོགས་ཀྱི་མི་རྣམས། རང་གི་བྱ་བ་དང་། ལས་སྐས་དང་། དགའ་བའི་ལས་སྒྲུབས། ངེད་ཀྱི་ཁྲིམས་ལུགས་དང་། མི་མཐུན་པས། དཀོན་མཆོག་མི་དད། ནན་གྱིས་སྐད་ཆོལ་ཞིང་མིའི་ལུགས་དང་མི་མཐུན་པའི་རྩོད་གཞི་བྱེད་ཅིང་བསྟན་པ་ལ་གནོད་པ་བྱེད་ན། ཁྲིམས་ཐར་དུ་མི་འཇུག། ལུང་ཡིན། །ཡུང་ལོ་དྲུག་པའི་ཟླ་བ་ལྔ་བའི་བཅོ་ལྔའི་ཉིན་དགེའོ། །

御制金佛像碑

རྒྱལ་བོས་གསེར་སྐུ་ལ་བསྟོད་པའི་རྡོ་རིང་།

御制金佛像碑

如來千百億化身慈悲萬有閔濟三塗作大方便善哉善哉總攝群生咸登覺道爲苦海之舟梁幽冥之日月有能作佛功德普利一切則三界人天皆所敬仰香雲彌布法雨充周大地山河皆爲佛國含靈蠢動悉得濟度朕主宰天下愍念蒼生弘體慈悲發歡喜心鑄金爲佛像利益群品初命工作範久而不成一日工匠退食閴然無人模忽自成莫不驚异贊嘆以爲希有謂諸佛菩薩顯應示現神通遂一鑄而成乃有异香馥鬱久而不散非人間所有瑞光圓滿毫相端嚴具諸種好是爲最妙吉祥持以布施灌頂净覺弘濟大國師班丹藏卜歸于西土濟利群生作無量勝果增長無量福德俾時和歲豐家給人足老少康寧灾殃殄滅吉祥如意永蒙

佛恩于乎佛體如如真常寂靜故無感不應昔優填王作旃檀佛像妙感忉利天匠殊勝特异利益一切靡有窮極朕今用金鑄像而感應復若此所以利益者亦復如是用紀其事勒之于石永隆

佛教久遠益盛乃爲贊曰

道德巍巍兩足尊　超出三界甚希有　廣與衆生作方便　能以一善攝一切
有緣遇者即超悟　不動瞬際證圓融　我今作此勝妙像　毫相端嚴無比好
普利三塗與六道　蠢蠕胎濕悉蒙恩　永顧世間諸有情　不纏煩惱咸快樂
五濁惡世悉清净　即證如來寶覺中　大慈大悲現法身　金剛堅固無有壞
不可思議大劫海　一切歸命法中王

永樂十六年三月初一日

༄༅། །རྒྱལ་པོས་མཛད་པའི་སངས་རྒྱས་ཤཱཀྱ་ཐུབ་པ་རང་བྱོན་གསེར་སྐུ་ལ་བསྟོད་པ་རྡོ་རིང་ལ་བཞུགས་པ་
ཞེས་བྱ་བ་ནི་དེ་བཞིན་གཤེགས་པའི་སྐུ་བརྒྱ་སྟོང་འབུམ་ཕྲག་དུ་མར་སྤྲུལ་པ་སྐྱེ་དགུ་རྣམས་ལ་བྱམས་
སྙིང་རྗེ་མཛད་པ་དང་ངན་སོང་གསུམ་ལས་རྣམ་པར་འདྲེན་པ་ཐབས་རྒྱ་ཆེན་པོར་གྱུར་པ་ལ་ཤིན་ཏུ་ལེགས་སོ་ལེགས་སོ་
འདུལ་བའི་འདུལ་བྱ་རྣམས་སངས་རྒྱས་ཀྱི་ལམ་ལ་བཀོད་ཅིང་སྡུག་བསྔལ་རྒྱ་མཚོའི་གྲུ་ཙིང་ལྷ་བུའམ་མཐུན་པའི་གླིང་
དུ་ཉེ་བླ་ལྷ་བུའོ་གལ་ཏེ་སངས་རྒྱས་ཀྱི་ཡོན་ཏན་བསྒྲུབ་པ་དང་སེམས་ཅན་ཐམས་ཅད་ལ་ཕན་པར་བྱེད་པ་ཡོད་ན་ཁམས་
གསུམ་གྱི་ལྷ་མི་རྣམས་ཀྱིས་དད་པ་དང་སྐྱབས་སུ་འགྲོ་བས་དེ་དག་གིས་དྲི་ཞིམ་གྱི་སྤྲིན་ནི་མཁའ་ཁྱབ་དུ་གཡོལ་ཤིང་ཆོས་
ཀྱི་ཆར་བ་ཀུན་དུ་བབ་ཅིང་དེ་ལ་བརྟེན་ནས་ས་ཆེན་དང་རི་མཚོ་ཐམས་ཅད་སངས་རྒྱས་ཀྱི་ཞིང་དུ་གྱུར་པ་དང་འགྲོ་བ་
ཀུན་གྱིས་ཕན་པས་ཐོབ་པ་ཡིན་ནོ། དེད་ཀྱི་རྒྱལ་ཁམས་ཐམས་ཅད་ཀྱི་བདག་པོར་བྱས་ནས་སེམས་ཅན་ཐམས་
ཅད་ལ་ཕན་པ་དང་བྱམས་དང་སྙིང་རྗེ་རྒྱ་ཆེན་གྱིས་དགའ་བའི་སེམས་བསྐྱེད་ནས་གསེར་གྱིས་སངས་རྒྱས་ཀྱི་
སྐུ་གཟུགས་བླུག་ནས་འགྲོ་བ་ཀུན་ལ་ཕན་པར་བྱེད་པ་སྙམ་ནས་བཟོ་བ་རྣམས་ལ་ལྷ་གཟུགས་བཟོར་ཆུག་
པ་ལ་ཟླ་རྗེས་ཡུན་རིང་དུ་བཟོ་ཀྱང་མ་གྲུབ་པས་ཉིན་ཅིག་བཟོ་བ་རྣམས་ཀྱིས་ཟས་སུ་སོང་བ་ལ་མི་ཅི་ཡང་
མེད་པའི་ཤུལ་དུ་ལྷ་གཟུགས་སློ་བུར་དུ་རང་བྱོན་བྱུང་འདུག་པས་དེས་མི་ཀུན་གྱིས་སྐྲག་ཅིང་བསྟོད་པ་དང་
ངོ་མཚར་ཆེ་བས་དེ་ཅི་ཡིན་ཅེས་ན་རྒྱལ་བ་སྲས་བཅས་རྣམས་ཀྱིས་མཐུས་ཀྱི་རྣམ་འཕྲུལ་མངོན་སུམ་དུ་གྱུར་བ་
ཡིན་པས་ལན་ཅིག་བླུགས་པས་གྲུབ་པ་ཡིན་དེའི་དུས་འཇིག་རྟེན་ན་ཡོད་པ་མ་ཡིན་པའི་སྤོས་ཁྱད་པར་ཅན་གྱི་དྲི་ཞིམ་
པོ་དུས་རྒྱུན་དུ་བྲོ་བ་བཀྲ་ཤིས་ཀྱི་འོད་ཟེར་རབ་ཏུ་རྒྱས་པ་དང་མཚན་དང་དཔེའ་བྱད་ལྡན་པའི་མཆོག་ཏུ་བཀྲ་ཤིས་དམ་
པའི་བརྟེན་འདི་ནི་ནན་གྱིས་གོན་ཏིང་ཅིང་གྱི་ཧུང་ཅི་ཏའི་གུའི་ཤྲི་དཔལ་ལྡན་བཟང་པོ་ལ་ཕུལ་ནས་ནུབ་ཕྱོགས་སུ་བཞེངས་ཏེ་
འགྲོ་བ་ཀུན་ལ་ཕན་པ་དཔག་ཏུ་མེད་པའི་མཆོག་གི་འབྲས་བུ་མཛད་པས་རྒྱ་ཆེན་པོའི་བསོད་ནམས་བསྐྱེད་པ་དང་
ལོ་ཐོག་དུས་སུ་སྨིན་པ་དང་སེམས་ཅན་ཐམས་ཅད་འབྱོར་པ་དང་ཀན་གཞོན་སོ་སོར་སྐྱིད་པ་ནད་རིགས་ཐམས་
ཅད་ཞི་བ་དང་བཀྲ་ཤིས་ཡིད་བཞིན་དུ་འབྱུང་ངོ་རྟག་ཏུ། སངས་རྒྱས་ཀྱི་དྲིན་ཐོབ་པའོ་ཀྱི་སངས་རྒྱས་ཀྱི་སྐུ་ནི་རང་
བཞིན་དུ་གྱུར་པ་རྟག་ཏུ་ཡང་དག་པར་ཞི་བའི་སྐད་དུ་ལས་དང་མཐུན་པའི་མངོན་དུ་མ་ཆར་བ་མེད་པས་སྔོན་གྱི་དུས་
སུ་ཡུལ་དབུ་རྒྱན་གྱི་རྒྱལ་པོས་སངས་རྒྱས་ཙན་ཏན་གྱི་སྐུ་གཟུགས་བཀོ་ནའང་ཐབས་བྲལ་གྱི་བཟོ་བོ་རྣམས་ལེགས་པར་
ཐོབ་ནས་ལྷ་སྐུ་ཁྱད་པར་ཅན་བསྒྲུབས་པས་འགྲོ་བ་ཀུན་ལ་ཕན་པར་མཛད་པ་ནི་བརྗོད་ཀྱིས་མི་ལངས་ད་ལྟ། ངས་
གསེར་གྱིས་ལྷ་སྐུ་བཞེངས་ནས་དེའི་རྣམ་འཕྲུལ་སྔར་ཡང་འདི་འདྲ་མཛད་པ་དང་ཕན་པ་སྔར་ཡང་འདི་འདྲར་
མཛད་པས་དོན་འདི་རྣམས་དྲིས་ནས་རྡོ་རིང་ལ་བརྐོས་ནས། སངས་རྒྱས་ཀྱི་བསྟན་པ་ཡུན་རིང་དུ་དར་ཞིང་རྒྱས་པ་
དང་བསྟོད་པ་ནི་འདི་སྐད་དུ། ལམ་མཆོག་འཕྲིན་ལས་མཐོ་བའི་རྐང་གཉིས་གཙོ། །ཁམས་གསུམ་ལས་གྲོལ་ངོ་མཚར་རྣམ་པར་
ཆེ། །འགྲོ་བ་ཀུན་ལ་ཐབས་ཀྱིས་རྒྱ་ཆེན་མཛད། །དགེ་བ་ཅིག་གིས་ཐམས་ཅད་ལས་འདུལ་བ། །རྟེན་འབྲེལ་ཡོད་པ་རྟོགས་པ་རྣམ་
གྲོལ་བས། །མིག་བྲབ་མི་གཡོ་ཙམ་གྱིས་སངས་རྒྱས་ཐོབ། །བདག་གིས་ད་ལྟ་སྐུ་མཆོག་དམ་པ་བཞེངས། །མཚན་སོགས་མཛེས་
ཞིང་མཚུངས་པ་མེད་པ་དང་། །ངན་གསུམ་འགྲོ་དྲུག་ཀུན་ལ་ཕན་མཛད་ནས། །མངལ་དང་དྲོད་ཤེར་སོགས་སྐྱེས་དྲིན་
འདི་ཐོབ། །རྟག་ཏུ་སྨོན་པ་འཇིག་རྟེན་འགྲོ་བ་ཀུན། །ཉོན་མོངས་སྤང་ནས་ཐམས་ཅད་བདེ་བ་དང་། །བསྐལ་བ་
སྙིགས་ལྔ་རྣམ་པར་དག་པ་དང་། །བདེར་གཤེགས་རིན་ཆེན་གོ་འཕང་ཐོབ་འགྱུར་ཏེ། །བྱམས་དང་སྙིང་
རྗེ་ཆེ་ཞིང་ཆོས་སྐུ་གསལ། །རྡོ་རྗེ་བརྟན་ལྟར་འཇིག་པ་མི་མངའ་བའི། །བརྗོད་ཀྱི་མི་ལངས་བསྐལ་བ་
ཆེན་པོར་ཡང་། །བྱུང་བ་ཐམས་ཅད་ཆོས་རྒྱལ་ལ་སྐབས་མཆིའོ། །
ཡུན་ལོ་བཅུ་དྲུག་པའི་ལོ་ཟླ་བ་གསུམ་པའི་ཚེས་ཅིག་གི་ཉིན། །

【提要】

此碑立于瞿昙寺山门内右间，红砂石质。碑首阳面正中篆书“御制金佛像碑”六字，两旁浮雕双龙，阴面正中刻藏文楷体书“རྒྱལ་པོས་གསེར་སྐུ་ལ་བསྟོད་པའི་རྡོ་རིང་།”，碑身阳面为汉文，直书17行；阴面藏文，横书32行。汉文与藏文合璧石刻碑文。明永乐十年(1412年)，明成祖感念瞿昙寺灌顶净觉弘济大国师班丹藏卜“促民为善”，在明廷经营甘青地区，加强中央政府与甘青藏族地区关系中所做的贡献，命工匠铸造金佛像，以“作无量胜果，增长无量福德”。

碑今在青海省海东市乐都区瞿昙寺，保存完好。碑面360厘米×116厘米，碑阳230厘米×115厘米，汉文17行，碑阴230厘米×115厘米，藏文32行。碑文收入格桑本主编《瞿昙寺》，四川科技出版社2000年版。

【碑文】

御制金佛像碑

如来千百亿化身，慈悲万有，闵济三涂，作大方便，善哉，善哉！总摄群生，咸登觉道。为苦海之舟梁，幽冥之日月，有能作佛功德，普利一切，则三界人天，皆所敬仰。香云弥布，法雨充周，大地山河，皆为佛国，含灵蠢动，悉得济度。朕主宰天下，愍念苍生，弘体慈悲，发欢喜心，铸金为佛像，利益群品。初命工作范，久而不成，一日，工匠退食，阒然无人，模忽自成，莫不惊异赞叹，以为希有。谓诸佛菩萨显应，示现神通，遂一铸而成。乃有异香馥郁，久而不散，非人间所有，瑞光圆满，毫相端严，具诸种好，是为最妙吉祥。持以布施灌顶净觉弘济大国师班丹藏卜归于西土，济利群生，作无量胜果，增长无量福德。俾时和岁丰，家给人足，老少康宁，灾殃殄灭，吉祥如意，永蒙佛恩。于乎！佛体如如，真常寐静，故无感不应。昔优填王作旃檀佛像，妙感忉利天匠，殊胜特异，利益一切，靡有穷极。朕今用金铸像，而感应复若此，所以利益者，亦复如是。用纪其事，勒之于石，永隆佛教，久远益盛。乃为赞曰：

道德巍巍两足尊，超出三界甚希有。

广与众生作方便，能以一善摄一切。

有缘遇者即超悟，不动瞬际证圆融。

我今作此胜妙像，毫相端严无比好。

普利三涂与六道，蠢蠕胎湿悉蒙恩。

永顾世间诸有情，不缠烦恼咸快乐。

五浊恶世悉清净，即证如来宝觉中。

大慈大悲现法身，金刚坚固无有坏。

不可思议大劫海，一切归命法中王。

永乐十六年三月初一日

༄༅། །རྒྱལ་པོས་མཛད་པའི་སངས་རྒྱས་ཤཱཀྱ་ཐུབ་པ་རང་བྱོན་གསེར་སྐུ་ལ་བསྟོད་པ་རྗེ་རིང་ལ་བཞུགས་པ་ཞེས་བྱ་བ་ནི་དེ་བཞིན་གཤེགས་པའི་སྐུ་བརྒྱ་སྟོང་འབུམ་ཕྲག་ཏུ་མར་སྤྲུལ་པ་སྐྱེ་དགུ་རྣམས་ལ་བྱམས་སྙིང་རྗེ་མཛད་པ་དང་ངན་སོང་གསུམ་ལས་རྣམ་པར་འདྲེན་པ་ཐབས་རྒྱ་ཆེན་པོར་གྱུར་པ་ལ་ཤིན་ཏུ་ལེགས་སོ་ལེགས་སོ་འདུལ་བའི་འདུལ་བྱ་རྣམས་སངས་རྒྱས་ཀྱི་ལམ་ལ་བཀོད་ཅིང་སྡུག་བསྔལ་རྒྱ་མཚོའི་གྲུ་རྫིང་ལྟ་བུའམ་མུན་པའི་གླིང་དུ་ཉི་ཟླ་ལྟ་བུའོ་གལ་ཏེ་སངས་རྒྱས་ཀྱི་ཡོན་ཏན་བསྒྲུབ་པ་དང་སེམས་ཅན་ཐམས་ཅད་ལ་ཕན་པར་བྱེད་པ་ཡོད་ན་ཁམས་གསུམ་གྱི་ལྷ་མི་རྣམས་ཀྱིས་དད་པ་དང་སྐྱབས་སུ་འགྲོ་བས་དེ་དག་གིས་དྲི་ཞིམ་གྱི་སྤྲིན་ནི་མཁའ་ཁྱབ་ཏུ་གཡོལ་ཞིང་ཆོས་ཀྱི་ཆར་བ་ཀུན་ཏུ་བབ་ཅིང་དེ་ལ་བརྟེན་ནས་ས་ཆེན་དང་རི་མཚོ་ཐམས་ཅད་སངས་རྒྱས་ཀྱི་ཞིང་དུ་གྱུར་པ་དང་འགྲོ་བ་ཀུན་གྱིས་ཕན་པས་ཐོབ་པ་ཡིན་ནོ། ངེད་ཀྱི་རྒྱལ་ཁམས་ཐམས་ཅད་ཀྱི་བདག་པོར་བྱས་ནས་སེམས་ཅན་ཐམས་ཅད་ལ་ཕན་པ་དང་བྱམས་དང་སྙིང་རྗེ་རྒྱ་ཆེན་གྱིས་དགའ་བའི་སེམས་བསྐྱེད་ནས་གསེར་གྱིས་སངས་རྒྱས་ཀྱི་སྐུ་གཟུགས་བླུག་ནས་འགྲོ་བ་ཀུན་ལ་ཕན་པར་བྱེད་པ་སྙམ་ནས་བཟོ་བ་རྣམས་ལ་ལྷ་གཟུགས་བཟོར་ཚུགས་པ་ལ་སྦྲ་རྩིས་ཡུན་རིང་དུ་བཟོ་ཀྱང་མ་གྲུབ་པས་ཉེན་ཅིག་བཟོ་བ་རྣམས་ཀྱིས་ཟས་སུ་སོང་བ་ལ་མི་ཅི་ཡང་མེད་པའི་ཤུལ་དུ་ལྷ་གཟུགས་གློ་བུར་དུ་རང་བྱོན་བྱུང་འདུག་པས་དེས་མི་ཀུན་གྱིས་སྐྲག་ཅིང་བསྟོད་པ་དང་ངོ་མཚར་ཆེ་བས་དེ་ཅི་ཡིན་ཅེས་ན་རྒྱལ་བ་སྲས་བཅས་རྣམས་ཀྱིས་མཐུས་ཀྱི་རྣམ་འཕྲུལ་མངོན་སུམ་དུ་གྱུར་བ་ཡིན་པས་ལན་ཅིག་བླུགས་པས་གྲུབ་པ་ཡིན་དེའི་དུས་འཛིག་རྟེན་ན་ཡོད་པ་མ་ཡིན་པའི་སྤྱོས་ཁྱད་པར་ཅན་གྱི་དྲི་ཞིམ་པོ་དུས་རྒྱུན་དུ་བྲོ་བ་བཀྲ་ཤིས་ཀྱི་འོད་ཟེར་རབ་ཏུ་རྒྱས་པ་དང་མཚན་དང་དཔེའ་བྱད་ལྡན་པའི་མཆོག་ཏུ་བཀྲ་ཤིས་དམ་པའི་བརྟེན་འདི་ནི་ནན་གྱིས་གོན་ཏིང་ཅིང་གྱི་ཧུང་ཅི་ཏའི་གུའི་ཤྲི་དཔལ་ལྡན་བཟང་པོ་ལ་ཕུལ་ནས་ནུབ་ཕྱོགས་སུ་བརྫོངས་ཏེ་འགྲོ་བ་ཀུན་ལ་ཕན་པ་དཔག་ཏུ་མེད་པའི་མཆོག་གི་འབྲས་བུ་མཛད་པས་རྒྱ་ཆེན་པོའི་བསོད་ནམས་བསྐྱེད་པ་དང་ལོ་ཐོག་དུས་སུ་སྨིན་པ་དང་སེམས་ཅན་ཐམས་ཅད་འབྱོར་པ་དང་རྒན་གཞོན་སོ་སོར་སྐྱེད་པ་ནད་རིགས་ཐམས་ཅད་ཞི་བ་དང་བཀྲ་ཤིས་ཡིད་བཞིན་དུ་འབྱུང་ངོ་རྟག་ཏུ། སངས་རྒྱས་ཀྱི་དྲིན་ཐོབ་པའོ་ཀྱི་སངས་རྒྱས་ཀྱི་སྐུ་ནི་རང་བཞིན་དུ་གྱུར་པ་རྟག་ཏུ་ཡང་དག་པར་ཞི་བའི་སྐད་དུ་ལས་དང་མཐུན་པའི་མངོན་དུ་མ་ཆར་བ་མེད་པས་སྔོན་གྱི་དུས་སུ་ཡུལ་དབུ་རྒྱན་གྱི་རྒྱལ་པོས་སངས་རྒྱས་ཅན་ཏན་གྱི་སྐུ་གཟུགས་བརྐོ་ནའང་ཐབས་བྲལ་གྱི་བཟོ་བོ་རྣམས་ལེགས་པར་ཐོབ་ནས་ལྷ་སྐུ་ཁྱད་པར་ཅན་བསྒྲུབས་པས་འགྲོ་བ་ཀུན་ལ་ཕན་པར་མཛད་པ་ནི་བརྗོད་ཀྱིས་མི་ལངས་ད་ལྟ། ངས་གསེར་གྱིས་ལྷ་སྐུ་བཞེངས་ནས་དེའི་རྣམ་འཕྲུལ་སྔར་ཡང་འདི་འདྲ་མཛད་པ་དང་ཕན་པ་སྔར་ཡང་འདི་འདྲར་མཛད་པས་དོན་འདི་རྣམས་བྲིས་ནས་རྗེ་རིང་ལ་བཀོས་ནས། སངས་རྒྱས་ཀྱི་བསྟན་པ་ཡུན་རིང་དུ་དར་ཞིང་རྒྱས་པ་དང་བསྟོད་པ་ནི་འདི་སྐད་དུ། ལམ་མཆོག་འཕྲིན་ལས་མཐོ་བའི་རྐང་གཉིས་གཙོ། །ཁམས་གསུམ་ལས་གྲོལ་ངོ་མཚར་རྣམ་པར་ཆེ། །འགྲོ་བ་ཀུན་ལ་ཐབས་ཀྱིས་རྒྱ་ཆེན་མཛད། །དགེ་བ་ཅིག་གིས་ཐམས་ཅད་ལས་འདུལ་བ། །རྟེན་འབྲེལ་ཡོད་པ་རྟོགས་པ་རྣམ་གྲོལ་བས། །མིག་བྲབ་མི་གཡོ་ཙམ་གྱིས་སངས་རྒྱས་ཐོབ། །བདག་གིས་ད་ལྟ་སྐུ་མཆོག་དམ་པ་བཞེངས། །མཚན་སོགས་མཛེས་ཞིང་མཚུངས་པ་མེད་པ་དང་། །

ངན་གསུམ་འགྲོ་དྲུག་ཀུན་ལ་ཕན་མཛད་ནས། །མངལ་དང་དྲོད་གཤེར་སོགས་སྐྱེས་དྲིན་འདི་ཐོབ། །རྟག་ཏུ་སྨོན་པ་འཛིག་རྟེན་འགྲོ་བ་ཀུན། །ཉོན་མོངས་སྤང་ནས་ཐམས་ཅད་བདེ་བ་དང་། །བསྐལ་བ་སྙིགས་ལྔ་རྣམ་པར་དག་པ་དང་། །བདེར་གཤེགས་རིན་ཆེན་གོ་འཕང་ཐོབ་འགྱུར་ཏེ། །བྱམས་དང་སྙིང་རྗེ་ཆེ་ཞིང་ཆོས་སྐྱ་གསལ། །རྡོ་རྗེ་བརྟན་ལྟར་འཛིག་པ་མི་མངའ་བའི། །བརྗོད་ཀྱི་མི་ལངས་བསྐལ་བ་ཆེན་པོར་ཡང་། །བྱུང་བ་ཐམས་ཅད་ཆོས་རྒྱལ་ལ་སྐབས་མཆིའོ། །ཡུན་ལོ་བཅུ་དྲུག་པའི་ལོ་ཟླ་བ་གསུམ་པའི་ཚེས་ཅིག་གི་ཉིན།།

永乐十六年瞿昙寺皇帝敕谕碑

རྒྱལ་པོའི་ལུང་ཡིག།

皇帝敕諭西寧地面大小官員軍民諸色人等

朕惟佛氏之興其來已遠西土之人久事崇信其教以空寂爲宗以普度爲心化導善類覺悟群迷功德所著無間幽顯有能尊崇其教以導引夫一方之人去其昏迷嚮慕善道强不至凌弱大不至虐小息争鬥之風無侵奪之患上下各安其分長幼各遂其生同歸于仁壽之中同安于泰和之世上足以陰翊皇度下足以勸善化俗興隆佛法一切之人咸臻净樂功德所及豈不遠哉兹者灌頂净覺弘濟大國師班丹藏卜于西寧迦伴虎藍滿都兒都地面起蓋佛寺特賜名曰寶光所在官員軍民諸色人等務要各起信心尊崇其教聽從本寺僧人自在修行爲朝廷祈祝所有佃户人等供給寺内一應使用及本寺常住所有孳畜山場樹木園林地土水磨財産房屋等項不許諸人侵占攪擾其僧俗人等或行或住聽從其便大小官員軍民諸色人等不許阻當庶俾佛教興隆法門弘振而一方之人亦得以安生樂業進修善道若有不遵朕命不敬三寶故意生事侮慢欺凌以沮其教者必罰無赦故諭

永樂十六年正月二十二日

༄༅། །ཁྲི་ལིང་ཕྱོགས་ཀྱི་ས་ཆ་ན་ཡོད་པའི་མི་དཔོན་ཆེ་ཆུང་དམག་མི་སྡེ་གཞན་ཡང་མི་སྣ་ཚོགས་རྣམས་ལ་བསྒོ་བ། ངེད་ཀྱིས་བསམས་པ་ལ། སངས་རྒྱས་ཀྱི་བསྟན་པ་དར་བ་ནི། ཡུན་རིང་དུ་སོང་ཞིང་ནུབ་ཕྱོགས་ན་ཡོད་པའི་མི་རྣམས་ཀྱི་ཡུན་རིང་ན་དེ་ལ་དད་ཅིང་། དེའི་བསྟན་པ་ནི་སྟོང་བ་དང་ཞི་བ་ལ་གཙོར་བྱས་ཞིང་། སེམས་ཉིད་ཀུན་ལ་འདྲེན་པར་བྱེད་པ་དང་། འདུལ་བྱ་དགེ་བའི་ལམ་ལ་བཀོད། མ་རིག་པ་འཐོབ་པ་རྣམས་ལ་གསལ་བར་མཛད་པ། ཡོན་ཏན་གྱི་སྒྲོན་མ་ནི་ཉིན་མཚན་ཀུན་དུ་རྒྱུན་ཆད་མེད་པ། གལ་ཏེ་སངས་རྒྱས་ཀྱི་བསྟན་པ་ལ་ཆེར་གུས་བྱས་ན། དེའི་རྟོག་པ་ལས་བརྟེན་ནས་ཕྱོགས་ཅིག་གིས་སྐྱེ་བོ་རྣམས་ལ་དགེ་བའི་ལམ་སྟོན་ཅིང་། དེ་དག་གིས་འཁྲུལ་བ་སེལ་བ། དགེ་བའི་ལམ་ལ་བཀོད། སྟོབས་ཆེ་བ་རྣམས་ཀྱི་ཉམས་ཆུང་བ་རྣམས་ལའང་བརྙས་པ་མེད་དང་། ཆེ་བ་རྣམས་ཀྱི་ཆུང་བ་རྣམས་ལའང་གནོད་པ་མེད་པ་དང་འཐབ་རྩོད་ཀྱིས་བཟེར་བུ་རབ་ཏུ་ཞི་ཞིང་འཕྲོག་པ་དང་ཚོམ་རྐུན་མེད་དེ། མཐོན་དམན་བར་གསུམ་རང་ཚོད་ཟིན་ལ། རྒན་གཞོན་སོ་སོར་བདེ་བ་དང་། ཐམས་ཅད་མིའི་ལོང་སྤྱོད་སྤྱོང་བའི་ངང་ནས། འཇིག་རྟེན་གྱི་ལོང་སྤྱོད་ལ་སྤྱོད་ཅིང་བླ་མེ་དེ་ནི་གོང་དུ། །ངེད་ཀྱི་རྒྱལ་ཁམས་ལ་སྐྱབས་པ་དང་། འོག་ཏུ་འདུལ་བྱ་རྣམས་ལ་དགེ་བའི་ལམ་ལ་བཀོད་ཅིང་། གལ་ཏེ་སངས་རྒྱས་ཀྱི་བསྟན་པ་དར་བར་བྱེད་པའི་མི་རྣམས་ནི་ཞི་བའི་བདེ་བ་ཐོབ་ཅིང་། དེའི་ཡོན་ཏན་ནི་ཤིན་ཏུ་རྒྱ་ཆེ་བ་ཡིན་ནོ། ད་ལྟ་གོང་ཏིང་ཅིང་གྱི་ཧུང་ཅི་ཏའི་གུའི་ཤྲཱི་དཔལ་ལྡན་བཟང་པོས། ཁྲི་ལིང་རྒྱ་དཔོན་ཏུ་ལན་མོན་དུར་དུའི་ས་ཆ་ན་རང་གིས་བཞེངས་པའི་སྡེ་ལ་འདིའི་ལྷ་ཁང་གི་མིང་ནི་བའོ་གོང་སྡེ་ཞེས་བྱ་བ་གསོལ་བས། དེ་ཕྱོགས་སུ་ཡོད་པའི་མི་དཔོན་ཆེ་ཆུང་དམག་མི་སྡེ་ལ་སོགས་ཐམས་ཅད་སོ་སོར་དད་པའི་སེམས་བསྐྱེད་ནས། དེའི་བསྟན་པ་ལ་བཀུར་སྟི་བྱེད་པ་དང་། སྡེ་དེ་ན་ཡོད་པའི་དགེ་འདུན་རྣམས་ཀྱིས་ཆོས་ཚུལ་དང་ལྡན་ནས། །གོང་མ་ལོ་ཁྲི་ཚེ་ཁྲི་ཚེ་ཐུབ་པའི་སྨོན་ལམ་རྣམ་པར་དག་པ་འདེབས་པ་དང་། དེ་ལ་གཏོགས་པའི་མི་སྐྱ་རྣམས་ཀྱིས་ཀྱང་། དགེ་འདུན་གྱི་ཁ་ཏོན་ལ་ལྷ་ཁང་དེའི་ཞབས་རྟོགས་ལ་འབད་འབྱུང་འཐོན་པ་གྱིས། སྡེ་དེ་ལ་གཏོགས་པའི་དགེ་འདུན་ལྷ་སྡེ་དགེ་ཏྲ། དུད་འགྲོ། སེམས་ཅན། རི་དྭགས། ནགས་འཚལ། རྟ་ར། ཚོང་ར། ཤིང་ཏོག་ར་བ། ཁང་གཞི། ས་ཞིང་། ཆུ་སྐོར། ཆར་རྐྱེན་དངོས་པོ་ལ་སོགས་རྣམས་ལ། སུས་གང་གི་ཀྱང་གནོད་འཚེར་དང་བདག་བཟུང་མ་བྱེད། གཞན་ཡང་སྡེ་དེ་ལ་གཏོགས་པའི་བནྡྷེ་མི་སྐྱ་སོགས་ཕྱོགས་གང་དུ་འདུག གར་འགྲོ་ནའང་། ཡུལ་ཕྱོགས་སོ་སོར་ཡོད་པའི་མི་དཔོན་ཆེ་ཆུང་། དམག་མི་སྡེ་གཞན་ཡང་མི་སྣ་ཚོགས་ཐམས་ཅད་དེ་ལ་བཀག་འགོག་དང་ཙུང་ཙུང་མ་བྱེད། དེ་ལྟར་ན་སངས་རྒྱས་ཀྱི་བསྟན་པ་དར། ཆོས་ཀྱི་སྒོ་མོ་རྒྱ་ཆེར་འགྱུར་བ་དང་། དེ་ཕྱོགས་སུ་མི་རྣམས་རང་རང་སོ་སོར་ཞིང་ཆུ་སོ་ནམ་བདེ་སྐྱིད་ལ་ལོང་སྤྱོད་པ་དང་། དགེ་བའི་ལམ་ལ་བརྩོན་འགྲུས་བསྒྲུབས་པར་གྱིས། གལ་ཏེ། ངེད་ཀྱི་ལུང་འདི་བཞིན་དུ་མི་མཉན་ཅིང་། དཀོན་མཆོག་ལ་མི་དད་པ་ཡིན་པས། དེའི་དོན་གྱིས་བྱ་བ་ངན་པ་བསྐྱེད་ཅིང་། དེ་ལ་བརྙས་ཆོས་དང་ཙུང་ཙུང་བྱེད་པ་ཡིན་པ་དང་། སངས་རྒྱས་ཀྱི་བསྟན་པ་ལ་གནོད་པ་བྱེད་པར་ཡིན་ན། ཅིས་ཀྱང་ཉེས་པ་གཅོད་པས་ཐར་དུ་མི་འཇུག་དོན་འདི་ཡིན་ནོ། །ཡུན་ལོ་བཅུ་དྲུག་པའི་ཟླ་བ་དང་པོའི་ཚེས་ཉེར་གཉིས་ཉིན།

【提要】

此碑立于瞿昙寺山门内左间，红砂石质。碑首正中篆书“皇帝敕谕”四字，两旁浮雕双龙，碑身周边饰以卷草花纹，碑趺为莲花须弥座。碑阳右半为汉文，直书 10 行，左半为藏文，横书 47 行。汉文与藏文合璧石刻碑文。佚名抄刻。明永乐十六年（1418年）成祖朱棣颁给瞿昙寺所辖地区僧俗官员百姓的敕谕。敕谕除重申永乐六年的谕令外，还规定自永乐六年以来瞿昙寺新增加的水磨、房屋等寺产列入保护的范围，并把瞿昙寺僧人“自在修所”的宗教权力扩大为“或行或住，听从其便”。

碑今在青海省海东市乐都区瞿昙寺，保存完好。碑面 360 厘米 ×116 厘米，右半汉文 10 行，左半藏文 42 行。碑文收入格桑本主编《瞿昙寺》，四川科技出版社 2000 年版。

【碑文】

永乐十六年瞿昙寺皇帝敕谕碑

皇帝敕谕：西宁地面大小官员、军民诸色人等，朕惟佛氏之兴，其来已远，西土之人，久事崇信。其教以空寂为宗，以普度为心，化导善类，觉悟群迷，功德所著，无间幽显。有能尊崇其教，以导引夫一方之人，去其昏迷，响慕善道，强不至凌弱，大不至虐小，息争斗之风，无侵夺之患，上下各安其分，长幼各遂其生，同归于仁寿之中，同安于泰和之世，上足以阴翊皇度，下足以劝善化俗，兴隆佛法，一切之人，咸臻净乐，功德所及，岂不远哉，兹者灌顶净觉弘济大国师班丹藏卜于西宁迦伴虎蓝满都儿都地面起盖佛寺，特赐名曰“宝光”。所在官员、军民诸色人等，务要各起信心，尊崇其教，听从本寺僧人自在修行，为朝廷祈祝。所有佃户人等供给寺内一应使用，及本寺常住所有孳畜、山场、树木、园林、地土、水磨、财产、房屋等项，不许诸人侵占搅扰。其僧俗人等，或行或住，听从其便，大小官员、军民诸色人等不许阻当。庶俾佛教兴隆，法门弘振，而一方之人，亦得以安生乐业，进修善道。若有不遵朕命，不敬三宝，故意生事侮慢欺凌，以沮其教者，必罚无赦。故谕。

永乐十六年正月二十二日

རྒྱལ་པོའི་ལུང་གིས།

༄༅། །ཟི་ལིང་ཕྱོགས་ཀྱི་ས་ཆ་ན་ཡོད་པའི་མི་དཔོན་ཆེ་ཆུང་དམག་མི་སྡེ་གཞན་ཡང་མི་སྣ་ཚོགས་རྣམས་ལ་བསྒྲོ་བ། ངེད་ཀྱིས་བསམས་པ་ལ། སངས་རྒྱས་ཀྱི་བསྟན་པ་དར་བ་ནི། ཡུན་རིང་དུ་སོང་ཞིང་ནུབ་ཕྱོགས་ན་ཡོད་པའི་མི་རྣམས་ཀྱི་ཡུན་རིང་ན་དེ་ལ་དད་ཅིང་། དེའི་བསྟན་པ་ནི་སྟོང་བ་དང་ཞི་བ་ལ་གཙོར་བྱས་ཞིང་། སེམས་ཉིད་ཀུན་ལ་འདྲེན་བར་བྱེད་པ་དང་། འདུལ་བྱ་དགེ་བའི་ལམ་ལ་བཀོད། མ་རིག་པ་འཐོབ་པ་རྣམས་ལ་གསལ་བར་མཛད་པ་ཡོན་ཏན་གྱི་སྒྲོན་མ་ནི་ཉིན་མཚན་ཀུན་དུ་རྒྱུན་ཆད་མེད་པ། གལ་ཏེ་སངས་རྒྱས་ཀྱི་བསྟན་པ་ལ་ཆེར་གུས་བྱས་ན། དེའི་རྟོག་པ་ལས་བརྟེན་ནས་ཕྱོགས་ཅིག་གིས་སྐྱེ་བོ་རྣམས་ལ་དགེ་བའི་ལམ་སྟོན་ཅིང་། དེ་དག་གིས་འཁྲུལ་བ་སེལ་བ། དགེ་བའི་ལམ་ལ་བཀོད། སྟོབས་ཆེ་བ་རྣམས་ཀྱི་ཉམས་ཆུང་བ་རྣམས་ལའང་བརྣས་པ་མེད་དང་། ཆེ་བ་རྣམས་ཀྱི་ཆུང་བ་རྣམས་ལའང་གནོད་པ་མེད་པ་དང་འཐབ་རྩོད་ཀྱིས་བཟེར་བུ་རབ་ཏུ་ཞི་ཞིང་འཁྲུག་པ་དང་ཚོམ་རྐུན་མེད་དེ། མཐོན་དམན་བར་གསུམ་རང་ཚོད་ཟིན་ལ། ཀུན་གཞོན་སོ་སོར་བདེ་བ་དང་། ཐམས་ཅད་མིའི་ལོང་སྤྱོད་སྤྱོད་པའི་ངང་ནས། འཇིག་རྟེན་གྱི་ལོང་སྤྱོད་ལ་སྤྱོད་ཅིང་བླ་མེ་དེ་ནི་གོང་དུ། ། ངེད་ཀྱི་རྒྱལ་ཁམས་ལ་སྐྱབས་པ་དང་། འོག་ཏུ་འདུལ་བྱ་རྣམས་ལ་དགེ་བའི་ལམ་ལ་བཀོད་ཅིང་། གལ་ཏེ་སངས་རྒྱས་ཀྱི་བསྟན་པ་དར་བར་བྱེད་པའི་མི་རྣམས་ནི་ཞི་བའི་བདེ་བ་ཐོབ་ཅིང་།དེའི་ཡོན་ཏན་ནི་ཤིན་ཏུ་རྒྱ་ཆེ་བ་ཡིན་ནོ། ད་ལྟ་གོན་ཏིང་ཅིང་གྱི་ཧུང་ཅི་ཏའི་གུའི་ཤྲཱི་དཔལ་ལྡན་བཟང་པོས། ཟི་ལིང་རྒྱ་དཔོན་ཧུ་ལན་མོན་དུར་དུའི་ས་ཆ་ན་རང་གིས་བཞེངས་པའི་སྡེ་ལ་འདིའི་ལྷ་ཁང་གི་མིང་ནི་བཙུ་གོང་སྡེ་ཞེས་བྱ་བ་གསོལ་བས། དེ་ཕྱོགས་སུ་ཡོད་པའི་མི་དཔོན་ཆེ་ཆུང་དམག་མི་སྡེ་ལ་སོགས་ཐམས་ཅད་སོ་སོར་དད་པའི་སེམས་བསྐྱེད་ནས། དེའི་བསྟན་པ་ལ་བཀུར་སྟི་བྱེད་པ་དང་། སྡེ་དེ་ན་ཡོད་པའི་དགེ་འདུན་རྣམས་ཀྱིས་ཆོས་ཚུལ་དང་ལྡན་ནས། །གོང་མ་ལོ་ཁྲི་ཚོ་ཁྲི་ཚོ་ཐུབ་པའི་སྨོན་ལམ་རྣམ་པར་དག་པ་འདེབས་པ་དང་།དེ་ལ་གཏོགས་པའི་མི་སྐྱ་རྣམས་ཀྱིས་ཀྱང་། དགེ་འདུན་གྱི་ཁ་ཉོན་ལ་ལྷ་ཁང་དེའི་ཞབས་རྟོགས་ལ་འབད་འབུང་འཐོན་པ་གྱིས། སྡེ་དེ་ལ་གཏོགས་པའི་དགེ་འདུན་ལྷ་སྡེ་དགེ་ཏུ། ཏུད་འགྲོ། སེམས་ཅན། རི་དྭགས། ནགས་འཚལ། རྩྭ་ར། ཚོང་ར། ཤིང་ཏོག་ར་བ། ཁང་གཞི། ས་ཞིང་། ཆུ་སྐོར། ཆར་རྐྱེན་དངོས་པོ་ལ་སོགས་རྣམས་ལ། སུས་གང་གི་ཀྱང་གནོད་འཚེར་དང་བདག་བཟུང་མ་བྱེད། གཞན་ཡང་སྡེ་དེ་ལ་གཏོགས་པའི་བནྡྷེ་མི་སྐྱ་སོགས་ཕྱོགས་གང་དུ་འདུག གར་འགྲོ་ནའང་། ཡུལ་ཕྱོགས་སོ་སོར་ཡོད་པའི་མི་དཔོན་ཆེ་ཆུང་། དམག་མི་སྡེ་གཞན་ཡང་མི་སྣ་ཚོགས་ཐམས་ཅད་དེ་ལ་བཀག་འགོག་དང་ཏུང་ཏུང་མ་བྱེད། དེ་ལྟར་ན་སངས་རྒྱས་ཀྱི་བསྟན་པ་དར། ཆོས་ཀྱི་སྒོ་མོ་རྒྱ་ཆེར་འགྱུར་བ་དང་། དེ་ཕྱོགས་སུ་མི་རྣམས་རང་རང་སོ་སོར་ཞིང་ཆུ་སོ་ནམ་བདེ་སྐྱིད་ལ་ལོང་སྤྱོད་པ་དང་། དགེ་བའི་ལམ་ལ་བརྩོན་འགྲུས་བསྒྲུབས་པར་གྱིས། གལ་ཏེ།

ངེད་ཀྱི་ལུང་འདི་བཞིན་དུ་མི་མཉན་ཅིང་། དཀོན་མཆོག་ལ་མི་དད་པ་ཡིན་པས། དེའི་དོན་གྱིས་བྱ་བ་ངན་པ་བསྐྱེད་ཅིང་། དེ་ལ་བརྙས་ཆོས་དང་རུང་རུང་བྱེད་པ་ཡིན་པ་དང་། སངས་རྒྱས་ཀྱི་བསྟན་པ་ལ་གནོད་པ་བྱེད་པར་ཡིན་ན། ཅེས་ཀྱང་ཞེས་པ་གཙོད་པས་ཐར་དུ་མི་འཇུག་དོན་འདི་ཡིན་ནོ། ། ཡུན་ལོ་བཅུ་དྲུག་པའི་ཟླ་བ་དང་པོའི་ཚེས་ཉེར་གཉིས་ཉིན།

御制瞿昙寺碑

རྒྱལ་པོས་མཛད་པའི་གྲོ་ཅུ་ཏམ་སྡེའི་རྡོ་རིང་།

御制瞿曇寺碑

朕惟

佛氏之道廣大崇深圓融明净至神至妙不可測知所謂先天地不見其始後天地不見其終德被萬有利兼顯幽
以善感者無弗應以誠求者無弗遂故自其法入中國以來歷代崇仰無間貴賤大小皆恃之爲濟涉之慈航
啓迷之慧炬而其功之大者密運化權陰翊皇度有不可名言者也斯以有道之主咸秉信向之誠我國家自
太祖高皇帝躬膺
天命撫有萬邦功高百代道濟天下無有遠邇咸囿于春風化育之中矣而聖仁之心不自滿足又崇奬佛教設置
官府于中外專理教事而官其徒之良者又頒布教條俾率其衆于善蓋欲廣佛之惠利于生民者也又念遠
邇郡縣靡不建置寺宇以嚴崇奉而西寧接壤天竺乃佛所以入中國者也而獨寥寥希闊焉豈稱崇奬之意
于是命官相土審位面勢簡材飭工肇作蘭若高閎壯麗賜名瞿曇自是中國之人往使西域及西域之人入
朝中國者至此而欲攄誠徼福有歸依之地焉我
太宗文皇帝以大德嗣大位推天覆載之心統育萬類凡日月所照霜露所墜其有生之衆靡不欣欣焉涵濡于
德化之内而聖仁達孝繼志述事尚日孜孜如恐不及故于佛氏益勤崇奬之意瓊編寶册頒布于海内外者
不可紀極亦惟欲廣佛之惠利于生民者也乃瞿曇寺重作奉佛之殿崇高附麗于日星五章輝灼于霞彩
靚深閎偉超出塵外香雲繚布如現鷲峰四達往來瞻仰歡悦起信起敬福德其可涯涘哉朕祗承大統君臨
儀兆惟
祖宗之至仁佩服無斁惟
祖宗之成憲率履不忘重惟兹寺
太祖皇帝肇之于前
太宗皇帝紹之于後
二聖功德與佛不二表而章之其在于朕嗟夫山可磨也而法界不隳海可竭也而真境長在神龍法象拱護四維
亘萬萬年永奠四極
洪熙元年正月十五日

༄། །ཀ། །རྒྱལ་པོས་མཛད་པའི་གོའུ་ཏམ་སྟེའི་རྗེ་རིང་ལ་རྣམ་པར་བཞག་པ་ཞེས་བྱ་བ། ངེད་ཀྱི་བསམ་པ་ལ།
སངས་རྒྱས་ཀྱི་ལམ་ནི། ཤིན་ཏུ་ཟབ་ཅིང་རྒྱ་ཆེ་བ། ཡོངས་སུ་རྫོགས་པ། གསལ་ཞིང་དག་པ། རྫུ་འཕྲུལ་དང་དམ་པའི་དོན་
ནི་དཔག་པར་དཀའ་བ། སྔོན་གྱི་མཐའ་ཡང་མི་མཐོང་། ཕྱི་མའི་མཐའ་ཡང་མི་མཐོང་། དེའི་ཡོན་ཏན་ནི་སྣང་གསལ་
ཀུན་ལ་ཁྱབ་ཅིང་། སྲིད་པ་ཐམས་ཅད་ལ་ཕན་པ། དགེ་བ་བསྒྲུབ་པ་རྣམས་ལ་བདེ་བ་འབྱུང་ཞིང་། བསམ་
པ་རྣམ་དག་གི་བསྒྲུབ་པ་རྣམས་ལ་དེའི་བསམ་པ་བཞིན་དུ་འགྲུབ་པ། དེ་ལྟ་བུའི་སངས་རྒྱས་ཀྱི་ཆོས་འདི་ཡུལ་
དབུས་སུ་འཕེལ་ཚུན་ཆད། རྒྱལ་རབས་རིམ་པ་རྣམས་ཀྱིས་དད་པ་བཀུར་བསྟི་བྱས་ཏེ། མཐོན་དམན། ཆེ་ཆུང་
ཐམས་ཅད་ཀྱིས་དེ་ལ་བརྟེན་ནས་ཕན་བདེ་འབྱུང་བས། བྱམས་པའི་ཀྱུ་རྫིང་ལྟ་བུ། སྣུན་པའི་གླིང་དུ་ཡེ་ཤེས་ཀྱི་
སྒྲོན་མེ་ལྟ་བུ། ཡོན་ཏན་ཆེ་བ་ནི། མི་མངོན་པའི་སྒོ་ནས་འགྲོ་བ་འདུལ་བས།རྒྱལ་ཁམས་ཀྱི་གྲོགས་སུ་འགྱུར་བ
ལ་སོགས་པའི་ཕན་ཡོན་བརྗོད་ཀྱི་མི་ལངས། སྔོན་གྱི་ཚུལ་ལུགས་འཛིན་པའི་བདག་པོ་རྣམས་ཀྱིས། དེ་ལ་ཡང་
དག་པའི་བསམ་པས་དད་པ་བྱས་པ་ཡིན། ངའི་རྒྱལ་ཁྲིམས་འདི། ཐའི་ཙུའུ་རྒྱལ་པོ་ཆེན་པོ་ནས། གནམ་གྱི་མཐུ
སྟོབས་བརྟེན་ནས་རྒྱལ་ཁམས་ཁྲི་ཕྲག་མང་པོ་སྙིང་རྗེས་སྐྱོངས། ཁོང་གི་ཡོན་ཏན་ནི་སྔར་གྱི་རྒྱལ་པོ་རྣམས་ལས་ལྷག་
པ། ཁྲིམས་ལུགས་ནི་རྒྱལ་ཁམས་ཐམས་ཅད་ལ་ཕན་པ། ཉེ་རིང་མེད་པར་ཐམས་ཅད་བདེ་སྐྱིད་ལ་བཀོད་པ་ཡིན། འཕགས་པ་
ཁོང་རང་གིས་དེ་ལྟ་བུའི་སྙིང་རྗེའི་ཐུགས་རྩོམས་པ་མེད་པར། ཡང་སངས་རྒྱས་ཀྱི་བསྟན་པ་ལ་ བཀུར་བསྟི་མཛད་ཅིང་དར་
བར་བྱས། ཡུལ་དབུས་དང་མཐའ་ཐམས་ཅད་དུ། བན་དཔོན་བཟང་པོ་བསྐོས་ནས་བསྟན་པའི་བྱ་བ་བསྒྲུབ་པ་དང་། བསྟན་པ་ལ་
ཕན་པའི་ཡི་གེ་གནང་ནས། ཀུན་ལ་སྟོན་ཅིང་དགེ་བ་ལ་འཇུད་པར་བྱེད། དེའི་དོན་ནི། སངས་རྒྱས་ཀྱི་མཐུ་ཆེན་པོ་ལ་བརྟེན་ནས་འགྲོ་
བ་ཀུན་ལ་ཕན་པར་བྱས་པ་ཡིན། གཞན་ཡང་གྲོང་མཁར་ཉེ་རིང་ཐམས་ཅད་དུ་ལྷ་ཁང་བཞེངས་ནས། མི་ཀུན་དད་པ་དང་བཀུར་
བསྟི་ལ་བཀོད། ཡང་ཟི་ཞིང་ས་ཆ་དེ་ནི། ནུབ་ཕྱོགས་ཀྱི་ཡུལ་ཁམས་དང་འབྲེལ་བའི་ས་མཚམས་ཡིན། སྔར་སངས་རྒྱས་ཀྱི་བསྟན་
པ་ཡུལ་དབུས་སུ་བྱོན་དུས། ས་ཆ་དེ་ཕྱོགས་ནས་བྱོན་པ་ཡིན། ས་ཆ་དེར་འཁྲོག་དགོན་མ་གཏོགས་ལྷ་ཁང་མེད་པས། ཐུགས་
བཞེད་དང་མཐུན་ནས། མི་དཔོན་བཏང་ནས་ས་ཆ་བལྟས་ནས། གདུམ་མ་ལ་སོགས་ལྷ་ཁང་གི་བཞེངས་རྫས་བཟང་
པོ་ལ། བཟོ་བོ་མཁས་པས་གཙུག་ལག་ཁང་བཞེངས། ལྷ་ཁང་དེ་ཤིན་ཏུ་ཆེ་ཞིང་མཐོ་བ་དང་ལེགས་པས།དེའི་མིང་
ནི་གོའུ་ཏམ་སྟེ་ཞེས་བྱ་བའི་མིང་གནང་བ་ཡིན། དེ་ཚུན་ལ་ཡུལ་དབུས་ཀྱི་གསེར་ཡིག་པ་ནུབ་ཕྱོགས་སུ་སོང་བ་རྣམས
དང་། ནུབ་ཕྱོགས་ཀྱི་མི་ཡུལ་དབུས་སུ་འོང་བ་རྣམས་ཀྱིས་ལྷ་ཁང་དེར་སླེབས་ན་དད་པའི་སེམས་བསྐྱེད་ཅིང་།
བསོད་ནམས་སོག་པ་དང་སྐྱབས་འགྲོའི་གནས་སུ་གྱུར་པ་ཡིན། ཕྱི་ནས། ངའི་ཐའི་ཙུང་རྒྱལ་པོ་ཆེན་པོ་ནི་ཡོན
ཏན་ཆེ་བས། གདན་ས་ཆེན་པོ་ལ་བཞུགས་ནས། གནམ་ས་དང་མཉམ་པའི་ཐུགས་ཀྱིས་འགྲོ་བ་ཀུན་ལ་ཕན་པར་མཛད་
པས། ཉི་ཟླས་གར་ཁྱབ་པའི་ས་ཕྱོགས་སུ་ཡོད་པའི་སེམས་ཅན་ཐམས་ཅད་བདེ་སྐྱིད་ཀྱི་དགའ་བ་འབྱུང་ཞིང་། བཀའ་དྲིན་ཆེན་
པོའི་བདེ་བ་མྱོང་བ་ཡིན། འཕགས་པ་དེ་ཉིད་ཀྱིས་ཀུན་ལ་བྱམས་དང་སྙིང་རྗེ་མཛད་ཅིང་། སྲི་ཞུ་ཆེ་བ། རྟག་ཏུ་བྱ་བ་ཐམས་
ཅད། ཐའི་ཙུའུ་རྒྱལ་པོའི་ལུགས་བཞིན་དུ་མཛད་ཀྱང་། ཁོང་ལ་མི་སླེབ་དོགས་པས། དེའི་ཆེད་དུ། སངས་རྒྱས་ལ་ཐུགས་ཤིན་ཏུ་
དད་ཅིང་བརྩོན་པས། མདོ་སྣ་ཚོགས་བཏུས་ནས་རིན་ཆེན་ལྟ་བུའི་གསུངས་རབ་བཙམས་ཏེ། རྒྱ་མཚོའི་ཕྱི་ནང་ཀུན་དུ་ཆོས་ཀྱི་སྦྱིན་པ
བཏང་བ་ནི་བསམ་གྱིས་མི་ཁྱབ་པ། དེ་ཡང་སངས་རྒྱས་ཀྱི་མཐུ་ཆེན་པོ་ལ་བརྟེན་ནས་འགྲོ་བ་ཀུན་ལ་ཕན་པའི་བྱ་བ་མཛད
པ་ཡིན། ཡང་། ཐའི་ཙུང་རྒྱལ་པོས། སྟེ་དེར་ལྷ་ཁང་ཅིག་བཞེངས་འདུག་པས། མཐོ་བ་ནི་ཉི་ཟླ་རྒྱ་སྐར་དང་འགྲན་པ། ཁ་དོག་སྣ་ལྔའི་
ཚོན་ནི་འཇའ་ཚོན་ལས་གསལ་བ། ངོ་མཚར་ཆེས། འགྲན་ཟླ་དང་བྲལ་བ། སྤོས་དྲིའི་སྤྲིན་གྱིས་ཐིབས་པས། བྱ་རྒོད་ཕུང་པོའི་རི
མངོན་སུམ་ལྟར་སྣང་བ། ཕྱོགས་བཞི་ནས་འགྲོ་འོང་བྱེད་པའི་མི་རྣམས་ཀྱིས་དགའ་བ་དང་དད་པའི་སེམས་བསྐྱེད་ནས་བཀུར་
བསྟི་བྱས་པས། དེའི་བསོད་ནམས་དཔག་མེད་དུ་ཐོབ་པ་ཡིན། ངེད་གདན་ས་ཆེན་པོ་ལ་བསྡད་ནས། རྒྱལ་ཁམས་ཀུན་གྱི་
བདག་པོ་བྱས་ནའང་། ཡབ་མེས་ཀྱི་ཐུགས་དང་མཐུན་ཅིང་མཛད་ལུགས་བཞིན་དུ་བྱས་ཀྱང་སྐྱོ་བ་དང་བརྗེད་པ་ཡང་མེད་
པའི་དོན་གྱིས། སླར་ཡང་ལྷ་ཁང་དེ་ལ་བསམ་ནས། ཐའི་ཙུའུ་རྒྱལ་པོས་ཐོག་མར་བཞེངས་པ་དང་། ཐའི་ཙུང་རྒྱལ་
པོས་ཕྱི་ནས་བཞེངས་པ། འཕགས་པ་རྣམ་གཉིས་ཀྱི་ཡོན་ཏན། སངས་རྒྱས་དང་གཉིས་སུ་མེད་པ། དེའི་ཡོན་
ཏན་དང་མཛད་འཕྲིན། ངས་གསལ་བར་བྱས་པ་ཡིན་ནོ། ཀྱེ་མ། རི་བོ་བྲི་བའི་དུས་ཡོད་ཀྱང་། ཆོས་དབྱིངས་ནམ་དུ་འང་
བྲི་བ་མེད། རྒྱ་མཚོ་སྐམས་པའི་དུས་ཡོད་ཀྱང་། ཡང་དག་ཆོས་ཉིད་རྟག་ཏུ་བཞུགས། ལྷ་ཀླུ་ཆོས་སྐྱོང་ལ་སོགས་རྣམས་
ཀྱིས་ཕྱོགས་མཚམས་ཀུན་དུ་བསྲུང་ནས། ལོ་ཁྲི་ཕྲག་མང་པོ་ཡུན་རིང་དུ་ནུབ་ཕྱོགས་དེར་བརྟན་པོར་གནས་པའོ། །
ཧུང་ཧིའི་དང་པོའི་ལོ་ཟླ་བ་དང་པོའི་བཅོ་ལྔ་ཉིན། །

【提要】

此碑立于瞿昙寺金刚殿前右侧碑亭内，红砂石质。碑身、碑首、碑趺分别为三石。碑首为螭首，呈半圆形，阳面正中刻有汉文篆书“御制瞿昙寺碑”六字，阴面正中刻有藏文楷书“རྒྱལ་པོས་མཛད་པའི་གོའུ་ཏམ་སྡེའི་རྫོ་རིང་རྣམ་པར་བཞག་པ་ཞེས་བྱ་བ།”，两面均雕“二龙戏珠”。碑面为汉文，正楷直书 23 行，阴面为藏文，楷书横刻 40 行。汉文与藏文合璧石刻碑文。佚名抄刻。明洪熙元年（1426 年）立。碑文记述仁宗历数明王朝的太祖、太宗在西陲推行藏传佛教，以达“化凶顽以从善，启人心以涤愆”的目的，还表达了仁宗自己“惟祖宗之至仁，佩服无斁，惟祖宗之成宪，率履不忘”之决心。

碑今在青海省海东市乐都区瞿昙寺，保存完好。碑面 360 厘米 ×168 厘米，碑阳 177 厘米 ×77 厘米，汉文 23 行，碑阴 177 厘米 ×77 厘米，藏文 40 行。碑文收入格桑本主编《瞿昙寺》，四川科技出版社 2000 年版。

【碑文】

御制瞿昙寺碑

朕惟佛氏之道，广大崇深，圆融明净，至神至妙，不可测知。所谓先天地不见其始，后天地不见其终，德被万有，利兼显幽，以善感者无弗应，以诚求者无弗遂。故自其法入中国以来，历代崇仰，无间贵贱大小，皆恃之为济涉之慈航，启迷之慧炬。而其功之大者，密运化权，阴翊皇度，有不可名言者也，斯以有道之主，咸秉信向之诚。我国家自太祖高皇帝躬膺天命，抚有万邦，功高百代，道济天下，无有远迩，咸囿于春风化育之中矣。而圣仁之心，不自满足，又崇奖佛教，设置官府于中外，专理教事，而官其徒之良者，又颁布教条，俾率其众于善，盖欲广佛之惠，利于生民者也。又念远迩郡县，靡不建置寺宇，以严崇奉。而西宁接壤天竺，乃佛所以入中国者也，而独寥寥希阔焉。岂称崇奖之意，于是命官相土，审位面势，简材饬工，肇作兰若，高闳壮丽，赐名瞿昙。自是中国之人往使西域，及西域之人入朝中国者，至此而欲摅诚徼福，有归依之地焉。我太宗文皇帝以大德嗣大位，推天覆载之心，统育万类，凡日月所照，霜露所坠，其有生之众，靡不欣欣焉，涵濡于德化之内。而圣仁达孝，继志述事，尚日孜孜，如恐不及，故于佛氏益勤崇奖之意，琼编宝册，颁布于海内外者，不可纪极，亦惟欲广佛之惠，利于生民者也。乃瞿昙寺重作奉佛之殿，崇高附丽于日星，五章辉灼于霞彩，靓深闳伟，超出尘外，香云缭布，如现鹫峰，四达往来，瞻仰欢悦，起信起敬，福德其可涯涘哉！朕祇承大统，君临仪兆，惟祖宗之至仁，佩服无斁；惟祖宗之成宪，率履不忘。重惟兹寺，太祖皇帝肇之于前，太宗皇帝绍之于后，二圣功德，与佛不二，表而章之，其在于朕。嗟夫！山可磨也，而法界不隳;海可竭也，而真境长在。神龙法象，拱护四维，亘万万年，永奠四极。

洪熙元年正月十五日

༄༅། །ག། །རྒྱལ་པོས་མཛད་པའི་གོ་ཙུ་ཧམ་སྟེའི་རྫོ་རིང་ལ་རྣམ་པར་བཞག་པ་ཞེས་བྱ་བ། ངེད་ཀྱི་བསམ་པ་ལ། སངས་རྒྱས་ཀྱི་ལམ་ནི། ཤིན་ཏུ་ཟབ་ཅིང་རྒྱ་ཆེ་བ། ཡོངས་སུ་རྫོགས་པ། གསལ་ཞིང་དག་པ། རྫུ་འཕྲུལ་དང་དམ་པའི་དོན་ནི་དཔག་པར་དཀའ་བ། སྟོན་གྱི་མཐའ་ཡང་མི་མཐོང་། ཕྱི་མའི་མཐའ་ཡང་མི་མཐོང་། དེའི་ཡོན་ཏན་ནི་སྨུན་གསལ་ཀུན་ལ་ཁྱབ་ཅིང་། སྲིད་པ་ཐམས་ཅད་ལ་ཕན་པ། དགེ་བ་བསྒྲུབ་པ་རྣམས་ལ་བདེ་བ་འབྱུང་ཞིང་། བསམ་པ་རྣམ་དག་གི་བསྒྲུབ་པ་རྣམས་ལ་དེའི་བསམ་པ་བཞིན་དུ་འགྲུབ་པ། དེ་ལྟ་བུའི་སངས་རྒྱས་ཀྱི་ཆོས་འདི་ཡུལ་དབུས་སུ་འཕེལ་བས་ཚུན་ཆད། རྒྱལ་རབས་རིམ་པ་རྣམས་ཀྱིས་དད་པ་བཀུར་བསྟི་བྱས་ཏེ། མཐོན་དམན། ཆེ་ཆུང་ཐམས་ཅད་ཀྱིས་དེ་ལ་བརྟེན་ནས་ཕན་བདེ་འབྱུང་བས། བྱམས་པའི་གྲུ་ཛིང་ལྟ་བུ། སྨུན་པའི་གླིང་དུ་ཡེ་ཤེས་ཀྱི་སྒྲོན་མེ་ལྟ་བུ། ཡོན་ཏན་ཆེ་བ་ནི། མི་མངོན་པའི་སྒོ་ནས་འགྲོ་བ་འདུལ་བས། རྒྱལ་ཁམས་ཀྱི་གྲོགས་སུ་འགྱུར་བལ་སྩོགས་པའི་ཕན་ཡོན་བརྗོད་ཀྱི་མི་ལངས། སྟོན་གྱི་ཚུལ་ལུགས་འཛིན་པའི་བདག་པོ་རྣམས་ཀྱིས། དེ་ལ་ཡང་དག་པའི་བསམ་པས་དད་པ་བྱས་པ་ཡིན། ངའི་རྒྱལ་ཁྲིམས་འདི། ཐའི་ཙུ་རྒྱལ་པོ་ཆེན་པོ་ནས། གནམ་གྱི་མཐུ་སྟོབས་བརྟེན་ནས་རྒྱལ་ཁམས་ཁྲི་ཕྲག་མང་པོ་སྙིང་རྗེས་སྐྱོངས། ཁོང་གི་ཡོན་ཏན་ནི་སྔར་གྱི་རྒྱལ་པོ་རྣམས་ལས་ལྷག་པ། ཁྲིམས་ལུགས་ནི་རྒྱལ་ཁམས་ཐམས་ཅད་ལ་ཕན་པ། ཉེ་རིང་མེད་པར་ཐམས་ཅད་བདེ་སྐྱིད་ལ་བཀོད་པ་ཡིན། འཕགས་པ་ཁོང་རང་གིས་དེ་ལྟ་བུའི་སྙིང་རྗེའི་ཐུགས་ངོམས་པ་མེད་པར། ཡང་སངས་རྒྱས་ཀྱི་བསྟན་པ་ལ་ བཀུར་བསྟི་མཛད་ཅིང་དར་བར་བྱས། ཡུལ་དབུས་དང་མཐའ་ཐམས་ཅད་དུ། བན་དཔོན་བཟང་པོ་བསྐོས་ནས་བསྟན་པའི་བྱ་བ་བསྒྲུབ་པ་དང་། བསྟན་པ་ལ་ཕན་པའི་ཡི་གེ་གནང་ནས། ཀུན་ལ་སྟོན་ཅིང་དགེ་བ་ལ་འཛུད་པར་བྱེད། དེའི་དོན་ནི། སངས་རྒྱས་ཀྱི་མཐུ་ཆེན་པོ་ལ་བརྟེན་ནས་འགྲོ་བ་ཀུན་ལ་ཕན་པར་བྱས་པ་ཡིན། གཞན་ཡང་གྲོང་མཁར་ཉེ་རིང་ཐམས་ཅད་དུ་ལྷ་ཁང་བཞེངས་ནས། མི་ཀུན་དད་པ་དང་བཀུར་བསྟི་ལ་བཀོད། ཡང་ཟི་ལིང་ས་ཆ་དེ་ནི། ནུབ་ཕྱོགས་ཀྱི་ཡུལ་ཁམས་དང་འབྲེལ་བའི་ས་མཚམས་ཡིན། སྔར་སངས་རྒྱས་ཀྱི་བསྟན་པ་ཡུལ་དབུས་སུ་བྱོན་དུས། ས་ཆ་དེ་ཕྱོགས་ནས་བྱོན་པ་ཡིན། ས་ཆ་དེར་འབྲོག་དགོན་མ་གཏོགས་ལྷ་ཁང་མེད་པས། ཐུགས་བཞེད་དང་མ་མཐུན་ནས། མི་དཔོན་བཏང་ནས་ས་ཆ་བལྟས་ནས། གཏུམ་མ་ལ་སྩོགས་ལྷ་ཁང་གི་བཞེངས་རྫས་བཟང་པོ་ལ། བཟོ་བོ་མཁས་པས་གཙུག་ལག་ཁང་བཞེངས། ལྷ་ཁང་དེ་ཤིན་ཏུ་ཆེ་ཞིང་མཐོ་བ་དང་ལེགས་པས།དེའི་མིང་ནི་གོ་ཙུ་ཧམ་སྟེ་ཞེས་བྱ་བའི་མིང་གནང་བ་ཡིན། དེ་ཚུན་ལ་ཡུལ་དབུས་ཀྱི་གསེར་ཡིག་པ་ནུབ་ཕྱོགས་སུ་སོང་བ་རྣམས་དང་། ནུབ་ཕྱོགས་ཀྱི་མི་ཡུལ་དབུས་སུ་འོང་བ་རྣམས་ཀྱིས་ལྷ་ཁང་དེར་སླེབས་ན་དད་པའི་སེམས་བསྐྱེད་ཅིང་། བསོད་ནམས་སོག་པ་དང་སྐྱབས་འགྲོའི་གནས་སུ་གྱུར་པ་ཡིན། ཕྱི་ནས། ངའི་ཐའི་ཙུང་རྒྱལ་པོ་ཆེན་པོ་ནི་ཡོན་ཏན་ཆེ་བས། གདན་ས་ཆེན་པོ་ལ་བཞུགས་ནས། གནམ་ས་དང་མཉམ་པའི་ཐུགས་ཀྱིས་འགྲོ་བ་ཀུན་ལ་ཕན་པར་མཛད་པས། ཉི་ཟླས་གར་ཁྱབ་པའི་ས་ཕྱོགས་སུ་ཡོད་པའི་སེམས་ཅན་ཐམས་ཅད་བདེ་སྐྱིད་ཀྱི་དགའ་བ་བྱུང་ཞིང་། བཀའ་དྲིན་ཆེན་པོའི་བདེ་བ་སྤྱོང་བ་ཡིན། འཕགས་པ་དེ་ཉིད་ཀྱིས་ཀུན་ལ་བྱམས་དང་སྙིང་རྗེ་མཛད་ཅིང་། སྲི་ཞུ་ཆེ་བ། རྟག་ཏུ

བྱ་བ་ཐམས་ཅད། ཐའི་ཛྭའུ་རྒྱལ་པོའི་ལུགས་བཞིན་དུ་མཛད་ཀྱང་། ཕོང་ལ་མི་སླེབ་དོགས་པས། དེའི་ཆེད་དུ། སངས་རྒྱས་ལ་ཕྱུགས་ཤིན་ཏུ་དད་ཅིང་བརྩོན་པས། མདོ་སྣ་ཚོགས་བཏུས་ནས་རིན་ཆེན་ལྷ་བུའི་གསུངས་རབ་བརྩམས་ཏེ། རྒྱ་མཚོའི་ཕྱི་ནང་ཀུན་དུ་ཆོས་ཀྱི་སྦྱིན་པ་བཏང་བ་ནི་བསམ་གྱིས་མི་ཁྱབ་པ། དེ་ཡང་སངས་རྒྱས་ཀྱི་མཐུ་ཆེན་པོ་ལ་བརྟེན་ནས་འགྲོ་བ་ཀུན་ལ་ཕན་པའི་བྱ་བ་མཛད་པ་ཡིན། ཡང་། ཐའི་ཛུང་རྒྱལ་པོས། སྔེ་དེར་ལྷ་ཁང་ཅིག་བཞེངས་འདུག་པས། མཐོ་བ་ནི་ཉི་ཟླ་རྒྱུ་སྐར་དང་འགྲན་པ། ཁ་ཏོག་སྣ་ལྷའི་ཚོན་ནི་འཇའ་ཚོན་ལས་གསལ་པ། ངོ་མཚར་ཆེས། འགྲན་ཟླ་དང་བྲལ་བ། སྤོས་དྲིའི་སྤྲིན་གྱིས་ཐིབས་པས། བྱ་རྒོད་ཕུང་པོའི་རི་མངོན་སུམ་ལྷར་སྣང་བ། ཕྱོགས་བཞི་ནས་འགྲོ་འོང་བྱེད་པའི་མི་རྣམས་ཀྱིས་དགའ་བ་དང་དད་པའི་སེམས་བསྐྱེད་ནས་བཀུར་བསྟི་བྱས་པས། དེའི་བསོད་ནམས་དཔག་མེད་དུ་ཐོབ་པ་ཡིན། ངེད་གདན་ས་ཆེན་པོ་ལ་བསྡད་ནས། རྒྱལ་ཁམས་ཀུན་གྱི་བདག་པོ་བྱས་ནའང་། ཡབ་མེས་ཀྱི་ཕྱུགས་དང་མཐུན་ཅིང་མཛད་ལུགས་བཞིན་དུ་བྱས་ཀྱང་སྐྱོ་བ་དང་བརྗེད་པ་ཡང་མེད་པའི་དོན་གྱིས། སླར་ཡང་ལྷ་ཁང་དེ་ལ་བསམ་ནས། ཐའི་ཛྭའུ་རྒྱལ་པོས་ཐོག་མར་བཞེངས་པ་དང་། ཐའི་ཛུང་རྒྱལ་པོས་ཕྱི་ནས་བཞེངས་པ། འཕགས་པ་རྣམ་གཉིས་ཀྱི་ཡོན་ཏན། སངས་རྒྱས་དང་གཉིས་སུ་མེད་པ། དེའི་ཡོན་ཏན་དང་མཛད་འཕྲིན། ངས་གསལ་བར་བྱས་པ་ཡིན་ནོ། ཀྱེ་མ། རི་བོ་བྲི་བའི་དུས་ཡོད་ཀྱང་། ཆོས་དབྱིངས་ནམ་དུ་འང་བྲི་བ་མེད། རྒྱ་མཚོ་སྐམས་པའི་དུས་ཡོད་ཀྱང་། ཡང་དག་ཆོས་ཉིད་རྟག་ཏུ་བཞུགས། ལྷ་ཀླུ་ཆོས་སྐྱོང་ལ་སོགས་རྣམས་ཀྱིས་ཕྱོགས་མཚམས་ཀུན་དུ་བསྲུང་ནས། ལོ་ཁྲི་ཕྲག་མང་པོ་ཡུན་རིང་དུ་ནུབ་ཕྱོགས་དེར་བརྟན་པོར་གནས་པར་ཤོག །

ཧུང་ཧྲེའི་དང་པོའི་ལོ་ཟླ་བ་དང་པོའི་བཅོ་ལྔ་ཉིན། །

御制瞿昙寺后殿碑

རྒྱལ་པོས་མཛད་པའི་གྲོ་ཚུ་དམ་སྡེའི་རྒྱམ་ཀྱི་ལྷ་ཁང་གི་རྡོ་རིང་།

御制瞿曇寺後殿碑文

昔我

太祖高皇帝受

天明命奄有天下四方萬國悉順悉臣德化流行無間遠邇舉海宇之大民物之衆皆已納諸太和雍熙之域矣重惟

佛氏之教清浄爲宗慈恵爲用可以陰翊皇度弘利衆生其功德至大無以加也而西方乃其教之所自宜加崇事以宜以宣導

宗風于是即西寧之境肇建梵宇賜名曰瞿曇寺以居其徒俾敷揚教法徼福下民大矣哉

高皇帝聖仁之心也

皇祖太宗文皇帝聖神文武功德崇高茂闡皇猷仁育天下又命即寺重作佛殿其中規制閎麗用極崇奉嚴敬信而廣

利濟焉

皇祖聖心即

太祖皇帝之聖心也

皇考仁宗昭皇帝道德光華恩澤孚浹覆載之内熙然同春而惓惓愛民之志益重能仁之教

皇考聖心即

祖宗之聖心也朕恭承天序嗣守天位惟

三聖之大經大法欽奉而行之以致理興教若保合太和陰佑民物運靈化于湯穆蓋有資于西方聖神者矣兹于瞿曇

寺繼作後殿用循

先志增益閎規民悦工勤不勞而成既成之日遠邇趨赴瞻望拜跽萬衆一心如仰兜率感應之妙種種吉祥天花法

樂溢于見聞金相玉毫仿佛來止最勝希有罔既名言崎歟盛矣若朕志所存惟

祖考在天之靈用資福祐于無窮惟國家寶祚之重用隆本支于蕃盛惟海宇生民之衆用保太平于悠久此朕之志亦

惟體

皇祖

皇考之聖志也嗟夫如天地之大如日月之明惟

佛暨我國家永永同壽用勒貞石垂示于千萬萬年

宣德二年二月初九日

༄༅། །རྒྱལ་པོས་མཛད་པའི་གོ་ཏ་དམ་སྟེའི་རྒྱབ་ཀྱི་ལྷ་ཁང་གི་རྡོ་རིང་ལ་རྣམ་པར་བཞག་པ་ཞེས་བྱ་བ། སྟར། ངའི།
ཐའི་ཙུ་ཉུ་རྒྱལ་པོ་ཆེན་པོ། མངོན་སུམ་དུ། གནམ་གྱི་མཐུ་སྟོབས་ལ་བརྟེན་ནས།རྒྱལ་ཁམས་ཀུན་གྱི་བདག་པོ་བྱས་ཏེ། ཕྱོགས་
བཞི་དང་ཡུལ་ཁམས་ཐམས་ཅད་ན་ཡོད་པའི་མི་རྣམས་ཀྱིས་ཀྱང་ངོ་ལྟས་ནས་འབངས་སུ་གྱུར། དེའི་ཡོན་ཏན་གྱི་འཕྲིན་ལས་ཉེ་རིང་
ཐམས་ཅད་དུ་ཁྱབ་པ། ཡངས་པའི་རྒྱལ་ཁམས་ཀྱི་མི་སྡེ་དང་འགྲོ་བ་ཐམས་ཅད་བདེ་སྐྱིད་ཀྱི་ས་ལ་ བཀོད་ཅིང་། ཡང་སངས་རྒྱས་ཀྱི་བསྟན་
པ་ལ་དགོངས་ཏེ། བསྟན་པ་ནི། རྣམ་པར་དག་པ་ལ་གཙོར་བྱས་ཞིང་། བྱམས་དང་བཀའ་དྲིན་ཀུན་ལ་བསྒོམས་པ། རྒྱལ་ཁམས་ལ་མི་
མངོན་པའི་གྲོགས་ལྡན་དང་། སེམས་ཅན་མང་པོ་ལ་ཕན་པ། དེའི་ཡོན་ཏན་རྒྱ་ཆེ་ཞིང་བསམ་གྱིས་མི་ཁྱབ་པ་ཡིན། དེ་ལྟ་བུའི་བསྟན་པ་དེ། ནུབ
ཕྱོགས་དེ་ནས་བརྒྱུད་ནས་ཡོངས་པས། དེས་ན་དེ་ཕྱོགས་སུ་གུས་པས་སངས་རྒྱས་ཀྱི་བསྟན་པ་དར་བར་བྱས་ན་མཆོག་ཏུ་གྱུར་པ་ཡིན། །དགོང་
ནས་ཐེ་ཕིང་ས་ཆ་ན་ལྷ་ཁང་ཡང་དག་ཅིག་བཞེངས་ནས།དེའི་མིང་ནི་གོ་ཏ་དམ་སྟེ་ཞེས་བྱ་བ་གནང་ནས། དེར་དགེ་འདུན་རྣམས་སྡེ་དེ་ཏུ་བསྡད་
ནས། སངས་རྒྱས་ཀྱི་ཆོས་བཤད་དུ་བཅུག་ཏེ། འགྲོ་བ་རྣམས་ལ་བསོད་ནམས་བགྱིས་པ་ཡིན། དེས་ན། །འཕགས་པ་ཐའི་ཙུ་ཉུ་རྒྱལ་པོ་ཆེན་པོ་
བྱམས་དང་ཐུགས་རྗེ་ཤིན་ཏུ་རྒྱ་ཆེ་བ་ཡིན་ནོ། །ངའི། མེས་པོ་ཐའི་ཙུང་རྒྱལ་པོ་ཆེན་པོ་ཉིད། འཕགས་པ་དང་ལྷའི་ཡོན་ཏན་སྣ་ཚོགས་དང་
ལྡན་ཞིང་བྱམས་དང་མཐུ་སྟོབས་ཡོངས་སུ་རྫོགས་པ། མཛད་པའི་འཕྲིན་ལས་ཤིན་ཏུ་མཐོ་ཞིང་ཆེ་བ། ཁྲིམས་ལུགས་རྒྱ་ཆེན་པོ་
དར་བ། རྒྱལ་ཁམས་ཀུན་དུ། ཐུགས་རྗེས་སྐྱོང་བ། དེས་ལུང་གིས་སྟེ་དེ་ན་ཡང་ལྷ་ཁང་ཅིག་བཞེངས་འདུག་པས། དེའི་ནང་གི་སྐུ་
གཟུགས་དང་ལྷ་ཁང་ནི། བཟོ་ལེགས་པ། དབྱིབས་མཛེས་པ། ཤིན་ཏུ་ཆེ་ཞིང་མཐོ་བ། དེ་ལ་གང་གིས་དད་པ་དང་གུས་པར་བྱས་ན། འགྲོ་
བ་ཀུན་ལ་ཕན་བདེ་འབྱུང་བར་དགོངས་ནས་མཛད་པས། མེས་པོ་ཐའི་ཙུང་རྒྱལ་པོའི་ཐུགས་ནི། ཐའི་ཙུ་ཉུ་རྒྱལ་པོ་འི་ཐུགས་དང་
གཉིས་སུ་མེད་པ་ཡིན། །ཡབ་གཞིང་ཙུང་རྒྱལ་པོ་ཆེན་པོ་ཉིད། ལམ་དང་ཡོན་ཏན་གསལ་ཞིང་ཆེ་བ། བཀའ་
དྲིན་ཆེན་པོས་རྒྱལ་ཁམས་ཀུན་དུ་ཁྱབ་པ་དང་། མི་སྡེ་རྣམས་རྟག་ཏུ་བརྩེ་བའི་ཐུགས་ཀྱི་དགོངས་ ནས། ཐམས་ཅད་བདེ་
བའི་ལོངས་སྤྱོད་ལ་བཀོད་ཅིང་། ཡང་སངས་རྒྱས་ཀྱི་བསྟན་པ་ལ་བཀུར་བསྟི་མཛད་པས། ཡབ་གཞིང་ཙུང་རྒྱལ་པོའི་ཐུགས་ན་
འཕགས་པ་མེས་པོ་རྣམ་གཉིས་ཀྱི་ཐུགས་དང་ཁྱད་པར་མེད་པ་ཡིན། ད་ལྟ། མཛད་པས། ཡབ་གཞིང་ཙུང་རྒྱལ་པོའི་ཐུགས་ན་
འཕགས་པ་མེས་པོ་རྣམ་གཉིས་ཀྱི་ཐུགས་དང་ཁྱད་པར་མེད་པ་ཡིན། ད་ལྟ། ངེད། གནམ་གྱི་མཐུ་སྟོབས་ལ་བརྟེན་ནས། གདན་
ས་ཆེན་པོ་ལ་བསྡད་ཚུན་ཆད། བྱ་བ་ཐམས་ཅད། འཕགས་པ་རྣམ་གསུམ་གྱི་ཁྲིམས་ལུགས་ཆེན་པོ་དང་མི་འགལ་བར། གུས་པར་བྱས་
ནས་འགྲོ་བ་ཀུན་ལ་ཕན་པ་དང་བདེ་འཇགས་བྱས་པ་ཡིན། གལ་ཏེ་འཇིག་རྟེན་དུ་ཆར་ཆུ་དུས་སུ་བབ་པ་དང་། ལོ་ཆུ་རྟག་ཏུ་ལེགས་པ་དང་།
སེམས་ཅན་ཀུན་ལ་སྐྱོབ་པ་དང་། རྫུ་འཕྲུལ་དམ་པས་མི་མངོན་པར་སྦ་པར་འདོད་ན། ཐུབ་ཕྱོགས་སངས་རྒྱས་ལ་རག་ལས་པ་ཡིན། དེའི་ཆེད་དུ།
ངས་གོ་ཏ་དམ་སྟེ་དེ་ན་རྒྱབ་ཀྱི་ལྷ་ཁང་ཅིག་བཞེངས་པས་ནི། ཡབ་མེས་ཀྱི་ཐུགས་དགོངས་རྫོགས་པའི་དོན་དུ་བྱས་པ་ཡིན། ལྷ་
ཁང་དེ་ནི། ལྷག་པར་དུ་ཆེ་ཞིང་མཐོ་བ། བཞེངས་པའི་ཚེ། བཟོ་བོ་དང་མི་སྡེ་ཀུན་གྱིས་དགའ་བའི་སེམས་བསྐྱེད་ནས་ལས་ལ་ཤིན་ཏུ་
བརྩོན་པ་དང་། སྡུག་བསྔལ་མེད་པར་གྲུབ་ཅིང་། གྲུབ་ནས་ཀྱང་ས་ཆ་ཉེ་རིང་ཀུན་ནས་འོངས་པའི་མི་རྣམས་ཀྱིས། དེ་ལ་དད་པས་
ཕྱག་འཚལ་བ་སོགས་བྱས་ནས། མི་མང་པོ་སེམས་རྩེ་ཅིག་ཏུ། དགའ་ལྡན་གྱི་གནས་ལ་དད་པ་ལྟར་བྱས་འདུག། དེ་ན་བཀྲ་ཤིས་ཀྱི་
བལྟས་བཟང་པོ་སྣ་ཚོགས་བྱུང་ཞིང་། མེ་ཏོག་གི་ཆར་དང་། ཆོས་ཀྱི་རོལ་མོའི་སྒྲ་མངོན་སུམ་དུ་གྲགས་པ་དང་། བར་སྣང་ལ་
གསེར་སྐུ་དང་དེའི་མཛོད་སྤུའི་འོད་ཟེར་ཉེ་བར་གསལ་བ། ངོ་མཚར་ཆེ་བ་བརྗོད་ཀྱིས་མི་ལངས་པ་མཆོག་ཏུ་གྱུར་པ་བྱུང་
འདུག་པས། ངེད་ཀྱི་བསམ་པ་ལ། །ཡབ་མེས་རྣམ་པ་ལྔའི་གནས་སུ་བཞུགས་པའི་ཐུགས་དགོངས་རྫོགས་པའི་དོན་
དུ་བསོད་ནམས་དཔག་ཏུ་མེད་པ་བསྒྲུབ་པ་དང་། རྒྱལ་པོའི་གདན་ས་ཆེན་པོ་ཕྱི་རབས་རྒྱུད་པ་རྒྱུད་པར་འཕེལ་བའི་དོན་དང་། རྒྱལ་
ཁམས་ཀུན་གྱི་སེམས་ཅན་མང་པོ་ཡུན་རིང་དུ་འཇགས་པ་དང་བདེ་སྐྱིད་འབྱུང་ཞིང་བསྒྱུར་བའི་དོན་དུ་ཡིན། ངེད་ཀྱི་སེམས་ནི།
འཕགས་པ་ཡབ་མེས་རྣམ་པའི་ཐུགས་དང་མཐུན་པར་བྱས་པ་ཡིན། ཀྱེ།གནམ་ས་ཇི་ལྟར་རྒྱ་ཆེ་བ། ཉི་ཟླ་ཇི་ལྟར་གསལ་བ་ལྟར།
སངས་རྒྱས་ཀྱི་བསྟན་པ་དང་། ངའི་རྒྱལ་སྲིད་དེ་དང་མཉམ་པོར་ཡུན་རིང་དུ་གནས་ཅིང་དར་བར་གྱུར་ཅིག །རྡོ་རིང་ལ་ཡི་གེ་འདི་བརྐོས་ནས།
ལོ་ཁྲི་ཕྲག་མང་པོར་གནས་པའི་དོན་དུའོ། །ཡོན་དེའི་གཉིས་པའི་ལོ་ཟླ་བ་གཉིས་ཚེས་དགུའི་ཉིན།།

【提要】

此碑立于瞿昙寺金刚殿前左侧碑亭内，红砂石质。碑身、碑首、碑趺分别为三石。碑首为螭首，呈半圆形，碑首阳面正中刻有汉文篆书“御制瞿昙寺后殿碑”八字，阴面正中刻有藏文楷书“རྒྱལ་པོས་མཛད་པའི་གོའུ་དམ་སྡེའི་རྒྱབ་ཀྱི་ལྷ་ཁང་གི་རྡོ་རིང་རྣམ་པར་བཞག་པ་ཞེས་བྱ་བ།”，碑阳面为汉文，正楷直书24行，碑阴面为藏文楷书横刻33行。佚名抄刻。明宣德二年（1427年）立。碑文是明宣宗朱瞻基为庆贺瞿昙寺隆国殿的竣工而作。在明宣宗的支持下，瞿昙寺相继完工了隆国殿、后钟鼓楼等建筑。此后宣宗又遣御用太监孟继、尚义、陈享和袁琦等人赏“皇帝万岁牌”立于隆国殿。这是瞿昙寺所获的明廷最高规格的赏赐。

碑今在青海省海东市乐都区瞿昙寺，保存完好。碑面360厘米×168厘米，碑阳177厘米×77厘米，汉文24行；碑阴177厘米×77厘米，藏文33行。碑文收入格桑本主编《瞿昙寺》，四川科技出版社2000年版。

【碑文】

昔我太祖高皇帝受天明命，奄有天下，四方万国，悉顺悉臣，德化流行，无间远迩，举海宇之大，民物之众，皆已纳诸太和雍熙之域矣。重惟佛氏之教，清净为宗，慈惠为用，可以阴翊皇度，弘利众生，其功德至大，无以加也。而西方乃其教之所自，宜加崇事，以宜以宣导宗风。于是即西宁之境，肇建梵宇，赐名曰瞿昙寺，以居其徒，俾敷扬教法，徼福下民。大矣哉，高皇帝圣仁之心也！皇祖太宗文皇帝圣神文武，功德崇高，茂阐皇猷，仁育天下，又命即寺重作佛殿。其中规制闳丽，用极崇奉，严敬信而广利济焉。皇祖圣心，即太祖皇帝之圣心也。皇考仁宗昭皇帝道德光华，恩泽孚浃，覆载之内，熙然同春，而惓惓爱民之志，益重能仁之教。皇考圣心，即祖宗之圣心也。朕恭承天序，嗣守天位，惟三圣之大经大法，钦奉而行之，以致理兴教，若保合太和，阴佑民物，运灵化于汤穆，盖有资于西方圣神者矣。兹于瞿昙寺继作后殿，用循先志，增益闳规，民悦工勤，不劳而成。既成之日，远迩趋赴，瞻望拜跽，万众一心，如仰兜率，感应之妙，种种吉祥。天花法乐，溢于见闻；金相玉毫，仿佛来止。最胜希有，罔既名言。崎欤盛矣！若朕志所存，惟祖考在天之灵，用资福祐于无穷；惟国家宝祚之重，用隆本支于蕃盛；惟海宇生民之众，用保太平于悠久。此朕之志，亦惟体皇祖皇考之圣志也。嗟夫！如天地之大，如日月之明，惟佛暨我国家，永永同寿。用勒贞石，垂示于千万万年。

宣德二年二月初九日

༄༅། །༡ རྒྱལ་པོས་མཛད་པའི་གོའུ་ཏམ་སྡེའི་རྒྱབ་ཀྱི་ལྷ་ཁང་གི་རྗོ་རིང་ལ་རྣམ་པར་བཞག་པ་ཞེས་བྱ་བ། སྔར། ངའི། ཐའི་ཛུའུ་རྒྱལ་པོ་ཆེན་པོ། མངོན་སུམ་དུ། གནམ་གྱི་མཐུ་སྟོབས་ལ་བརྟེན་ནས། རྒྱལ་ཁམས་ཀུན་གྱི་བདག་པོ་བྱས་ཏེ། ཕྱོགས་བཞི་དང་ཡུལ་ཁམས་ཐམས་ཅད་ན་ཡོད་པའི་མི་རྣམས་ཀྱིས་ཀྱང་ངོ་ལྷུས་ནས་འབངས་སུ་གྱུར། དེའི་ཡོན་ཏན་གྱི་འཕྲིན་ལས་ཉེ་རིང་ཐམས་ཅད་དུ་ཁྱབ་པ། ཡངས་པའི་རྒྱལ་ཁམས་ཀྱི་མི་སྡེ་དང་འགྲོ་བ་ཐམས་ཅད་བདེ་སྐྱིད་ཀྱི་ས་ལ་བཀོད་ཅིང་། ཡང་སངས་རྒྱས་ཀྱི་བསྟན་པ་ལ་དགོངས་ཏེ། བསྟན་པ་ནི། རྣམ་པར་དག་པ་ལ་གཙོར་བྱས་ཞིང་། བྱམས་དང་བཀའ་དྲིན་ཀུན་ལ་བསྐྱོམས་པ། རྒྱལ་ཁམས་ལ་མི་མངོན་པའི་གྲོགས་ལྡན་དང་། སེམས་ཅན་མང་པོ་ལ་ཕན་པ། དེའི་ཡོན་ཏན་རྒྱ་ཆེ་ཞིང་བསམ་གྱིས་མི་ཁྱབ་པ་ཡིན། དེ་ལྟ་བུའི་བསྟན་པ་དེ། ནུབ་ཕྱོགས་དེ་ནས་བརྒྱུད་ནས་ཡོངས་པས། དེས་ན་དེ་ཕྱོགས་སུ་གྲུས་པས་སངས་རྒྱས་ཀྱི་བསྟན་པ་དར་བར་བྱས་ན་མཆོག་ཏུ་གྱུར་པ་ཡིན། །དགོང་ནས་ཟེ་ལིང་ས་ཆ་ན་ལྷ་ཁང་ཡང་དག་ཅིག་བཞེངས་ནས་དེའི་མིང་ནི་གོའུ་ཏམ་སྡེ་ཞེས་བྱ་བ་གནང་ནས། དེར་དགེ་འདུན་རྣམས་སྡེ་དེ་རུ་བསྡད་ནས། སངས་རྒྱས་ཀྱི་ཆོས་བཤད་དུ་བཅུག་ཏེ། འགྲོ་བ་རྣམས་ལ་བསོད་ནམས་བགྱིས་པ་ཡིན། དེས་ན།། འཕགས་པ་ཐའི་ཛུའུ་རྒྱལ་པོ་ཆེན་པོ་བྱམས་དང་ཐུགས་རྗེ་ཤིན་དུ་རྒྱ་ཆེ་བ་ཡིན་ནོ། །ངའི། མེས་པོ་ཐའི་ཛུང་རྒྱལ་པོ་ཆེན་པོ་ཉིད། འཕགས་པ་དང་ལྷའི་ཡོན་ཏན་སྣ་ཚོགས་དང་ལྡན་ཞིང་བྱམས་དང་མཐུ་སྟོབས་ཡོངས་སུ་རྫོགས་པ། མཛད་པའི་འཕྲིན་ལས་ཤིན་དུ་མཐོ་ཞིང་ཆེ་བ། ཁྲིམས་ལུགས་རྒྱ་ཆེན་པོ་དར་བ། རྒྱལ་ཁམས་ཀུན་དུ། ཐུགས་རྗེས་སྐྱོང་བ། དེས་ལུང་གིས་སྡེ་དེ་ན་ཡང་ལྷ་ཁང་ཅིག་བཞེངས་འདུག་པས། དེའི་ནང་གི་སྐུ་གཟུགས་དང་ལྷ་ཁང་ནི། བཟོ་ལེགས་པ། དབྱིབས་མཛེས་པ། ཤིན་དུ་ཆེ་ཞིང་མཐོ་བ། དེ་ལ་གང་གིས་དད་པ་དང་གུས་པར་བྱས་ན། འགྲོ་བ་ཀུན་ལ་ཕན་བདེ་འབྱུང་བར་དགོངས་ནས་མཛད་པས། མེས་པོ་ཐའི་ཛུང་རྒྱལ་པོའི་ཐུགས་ནི། ཐའི་ཛུའུ་རྒྱལ་པོ་འི་ཐུགས་དང་གཉིས་སུ་མེད་པ་ཡིན། །ཡབ་གཞིང་ཛུང་རྒྱལ་པོ་ཆེན་པོ་ཉིད། ལམ་དང་ཡོན་ཏན་གསལ་ཞིང་ཆེ་བ། བཀའ་དྲིན་ཆེན་པོས་རྒྱལ་ཁམས་ཀུན་དུ་ཁྱབ་པ་དང་། མི་སྡེ་རྣམས་རྟག་ཏུ་བརྩེ་བའི་ཐུགས་ཀྱི་དགོངས་ནས། ཐམས་ཅད་བདེ་བའི་ལོངས་སྤྱོད་ལ་བཀོད་ཅིང་། ཡང་སངས་རྒྱས་ཀྱི་བསྟན་པ་ལ་བཀུར་བསྟི་མཛད་པས། ཡབ་གཞིང་ཛུང་རྒྱལ་པོའི་ཐུགས་ན་འཕགས་པ་མེས་པོ་རྣམ་གཉིས་ཀྱི་ཐུགས་དང་ཁྱད་པར་མེད་པ་ཡིན། ད་ལྟ། མཛད་པས། ཡབ་གཞིང་ཛུང་རྒྱལ་པོའི་ཐུགས་ན་འཕགས་པ་མེས་པོ་རྣམ་གཉིས་ཀྱི་ཐུགས་དང་ཁྱད་པར་མེད་པ་ཡིན། ད་ལྟ། ངེད། གནམ་གྱི་མཐུ་སྟོབས་ལ་བརྟེན་ནས། གདན་ས་ཆེན་པོ་ལ་བསྡད་ཚུན་ཆད། བྱ་བ་ཐམས་ཅད། འཕགས་པ་རྣམ་གསུམ་གྱི་ཁྲིམས་ལུགས་ཆེན་པོ་དང་མི་འགལ་བར། གུས་པར་བྱས་ནས་འགྲོ་བ་ཀུན་ལ་ཕན་པ་དང་བདེ་འཛུགས་བྱས་པ་ཡིན། གལ་ཏེ་འཛིག་རྟེན་དུ་ཆར་ཆུ་དུས་སུ་བབ་པ་དང་། ལོ་ཆུ་རྟག་ཏུ་ལེགས་པ་དང་། སེམས་ཅན་ཀུན་ལ་སྐྱིབ་པ་དང་། རྫུ་འཕྲུལ་དམ་པས་མི་མངོན་པར་ཕན་པར་འདོད་ན། ནུབ་ཕྱོགས་སངས་རྒྱས་ལ་རག་ལས་པ་ཡིན། དེའི་ཆེད་དུ། ངས་གོའུ་ཏམ་སྡེ་དེ་ན་རྒྱབ་ཀྱི་ལྷ་ཁང་ཅིག་བཞེངས་པས་ནི། ཡབ་མེས་ཀྱི་ཐུགས་དགོངས་རྫོགས་པའི་དོན་དུ་བྱས་པ་ཡིན། ལྷ་ཁང་དེ་ནི། ལྷག་པར་དུ་ཆེ་ཞིང་མཐོ་བ། བཞེངས་པའི་ཚེ། བཟོ་བོ་དང་མི་སྡེ་ཀུན་གྱིས་དགའ

བའི་སེམས་བསྐྱེད་ནས་ལས་ལ་ཞེན་དུ་བརྩོན་པ་དང་། སྡུག་བསྔལ་མེད་པར་གྲུབ་ཅིང་། གྲུབ་ནས་ཀྱང་ས་ཆ་ཉེ་རིང་ཀུན་ནས་འོངས་པའི་མི་རྣམས་ཀྱིས། དེ་ལ་དད་པས་ཕྱག་འཚལ་བ་སོགས་བྱས་ནས། མི་མང་པོ་སེམས་རྩེ་ཅིག་ཏུ། དགའ་ལྡན་གྱི་གནས་ལ་དད་པ་ལྟར་བྱས་འདུག །དེ་ན་བཀྲ་ཤིས་ཀྱི་བལྟས་བཟང་པོ་སྣ་ཚོགས་བྱུང་ཞིང་། མེ་ཏོག་གི་ཆར་དང་། ཆོས་ཀྱི་རོལ་མོའི་སྒྲ་མངོན་སུམ་དུ་གྲགས་པ་དང་། བར་སྣང་ལ་གསེར་སྐྱུ་དང་དེའི་མཛོད་སྤུའི་འོད་ཟེར་ཉེ་བར་གསལ་བ། ངོ་མཚར་ཆེ་བ་བཀོད་ཀྱིས་མི་ལངས་པ་མཆོག་ཏུ་གྱུར་པ་བྱུང་འདུག་པས། ངེད་ཀྱི་བསམ་པ་ལ། །ཡབ་མེས་རྣམ་པ་ལྔའི་གནས་སུ་བཞུགས་པའི་ཐུགས་དགོངས་རྫོགས་པའི་དོན་དུ་བསོད་ནམས་དཔག་ཏུ་མེད་པ་བསྒྲུབ་པ་དང་། རྒྱལ་པོའི་གདན་ས་ཆེན་པོ་ཕྱི་རབས་རྒྱུད་པ་རྒྱུད་པར་འཕེལ་བའི་དོན་དང་། རྒྱལ་ཁམས་ཀུན་གྱི་སེམས་ཅན་མང་པོ་ཡུན་རིང་དུ་འཇགས་པ་དང་བདེ་སྐྱིད་འབྱུང་ཞིང་བསྲུང་བའི་དོན་དུ་ཡིན། ངེད་ཀྱི་སེམས་ནི། འཕགས་པ་ཡབ་མེས་རྣམ་པའི་ཐུགས་དང་མཐུན་པར་བྱས་པ་ཡིན། ཀྱེ། གནམ་ས་ཇི་ལྟར་རྒྱ་ཆེ་བ། ཉི་ཟླ་ཇི་ལྟར་གསལ་བ་ལྟར། སངས་རྒྱས་ཀྱི་བསྟན་པ་དང་། ངའི་རྒྱལ་སྲིད་དེ་དང་མཉམ་པོར་ཡུན་རིང་དུ་གནས་ཅིང་དར་བར་གྱུར་ཅིག །རྡོ་རིང་ལ་ཡི་གེ་འདི་བརྐོས་ནས། ལོ་ཁྲི་ཕྲག་མང་པོར་གནས་པའི་དོན་དུའོ། །ཐོན་དེའི་གཉིས་པའི་ལོ་ཟླ་བ་གཉིས་ཚེས་དགུའི་ཉིན།།

佑宁寺碑

དགོན་ལུང་བྱམས་པ་གླིང་གི་རྡོ་རིང་།

敕赐佑宁寺碑文

西宁郭隆寺地处通途喇嘛之自西藏来者于兹取道为边隆古刹自罗卜藏丹津之叛结连奸顽喇嘛煽动番夷一时蠢动是以大兵进讨烧焚寺宇俾奸宄无所藏匿凶徒既殄边境敉宁梵刹旧基理宜修复爰发帑鸠工遣官往董其事山开佛殿夫制秩然鐕舍经堂一准旧式限令延僧二百人常住薰修宣扬妙法往来梵众亦得栖息之所役既告竣以旧称不雅敕定嘉名赐额曰佑宁寺并纪文勒石以昭久远夫黄教之传盛于西域凡厥部众尊崇信奉远迩一心其为道盖佛氏之支流开示迷途因俗利导于治化不为无助书曰惠迪吉从逆凶惟影响览兹寺兴废之由顺逆之理昭然矣我国家洪福德泽以振兴黄教绥抚番夷继自卭恪守清规虔修梵行诸部落归依崇奉之愿久且益坚将见鸿慈普佑永戴清宁兹寺与西土山川同其悠久可也

【提要】

清雍正十年（1732 年）爱新觉罗·胤禛撰文。记雍正皇帝为修复郭隆寺并重赐寺名的圣旨。雍正二年因罗卜藏丹津事件，该寺被清军烧毁。雍正十年应章嘉、土观呼图克图的请求，以寺院旧名“郭隆寺”不雅，敕定嘉名，赐额“佑宁寺”。碑文大意为：帝愿以振兴黄教，绥抚“番夷”，寺院众僧恪守清规，虔修梵行，众部落归依崇奉。

碑在今青海省海东市互助土族自治县佑宁寺，保存完好。一面有字，碑面 253 厘米 ×234 厘米，碑阳 129 厘米 ×96 厘米，汉文 17 行。

【碑文】

佑宁寺碑

西宁郭隆寺，地处通途，喇嘛之自西藏来者，于兹取道，为边隆古刹。自罗卜藏丹津之叛，结连奸顽喇嘛，煽动番夷，一时蠢动。是以大兵进讨，烧焚寺宇，俾奸宄无所藏匿。凶徒既殄，边境敉宁，梵刹旧基，理宜修复，爰发帑鸠工，遣官往董其事。山开佛殿，夫制秩然，僧舍经堂，一准旧式。限令延僧二百人，常住薰修，宣扬妙法。往来梵众，亦得栖息之所。役既告竣，以旧称不雅，敕定嘉名，赐额曰“佑宁寺”，并纪文勒石，以昭久远。

夫黄教之传，盛于西域，凡厥部众，尊崇信奉，远迩一心。其为道，盖佛氏之支流，开示迷途，因俗利导，于治化不为无助。书曰：“惠迪吉，从逆凶，惟影响。”览兹寺兴废之由，顺逆之理昭然矣。我国家洪福德泽，以振兴黄教，嫒抚番夷，继自邙恪守清规，虔修梵行，诸部落归依崇奉之愿，久且益坚，将见鸿慈普佑，永戴清宁。兹寺与西土山川，同其悠久可也。

清赐建广惠寺碑

重建清雍正敕赐广惠寺碑记

清赐建广惠寺碑

黄教之兴盛于西土其道根源天竺演说因果觉悟群生使为善者知劝作恶者思惩与作善降祥作不善降殃之理默相符合所以易俗移风裨助于王化为益洪矣西宁旧有郭莽寺地处通途为边塞古刹从西藏进口之喇嘛皆于兹托足即佛家所谓十方院也自罗布藏丹津悖义作逆兹寺奸顽喇嘛与相接连煽动部落遂使修行之区转为藏奸之薮是以大兵进讨除其众而毁其寺所以遏恶止乱非得已也迩来氛翳廓清疆土宁谧宜振兴教以抚番夷爰发帑金遣官往为重建佛殿经堂僧舍山门规模复旧丹雘一新常住之僧以二百爲限俾其宣扬妙法且使往来僧众有所栖憩董役之臣请易嘉名赐额曰广惠寺所望重建之后遐迩番夷一心信奉敦崇善行以延庆祜永享我国家亿万载太平之乐是朕赐福拯民跻诸仁寿之意也纪文勒石用昭示于久远焉

重建清雍正敕赐广惠寺碑

泰山不辞捧土江海不拒细流，源远流长、博大精深的中华文明，是五十六个民族文化结晶的荟萃。藏传佛教文化是其沧海一珠，曾为民族振兴、国家统一富强，谱写过传世乐章。广惠寺原名郭莽寺，清雍正元年（公元一七二三年）毁于兵燹。五年，二世敏珠尔洛布藏丹增嘉木措，进京晋见雍正帝，被封为敏珠呼图克图，敕赐银十万两重建寺院，并赐『广惠寺』匾额及碑文，其然崇善行、延庆祜，永享太平的良好祝愿，旧时未能实现，解放后宗教信仰、佛教文化如冰春风。然而十年动乱，寺碑及其文物又遭浩劫。一九七八年后政通人和，百废俱兴，经有识之士多方操劳，于一九九八年十月决定在原碑首碑座之中新制碑身，重刻碑文，恢复原貌，今事毕工竣，撰文勒石，以示继往开来。

大通县志编纂办公室任国安撰　大通县书协刘积顺书

大通回族土族自治县文物保护管理委员会

一九九八年十一月

【提要】

汉文石刻碑文。爱新觉罗·胤禛撰文，佚名抄刻。因郭莽寺部分喇嘛参与罗卜藏丹津事件，清兵俘获郭莽寺首领赛钦然绎巴后，年羹尧除其众而毁其寺。雍正十年（1732年），清政府投银10万两，重建该寺后赐名“广惠寺”。碑分三部：上部为原雕碑头，刻有“二龙戏珠”图案和“敕建广惠寺碑记”篆体字。中部为正文碑身，楷体，10行，每行31字。下部为撑碑龟身，龟首伸出。整体320厘米×97厘米，厚28厘米。中部正文碑身在“文化大革命”中被毁，现碑身为复制。有历史研究价值。

碑今在青海省大通回族土族自治县广惠寺。

【碑文】

清赐建广惠寺碑

黄教之兴盛于西土，其道根源天竺。演说因果，觉悟群生，使为善者知劝，为恶者思惩，与“作善降祥，作不善降殃”之理默相符合。所以易俗移风，裨助于王化，为益洪矣。西宁旧有郭莽寺，地处通途，为边塞古刹。从西藏进口之喇嘛，皆于兹托足，即佛家所谓“十方院”也。自罗布藏丹津悖义作逆，兹寺奸顽喇嘛与相接连，煽动部落，遂使修行之区，转为藏奸之薮。是以大兵进讨，除其众而毁其寺，所以遏恶止乱，非得已也。迩来氛翳廓清，疆土宁谧，宜振兴黄教以抚番夷。爰发帑金，遣官往为重建，佛殿、经堂、僧舍、山门，规模复旧，丹雘一新。常住之僧以二百为限，俾其宣扬妙法，且使往来僧众有所栖憩。董役之臣请易嘉名，赐额曰：广惠寺。所望重建之后，遐迩番夷，一心信奉，敦崇善行，以延庆祐，永享我国家亿万载太平之乐。是朕赐福拯民，跻诸仁寿之意也。纪文勒石，用昭示于久远焉。

金佛寺碑

【提要】

金佛寺，又名永惠寺，藏语全称为“ཅིང་རྫོ་ཟེ་དགའ་ལྡན་བསྟན་རྒྱས་གླིང་།”。位于青海省湟源县城关镇西北隅庙苍子北。该寺初建于1783年，为东科尔寺的属寺，1821年由僧人丹增集资重修。今已不存。碑文撰写者及年代均无考，但从碑文内容看，可能是1821年僧人丹增集资重修金佛寺后由当地的头人撰文勒石以记其事。该碑现已不存在，碑文收入清光绪年间张庭武等修纂的《丹噶尔厅志》。

【碑文】

重建金佛寺碑

盖闻永兴推宅，轮相随风雨以毕具；宜寿闻钟，金像掘地中而自出；绛云成盖，人间开舍利之城；绿玉为阶，海上现辟支之佛。何必葱岭，始解捐金；岂惟鹫峰，方能舍室。丹城金佛寺者，尘寰之净域也。忆昔鬻佛于市廛，郡兴式礼之愿，是以建寺于此地，信为灵迹之区。地则居城之阳，遥隔九衢车马；门则占乾之象，近聆诸庙鼓钟。展矣阛阓之仙都，洵哉人间之福地。溯其所始，有由来矣。乃历年已久，栋宇倾圮，不有所兴，其何以观？僧衲丹曾，广挥智刃；旃檀众信，尤资捐施。基缘辟而益广，楼以高而弥尊。金容再焕，庵罗之树又见花开；香界还新，兰陀之园重睹鸟革。登斯楼以参禅，独蕴情而潇洒。假设峰非峭蒨，奚以显倚槛高瞻之奇！如其水鲜沦涟，何能睹俯临遥眺之致！乃朱帘高捲，南山之晓翠浮来；绮疏既开，东流之湟水缭绕。莲花映云霞而散彩，璎珞偕日月以齐辉。往来番夷，向贝筵以瞻依。四远缁流，礼精蓝而式化，从此花雨缤纷，教演三乘之法；琉璃璀璨，烟笼丈六之身，用勒贞珉，以永垂久。

贵德珍珠寺碑

【提要】

珍珠寺，藏语称“ཇོ་ཇོ་ལྷ་ཁང་།”，位于今青海省海南州贵德县河东乡所在地。寺内原有石碑一通，刻于明万历二十五年（1597年）。碑文记述明代僧人释绍乾所撰《旃檀瑞像来仪记》，此碑现已不存在。碑文收入民国时姚钧纂《贵德县志稿》。

【碑文】

旃檩瑞像来仪记（珍珠寺碑记）

佛像之设所以想像圣德，启物敬慕之诚，劝俗而致化也，自古灵佛颇多，惟慎王檀像其传最远。

按诸记录，以周昭王二十四年（公元前1029年）甲寅诞圣西域，穆王五十二年（公元前950年）壬申入灭佛成道后，尝升忉利为母氏说法，数月未还。时填王以久阔瞻依，乃刻旃檀佛像圣表以竚翘想之怀。目犍连虑有卸谬，以神力摄三十二匠升天，谛视相好，三返乃得其贞。既成，王及国人若与神对。及佛复降人间，王率臣庶往迎佛；其像升空谒佛，谓摩顶记曰：我灭度千年后，尔王震旦国大兴佛化。

佛灭千二百八十余年，始至西域，传至龟兹。六十八年，东至凉州。一十四年，至长安。一十七年至江左。百七十三年至淮南。三百一十七年复至江南。二十一年北至汴梁。百七十六年，至宋高宗绍兴元年（1131年）辛亥，金国太宗迎至燕京，建水陆会，安奉于悯忠寺。十二年，是年金熙宗于上京建大储庆寺成，奉迎于积庆阁中。二十年金国海陵王复南迎还燕宫内殿，居五十四年。大元丁丑岁（1217年）三月，会内殿火，尚书石抹公迎往圣安寺一十九年。至元世祖至元十二年（1275年）乙亥，遣大臣孛罗等备法驾音使奉迎入万寿山仁智殿，居十五年。丁丑（1277年）建大圣万安寺。二十六年（1282年）己丑，自仁智殿奉迎于寺之后殿。百四十一余年，自尔迎于庆寿寺。至嘉靖十七年（1558年）居百二十余年因寺回禄，表闻于上，奉迎于鹫寺。至今万历二十五年（1597年）丁酉，居五十八年。

计自优慎王造像之岁，当周穆王十二年（公元前990年）辛卯，至今万历丁酉（1597年）凡二千五百八十余年。甚矣哉巍巍瑞像，赫赫金容，瞻之仰之如大圣之在焉。时因偕诸梵众至寺礼敬，其住持僧等谓言无识，昧于圣踪之原，往来瞻敬者或间而不知对，因启之，故按《记录通载》中，历代瑞像行在年记，并元世祖命翰林承旨程巨夫撰《瑞像殿记》及泰定间昭文馆大学士脱因石刻瑞像缘起，参详考订，自前元至元入圣寿万安寺至今万历丁酉（1597 年），在此源流续录如左，以彰圣德，以昭见闻，庶来者知其所自。则于瞻对礼敬有所兴感云。助缘旃檀施列于碑阴。瑞像永供京都鹫峰禅寺。

万历丁酉秋八月吉日

翻修小金瓦殿镀金铜瓦殿顶集资碑

བཙན་ཁང་ཆེན་མོའི་རྒྱ་ཕིབས་གསེར་བཞེངས་ཀྱི་དཀར་ཆག

༄༅། །ཨོཾ་བདེ་ལེགས་སུ་གྱུར་ཅིག །བདུད་བཞིའི་དཔལ་བཅོམ་ཡང་དག་རྫོགས་སངས་རྒྱས། ཉོན་མོངས་རིམས་ནད་དྲུང་འབྱིན་དམ་པའི་ཆོས། རིག་གྲོལ་མཛོད་མཛོད་འཛིན་འཕགས་མཆོག་དགེ་འདུན་སྡེ། བསླུ་མེད་སྐྱབས་གསུམ་དམ་པས་དགེ་ལེགས་སྩོལ། ཅེས་ཡུལ་ཁྱད་པར་ཅན་ལ་བརྟེན་ནས་ཤེས་པ་བརྗོད་པའི་ཚིག་གིས་མདུན་བསྐུས་ཏེ། ཁྲི་བར་བྱ་བ་ནི། དེ་ཡང་བཙན་ཁང་ཆེན་མོ་ཞིག་གསོས་གསེར་ཟངས་ཀྱི་རྒྱ་ཕིབས་གསར་བཞེངས་ཀྱི་དཀར་ཆག་ལས་དཀར་ཐིག་ཞལ་འདེབས་ཀྱི་རིམ་པ་ཐུར་དུ་དགོད་གསུངས་པ་ལྟར་གདོང་ཕོད་ཀྱི་ཕྱག་རྒྱ་རབ་ཏུ་ཡངས་པའི་ལྷ་ཆེན། དཔོན་ཆེན། སྡེ་འདིའི་བཀའ་རབ་འབྱམས་པ། དགེ་འདུན་མང་དང་། གཞན་ཡང་ཕྱོགས་ཉེ་རིང་གི་སྦྱིན་བདག་རྣམས་ཀྱིས་དད་པས་ཀུན་ས་བསླངས་ཏེ་ཞལ་འདེབས་ཕུལ་བ་མཐའ་དག་ཁྲིར་མི་ཡང་ཞིང་ཆེ་ཁག་ཙམ་ཁྲིགས་ཆགས་སུ་འགོད་པ་ལ། ཐོག་མར་ཡབ་རྗེ་ཨ་ཀྱཱ་ཧོ་ཐོག་ཕྲུ་རིན་པོ་ཆེར་དགོངས་བསྔུན་ཏེ་ཞལ་ལན་ལེགས་པར་གནང་བ་དང་ཆབས་གཅིག་དངུལ་སྲང་ལྔ་བཅུ་གནང་། གསེར་ཏོག་ནོ་མོན་ཧན་ཧོ་ཐོག་ཕྲུ་རིན་པོ་ཆེ་ནས་དངུལ་སྲང་སུམ་བརྒྱ་དང་དོ་གནང་། ཨར་ཇོར་ཆེན་ཚ་ཀན་དར་ཧན་ཧོ་ཐོག་ཕྲུ་རིན་པོ་ཆེ་ནས་དངུལ་སྲང་བརྒྱ་དང་དོན་བདུན་དང་ཝེ་ལྔ་གནང་། མཚན་བསྒྲགས་རིན་པོ་ཆེ་ནས་དངུལ་སྲང་བརྒྱ། སྐུ་གཞོགས་རྒྱ་ཡག་རིན་པོ་ཆེ་ནས་དངུལ་སྲང་བརྒྱ། སྟག་མཚར་ཧོ་ཐོག་ཕྲུ་རིན་པོ་ཆེ་ནས་དངུལ་སྲང་བརྒྱ། ཙོ་ནེ་མཁན་རིན་པོ་ཆེ་ནས་དངུལ་སྲང་བརྒྱ། གཟིམ་ཁང་སྐྱ་ལོ་ཐབས་སྐུ་རིན་པོ་ཆེ་ནས་དངུལ་སྲང་ལྔ་བཅུ། སྐུ་གཞོགས་ཆེས་ཤོས་རིན་པོ་ཆེ་ནས་དངུལ་སྲང་བརྒྱ། གྲོ་ཚང་རིན་པོ་ཆེ་ནས་དངུལ་སྲང་ང་དྲུག་ཝེ་ལྔ། བཀྲ་ཤིས་མཁན་ཟུར་རིན་པོ་ཆེ་ནས་དངུལ་སྲང་ལྔ་བཅུ། དགེ་ཀྱཱ་རིན་པོ་ཆེ་ནས་དངུལ་སྲང་ང་གསུམ། ཨན་ཏ་སུ་མཁན་རིན་པོ་ཆེ་ནས་དངུལ་སྲང་ལྔ་བཅུ། ཕྱུ་ཤི་དྲག་མཁན་ཟུར་རིན་པོ་ཆེ་ནས་དངུལ་སྲང་བརྒྱ། གནམ་སྟོན་ཧོ་ཐོག་ཕྲུ་རིན་པོ་ཆེ་ནས་དངུལ་སྲང་ལྔ་བཅུ། ཨ་ལ་ཤ་རྗེ་དྲུང་ཧོ་ཐོག་ཕྲུ་ནས་དངུལ་སྲང་ལྔ་བཅུ། མཁར་སྟོན་ཧུ་ཐོག་ཕྲུས་དངུལ་སྲང་ལྔ་བཅུ། ཆེས་ཤོས་ཡོངས་འཛིན་རིན་པོ་ཆེ་དང་ཞལ་དཀར་དཔོན་སློབ་རིན་པོ་ཆེ་ནས་དངུལ་སྲང་བརྒྱ། ཕེས་ཀྱཱ་རིན་པོ་ཆེ་ནས་དངུལ་སྲང་བརྒྱ། པཎ་གྱུ་རིན་པོ་ཆེ་ནས་དངུལ་སྲང་བརྒྱ། དཀར་ཆེན་དཔོན་སློབ་རིན་པོ་ཆེ་ནས་དངུལ་སྲང་ལྔ་བཅུ། ཚྭ་དཀར་དཔོན་སློབ་རིན་པོ་ཆེ་ནས་སྲང་ལྔ་བཅུ། སྐུ་རྟེན་སྒེར་ནས་སྲང་ལྔ་བཅུ། མཛོད་དགེ་དཔོན་སློབ་ཚང་ནས་དངུལ་སྲང་ལྔ་བཅུ། ཕུ་ཏུ་ཐུ་ཆེན་གཡོན་ཏུའི་སྤྲུལ་སྐུ་བློ་བཟང་ལུང་རིགས་རྒྱ་མཚོས་སྲང་ལྔ་བཅུ། ཨ་ཀ་དཔོན་སློབ་ཚང་ནས་དངུལ་སྲང་ལྔ་བཅུ། ཤིང་བཟའ་ཕྱག་མཛོད་བློ་བཟང་ཉི་མས་སྲང་ལྔ་བཅུ། ཕུན་ཚོགས་གླིང་ཕྱག་མཛོད་བརྩོན་འགྲུས་རྒྱ་མཚོས་སྲང་ལྔ་བཅུ། དཔོན་ཁག་རྣམས་ནས་དཀར་ཐིག་ཡོང་ཐོ་ནི། ཨོར་དུ་བྲུ་ཧང་གིན་ཏཱ་ཐེ་ཛེ་ཆན་ཆེ་སྨན་ཨར་པེན་པཱ་ཡར་དངུལ་སྲང་ལྔ་བརྒྱ། པཱ་རིན་ཐཱ་ཛེ་ཤོག་གི་ཕྱུས་ལག་ཆེ་ཆེ་དཔག་སྐྱབས་དང་མེ་རིན་ཆེ་སྐྱབས་གཉིས་དངུལ་སྲང་ལྔ་བརྒྱ། ཨོར་དུ་བྲུ་ཧང་གི་ཤོག་གི་ཐའི་ཅི་ཤོ་ཡོན་རྡོ་རྗེ་དངུལ་སྲང་དོན་ལྔ། པཱ་རིན་ཐཱ་ཛེ་ཤོག་གི་ཡང་ཀྱའུ་ཐེ་ཤེ་དངུལ་སྲང་ང་གཉིས། ཨུ་རྩུ་སུ་ཆེན་དྲུན་ཐེ་ལི་དངུལ་སྲང་བརྒྱ། ཨུ་རྩུ་སུ་ཆེན་གཡས་ཏུ་ཕྱུས་ལག་ཆེ་བཙྷ་བཙྡ་དངུལ་སྲང་བཞི་བཅུ། དགེ་འདུན་མང་ནས་ཞལ་འདེབས་ཡོང་ཐོ་ནི། གླུ་འབུམ་རབ་འབྱམས་པ་ཡེ་ཤེས་བསྟན་དར་དངུལ་སྲང་བརྒྱ་དང་སྲང་དོ་ཞོ་གསུམ། མི་ཉག་རབ་འབྱམས་པ་ངག་དབང་བསམ་གྲུབ་སྲང་ལྔ་བཅུ། ཕྱོགས་པ་རབ་འབྱམས་པ་ཡེ་ཤེས་དོན་གྲུབ་སྲང་ང་གཅིག མི་ཉག་རབ་འབྱམས་པ་ངག་དབང་ཚུལ་ཁྲིམས་སྲང་ལྔ་བཅུ། གླུ་འབུམ་རབ་འབྱམས་པ་ངག་དབང་ཉི་མ་སྲང་ལྔ་བཅུ། ཕྱོགས་པ་རབ་འབྱམས་པ་དགེ་ ལེགས་རྒྱ་མཚོ་སྲང་ལྔ་བཅུ། ཨོར་དུ་སུ་རབ་འབྱམས་པ་ལུང་རིག་རྒྱ་མཚོ་སྲང་དྲུག་ཅུ། ཐེ་ན་རབ་འབྱམས་པ་བློ་བཟང་དཔལ་འབྱོར་སྲང་ལྔ་བཅུ་དང་ཞོ་ལྔ། ཤིང་སྐྱོང་རབ་འབྱམས་པ་བཟོད་པ་བཟང་པོ་སྲང་ང་གཅིག ཤིང་སྐྱོང་རབ་འབྱམས་པ་ངག་དབང་དོན་གྲུབ་སྲང་ལྔ་བཅུ། ཐེ་ན་རབ་འབྱམས་པ་བཀྲ་ཤིས་བཟང་པོ་སྲང་ལྔ་བཅུ། ཐེ་ན་རབ་འབྱམས་པ་བློ་བཟང་ཆོས་འབྱོར་སྲང་ལྔ་བཅུ། ཕྱོགས་པ་རབ་འབྱམས་པ་བློ་བཟང་ཆོས་འཕེལ་སྲང་ལྔ་བཅུ། གླུ་འབུམ་རབ་འབྱམས་པ་དགེ་ལེགས་གྲགས་པ་སྲང་ལྔ་བཅུ། ཤིང་སྐྱོང་རབས་འབྱམས་པ་གྲགས་པ་རྒྱ་མཚོ་སྲང་ལྔ་བཅུ། ཀ་ཞུར་རབ་འབྱམས་པ་བློ་བཟང་བསྟན་འཛིན་སྲང་ལྔ་བཅུ། ཆེ་ཀྱཱ་རབ་འབྱམས་པ་ངག་དབང་རྣམ་རྒྱལ་སྲང་ལྔ་བཅུ་དང་ཞོ་ལྔ། ཆེ་ཀྱཱ་རབ་འབྱམས་པ་སངས་རྒྱས་ཆོས་བསྒྲགས་སྲང་ལྔ་བཅུ་དང་ཞོ་ལྔ། དགོན་པ་བཟོ་མའི་ཕྱག་མཛོད་བསྟན་པ་དར་རྒྱས་སྲང་བརྒྱ་དང་སྲང་གང་ཞོ་ལྔ། མི་ཉག་རབ་འབྱམས་པ་བློ་བཟང་ཡར་འཕེལ་སྲང་ལྔ་བཅུ། ལྷ་མོ་བདེ་ཆེན་དགེ་སློང་ཤེས་རབ་དར་རྒྱས་སྲང་ལྔ་བཅུ། མ་ཀྱཱ་དགེ་སློང་ཡེ་ཤེས་བཟང་པོ་སྲང་ལྔ་བཅུ། ཆེ་ཤོས་དགེ་སློང་དགེ་འདུན་བསམ་གཏན་སྲང་ལྔ་བཅུ། གོང་སྐྱ་དགེ་སློང་བསྟན་པ་དར་རྒྱས་སྲང་ལྔ་བཅུ། ཐེབ་ཁོག་དགེ་སློང་ཚུལ་ཁྲིམས་རབ་རྒྱས་སྲང་ལྔ་བཅུ། ཆེ་ཀྱཱ་དགེ་སློང་བསམ་གཏན་ཡར་འཕེལ་སྲང་ལྔ་བཅུ། ད་འདུག་དགེ་སློང་བློ་བཟང་ཉི་མ་སྲང་ལྔ་བཅུ། ད་འདུག་དགེ་སློང་བློ་བཟང་དོན་གྲུབ་སྲང་ང་གཅིག ཐེ་ན་དགེ་སློང་སྦྱིན་པ་ནོར་བུ་སྲང་ལྔ་བཅུ། ལྕང་ར་དགེ་སློང་འཇམ་དབྱངས་དར་རྒྱས་སྲང་ལྔ་བཅུ། སེ་ཏན་དགེ་སློང་བློ་བཟང་འོད་ཟེར་སྲང་ང་གཉིས་ཞོ་ལྔ། ཐེ་ན་དགེ་སློང་རྒྱལ་མཚན་དཔལ་ལྡན་སྲང་ལྔ་བཅུ། བྱ་ཁྱུང་དགེ་སློང་ཤེས་རབ་བསམ་གཏན་སྲང་ལྔ་བཅུ། མ་ཀྱཱ་དགེ་སློང་ཤེས་རབ་འཇམ་དབྱངས་སྲང་ང་གཉིས། ཁྱུང་ཀྱཱ་དགེ་སློང་ངག་དབང་ཤེས་རབ་སྲང་ལྔ་བཅུ། ལ་བུར་དགེ་སློང་བཟོད་པ་སྲང་ལྔ་བཅུ། ད་འདུག་དགེ་སློང་ཡེ་ཤེས་སྲང་ལྔ་བཅུ། རྡོ་ཤུལ་དགེ་ཚུལ་འབྲུག་རྒྱལ་སྲང་ལྔ་བཅུ། ཀམ་བུ་ལག་དགེ་སློང་བློ་བཟང་རིན་ཆེན་སྲང་ཞེ་ལྔ། ཀ་ཀྱཱ་བློ་བཟང་ཤེས་རབ་སྲང་ལྔ་བཅུ། ཚ་ཧིང་དགེ་སློང་གྲགས་པ་སྲང་ལྔ་བཅུ། ཁྱུར་ལུག་ཏཱ་རྡེ་ཐེ་མགོན་པོ་ཚེ་བརྟན། རྣམ་འདྲེན་ཆོས་འཁོར། ཕྱུས་ལག་ཆེ་སྐལ་བཟང་དོན་གྲུབ། ཨ་མ་ནོ་ཡོན། བསམ་གཏན་དགེ་ཚུལ། ག་ལེ་ཧོ་ཤོ་ཐང་གི །ཐོགས་མེད་ཇ་སྲང་། རྣམ་སྲས་ཇ་སྲང་། དགེ་སློང་གསུང་དབྱངས། ཇ་སང་མེ་རིན། གསེར་གྱི་སྲུ་ཏིག

བླ་མ་དགེ་ལེགས་ཡོན། ཆོས་འཛིན་མེ་རིན། དམ་ཆོས་མེ་རིན། ཧལ་ཐར་གཙོད་ཆི། གོ་མེ་ཇ་ཡང་། དཀོན་བླ་མ་དཀར། བསམ་གཏན་དགེ་ཚུལ། ཕས་ཐན་ཏཱ་མེ་རིན། ཧོ་ཧོ་ཧོ་ཤོ་ཐང་གི །ཁྲ་བརྩེ། ཐོགས་མེད་ཐང་གི །པ་ཛོ་མེ་རིན། ཀུན་འདུ་ཚུང་དྲུག རྡོ་རྗེ་ཇ་ཡང་། བསྟན་པ་རྒྱ་མཚོ། རྡོ་རྗེ་བཀྲ་ཤིས། སྦྱིན་པ་ཇ་སང་། བླ་མེད། ལྷ་སྐྱབས། ཇ་སང་ཐང་གི །ཇོར་བུ་ཇ་སང་། ཡང་དགེ་ཚུལ། ཁུ་ཁུ་དགེ་ཚུལ། བསམ་གཏན་ཇ་ཡང་། ཐང་གི་འབྱུང་གནས། དཀོན་མཆོག་ཏག་པ་ཧང་སོ། གནམ་བརྟན་བཙྡེ་རྣམས་སྲང་ལྔ་བཅུ་རེ། སྐལ་བཟང་གསུང་དབྱངས་སྲང་བརྒྱ། དགེ་སློང་བདེ་འབྱུང་སྲང་བརྒྱ། ཏུ་གསར་ཕང་ཡིན་ཟེན་སྲང་བརྒྱ། ཕང་ཁྲེ་ནི་སྲང་བདུན་ཅུ། ཞན་ཀྱཱ་བཀྲ་ཤིས་ཅོ་སྲང་བདུན་ཅུ། ར་ཧོ་ཡང་བཏའ་ཡུན་སྲང་ལྔ་བཅུ། དྲིན་ཏེ་སུ་ཚོ་ཏ་གོ་སྲང་བརྒྱ། ཀོན་ཡུན་ཅི་སྲང་བཞི་བཅུ། ཚྭ་དཀར་ ཐང་བཀྲ་ཤིས་ཚེ་རིང་སྲང་ལྔ་བཅུ།

འདི་ལྟར་ཞལ་འདེབས་ཆེ་ལོངས་རྣམས་སོ་སོ་ནས་མཚན་ཐོན་པ་ལྟར་ལགས་ལ། མཚན་ཐོན་པ་སྐར་ཁག་རྣམས་ནས་ཕྱིན་དངུལ་སྲང་སྟོང་ཕྲག་གཅིག་དང་།

དྲུག་བརྒྱ་དང་སྲང་དགུ་ཐོབ་པ་ཡོད། དགེ་འདུན་མང་ནས་དངུལ་སྲང་ཉིས་སྟོང་དགུ་བརྒྱ་དང་བརྒྱད་ཅུ་རྩ་བཞི་དང་ཞོ་གསུམ་ཡོད།

ཉེ་སྐོར་ཏུ་གསར་དང་ཐེབ་ཁོག་ཚྭ་དཀར་ཐང་སོགས་ནས་དངུལ་སྲང་ལྔ་བརྒྱ་དང་སུམ་ཅུ་རྩ་གཅིག་དང་ཞོ་བརྒྱད་ཕྱེད་ལྔ་ཐོབ་པ་ཡོད།

【提要】

此碑立于塔尔寺小金瓦殿（亦称大护法殿）回廊正门内左侧，碑额为拱形，上刻“二龙戏珠”，周边为回形纹。藏文石刻碑文。佚名抄刻。碑文记录 1906 年塔尔寺翻修小金瓦殿时主要出资捐助人员的名单及各自捐献的金额。

碑今在青海省湟中县塔尔寺小金瓦殿。碑面 175 厘米 ×78 厘米，藏文，楷体，保存完好。碑文收入陈庆英、马林编著《中国西北文献丛书》第十二卷，兰州古籍出版社 1990 年版。

【碑文】

༄༅། །ཨོཾ་བདེ་ལེགས་སུ་གྱུར་ཅིག །བདུད་བཞིའི་དཔལ་བཅོམ་ཡང་དག་རྫོགས་སངས་རྒྱས། ཉོན་མོངས་རིམས་ནད་དྲུད་འབྱིན་དམ་པའི་ཆོས། རིག་གྲོལ་མཛོད་མཛོད་འཛིན་འཕགས་མཆོག་དགེ་འདུན་སྡེ། བསླུ་མེད་སྐྱབས་གསུམ་དམ་པས་དགེ་ལེགས་སྩོལ། ཅེས་ཡུལ་ཁྱད་པར་ཅན་ལ་བརྟེན་ནས་ཤིས་པ་བརྗོད་པའི་ཚིག་གིས་མདུན་བསུས་ཏེ། བྲི་བར་བྱ་བ་ནི། དེ་ཡང་བཙན་ཁང་ཆེན་མོ་ཞིག་གསོས་གསེར་ཟངས་ཀྱི་རྒྱ་ཕིབས་གསར་བཞེངས་ཀྱི་དཀར་ཆག་ལས་དཀར་ཐིག་ཞལ་འདེབས་ཀྱི་རིམ་པ་ཟུར་དུ་དགོད་གསུངས་པ་ལྟར་གཏོང་ཕོད་ཀྱི་ཕྱུག་རྒྱ་རབ་ཏུ་ཡངས་པའི་ཀླ་ཆེན། དཔོན་ཆེན། སྡེ་འདིའི་བཀའ་རབ་འབྱམས་པ། དགེ་འདུན་མང་དང་། གཞན་ཡང་ཕྱོགས་ཉེ་རིང་གི་སྦྱིན་བདག་རྣམས་ཀྱིས་དད་པས་ཀུན་ས་བསླངས་ཏེ་ཞལ་འདེབས་ཕུལ་བ་མཐའ་དག་ཁྲིར་མི་ལང་ཞིང་ཆེ་ཁག་ཙམ་ཁྲིགས་ཆགས་སུ་འགོད་པ་ལ། ཐོག་མར་ཡབ་རྗེ་ཨ་ཀྱཱ་ཧོ་ཐོག་ཐུ་རིན་པོ་ཆེར་དགོངས་བསྟུན་ཏེ་ཞལ་ལན་ལེགས་པར་གནང་བ་དང་ཆབས་གཅིག་དངུལ་སྲང་ལྔ་བཅུ་གནང་། གསེར་ཏོག་ནོ་མོན་ཧན་ཧོ་ཐོག་ཐུ་རིན་པོ་ཆེ་ནས་དངུལ་སྲང་སུམ་བརྒྱ་དང་དོ་གནང་། ཨར་ཏོར་ཆེན་ཚ་ཀན་དར་ཧན་ཧོ་ཐོག་ཐུ་རིན་པོ་ཆེ་ནས་དངུལ་སྲང་བརྒྱ་དང་དོན་བདུན་དང་ཞེ་ལྔ་གནང་། མཚན་བསྒྲགས་རིན་པོ་ཆེ་ནས་དངུལ་སྲང་བརྒྱ། སྐུ་གཞོགས་རྒྱ་ཡག་རིན་པོ་ཆེ་ནས་དངུལ་སྲང་བརྒྱ། སྟག་མཚར་ཧོ་ཐོག་ཐུ་རིན་པོ་ཆེ་ནས་དངུལ་སྲང་བརྒྱ། ཅོ་ནེ་མཁན་རིན་པོ་ཆེ་ནས་དངུལ་སྲང་བརྒྱ། གཟིམ་ཁང་སྐྲ་ལོ་ཐས་སྐུ་རིན་པོ་ཆེ་ནས་དངུལ་སྲང་ལྔ་བཅུ། སྐུ་གཞོགས་ཆེས་ཤོས་རིན་པོ་ཆེ་ནས་དངུལ་སྲང་བརྒྱ། གྲོ་ཚང་རིན་པོ་ཆེ་ནས་དངུལ་སྲང་ང་དྲུག་ཞེ་ལྔ། བཀྲ་ཤིས་མཁན་ཟུར་རིན་པོ་ཆེ་ནས་དངུལ་སྲང་ལྔ་བཅུ། དགེ་ཀྱཱ་རིན་པོ་ཆེ་ནས་དངུལ་སྲང་ང་གསུམ། ཨན་ཇ་སུ་མཁན་རིན་པོ་ཆེ་ནས་དངུལ་སྲང་ལྔ་བཅུ། ཤུ་ཤེ་དྲག་མཁན་ཟུར་རིན་པོ་ཆེ་ནས་དངུལ་སྲང་བརྒྱ། གནམ་སྟོན་ཧོ་ཐོག་ཐུ་རིན་པོ་ཆེ་ནས་དངུལ་སྲང་ལྔ་བཅུ། ཨ་ལ་ཤ་རྗེ་དྲུང་ཧོ་ཐོག་ཐུ་ནས་དངུལ་སྲང་ལྔ་བཅུ། མཁར་སྟོན་ཧུ་ཐོག་ཐུས་དངུལ་སྲང་ལྔ་བཅུ། ཆེས་ཤོས་ཡོངས་འཛིན་རིན་པོ་ཆེ་དང་ཞལ་དཀར་དཔོན་སློབ་རིན་པོ་ཆེ་ནས་དངུལ་སྲང་བརྒྱ། ཕེས་ཀྱཱ་རིན་པོ་ཆེ་ནས་དངུལ་སྲང་བརྒྱ། པཎ་གྲུ་རིན་པོ་ཆེ་ནས་དངུལ་སྲང་བརྒྱ། དཀར་ཆེན་དཔོན་

སློབ་རིན་པོ་ཆེ་ནས་དངུལ་སྲང་ལྔ་བཅུ། ཚུ་དཀར་དཔོན་སློབ་རིན་པོ་ཆེ་ནས་སྲང་ལྔ་བཅུ། སྐུ་རྟེན་སྔེར་
ནས་སྲང་ལྔ་བཅུ། མཛོད་དགེ་དཔོན་སློབ་ཚང་ནས་དངུལ་སྲང་ལྔ་བཅུ། ཤུ་ཧྲུ་སྨུ་ཆེན་གཡོན་རུའི་སྤྲུལ་སྐུ་
བློ་བཟང་ལུང་རིགས་རྒྱ་མཚོས་སྲང་ལྔ་བཅུ། ཨ་ཀ་དཔོན་སློབ་ཚང་ནས་དངུལ་སྲང་ལྔ་བཅུ། ཤིང་བཟའ་
ཕྱག་མཛོད་བློ་བཟང་ཉི་མས་སྲང་ལྔ་བཅུ། ཕུན་ཚོགས་གླིང་ཕྱག་མཛོད་བརྩོན་འགྲུས་རྒྱ་མཚོས་སྲང་ལྔ་
བཅུ། དཔོན་ཁག་རྣམས་ནས་དཀར་ཐེག་ཡོང་ཐོ་ནི། ཨོར་དུ་ཟུ་ཧང་གིན་ཧྭ་ཧྲི་ཟེ་ཚན་ཆེ་སྨན་ཨར་པེན་པྲ་
ཡར་དངུལ་སྲང་ལྔ་བརྒྱ། པྲ་རིན་ཧྲ་ཟེ་ཤོག་གི་ཐུས་ལག་ཆེ་ཆེ་དཔག་སྐྱབས་དང་མེ་རིན་ཚེ་སྐྱབས་གཉིས་
དངུལ་སྲང་ལྔ་བརྒྱ། ཨོར་དུ་ཟུ་ཧང་གི་ཤོག་གི་ཐའི་ཅི་ཤོ་ཡོན་རྡོ་རྗེ་དངུལ་སྲང་དོན་ལྔ། པྲ་རིན་ཧྲ་ཟེ་ཤོག་
གི་ཡང་ཀྲུའུ་ཐེ་ཤྲེ་དངུལ་སྲང་ང་གཉིས། ཤུ་ཧྲུ་སྨུ་ཆེན་ཧྲུན་ཧྲི་ལི་དངུལ་སྲང་བརྒྱ། ཤུ་ཧྲུ་སྨུ་ཆེན་གཡས་རུ་
ཐུས་ལག་ཆེ་བཅྭ་བརྡ་དངུལ་སྲང་བཞི་བཅུ། དགེ་འདུན་མང་ནས་ཞལ་འདེབས་ཡོང་ཐོ་ནི། བླ་འབུམ་རབ་
འབྱམས་པ་ཡེ་ཤེས་བསྟན་དར་དངུལ་སྲང་བརྒྱ་དང་སྲང་དོ་ཞེ་གསུམ། མི་ཉག་རབ་འབྱམས་པ་ངག་དབང་
བསམ་གྲུབ་སྲང་ལྔ་བཅུ། ཕྱོགས་པ་རབ་འབྱམས་པ་ཡེ་ཤེས་དོན་གྲུབ་སྲང་ང་གཅིག མི་ཉག་རབ་འབྱམས་
པ་ངག་དབང་ཚུལ་ཁྲིམས་སྲང་ལྔ་བཅུ། བླ་འབུམ་རབ་འབྱམས་པ་ངག་དབང་ཉི་མ་སྲང་ལྔ་བཅུ། ཕྱོགས་པ་
རབ་འབྱམས་པ་དགེ་ ལེགས་རྒྱ་མཚོ་སྲང་ལྔ་བཅུ། ཨོར་དུ་སུ་རབ་འབྱམས་པ་ལུང་རིག་རྒྱ་མཚོ་སྲང་དྲུག་
ཅུ། ཟེ་ན་རབ་འབྱམས་པ་བློ་བཟང་དཔལ་འབྱོར་སྲང་ལྔ་བཅུ་དང་ཞོ་ལྔ། ཤིང་སྐྱོང་རབ་འབྱམས་པ་བཟོད་
པ་བཟང་པོ་སྲང་ང་གཅིག ཤིང་སྐྱོང་རབ་འབྱམས་པ་ངག་དབང་དོན་གྲུབ་སྲང་ལྔ་བཅུ། ཟེ་ན་རབ་འབྱམས་
པ་བཀྲ་ཤིས་བཟང་པོ་སྲང་ལྔ་བཅུ། ཟེ་ན་རབ་འབྱམས་པ་བློ་བཟང་ཆོས་འབྱོར་སྲང་ལྔ་བཅུ། ཕྱོགས་པ་རབ་
འབྱམས་པ་བློ་བཟང་ཆོས་འཕེལ་སྲང་ལྔ་བཅུ། བླ་འབུམ་རབ་འབྱམས་པ་དགེ་ལེགས་གྲགས་པ་སྲང་ལྔ་བཅུ།
ཤིང་སྐྱོང་རབས་འབྱམས་པ་གྲགས་པ་རྒྱ་མཚོ་སྲང་ལྔ་བཅུ། ཀ་ཞུར་རབ་འབྱམས་པ་བློ་བཟང་བསྟན་འཛིན་
སྲང་ལྔ་བཅུ། ཆེ་ཀྲྭ་རབ་འབྱམས་པ་ངག་དབང་རྣམ་རྒྱལ་སྲང་ལྔ་བཅུ་དང་ཞོ་ལྔ། ཆེ་ཀྲྭ་རབ་འབྱམས་པ་
སངས་རྒྱས་ཆོས་བསྒྲགས་སྲང་ལྔ་བཅུ་དང་ཞོ་ལྔ། དགོན་པ་བཟོ་མའི་ཕྱག་མཛོད་བསྟན་པ་དར་རྒྱས་སྲང་
བརྒྱ་དང་སྲང་གང་ཞོ་ལྔ། མི་ཉག་རབ་འབྱམས་པ་བློ་བཟང་ཡར་འཕེལ་སྲང་ལྔ་བཅུ། ལྷ་མོ་བདེ་ཆེན་དགེ་
སློང་ཤེས་རབ་དར་རྒྱས་སྲང་ལྔ་བཅུ། མ་ཀྲྭ་དགེ་སློང་ཡེ་ཤེས་བཟང་པོ་སྲང་ལྔ་བཅུ། ཆེ་ཤོས་དགེ་སློང་དགེ་
འདུན་བསམ་གཏན་སྲང་ལྔ་བཅུ། གོང་སྐྱ་དགེ་སློང་བསྟན་པ་དར་རྒྱས་སྲང་ལྔ་བཅུ། དྲེད་ཕོག་དགེ་སློང་
ཚུལ་ཁྲིམས་རབ་རྒྱས་སྲང་ལྔ་བཅུ། ཆེ་ཀྲྭ་དགེ་སློང་བསམ་གཏན་ཡར་འཕེལ་སྲང་ལྔ་བཅུ། ད་འདུག་དགེ་
སློང་བློ་བཟང་ཉི་མ་སྲང་ལྔ་བཅུ། ད་འདུག་དགེ་སློང་བློ་བཟང་དོན་གྲུབ་སྲང་ང་གཅིག ཟེ་ན་དགེ་སློང་སྦྱིན་
པ་ནོར་བུ་སྲང་ལྔ་བཅུ། ལྕང་ར་དགེ་སློང་འཇམ་དབྱངས་དར་རྒྱས་སྲང་ལྔ་བཅུ། སེ་ཏན་དགེ་སློང་བློ་བཟང་
འོད་ཟེར་སྲང་ང་གཉིས་ཞོ་ལྔ། ཟེ་ན་དགེ་སློང་རྒྱལ་མཚན་དཔལ་ལྡན་སྲང་ལྔ་བཅུ། ཐུ་ཁྲུང་དགེ་སློང་ཤེས་
རབ་བསམ་གཏན་སྲང་ལྔ་བཅུ། མ་ཀྲྭ་དགེ་སློང་ཤེས་རབ་འཇམ་དབྱངས་སྲང་ང་གཉིས། ཁྲུང་ཀྲྭ་དགེ་སློང་
ངག་དབང་ཤེས་རབ་སྲང་ལྔ་བཅུ། ལ་བུར་དགེ་སློང་བཟོད་པ་སྲང་ལྔ་བཅུ། ད་འདུག་དགེ་སློང་ཡེ་ཤེས་སྲང་

ལྔ་བཅུ། རྡོ་ཤུལ་དགེ་ཚུལ་འབྲུག་རྒྱལ་སྲང་ལྔ་བཅུ། ཀམ་བུ་ལག་དགེ་སློང་བློ་བཟང་རིན་ཆེན་སྲང་ཞེ་ལྔ། ཀ་ཀླུ་བློ་བཟང་ཤེས་རབ་སྲང་ལྔ་བཅུ། ཚ་ཉིང་དགེ་སློང་གྲགས་པ་སྲང་ལྔ་བཅུ། ཁྱུར་ལུག་ཏྲ་ཧྲི་ཐེ་མགོན་པོ་ཆེ་བརྟན། རྣམ་འདྲེན་ཆོས་འཁོར། ཐུས་ལག་ཆེ་སྐལ་བཟང་དོན་གྲུབ། ཨ་མ་ནེ་ཡོན། བསམ་གཏན་དགེ་ཚུལ། ག་ལེ་ཧོ་ཤོ་ཧང་གི། ཐོགས་མེད་ཧ་སྲང་། རྣམ་སྲས་ཧ་སྲང་། དགེ་སློང་གསུང་དབྱངས། ཧ་སང་མེ་རིན། གསེར་གྱི་སྨུ་ཏིག་བླ་མ་དགེ་ལེགས་ཡོན། ཆོས་འཛིན་མེ་རིན། དམ་ཆོས་མེ་རིན། ཏལ་ཐར་གཙོད་ཆེ། གོ་མེ་ཧ་ལང་། ངཀོལ་བླ་མ་ཏྲས། བསམ་གཏན་དགེ་ཚུལ། ཕས་ཐན་ཏྲ་མེ་རིན། ཀོ་ཀོ་ཧོ་ཤོ་ཧང་གི། ཁྲ་བརྩེ། ཐོགས་མེད་ཧང་གི། པ་ཛོ་མེ་རིན། ཀུན་འདུ་ཙུང་ཧུན། རྡོ་རྗེ་ཧ་ལང་། བསྟན་པ་རྒྱ་མཚོ། རྡོ་རྗེ་བཀྲ་ཤིས། སྤྲིན་པ་ཧ་སང་། བླ་མེད། ལྷ་སྐྱབས། ཧ་སང་ཧང་གི། ནོར་བུ་ཧ་སང་། ཡང་དགེ་ཚུལ། ཁྱུ་ཁྱུ་དགེ་ཚུལ། བསམ་གཏན་ཧ་ལང་། ཧང་གི་འབྱུང་གནས། དཀོན་མཆོག་ངག་པ་ནང་སོ། གནམ་བརྟན་བརྩེ་རྣམས་སྲང་ལྔ་བཅུ་རེ། སྐལ་བཟང་གསུང་དབྱངས་སྲང་བརྒྱ། དགེ་སློང་བདེ་འབྱུང་སྲང་བརྒྱ། ཏུ་གསར་ཤང་ཡིན་ཐེན་སྲང་བརྒྱ། ཤང་ཁྲུ་ནེ་སྲང་བདུན་ཅུ། ཞན་ཀླུ་བཀྲ་ཤིས་ཙེ་སྲང་བདུན་ཅུ། ར་ཕོ་ཡང་བཏའ་ཡུན་སྲང་ལྔ་བཅུ། དྲིན་ཏེ་བུ་ཆོ་ཏ་ཀོ་སྲང་བརྒྱ། ཀོན་ལྕུན་ཙེ་སྲང་བཞི་བཅུ། ཚུ་དཀར་ ཐང་བཀྲ་ཤིས་ཚེ་རིང་སྲང་ལྔ་བཅུ། འདི་ལྟར་ཞལ་འདེབས་ཆེ་ལོངས་རྣམས་སོ་སོ་ནས་མཚན་ཐོན་པ་ལྟར་ལག་ལ། མཚན་ཐོན་པ་སྣར་ཁག་རྣམས་ནས་ཕྱིན་དངུལ་སྲང་སྟོང་ཕྲག་གཅིག་དང་། དྲུག་བརྒྱ་དང་སྲང་དགུ་ཐོབ་པ་ཡོད། དགེ་འདུན་མང་ནས་དངུལ་སྲང་ཉིས་སྟོང་དགུ་བརྒྱ་དང་བརྒྱད་ཅུ་རྩ་བཞི་དང་ཞོ་གསུམ་ཡོད། ཉེ་སྐོར་ཏུ་གསར་དང་དྲེད་ཕོག་ཚུ་དཀར་ཐང་སོགས་ནས་དངུལ་སྲང་ལྔ་བརྒྱ་དང་སུམ་ཅུ་རྩ་གཅིག་དང་ཞོ་བརྒྱད་སྐུན་ལྔ་ཐོབ་པ་ཡོད།

小金瓦殿维修鎏金志

བཙན་ཁང་ཞིག་གསོ་བྱེད་པའི་དཀར་ཆག

ཐབས་ཆེན་ཐུགས་བསྐྱེད་ཧ་ཤང་དབང་བཅུ་གཉིས་མཛད་པའི་འོད་སྣང་འདུམ་སྦྱོས་པའི་སྲིད་ཞི་ལེགས་ཚོགས་དཔལ་སྤེལ་མཛད་ཤཱཀྱའི་རྒྱལ་པོར་འདུད། རྒྱལ་ཀུན་མཁྱེན་རབ་ཡེ་ཤེས་དཔལ་སྦོམ་བརྩོན་ཆོས་རྒྱལ་གར་མཛད་པ་འཛམ་མགོན་བླ་མ་ཙོང་ཁ་པའི་ཞབས་པད་སྤྱི་གཙུག་ནོར་བུར་མཆོད། བསམ་བཞིན་སྤྲུལ་པའི་བློས་གར་གྱིས། མདོ་སྔགས་བསྟན་པའི་སྙིང་པོ་མཆོག་སྒོམ་འཆད་རྩོད་པས་སྤེལ་འཛིན་མཁས། འཕགས་བོད་པཎ་གྲུབ་ཡོངས་ལ་འདུད། རྣམ་དག་ཡེ་ཤེས་ལྷའི་རང་བཞིན་རྣམ་ལྷ་ཆོས་སྐྱོང་རྒྱལ་པོའི་སྐུར། རྣམ་པར་བཞེངས་ལ་རབ་བསྟོད་དེ། རྣམ་མང་བདུད་སྡེ་བག་ཡོད་བྱོས། གང་དེའི་བཞུགས་གནས་བཙན་ཁང་ཆེ། པོ་བྲང་དམར་པོའི་ཡང་རྩེ་རུ། གསེར་སྡུང་རྒྱ་ཕིབས་བསྒྲོན་པ་ཡི། དཀར་ཆགས་མདོར་བསྡུས་བརྗོད་ཀྱིས་ཉོན། དེ་ལ་འདིར། ཡབ་རྗེ་རྒྱལ་བ་གཉིས་པའི་ཁྲུངས་གནས་དམ་པའི། མདོ་རྒྱུད་དུ་མའི་ལུང་ཟིན་ཆོས་སྡེ་ཆེན་པོ་སྐུ་འབུམ་བྱམས་པ་གླིང་ཞེས་སྙན་པའི་མཚན་དབྱངས་སྲིད་གསུམ་ཁྱོན་ལ་མངོན་པར་འཛེགས་པ་འདི་ཉིད་ཀྱི། བཀའ་བསྒྱུར་དྲག་རྩལ་ཅན་གྱི་ཕོ་བྲང་བཙན་ཁང་ཆེན་མོ་ཞེས་ཡོངས་སུ་གྲགས་པ་སྟེ། དེ་ཡང་ཐོག་མར་རྒྱལ་དབང་ཐམས་ཅད་མཁྱེན་པ་བསོད་ནམས་རྒྱ་མཚོའི་དཔལ་གྱིས། འདུལ་བ་སྡུམ་རིན་ཆེན་ བརྩོན་གྲུབ་རྒྱལ་མཚན་ལ་ཆོས་སྡེ་གསར་འདེབས་བཀའ་སློབ་ཞིབ་རྒྱས་བསྩལ་བ་དང་ཆབས་ཅིག་སྤྲུལ་པའི་ཆོས་སྐྱོང་ཆེན་མོ་གསུང་རྒྱལ་དགྲ་ལྷ་སྐྱེས་གཅིག་གིས་གཙོ་བའི་རྒྱལ་པོ་སྡེ་ཡང་བཀའ་བསྒོ་དམ་བཞག་མཛད་དེ། ཆོས་སྡེ་ཆེན་མོའི་སྲུང་མར་མངའ་གསོལ་མཛད་པ། ད་ལྟའི་བར་དམ་ཚིག་ཅན་རྣམས་ལ་རྣམ་བཞིའི་འཕྲིན་ལས་ཀྱི་དངོས་གྲུབ་བསྩལ་ཞིང་དམ་ཉམས་ཡོངས་ལ་མངོན་སྤྱོད་དྲག་པའི་ལས་ཀྱིས་ཚར་གཅོད་སོགས་ལེགས་ཉེས་ཀྱི་སྟངས་གཡེལ་མེད་འཛིན་པའི་བཞུགས་གནས། བཙན་ཁང་ཆེན་མོའི་ཡང་ཐོག་ཏུ་གསེར་ཟངས་ལ་གྲུབ་པའི་རྒྱ་ཕིབས་གསར་བཞེངས་མཛད་པའི་སྐབས་སུ། སྦྱིན་བདག་གི་གཙོ་བོ་བྱང་ཕྱོགས་ཨོར་ཏུ་སུ་ཧྲ་ནག་སོག་གི་ཤ་རའི་ཤ་ཅན་ནི་པ་དར་ཐུ་ལྭན་གི་ཀུ་ཡེག་ཆེ་ཨེར་དེ་ནི་མེར་གེན་པཎྜི་ཏའམ། ཆོས་ཀྱི་གདན་ཁྲི་འཛིན་པ་ངག་དབང་བློ་བཟང་མཁས་གྲུབ་ཉི་མའི་ཞལ་སྔ་ནས་ཟངས་དང་སྦྱིན་མགོ་ནོར་འབབ་བཅས་དངུལ་ཐོག་ཏུ་ཕབ་དངུལ་རྒྱང་བཅས་ཁྲིན་དངུལ་སྲང་སུམ་སྟོང་བདུན་བརྒྱ་བརྒྱད་ཅུ་དང་ཞོ་ལྔ་ཕྱུལ་བ་གཞི་བྱས་ཏེ་སྐུ་འབུམ་གཞུང་ཚོགས་འདུས་ནས་ངོས་ལ་ལས་ཀྱིས་སྦྱི་ཁྲབ་དང་། ཞུ་དམར་རབ་འབྱམས་པ་ངག་དབང་བསམ་གྲུབ། སྐུ་འབུམ་རབ་འབྱམས་པ་ཡེ་ཤེས་བསྟན་དར། ཤིང་སྐྱོང་རབ་འབྱམས་པ་བརྗོད་པ་བཟང་པོ། ཕྱོགས་པ་དགེ་སློང་ཤེས་རབ་དར་རྒྱས་རྣམས་ལ་རྒྱ་ཕིབས་གསར་བཞེངས་བྱེད་རྒྱུའི་ཁ་འདྲེན་བགོད་ཁྲབ་མཛད་དགོས་ཀྱི་བཀའ་གནང་ཐོད་དུ་བསྒྱུར་ཏེ། ཧོར་མ་ཧཱ་ཆེན་བཀྲང་ཞུ་ཁྲི་ལོ་སོ་གཉིས་པ་སྟོད་འབྲེལ་དུ་སྲིད་གནོན་ཅེས་པ་དབང་ཐང་དང་བསྟུན་ནས་མེ་ཕོ་རྟ་ལོའི་ཟླ་གཉིས་པའི་ཚེས་༡༥ཉིན་མགོ་བཙུམས་ཏེ། ཁ་འགོ་པ་རྣམས་ཀྱི་ཐེག་པ་ཁུར་ལེན་གྱིས་ལུས་སྲོག་མེད་པའི་འབད་རྩོལ་གང་དྲག་གི་སྒོ་ནས་དཀར་པོ་དགེ་བའི་ཞིང་ས་ལ་རྒྱ་ནོར་རྫས་ཀྱི་གཏོང་ཕོད་མཆོག་ཏུ་ཡངས་པའི་བསྟན་པའི་སྦྱིན་བདག་ཆེན་པོ་ཟླ་ཆེན། དཔོན་ཆེན། ཆབས་འབངས་སེར་སྐྱ་དྲག་ཞན་རྣམས་ནས་ཞལ་འདེབས་དཀར་ཕྱོགས་གང་ཡུལ་གྱི་ཐོ་རགས་རི་མ་ཟུར་དུ་གསལ་བ་བཞིན་གྱི་ཡོང་ཐོ་ཕྱིན་བསྡོམས་དངུལ་སྲང་ཆིག་ཁྲི་སུམ་སྟོང་ལྔ་བརྒྱ་སོ་གསུམ་ཞོ་གང་སྐར་ལྔ་ཐོབ་པ་ལ་བརྟེན་ནས། ཉེ་བར་མཁོ་བའི་ཡོ་བྱད། གསེར་སྤྱངས་ཟངས་དམར། དངུལ་རྒྱ། སྐྱུར་སེ་སོགས་ཆགས་སུ་ཆུད་པར་བྱས་ཏེ། རང་མགོན་གྱི་གྲྭ་རིགས་ལས་ཚ་གསེར་ལ་མཁས་པ་ར་པོ་རབ་འབྱམས་པ་ཡེ་ཤེས་བསྟན་དར། ཁྲུང་ཀྲུ་དགེ་སློང་བློ་བཟང་བསྟན་པ། སེ་ཉན་དགེ་སློང་འཇིགས་མེད་ནོར་བུ། གོ་ཚང་དགེ་སློང་བྱམས་པ་དར་རྒྱས། དགེ་སློང་ཀུན་བཟང་རྒྱ་མཚོ་རྣམས་ཚ་གསེར་གྱི་ལས་གྲྭ་དང་། གཞན་ཡང་ཤིང་བཟོ། ཀོ་བཟོ། ལྕགས་བཟོ། ས་ལས་བཅས་ཀྱི་ལས་གྲྭ་བཅུ་གསུམ། ལོ་འདི་ཉིད་ཀྱི་ཁྲུངས་སུ། པོ་བྲང་ཆེན་མོའི་རྩིག་སྐྱོན་གང་ཡོད་ཉམས་གསོ་དང་དབུས་ཀྱི་ཡང་ཐོག་ཏུ་རྡུར་བུར་མཐོ་བ་དང་བཅས་གསར་བཞེངས། གསེར་དང་གདུང་རྒྱན་ནོར་འབར་སྦྱིན་མགོ་ཆེན་གྲྭ་བཅས་བྱ་བ་ལས་ཀྱི་འཁོར་ལོ་ལ་བགོ་སྐུལ་ནས་ཉེར་འཚེ་གང་ཡང་མེད་པར། སུམ་རྩེན་དབང་པོའི་གཞལ་ཡས་ཁང་ལ་འགྲན་བཟོད་པ་བཞེངས་གྲུབ་པོ། ཕོང་མ་བཀྲང་ཞུ་གནམ་ལོ་སོ་གསུམ་པ་སྦྲེའུ་ཞེས་པ་མེ་ལུག་ཟླ་ཆེས་ཉིན། གང་ས་ཅན་འགྲོ་བའི་མགོན་པོ། རྒྱལ་དབང་ཐམས་ཅད་མཁྱེན་ཅིང་གཟིགས་པ་ཆེན་པོ་རབ་བཅུ་གསུམ་པ་མཆོག་གི་ཞལ་སྔ་ནས་དབུ་མཛད། སྡོང་འཁོར་ཆེན་པོ་ཤི་ཏུ་ཐོག་ཐུ། གདན་ས་རང་གི་མཁན་རིན་པོ་ཆེ། མཁན་ཟུར་ཆེ་སོགས་རིན་པོ་ཆེ། གྲྭ་ཚང་གསུམ་གྱི་དཔོན་སློབ། རྗེ་རྣམ་རྒྱལ་ཆོས་རའི་དགེ་འདུན་མང་པོ་བཅས་ནས་རབ་གནས་ཀྱི་ཆོ་ག་ངོས་དག་པས་བྱིན་ཕབ་མཛད་དོ། དངོས་ རྫས་ཀྱི་རིགས་དང་ཡོན་འབུལ། ལས་བྱེད་ཡོན་རྒྱུགས་བཅས་ཕྱི་ནང་གི་འགྲོ་སྒོ་ཀུན་དངུལ་ཐོག་ཏུ་ཕབ་པའི་ཁྲོན་བསྡོམས་དངུལ་སྲང་ཆིག་ཁྲི་སུམ་སྟོང་། བརྒྱ་དང་སོ་ གཉིས་ཞོ་གང་སྐར་མ་ལྔ་ཀྱིས་བསྒྲུབས་ལགས་སོ། སྨྲས་པ། སྲུང་མའི་རྡོ་རྗེ་ཞུར་བྱིན་རྡོང་དག། མ་ཡལ་འབྱུལ་ལེའི་ཕོ་བྲང་རྩེར། གསེར་སྡུང་ཚོད་པན་བསྒྲོན་པ་ལ། ཉི་འོད་འབུམ་གྱིས་འགྲན་མི་བཟོད། འདིར་འབད་ལེགས་ཚོགས་གང་བསགས་མཐུས། ཐུབ་བསྟན་སྤྱི་དང་ཡང་སྒོས་སུ། དགེ་ལྡན་མདོ་སྔགས་ཡང་སྙིང་མཆོག། སྲིད་མཐའི་བར་དུ་དར་ རྒྱས་ཤོག། དེ་འཛིན་སྐྱེས་ཆེན་ཞབས་བརྟན་ཅིང་། གསང་གསུམ་མཛད་འཕྲིན་དར་ལ་དྲག། དགེ་འདུན་ཐུགས་མཐུན་ལྷ་གྲུབ་གཙང་། བཤད་སྒྲུབ་འཆད་ཉན་ཡར་རྒྱས་ཤོག། །འཛམ་གླིང་ཡངས་པའི་རྒྱལ་ཁམས་སྤྱིར། ཁྱད་པར་ལྗོངས་འདིའི་ལྷ་མང་ཀུན། ཞི་ཞིང་ཆོས་སྲིད་དྲང་ཐིག་ལམ། སྤ་མཛེ་བཞིན་གནས་གྱུར་ཅིག །འབྲེལ་ཐོགས་སེམས་ཅན་ཡོད་དོ་ཚོག །གནས་ངན་བག ཆགས་སྡང་འགྲིབ་ཞིང་། མངོན་མཐོའི་གོ་འཕང་ལ་བརྟེན་ནས། རྫོགས་བྱང་གོ་འཕང་ཐོབ་གྱུར་ཅིག །ཅེས་དགེ་ལྡན་བསྟན་པའི་འབྱུང་གནས། ཡབ་རྗེའི་ཁྲུངས་ཡུལ་ཆོས་སྡེ་ཆེན་མོ་སྐུ་འབུམ་བྱམས་པ་གླིང་གི་སྲུང་མའི་ཕོ་བྲང་བཙན་ཁང་ཆེན་མོའི་གསེར་ཟངས་ཀྱི་རྒྱ་ཕིབས་གསར་བཞེངས་ཀྱི་དཀར་ཆགས་འཕྲིན་ལས་ཀུན་འབྱུང་ཞེས་བྱ་བ་འདི་ནི། ཆོས་སྡེ་རང་གི་ཚོགས་ཆེན་ཞལ་ངོ་ཞིང་སྐྱོང་ཟུར་ཀྲུ་རབ་འབྱམས་པ་བློ་བཟང་དགེ་ལེགས། ཟུར་ཀྲུང་ཀུ་འབུམ་བློན་པ་རབ་འབྱམས་པ་ཡེ་ཤེས་དར་རྒྱས། བླ་བྲང་གཉེར་པ་ཕྱོགས་པ་བྲེད་ཁོག་དགེ་སློང་ཚུལ་ཁྲིམས་རབ་རྒྱས། ཚེ་དྲུག་གི་ཐན་པ་བཅས་ནས་ལྷ་རྫས་ནང་མཛོད་བཅས་བསྐུལ་ངོར། བཀའ་ལུང་གིས་གསེར་ཏོག་ཏུ་ཐོག་བྱུ་རའི་ཆིང་ཨེར་དེ་ནི་ནོ་མོན་ཧན་ཞེས་བསྟགས་པ་བློ་བཟང་ཚུལ་ཁྲིམས་རྒྱ་མཚོས་སུག་བྲིས་སུ་བྱིས་པའོ། མངྒ་ལཾ།

༄༅། །རྣམ་འདྲེན་ཡོངས་ཀྱི་འདུས་ཞལ་བླ་མ་རྒྱལ་ཀུན་མཐུ་སྟོབས་མཁྱེན་བརྩེའི་མཛོད། རྣམ་མང་གདུལ་བྱར་ངུར་སྨྲིག་ཚུལ་བསྟན་རྗེ་དང་ཡི་དམ་དབང་ཆེན་ལྷ། རྣམ་དག་ཡེ་ཤེས་ལྷའི་མདངས་སྤྲུལ་པའི་ཆོས་རྒྱལ་སྐུ་ལྔ་བཅས་པ་ལ། རྣམ་པ་གཞན་དུ་དམིགས་གཏད་བྲལ་ཡང་ཞུགས་པས་འདྲེན་ཏེ་དུས་ཀུན་སྐྱོང་། རབ་བྱུང་རྒྱལ་པོའི་རྣམ་འབྱུང་ཞེས་པའི་འཕྲུལ་ལོའི་ཧོར་ཟླ་གསུམ་པའི་དཀར་ཕྱོགས་རྫོགས་པ་གསུམ་པའི་ཉིན། གདན་ས་འདི་ཡི་བསྟན་སྲུང་དྲག་རྩལ་ཅན་གྱི་གཙོ། སྤྲུལ་པའི་ཆོས་སྐྱོང་ཆེན་པོ་འཁོར་བཅས་རབ་བཞུགས་གནས། བྱིན་རླབས་གཞི་བྱིན་འོད་འབར་རྣམ་རྒྱལ་ཕོ་བྲང་དམར། བཙན་ཁང་ཆེན་མོའི་རྒྱ་ཕིབས་ལ་སོགས་གཞིག་བཟོའི་རྒྱུར། དམིགས་ཏེ་ལྷག་བསམ་སྟོབས་འབྱོར་དང་གཏོང་ཕོད་ལྡན་པའི། སྤྱི་སོའི་སྐྱེ་བུ་ཆེ་བ་རྒྱ་ཡག་ཕྱུག་མཛད་པ། ཀུ་འབུམ་ངོ་ཤི་ཆོས་སྡེ་བློ་བཟང་ཚུལ་ཁྲིམས་དང་། སྡེ་ཆུང་ཆུ་དཀར་ཐང་པ་ཕྱོགས་པ་རབ་འབྱམས་པ་ཚུལ་ཁྲིམས་རབ་རྒྱས་སྨྱུག་འཆོར་ཕྱུག་མཛད་པ། ཆེ་ཀྲྭ་དགེ་སློང་ངག་དབང་བྱང་ཆུབ་རྣམ་རྒྱལ་གྱིས། རྒྱ་དང་དཔལ་ཐུར་སྣང་ཞེས་སྟོང་ལྔ་བརྒྱའི་ཡོན་སྦྱར་ཏེ། སྒོ་གསུམ་མི་བྱེད་དད་པས་ཕུལ་བའི་ལེགས་བྱས་མཐུས། མ་ལུས་ལུས་ཅན་དད་པའི་ཚོགས་རྣམས་བདེ་སྐྱིད་ཀྱི། མཚོ་དང་ལྡན་ཅིག་གྲོགས་ལ་ནམ་ཡང་བགེགས་བྲལ་ཞིང་རྒྱལ་བསྟན་གདུགས་དཀར་འཛམ་མགོན་མདོ་སྔགས་ཟུང་འབྲེལ་གྱི། རིང་ལུགས་དྲི་མེད་དག་མཛེས་སྲིད་རྩེར་མཐོན་འཕགས་ཏེ། ཕན་བདེའི་གྲིབ་བསིལ་སེམས་ཅན་ཡོངས་ལ་ཁྱབ་པ་དང་། འཛིན་མཛད་སྐྱེས་མཆོག་ཞབས་བརྟན་མཛད་བཟང་རྒྱས་པར་ཤོག །ཡངས་པའི་འཇིག་རྟེན་སྤྱི་དང་ཁྱད་པར་དགོན་གནས་འདིར། ལྟས་ངན་སྦྱིན་ཚོགས་རྟག་མེད་ཡལ་དང་ཆབས་གཅིག་ཏུ། དགེ་འདུན་ཐུགས་མཐུན་བཤད་སྒྲུབ་ཆོས་སྤྱོད་འོད་སྟོང་ཅན། སྲིད་གསུམ་ཁྱོན་མཉམ་གཞི་བྱིན་སྣང་བ་རབ་རྒྱས་ཤོག །ཡང་སྨོས་རྒྱུ་ཡོན་སྦྱོར་བ་གོང་གསལ་རྣམ་གསུམ་གྱི། གནས་སྐབས་ཚེ་བསོད་དཔལ་འབྱོར་སྙན་གྲགས་ལེགས་ཚོགས་ཀུན། ཡར་ངོའི་ཟླ་ལྟར་འཕེལ་ཞིང་མཐར་ཐུག་སྐུ་གསུམ་གྱི། འབྲས་བུ་མཆོག་གི་གོ་འཕང་མྱུར་ཐོབ་རྒྱུར་འགྱུར་ཅིང་། སྐྱེ་དགུ་ཐམས་ཅད་ལ་དགེ་ཞིང་བཀྲ་ཤིས་པར་གྱུར་ཅིག ༎

【提要】

此碑立于塔尔寺小金瓦殿回廊正门内右侧，碑额为拱形，上刻“二龙戏珠”图案，加边为云纹，碑文为藏文楷书，阴刻，共 40 行。藏文石刻碑文。佚名抄刻。碑文的内容主要是记述 1906 ～ 1907 年塔尔寺僧众翻修小金瓦殿鎏金铜瓦殿顶的经过。

碑今在青海省湟中县塔尔寺小金瓦殿，保存完好。碑面 165 厘米 ×82 厘米。碑文收入陈庆英、马林编著《中国西北文献丛书》第十二卷，兰州古籍出版社 1990 年版。

【碑文】

༄༅། །རླབས་ཆེན་ཐུགས་བསྐྱེད་ཧ་ལྷོང་དབང་བཅུ་གཉིས་མཛད་པའི་འོད་སྣང་འབུམ་སྤྲོས་པའི་སྲིད་ཞི་ལེགས་ཚོགས་དཔལ་སྤྱིལ་མཛད་ཤཱཀྱའི་རྒྱལ་པོར་འདུལ། རྒྱལ་ཀུན་མཁྱེན་རབ་ཡེ་ཤེས་དཔལ་སྟོམ་བརྙེན་ཆོས་རྒྱལ་གར་མཛད་པ་འཇམ་མགོན་བླ་མ་ཙོང་ཁ་པའི་ཞབས་པད་སྤྱི་གཙུག་ནོར་བུར་མཆོད། བསམ་བཞིན་སྤྲུལ་བའི་ཟློས་གར་གྱིས། མདོ་སྔགས་བསྟན་པའི་སྙིང་པོ་མཆོག་རྩོམ་འཆད་རྩོད་པས་སྤྱེལ་འཛིན་མཁན། འཕགས་བོད་པཎ་གྲུབ་ཡོངས་ལ་འདུལ། རྣམ་དག་ཡེ་ཤེས་ལྷའི་རང་བཞིན་རྣམ་ལྔ་ཆོས་སྐྱོང་རྒྱལ་པོའི་སྐུར། རྣམ་པར་བཞེངས་ལ་རབ་བསྟོད་དེ། རྣམ་མང་བདུད་སྡེ་བག་ཡོད་ཕྱོས། གང་དེའི་བཞུགས་གནས་བཙན་ཁང་ཆེ། ཡོ་བྱད་དམར་པོའི་ཡང་རྩེ་ན། གསེར་སྲུང་རྒྱ་ཕིབས་བསྒྲོན་པ་ཡི། དཀར་ཆགས་མདོར་བསྡུས་བརྗོད་ཀྱིས་ཉོན། དེ་ལ་འདིར། ཡབ་རྗེ་རྒྱལ་བ་གཉིས་པའི་ཁྲུངས་གནས་དམ་པའི། མདོ་རྒྱུད་དུ་མའི་ལུང་ཟིན་ཆོས་སྡེ་ཆེན་པོ་སྐུ་འབུམ་བྱམས་པ་གླིང་ཞེས་སྙན་པའི་མཚན་དབྱངས་སྲིད་གསུམ་ཁྱོན་ལ་མངོན་པར་འཇེབས་པ་འདི་ཉིད་ཀྱི། བཀའ་བསྒྱུར་དྲག་རྩལ་ཅན་གྱི་ཡོ་བྱད་བཙན་ཁང་ཆེན་མོ་ཞེས་ཡོངས་སུ་གྲགས་པ་སྟེ། དེ་ཡང་ཐོག་མར་རྒྱལ་དབང་ཐམས་ཅད་མཁྱེན་པ་བསོད་ནམས་རྒྱ་མཚོའི་དཔལ་གྱིས། འདུལ་བ་སྟ་མ་རིན་ཆེན་ བརྩོན་གྲུབ་རྒྱལ་མཚན་ལ་ཆོས་སྡེ་གསར་འདེབས་བཀའ་སློབ་ཞིབ་རྒྱས་བསྩལ་བ་དང་ཆབས་ཅིག་སྤྲུལ། པའི་ཆོས་སྐྱོང་ཆེན་མོ་གསུང་རྒྱལ་དགྲ་ལྷ་སྐྱེས་གཅིག་གིས་གཙོ་བའི་རྒྱལ་པོ་སྡེ་ཡང་བཀའ་བསྒོ་དམ་བཞག་མཛད་དེ། ཆོས་སྡེ་ཆེན་མོའི་སྲུང་མར་མངའ་གསོལ་མཛད་པ། ད་ལྟའི་བར་དམ་ཚིག་ཅན་རྣམས་ལ་རྣམ་བཞིའི་འཕྲིན་ལས་ཀྱི་དངོས་གྲུབ་བསྩལ་ཞིང་དམ་ཉམས་ཡོངས་ལ་མངོན་སྤྱོད་དྲག་པའི་ལས་ཀྱིས་ཆར་གཅོད་སོགས་ལེགས་ཉེས་ཀྱི་སྣང་བ་གཡེལ་མེད་འཛིན་པའི་བཞུགས་གནས། བཙན་ཁང་ཆེན་མོའི་ཡང་ཐོག་ཏུ་གསེར་ཟངས་ལ་གྲུབ་པའི་རྒྱ་ཕིབས་གསར་བཞེངས་མཛད་པའི་སྐབས་སུ། སྦྱིན་བདག་གི་གཙོ་བོ་བྱང་ཕྱོགས་ཨོར་ཏུ་སུ་ཛ་སག་ཤོག་གེ་ཤ་རའི་ཤ་ཅན་ནི་པ་དར་ཟླ་ལན་གྱི་གུ་ལེག་ཆེ་ཨེར་དེ་ནི་མེར་གེན་པཎྜི་ཏའམ། ཆོས་ཀྱི་གདན་ཁྲི་འཛིན་པ་ངག་དབང་བློ་བཟང་མཁས་གྲུབ་ཉི་མའི་ཞལ་སྔ་ནས་ཟངས་དང་སྦྱིན་མགོ་ནོར་འབར་བཅས་དངུལ་ཐོག་ཏུ་སྲབ་དངུལ་རྒྱང་བཅས་ཁྱོན་དངུལ་སྲང་སུམ་

སྟོང་བདུན་བརྒྱ་བརྒྱད་ཅུ་དང་ཞོ་ལྔ་ཕུལ་བ་གཞི་བྱས་ཏེ་སྐུ་འབུམ་གཞུང་ཚོགས་འདུས་ནས་ངོས་ལ་ལས་ཀྱིས་སྤྱི་ཁྱབ་དང་། ཞྭ་དམར་རབ་འབྱམས་པ་ངག་དབང་བསམ་གྲུབ། ཀླུ་འབུམ་རབ་འབྱམས་པ་ཡེ་ཤེས་བསྟན་དར། ཤིང་སྐྱོང་རབ་འབྱམས་པ་བཟོད་པ་བཟང་པོ། ཕྱོགས་པ་དགེ་སློང་ཤེས་རབ་དར་རྒྱས་རྣམས་ལ་རྒྱ་ཕེབས་གསར་བཞེངས་བྱེད་རྒྱུའི་ཁ་འདྲིན་བཀོད་ཁྱབ་མཛད་དགོས་ཀྱི་བཀའ་གནང་ཐོད་དུ་བཀུར་ཏེ། གོང་མ་ཧྭ་ཆེན་བཀྲང་ཞུ་ཁྲི་ལོ་སོ་གཉིས་པ་སྟོད་འབྲེལ་དུ་སྲིད་གཞོན་ཅེས་པ་དབང་ཐང་དང་བསྟུན་ནས་མེ་ཕོ་རྟ་ལོའི་ཟླ་གཉིས་པའི་ཚེས་༡༥ཉིན་མགོ་བརྩམས་ཏེ། ཁ་འགོ་པ་རྣམས་ཀྱི་ཐེག་པ་ཁུར་ལེན་གྱིས་ལས་ཕྱོལ་མེད་པའི་འབད་རྩོལ་གང་དྲག་གི་སྒོ་ནས་དཀར་པོ་དགེ་བའི་ཞིང་ས་ལ་རྒྱུ་ནོར་རྫས་ཀྱི་གཏོང་ཕོད་མཆོག་ཏུ་ཡངས་པའི་བསྟན་པའི་སྦྱིན་བདག་ཆེན་པོ་ལྷ་ཆེན། དཔོན་ཆེན། ཚབས་འབངས་སེར་སྐྱ་དྲག་ཞན་རྣམས་ནས་ཞལ་འདེབས་དཀར་ཐེག་གང་ཕུལ་གྱི་ཐོ་རགས་རིམ་ཟུར་དུ་གསལ་བ་བཞིན་གྱི་ཡོང་ཐོ་ཁྲོན་བསྡོམས་དངུལ་སྲང་ཆིག་ཁྲི་སུམ་སྟོང་ལྔ་བརྒྱ་སོ་གསུམ་ཞོ་གང་ཕུན་ལྔ་ཐོབ་པ་ལ་བརྟེན་ནས། ཉེ་བར་མཁོ་བའི་ཡོ་བྱད། གསེར་སྦྱངས་ཟངས་དམར། དངུལ་ཆུ། སྐུར་སེ་སོགས་ཆགས་སུ་ཚུད་པར་བྱས་ཏེ། རང་མགོན་གྱི་གྲྭ་རིགས་ལས་ཚ་གསེར་ལ་མཁས་པ་ར་ཁོ་རབ་འབྱམས་པ་ཡེ་ཤེས་བསྟན་དར། ཁྱུང་ཀླུ་དགེ་སློང་བློ་བཟང་བསྟན་པ། སེ་ཉན་དགེ་སློང་འཇིགས་མེད་ནོར་བུ། གྲོ་ཚང་དགེ་སློང་བྱམས་པ་དར་རྒྱས། དགེ་སློང་ཀུན་བཟང་རྒྱ་མཚོ་རྣམས་ཚ་གསེར་གྱི་ལས་གྲྭ་དང་། གཞན་ཡང་ཤིང་བཟོ། ཀྱོ་བཟོ། ལྷ་བཟོ། ས་ལས་བཅས་ཀྱི་ལས་གྲྭ་བཙུགས། ལོ་འདི་ཉིད་ཀྱི་ཁུངས་སུ། ཕོ་ བྲང་ཆེན་མོའི་རྙིང་སྐྱོན་གང་ཡོད་ཉམས་གསོ་དང་དབུས་ཀྱི་ཡང་ཐོག་ཏུ་བྱུར་བུར་མཐོ་བ་དང་བཅས་གསར་བཞེངས། གསེར་དང་གདུང་རྒྱན་ནོར་འབར་སྲིན་མགོ་ཚོན་གྲྭ་བཅས་བྱ་བ་ལས་ཀྱི་འཁོར་ལོ་ལ་གེགས་འཆུབ། ཉེར་འཚེ་གང་ཡང་མེད་པར། སུམ་རྗེན་དབང་པོའི་གཞལ་ཡས་ཁང་ལ་འགྲན་བཟོད་པ་བཞེངས་གྲུབ་པོ། གོང་མ་བཀྲང་ཞུ་གནམ་ལོ་སོ་གསུམ་པ་སྤྲེའུ་ཞེས་པ་མེ་ལུག་ཟླ་ཚེས་ཉིན། གངས་ཅན་འགྲོ་བའི་མགོན་པོ། རྒྱལ་དབང་ཐམས་ཅད་མཁྱེན་ཅིང་གཟིགས་པ་ཆེན་པོ་རབས་བཅུ་གསུམ་པ་མཆོག་གི་ཞལ་སྔ་ནས་དབུ་མཛད། སྟོང་འཁོར་ཆེན་ཤེ་ཧུ་ཐོག་ཐུ། གདན་ས་རང་གི་མཁན་རིན་པོ་ཆེ། མཁན་ཟུར་ཆེ་ཤོས་རིན་པོ་ཆེ། གྲྭ་ཚང་གསུམ་གྱི་དཔོན་སློབ། རྗེ་རྣམ་རྒྱལ་ཆོས་རའི་དགེ་འདུན་མང་པོ་བཅས་ནས་རབ་གནས་ཀྱི་ཆོ་ག་ངོས་དག་པས་བྱིན་ཕབ་མཛད་དོ། དངོས་ རྫས་ཀྱི་རིགས་དང་ཡོན་འབུལ། ལས་བྱེད་ཡོན་རྒྱུགས་བཅས་ཕྱི་ནང་གི་འགྲོ་སྒོ་ཀུན་དངུལ་ཐོག་ཏུ་ཕབ་པའི་ཁྲོན་བསྡོམས་དངུལ་སྲང་ཆིག་ཁྲི་སུམ་སྟོང་། བརྒྱ་དང་སོ་ གཉིས་ཞོ་གང་སྐར་མ་ལྔ་ཀྱིས་བསྒྲུབས་ལགས་སོ། སྨྲ་བ། སྲུང་མའི་རྗེ་མྱུར་བྱེད་ཊོང་དད། མ་ཡལ་འཁྲུལ་ལེའི་ཕོ་བྲང་རྗེར། གསེར་སྦྲང་ཅོད་པན་བསྒྲོན་པ་ལ། ཉི་འོད་འབུམ་གྱིས་འགྲན་མི་བཟོད། འདིར་འབད་ལེགས་ཚོགས་གང་བསགས་མཐུས་ཐུབ་བསྟན་སྤྱི་དང་ཡང་སྒོས་སུ། དགེ་ལྡན་མདོ་སྔགས་ཡང་སྙིང་མཆོག །སྲིད་མཐའི་བར་དུ་དར་རྒྱས་ཤོག །དེ་འཛིན་སྐྱེས་ཆེན་ཞབས་བསྟན་ཅིང་། གསང་གསུམ་མཛད་འཕྲིན་དར་ལ་དྲག །དགེ་འདུན་ཐུགས་མཐུན་ལྷ་གྲུབ་གཙང་། བཤད་སྒྲུབ་འཆད་ཉན་ཡར་རྒྱས་ཤོག །འཛམ་གླིང་ཡངས་པའི་རྒྱལ་ཁམས་

སྐྱེར། ཁྱད་པར་ལྗོངས་འདིའི་ལྷས་ངན་ཀུན། ཞི་ཞིང་ཆོས་སྲིད་དྲང་ཐིག་ལམ། སྔ་མ་ཇི་བཞིན་གནས་གྱུར་ཅིག །འབྲེལ་ཐོགས་སེམས་ཅན་ཡོད་དོ་ཅོག །གནས་ངན་བག་ཆགས་དྭད་འཕྱིན་ཞིང་། མངོན་མཐོའི་གོ་འཕང་ལ་བརྟེན་ནས། ངེས་ལེགས་བྱང་གོ་འཕང་ཐོབ་གྱུར་ཅིག །ཅེས་དགེ་ལྡན་བསྟན་པའི་འབྱུང་གནས། ཡབ་རྗེའི་ཁྲུངས་ཡུལ་ཆོས་སྡེ་ཆེན་མོ་སྐུ་འབུམ་བྱམས་པ་གླིང་གི་སྤྱང་མའི་ཕོ་བྲང་བཙན་ཁང་ཆེན་མོའི་གསེར་ཟངས་ཀྱི་རྒྱ་ཕིབས་གསར་བཞེངས་ཀྱི་དཀར་ཆགས་འཕྲིན་ལས་ཀུན་འབྱུང་ཞེས་བྱ་བ་འདི་ནི། ཆོས་སྡེ་རང་གི་ཚོགས་ཆེན་ཞལ་ངོ་ཞིང་སྐྱོང་ཟུར་ཀླུ་རབ་འབྱམས་པ་བློ་བཟང་དགེ་ལེགས། ཟང་ཀང་ཀླུ་འབུམ་སློན་པ་རབས་འབྱམས་པ་ཡེ་ཤེས་དར་རྒྱས། བླ་བྲང་གཉེར་པ་ཕྱོགས་པ་དྲེད་ཁོག་དགེ་སློང་ཚུལ་ཁྲིམས་རབ་རྒྱས། ཚོ་དྲུག་གི་ནན་པ་བཅས་ནས་ལྷ་རྫས་ནང་མཛོད་བཅས་བསྐུལ་ངོར། བཀའ་ལུང་གིས་གསེར་ཏོག་ཏུ་ཐོག་ཕུ་ཏའི་ཆིང་ཨེར་ཏེ་ནི་ནོ་མོན་ཧན་ཞེས་བསྟགས་པ་བློ་བཟང་ཚུལ་ཁྲིམས་རྒྱ་མཚོས་སུག་བྲིས་སུ་བྱིས་པའོ། མངྒ་ལཾ། །

༄༅། །རྣམ་འདྲེན་ཡོངས་ཀྱི་འདུས་ཞལ་བླ་མ་རྒྱལ་ཀུན་མཐུ་སྟོབས་མཁྱེན་བརྩེའི་མཛོད། རྣམ་མང་གདུལ་བྱར་དུར་སྒྲིག་ཚུལ་བསྟན་རྗེ་དང་ཡི་དམ་དབང་ཆེན་ལྷ། རྣམ་དག་ཡེ་ཤེས་ལྷའི་མདངས་སྤྲུལ་བའི་ཆོས་རྒྱལ་སྐྱ་ལྔ་བཅས་པ་ལ། རྣམ་པ་གཞན་དུ་དམིགས་གཏད་བྲལ་ཏེ་གུས་པས་འདུད་དེ་དུས་ཀུན་སྐྱོང་། རབ་བྱུང་རྒྱལ་པོའི་རྣམ་འབྱུང་ཞེས་པའི་འབྲུག་ལོའི་ཧོར་ཟླ་གསུམ་པའི་དཀར་ཕྱོགས་ཛོགས་པ་གསུམ་པའི་ཉིན། གདན་ས་འདི་ཡི་བསྟན་སྲུང་དྲག་རྩལ་ཅན་གྱི་གཙོ། སྤྲུལ་བའི་ཆོས་སྐྱོང་ཆེན་པོ་འཁོར་བཅས་རབ་བཞུགས་གནས། བྱིན་རླབས་གཞི་བྱིན་འོད་འབར་རྣམ་རྒྱལ་ཕོ་བྲང་དམར། བཙན་ཁང་ཆེན་མོའི་རྒྱ་ཕིབས་ལ་སོགས་གཉིག་བཟོའི་རྒྱུར། དམིགས་ཏེ་ལྷག་བསམ་སྟོབས་འབྱོར་དད་གཏོང་རྒྱན་ལྡན་པའི། སྤྱི་སོའི་སྡེ་ཟུར་ཆེ་བ་རྒྱ་ཡག་ཕྱུག་མཛོད་པ། ཀླུ་འབུམ་ངོ་ཤེ་ཆོས་སྡེ་བློ་བཟང་ཚུལ་ཁྲིམས་དང་། སྡེ་ཆུང་ཚུ་དཀར་ཐང་པ་ཕྱོགས་པ་རབ་འབྱམས་པ་ཚུལ་ཁྲིམས་རབ་རྒྱས་སྟག་འཚེར་ཕྱུག་མཛོད་པ། ཆེ་ཀྱཱ་དགེ་སློང་ངག་དབང་བྱང་ཆུབ་རྣམ་རྒྱལ་གྱིས། རྒྱ་དངུལ་ཐུར་སྲང་ཉིས་སྟོང་ལྔ་བརྒྱའི་ཡོན་སྦྱར་ཏེ། སྒོ་གསུམ་མི་ཕྱེད་དད་པས་ཕུལ་བའི་ལེགས་བྱས་མཐུས། མ་ལུས་ལུས་ཅན་དད་པའི་ཚོགས་རྣམས་བདེ་སྐྱིད་ཀྱི། མཚོ་དང་ལྡན་ཅིག་གྲོགས་ལ་ནམ་ཡང་བགེགས་བྲལ་ཞིང་རྒྱལ་བསྟན་གདུགས་དཀར་འཛམ་མགོན་མདོ་སྔགས་ཟུང་འབྲེལ་གྱི་རིང་ལུགས་དྲི་མེད་ཏོག་མཛེས་སྲིད་རྩེར་མངོན་འཕགས་ཏེ། ཕན་བདེའི་གྲིབ་བསིལ་སེམས་ཅན་ཡོངས་ལ་ཁྱབ་པ་དང་། འཛིན་མཛད་སྐྱེས་མཆོག་ཞབས་བརྟན་མཛད་བཟང་རྒྱས་པར་ཤོག །ཡངས་པའི་འཛིག་རྟེན་སྤྱི་དང་ཁྱད་པར་དགོན་གནས་འདིར། ལྷས་ངན་སྲིན་ཚོགས་རྨིག་མེད་ཡལ་དང་ཆབས་གཅིག་ཏུ། དགེ་འདུན་ཐུགས་མཐུན་བཤད་སྒྲུབ་ཆོས་སྤྱོད་འོད་སྟོང་ཅན། སྲིད་གསུམ་ཁྱོན་མཉམ་གཞི་བྱིན་སྣང་བ་རབ་རྒྱས་ཤོག ཡང་སྨོས་རྒྱུ་ཡོན་སྦྱོར་བ་གོང་གསལ་རྣམ་གསུམ་གྱི། གནས་སྐབས་ཚེ་བསོད་དཔལ་འབྱོར་སྙན་གྲགས་ལེགས་ཚོགས་ཀུན། ཡར་ངོའི་ཟླ་ལྟར་འཕེལ་ཞིང་མཐར་ཐུག་སྐུ་གསུམ་གྱི། འབྲས་བུ་མཆོག་གི་གོ་འཕང་མྱུར་ཐོབ་རྒྱུར་འགྱུར་ཅིང་། སྐྱེ་དགུ་ཐམས་ཅད་ལ་དགེ་ཞིང་བཀྲ་ཤིས་པར་གྱུར་ཅིག །།

【译文】

小金瓦殿维修鎏金志

向发伟大誓愿化身为马王以十二功业之光辉增益有寂善业资粮之释迦法王顶礼！在汇集诸佛智慧之怙主法王宗喀巴大师的莲台之下以诸种财宝供养礼拜！向著述讲辩弘传和执掌显密宗经论之印度和雪域的学者和成就者顶礼！以洁净之文字赞扬建造五部护法神王之盛事。

戒备诸部魔军之护法神，
其任处为神圣大护法殿，
在这红色宫殿之殿顶上，
建造纯金顶盖放射金光，
叙述此事大概，祈请静听！

怙主第二佛陀降生之地，为许多显密经典记载过的佛法大寺十万佛身慈氏洲之声名遍布于三界，守护此寺的威猛护法之宫殿通常称为大护法殿。最初，遍知一切达赖喇嘛索南嘉措在嘱咐早先的戒律师仁宗哲坚赞新建此佛法大寺（塔尔寺）的同时，命令化身大护法神桑加达拉杰久为首的诸部护法王担任此佛法大寺的护法。如今，为此赐给遵守法誓者四功业成业，以威猛断除败坏法誓之邪恶，而被称为惩恶扬善护法神之居处大护法鼓楼顶兴建鎏金铜瓦的殿顶之时，本寺的主要施主北方鄂尔多斯扎萨克旗夏日夏金乃巴达乌兰格乌勒克齐额尔德尼墨尔根班智达亦称执掌法座者阿旺洛桑克珠尼玛为购置铜、脊铜、喷焰宝瓶等物，献纯银三千七百八十两五钱，由塔尔寺请执事集会决定委派工匠总管夏玛尔热绛巴阿旺山珠、龙本热绛巴意希丹达、申中热绛巴随巴桑布、西河坝格隆 × × 达杰等人负责规划兴建殿顶之事宜，于大清皇帝光绪三十二年上半年即阳火马年（1906 年）二月十五日开工，诸工匠首领各司其职，毫不懈怠，竭尽全力。经常向善业福田奉献财物之广大佛法之大施主、高僧大德、官员、贵贱僧俗平民等人又献财物布施，其主要名册详见他文。据名册记载，总计募化白银一万三千五百三十三两一钱五分，以此款购置所需纯金、红铜、银汁、锤锉等物。本寺僧人中精通镀金工艺之拉莫热绛巴意希丹达、倾家格隆洛桑丹巴、西纳格隆晋美诺布、卓仓格隆强巴达杰、格隆贡桑嘉措等人建镀金作坊，此外，还建立了木工、砖瓦工、画工之作坊。在当年之内，将大护法殿所有损坏处修复，并新建中间楼层上的突起部分，鎏金、上梁、喷焰宝瓶、脊兽、上色等工序也未遇到任何违碍困难而顺利完成，建成可与天界无量宫相媲美的佛殿。光绪皇帝在位之三十三年（1907 年）某月某日，以雪域众生之怙主遍知一切十三世达赖喇嘛为首，东科尔禅师呼图克图本寺法台堪布、卸任堪布却西活佛、三大扎仓之讲经师、布达拉宫南杰扎仓的僧人等完成开光仪轨，迎神降福。

此项工程购置的物品、工价、工匠口粮等内外开销总计用银一万三千一百三十二两一钱五分。

赞曰：

威严勇武护法神，

香烟缭绕宫殿顶，
建起纯金之宝冠，
灿烂阳光也难比。
因此所积之善业，
将使佛陀之教法
尤其甘丹显密教，
弘扬广大于三界。
祈愿掌教身康健，
三密功业更增盛，
僧伽和睦见修净，
讲习听法更兴旺。
广大世界国土中，
尤其此方之众生，
恶运灭除善业兴，
政教昌隆如昔时。
与此相关之众人，
离弃贪痴之恶地，
获得高贵之成就，
证得圆觉菩提果。

如此之《佛法源泉，怙主降生处，佛法大寺十万佛身慈氏洲之大护法殿新建鎏金铜瓦殿顶之目录——功业俱成》应本寺磋钦协敖申中苏尔加热绛巴洛桑格勒、上庄鲁本伦波热绛巴意希达杰、拉章管事西河坝泽科格隆楚臣热杰、六族千巴等人以内库物品敬献并劝请，由受封为色多呼图克图达勒额尔德尼诺门罕之洛桑楚臣嘉措撰文。祈愿吉祥！

聚集诸佛的教诫法力及智慧，
成为教化众生的僧伽之本尊，
与五清静智化现的五部法王，
我一心顶礼并祈愿长久护佑。

第十六饶迥土龙年（1928年三月初三日），为此以威猛护法为首的化身大护法神及侍从所居住之护持光焰炽盛红色宫殿即大护法殿之殿顶等处修补破损所需资金，诚信富足、乐善好施之吉索卸任大执事嘉雅强佐鲁本协敖却吉洛桑楚臣、小执事塘巴西河坝热绛巴楚臣热杰、格根强佐巴祁家格隆阿旺绛曲南杰献银二千五百两，祈愿因此项虔诚信仰而献布施之善业法力，所有具信众生得享安乐，无论何时不生违缘，佛陀教法，白伞盖依怙、显密双运之修法等尊胜于法界之顶端，利乐之荫庇遍及于众生，执掌教法之大德身体康健功业增广，广大世界尤其是本寺所在地方不生诸种恶兆，僧伽和睦，讲修法行光芒遍照三界，威严护持力增盛，特别是上述之三位奉献钱财之施主，久暂之寿数、福德、财富、声望、善业资粮等如上弦月增益，速证三身正果，所有众生吉祥如意！

马氏墓志碑

吾族系佛氏之苗裔也初來自西藏帳房地方年代湮遠無從考稽而佛號已經不詳所有活佛一位飲長生之水□□□□□□
神妙道凝元先至安家寺後住牌樓溝轉生九代約二百餘年因名其家曰上寺其後佛踪已渺而佛規如常□□□□□□
替也本寺所藏經典名曰卦具其經系生結佛所注者共壹佰零捌部生結佛成真以後集西天加蓋高明佛□□□□□□
陸拾餘部以作世守此傳家之寶也惜同治年間兵燹之際焚燼寺樓經典概行無存矣悲夫但不知傳遞幾□□□□□□
祖諱哇嘛拉扼焉茲特斷以此祖爲始祖耳二代祖諱索安三代祖諱官角加漢名馬龍以此祖始姓馬番名□□□□□□
莫次旦漢名文舉此予小子之父也自此耕讀傳家景仰聖道番漢二禮兩相并行至于所葬墳墓以前均經□□□□□□
上山根祖塋此塋共葬三代以祖諱索安立祖令我祖丁廣家裕無非我先祖誦經積善捨財布施之所致也□□□□□□
列武庠又蒙舉膺介賓即將祖德宗功勒石表揚庶不湮沒佛根之一流也凡我後裔有能更加美盛顯揚祖德□□□□□□
拭目以待也夫是爲序

大清光緒三十二年秋九月吉日

後裔五代孫　中選　中魁

六代孫　官次郎　仍子

六斤半　七代孫　尕仍本

曾孫　也西巴仍　龍仍拉旦

【提要】

石碑 1 通。汉文石刻碑文。清光绪三十二年（1906 年）祁存礼撰，郭录山抄刻。记述今海东市平安区古城乡牌楼沟藏族马氏祖先的渊源、功德、氏系和原住地等。

碑今在青海省海东市平安区古城乡牌楼沟，保存完好。碑面 253 厘米 ×87 厘米；碑阳 233 厘米 ×75 厘米，汉文 16 行；碑阴 233 厘米 ×75 厘米，汉文 18 行。

【碑文】

马氏墓志碑

吾族系佛氏之苗裔也。初来自西藏帐房地方，年代湮远，无从考稽。而佛号已经不详，所有活佛一位饮长生之水□□□□□□□神妙道。凝元先至安家寺后，住牌楼沟，转生九代，约二百余年，因名其家曰“上寺”。其后佛踪已渺，而佛规如常□□□□□□□替也。本寺所藏经典名曰“卦具”，其经系生结佛所注者共壹佰零捌部。生结佛成真以后集西天加盖高明佛□□□□□□□陆拾余部，以作世守，此传家之宝也。惜同治年间兵燹之际，焚烬寺楼经典，概行无存矣！悲夫！但不知传递几□□□□□□□。祖讳哇嘛拉扼焉，兹特断以此祖为始祖耳，二代祖讳索安，三代祖讳官角加，汉名马龙，以此祖始姓马，番名□□□□□□□莫次旦，汉名文举，此予小子之父也。自此耕读传家，景仰圣道，番汉二礼两相并行。至于所葬坟墓以前均经□□□□□□□上，山根祖茔。此茔共葬三代，以祖讳索安立祖令我祖丁广家裕。无非我先祖诵经积善，舍财布施之所致也。□□□□□□□列武庠，又蒙举膺介宾。即将祖德宗功勒石表扬，庶不湮没佛根之一流也。凡我后裔有能更加美盛显扬祖德□□□□□□□拭目以待也。夫是为序。

大清光绪三十二年秋九月吉日

后裔五代孙　中选　中魁

六代孙　官次郎　仍子

六斤半　七代孙　尕仍本

曾孙　也西巴仍　龙仍拉旦

都兰吐蕃墓出土藏文碑刻

གཉེར་ལམ་གྱི་བོད་བཙན་པོའི་བང་སོ་ནས་རྙེད་པའི་
རྡོ་བརྐོས་ཡིག་རྙིང་།

【提要】

石碑 1 通。藏文石刻碑文。佚名撰、抄刻。都兰热水三号吐蕃墓葬中，刻有古藏文的石条共有四块（编号为 99DRNM3:157），分别是藏文“论”（བློན）、“赤”（ཁྲི）、“偕微”（ཤེའུ）、“噶”（ཀ）。碑刻记载了都兰热水吐蕃墓葬的墓主人贵族身份、职级和姓氏，碑刻古藏文说明该墓葬属于“偕微”（ཤེའུ）氏族，为“论”（བློན）一级的官员和有“赤”（ཁྲི）身份的吐蕃大贵族。这个墓葬是目前可以揭示墓主人包括官职和姓氏等具体信息的少数墓葬之一，对于整个都兰古墓群的研究有重大参考价值，对于研究西藏历史、古代西藏丧葬风俗、青藏高原民族迁徙等都有很高的价值。1999 年 7—9 月北京大学考古文博学院与青海省文物考古研究所合作，在青海省海西蒙古族藏族自治州都兰县热水河南岸四座已被盗掘过的吐蕃墓葬中发掘；2005 年以《都兰吐蕃墓》为名，由科学出版社出版其发掘报告，王尧先生在该书中的《青海都兰新出吐蕃文汇释》考证了“论”（བློན）字（解释为“相”）；宗喀·漾正冈布、英加布、刘铁程的《“论赤偕微噶”（བློན་ཁྲི་ཤེའུ་ཀ）——都兰热水河南岸吐蕃三号墓葬出土藏文碑刻考释》对该碑刻做了解读；据海西州文联调查记录，二号墓也发现四块按四方形摆放在石台下的石碑：依次刻有“ཁྲི་བློན་ཀི་ཤེའ”；而其墓牌上写有“rgal gyii pho brang pa knyan stag rtsal”。三号墓四块碑刻为长方形，竖放，每块长约 90—130 厘米、宽 20—40 厘米、厚约 10—25 厘米，无起始符号，四周无栏，藏文，楷书，各一个音节，共四个音节。每个石条一端或两端有圆孔（有的穿孔不透），孔内残留铜锈。一面或两面凿出浅的平行斜纹，有一面涂抹一层厚约 3 厘米的石灰，另一面不加打磨。有字的一面，字均刻在中部，中部打磨光滑，两边是凿出的斜纹。墓石字迹清晰，从残留的金箔痕迹看，阴刻文字内原来贴有金箔。墓石现不在原地保存。

却吉·夏珠旺嘉、丹增嘉措、强巴丹达等人布施银两碑

ཚེས་རྫེ་བཤད་སྒྲུབ་དབང་རྒྱལ་སོགས་ནས་ཚོགས་དངུལ་ཕུལ་བའི་རྫོ་རིང་།

༄༅། །ཨོཾ་བདེ་ལེགས་སུ་གྱུར་ཅིག །གང་གི་ཐུགས་རྗེ་དགེ་ལེགས་འོད་སྣང་འབུམ། མ་བཟོད་འཇིག་རྟེན་རྒྱུད་སྨན་སྲིད་མཐར་བརྒྱལ། ཕན་བདེ་འབྱུང་གནས་བསླུ་མེད་མཆོག་གསུམ་གྱིས། དེང་འདིར་བཀྲ་ཤིས་དགེ་མཚན་འཆང་དུ་བསྩལ། རྒྱལ་ཀུན་མཁྱེན་རབ་གཅིག་བསྡུས་འཇམ་དཔལ་དབྱངས། ཐུབ་བསྟན་སྙིང་པོ་དུས་མཐར་སྤེལ་བའི་སྣད། གསུམ་ལྡན་རྡོ་རྗེ་འཛིན་པའི་གར་བསྒྱུར་བ། བློ་བཟང་རྒྱལ་བའི་དབང་པོས་དགེ་ལེགས་བསྩོལ། མགོན་ཁྱོད་གང་དུ་སྐུ་འཕྲུལ་རོལ་བའི་གནས། དགའ་བའི་དཔལ་ལྡན་སྐུ་འབུམ་བྱམས་གླིང་འདིར། མཁས་མང་འདུས་པར་མཆོད་སྦྱིན་འཛད་མེད་རྒྱུན། ཚད་མེད་སྤེལ་སྣད་འགྱུར་མེད་ཡིག་ཐྲེང་འགོད། །དེ་ལ་འདིར་རྒྱལ་བའི་ལུང་གིས་ཟིན་པའི་ཆོས་ཀྱི་སྡེ་ཆེན་ཕྱོགས་ཐམས་ཅད་ལས་རྣམ་པར་རྒྱལ་བའི་སྐུ་འབུམ་དགའ་ལྡན་བྱམས་པ་གླིང་འདིར། ཡབ་རྗེ་ རྒྱལ་བའི་རྒྱལ་ཚབ་མཁན་ཆེན་གདན་ས་བ་རིན་པོ་ཆེའི་དབུ་མཛད། ཚོགས་ཆེན་ཞལ་ངོ།

ལྷ་སྤྱིའི་ཕྱག་གཉེར། ཚེ་དྭག་གི་རྐན་པ་བཅས་ཐུབ་མོང་ལྡན་འཛོམས་ནས། རྡོ་རིང་ལ་མི་འགྱུར་བའི་ཡི་གེ་འགོད་དོན། ཆོས་སྡེ་ཞབས་འབངས་ཀྱི་རིག་ལས་ཏྲེད་ཁོག་ཆོས་རྗེ་བཤད་སྒྲུབ་དབང་རྒྱལ་འདི་ཉིད་ནས། འདི་ཀའི་དགེ་འདུན་སྡེ་གསུམ་སྟོང་ལ་དབྱར་གནས་ཆོས་ཐོག་རེ་ལ་པོ་བཅུ་བཏང་ཟིན་ནས། སླར་ཡང་ཕན་བདེ་ལེགས་ཚོགས་དུ་མའི་སྒོར་དམིགས། སྤར་ལོ་ཟླ་བ་དགུ་པའི་ཆོས་བཅུའི་ཉིན་ལ། ཚོགས་ཆེན་དུ་དབྱར་ཆོས་ཆེན་མོའི་ཐོག་ཐེབས་སུ། རྒྱ་དངུལ་སྲུས་གཙང་ཧ་སྒྲིག་མ་བདུན་ཅུ་ཐམ་པ་ཁྱོན་སྲང་སྟོང་ཕྲག་གསུམ་དང་། ལྔ་བརྒྱ་སྦྱོར་འཛུགས་བགྱིས་པས། དེ་ཡང་མ་རྩ་གཏན་ཆགས་སུ་ཡོལ་མེད་ངོས། འཕེལ་སྐྱེད་ཀྱིས་རབ་ཆེས་ལྟུགས་ཀྱི་ལོ་ནས་བཟུང་དབྱར་ཆོས་སྟེང་དོར་ཟླ་ལྔ་བའི་ཡར་ཆོས་བཟང་པོ་ལ་དགེ་རྒྱུན་འགོ་འཛུགས་པ་ནས། རྗེ་སྲིད་རྒྱལ་བསྟན་རིན་པོ་ཆེའི་འོད་སྣང་མཆོག་གི་ཞིང་འདིར་ཇི་ཙམ་བཟུང་བ་ཇི་སྲིད་དུ་རྒྱུན་ཆད་མེད་པར། འབྲུ་དང་དོང་ཙེ་གཉིས་གང་བྱུང་ཁྱད་མེད་པ་ལས་འབྲུ་ཐོག་ཡིན་ན་འབྲུ་ཤིང་ཙེ་གསུམ་རེ། འགྱེད་ཐོད་ཡིན་ན་དོང་ཙེ་སུམ་བརྒྱ་རེ་ལོ་ལྟར་བཞིན་འབུལ་རྒྱུ་གཏན་ཁེལ་བར་བཅད་ལ། འདི་ཡང་ཡུལ་ཆོས་སྣ་ཚོགས་ལ་སྤེལ་སྟེ་ཞེན་ཕྱོགས་གཡོ་སྒྱིད་སོགས་ཀྱིས་འཇོར་བརླག་གི་རྐྱེན་དུ་ནམ་ཡང་མི་འགྱུར་བའི་ཆེད་དུ་རྗོ་ལ་རི་མོ་སྤེལ་བ་ཡིན་གཤིས། སླར་མའི་འཇོན་འགྱུར་གྱི་ལས་བྱེད་ལག་ནས་ཀྱང་འདི་དོན་ཇི་བཞིན་ཡོད་མེད་ཞིབ་འཇུག་གིས་རྩད་གཅོད་ཁ་གཏིང་མཚུངས་པའི་རྒྱབ་སྐྱོར་རྟེང་གཞོན་དང་། རྒྱུ་སྦྱོར་ཆོས་རྗེ་བཤད་སྒྲུབ་དབང་རྒྱལ་དང་། དཔོན་པོ་རབ་འབྱམས་པ་འཇམ་དབྱངས་ཆོས་འཕེལ་དང་། དཔོན་པོ་དགེ་སློང་བློ་བཟང་ཉི་མ། དཔོན་པོ་དགེ་སློང་བསྟན་པ་ཡར་འཕེལ་རྣམས་ནས་འཕྲུལ་ཕྱག་གི་དགེ་རྩ་སླབས་ཆེ་བ་ལ་དགའ་དད་ཀྱིས་རྗེ་ཡིག་གི་དོན་ལྟར་ལས་འབྲས་དྲང་ཐག་གིས་བརྒྱན་པའི་ཐོག་ནས་ཟོལ་སྦྱོར་བསྒྲོན་དོར་དང་འབྲལ་བར།
གཏན་དོན་རྗེས་འདེད་དེ་བཞིན་ཞུ་མཆོག་པ་བཅས་ཀྱི་ཆེད་དུ། རབ་ཆེས་བགྲང་བྱ་འཇམ་དབྱངས་གོང་མ་བཀྱང་ཞུ་ཁྲི་ལོ་ཉེར་དྲུག་པ་ལྟུགས་ཀྱི་ལོ་ཟླ་བ་དྲུག་པའི་ཡར་ཆོས་བཟང་པོ་ལ་ཕྲེལ་

བ་དགེ་ལེགས་འཕེལ། འདིར་སྨྲ་བ། དད་གཏོང་ལྷག་བསམ་སྐྱ་རེངས་གསལ་བ་ཡིས། ཉེར་དྲང་མཆོད་སྦྱིན་འཛམ་མེད་སྣང་བའི་མཛོད། ཡོངས་ཕྱིར་བཤད་སྒྲུབ་འདབ་བརྒྱ་ཀུན་དགའི་ཚལ། ལྷག་ལྷག་བཞད་པའི་དགའ་བའི་འཛུམ་ཞལ་ངོམ། ཨེ་མ་དེང་དུས་མི་ཟད་གཏོང་བའི་སྒོ་ཆེར་ཡངས་མཆོད་སྦྱིན་བརྒྱ་བ་འདི་ལྟ་བུའི། དཔེ་ཟླར་འོས་པ་འཚོལ་ཕྱིར་ཉི་ཟླ་ཟུང་། དལ་མེད་མཁའ་ལ་ཡང་བརྐྱུས་སམ་སྙམ། འདི་འབད་དགེ་བས་ལྷོས་བཅས་ཚེ་རབས་ཀུན། རྣམ་དག་ལམ་བཟང་སྒྲུབ་པའི་རྟེན་བརྟེན་ཅིང་། དམ་པའི་རྗེས་བཟུང་ས་ལམ་མཐར་སོན་ནས། ཀུན་མཁྱེན་ཡེ་ཤེས་སྣང་བ་མཆོག་ཐོབ་ཤོག །སརྦ་མངྒ་ལཾ། །

གོང་མ་བཀྱང་ཞུ་ཁྲི་ལོ་ཉེར་དགུ་བ། རབ་ཆེས་ཆུ་མོ་ཡོས་ལོའི་ཟླ་བ་ལྔ་བའི་ཆོས་བཅུ་གསུམ་ལ། སླར་ཡང་རྡོ་རིང་ལ་འགྱུར་མེད་ཀྱི་ཡི་གེ་འགོད་དོན། གོང་གསལ་ཆོས་རྗེས་བཤད་སྒྲུབ་དབང་རྒྱལ་ནས། ཚོགས་ཆེན་དུ་ཐོག་འགྱེད་དང་ཐོག་གང་རིགས་འབུལ་བའི་ཉི་མ་ཟླ་བ་ལྔ་བའི་ཆོས་བཅུ་གསུམ་རིང་ལ་ངེས་ཅན་དུ་གནས་པའི་ཉིན་འདིར། མང་ཇ་གསུམ་ལ་ཇ་ནག་བག་གསུམ་འོ་མ་བཅས། མར་རྒྱ་ཆེན་སྟེང་དུ། རྒྱ་མ་དྲུག་ཅུ་ཐམ་པ་ངེས་ཅན་གྱི་ནང་ནས་མཆོད་མེ་བརྒྱ་ལོངས་རྩིས་ཀྱིས་འབུལ་དགོས་ཤིང་། འདིའི་རྒྱུན་ཐེབས་སུ་དོང་ཙེ་ཆིག་སྲུམ་སྟོང་དང་སུམ་ཅུ་ལས་ལྷོས་པའི་ངང་ཚང་དུ་ཞིང་ས་བོན་ཤིང་ཙེ་སྟོང་ཕྲག་གཅིག་གི་ལོ་ཏོག་ལོ་ལྟར་བཞིན་གྱི་ཤིང་ཙེ་ལྔ་བརྒྱ་རེ་སྤྱི་ཆེན་དུ་འབྱོར་བཞིན་པ་ཡིན་པས། ཉིན་འདིར་སྦྱིན་བདག་གཞན་གྱི་མང་ཇས་ཐུབ་པ་དང་། སྤ་མདུག་གི་མང་ཇ་བསྒྱུར་བ་སོགས་གང་བདེ་བྱེད་མི་ཆོག་པར་ལྡན་རྒྱུས་ཚོགས་འདུས་ནས་བཅད་པའི་ཡི་གེ་མངྒ་ལཾ། །

༄༅། །ཨོཾ་བདེ་ལེགས་སུ་གྱུར་ཅིག །རྣམ་འདྲེན་ཤཱཀྱའི་རྒྱལ་པོས་ལེགས་པར་གསུངས་པའི་འཇམ་དཔལ་རྩ་རྒྱུད་ཀྱི་ལུང་གིས་ཟིན་པའི་ཆོས་སྡེ་ཆེན་མོ་སྐུ་འབུམ་བྱམས་པ་གླིང་གི་དགེ་འདུན་འདུས་ཚོགས་ཡོངས་ལ། རོང་པོ་ཞིང་དཀར་ཕྱུག་གི་དགོན་པ་བཀྲ་ཤིས་སྣར་ཀྱི་གྲྭ་རིགས་ཁུ་ཀླུ་དགེ་སློང་བསྟན་འཛིན་རྒྱ་མཚོའི་འདི་ཕྱིའི་ལེགས་ཚོགས་ལ་དམིགས་ནས། དངུལ་ཧ་སྒྲིག་མ་ཉི་ཤུ་རྩ་ལྔ་སྟོམ་སྲང་སྟོང་ཕྲག་གཅིག་དང་ཉིས་བརྒྱ་དང་ལྔ་བཅུ་ཐམ་པ་ཐོག་ཐེབས་སུ་སྦྱོར་འཛུགས་བྱས་པ་ཡིན་པས། ལོ་ལྟར་བཞིན་མ་དངུལ་འདི་ཉིད་ཀྱི་འཕེལ་སྐྱེད་ཅི་ཐོབ་བྱུང་བ། ལོ་རེ་བཞིན་ཟླ་བ་བཞི་བའི་ཆོས་བཅོ་ལྔར་དགེ་འདུན་ལ་ཐོག་འགྱེད་ཅི་ཐོབ་ཚད་ལུས་མེད་པར་འབུལ་དགོས་ཐོག་འདི་ཕྱིའི་རྣམ་ཀུན་དགེ་བའི་སྐབས་འཇུག་བགྱིད་བཞིན་ཡོད། ཅེས་གོ་བར་བྱ་བའི་ཡི་གེ་འཇམ་དབྱངས་གོང་མ་སྲོན་ཐུབ་གནམ་ལོ་དང་པོས་བྱ་ལོའི་ཟླ་བ་བཅུ་གཉིས་པའི་ཆོས་ཉེར་གཅིག་དགེ་བར། ལྷ་བྲང་བཀྲ་ཤིས་ཁང་གསར་ནས་བྲིས་པ་ཛ་ཡནྟུ། །

རབ་བྱུང་བཅུ་དྲུག་པའི་ས་སྤྲུལ་ལོའི་ཟླ་༤ཚེས་༡༥ལ། གོང་གསལ་སྦྱིན་བདག་རང་ཉིད་ནས་སྨོན་ལམ་གཏོང་ཐེབས་སུ་ཧ་སྒྲིག་མ་བསྡོམས་སྲང་བརྒྱད་བརྒྱ་དང་ལྔ་བཅུ་སྟོང་མཆོད་ལ་དངུལ་སྐོར་བཅས་བསྣན་ཡོད།

༄༅། །ཨོཾ་སྭ་སྟི། རྣམ་འདྲེན་ཤཱཀྱའི་དུས་ཆེན་ཁྱད་པར་ཅན་བཞི་བའི་སྨོན་ལམ་གྱི་གཏོང་ཐེབས་སུ། ཆེ་ཀྱ་ཚོ་བའི་ཙུང་ཅེ་སྡེ་བའི་དགེ་སློང་བྱམས་པ་བསྟན་པ་དང་། དཔོན་པོ་དགེ་ཚུལ་དགེ་འདུན་བསྟན་འཕེལ་གཉིས་ཀྱིས་བསྟན་འགྲོའི་ཕན་བདེ་དང་། རང་གཞན་དགེ་རྩ་བཅས་ལ་དམིགས་ཏེ་དངུལ་ཧ་སྒྲིག་མ་སུམ་ཅུ་སྟོམ་སྲང་ཆིག་སྟོང་ལྔ་བརྒྱ་དང་། བཞི་བའི་བཅོ་ལྔའི་ཉིན་གསར་སྟོང་དུ་སྟོང་མཆོད་རྒྱུན་འབུལ་ཐེབས་སུ་ཧ་སྒྲིག་མ་སུམ་སྟོམ་སྲང་བརྒྱ་དང་ལྔ་བཅུ་བཅས་བསྡོམས་སྲང་ཆིག་སྟོང་དྲུག་བརྒྱ་ལྔ་བཅུ་སྦྱོར་འཛུགས་བྱས་པས་འདིའི་འཕེལ་ཁ་ལས་ལོ་རེ་བཞིན་བཞི་བའི་སྨོན་ལམ་ཡོངས་རྫོགས་དང་སྟོང་མཆོད་བཅས་གང་རྒྱས་འབུལ་དགོས་རྒྱུའི་ཡི་གེ་འདི་འཇམ་དབྱངས་གོང་མ་སྲོན་ཐུབ་གནམ་ལོ་གསུམ་པ་ལྕགས་ཕག་ལོའི་ཟླ་བ་གསུམ་པའི་ཆོས་བཅུ་དྲུག་ལ་ཚོགས་འདུས་ལྡན་རྒྱུས་ནས་བྲིས་པ་དགེའོ།།

【提要】

此碑立于塔尔寺九间殿左角玛尼轮亭右侧，碑额为拱形，上刻“五福捧寿”图，周边为回形纹。藏文石刻碑文。佚名撰文、抄刻。清宣统三年（1911 年）立。碑文分三部分：第一部分记述了却吉·夏珠旺嘉为住夏法会两次布施银两，购买茶叶、面食、牛奶等所需银两一事；第二、三部分记述丹增嘉措、祁家族僧人强巴丹达为塔尔寺四月大法会布施银两之事。前者文字刻于 1909 年，后者文字刻于 1911 年。

碑今在青海省湟中县塔尔寺九间殿左角玛尼轮亭右侧，保存完好。碑面 130 厘米 ×70 厘米，藏文，阴刻，39 行，楷体。碑文收入陈庆英、马林编著《中国西北文献丛书》第十二卷，兰州古籍出版社 1990 年版。

【碑文】

༄༅། །ཨོཾ་བདེ་ལེགས་སུ་གྱུར་ཅིག ། གང་གི་ཐུགས་རྗེ་དགེ་ལེགས་འོད་སྣང་འབུམ། མ་བཟོད་འཇིག་རྟེན་
རྒྱུད་སྨུན་སྲིད་མཐར་བརྒྱལ། ཕན་བདེ་འབྱུང་གནས་བསླུ་མེད་མཆོག་གསུམ་གྱིས། དེང་འདིར་བཀྲ་ཤིས་
དགེ་མཚན་འཆང་དུ་བསྩལ། རྒྱལ་ཀུན་མཁྱེན་རབ་གཅིག་བསྡུས་འཇམ་དཔལ་དབྱངས། ཐུབ་བསྟན་
སྙིང་པོ་དུས་མཐར་སྤེལ་བའི་སླད། གསུམ་ལྡན་རྡོ་རྗེ་འཛིན་པའི་གར་བསྒྱུར་བ། བློ་བཟང་རྒྱལ་བའི་དབང་
པོས་དགེ་ལེགས་བསྩོལ། མགོན་ཁྱོད་གང་དུ་སྐུ་འཕྲུལ་རོལ་བའི་གནས། དགའ་བའི་དཔལ་ལྡན་སྐུ་འབུམ་
བྱམས་གླིང་འདིར། མཁས་མང་འདུས་པར་མཆོད་སྦྱིན་འཇོད་མེད་རྒྱུན། ཚད་མེད་སྤེལ་སླད་འགྱུར་མེད་
ཡིག་ཕྲེང་འགོད། ། དེ་ལ་འདིར་རྒྱལ་བའི་ལུང་གིས་ཟིན་པའི་ཆོས་ཀྱི་སྡེ་ཆེན་ཕྱོགས་ཐམས་ཅད་ལས་རྣམ་
པར་རྒྱལ་བའི་སྐུ་འབུམ་དགའ་ལྡན་བྱམས་པ་གླིང་འདིར། ཡབ་རྗེ་ རྒྱལ་བའི་རྒྱལ་ཚབ་མཁན་ཆེན་གདན་
ས་པ་རིན་པོ་ཆེའི་དབུ་མཛད། ཚོགས་ཆེན་ཞལ་ངོ་། བླ་སྤྱིའི་ཕྱག་གཉེར། ཚོ་དྲུག་གི་རྒན་པ་བཅས་ཐུན་
མོང་ལྷན་འཛོམས་ནས། རྗེ་རིང་ལ་མི་འགྱུར་བའི་ཡི་གེ་འགོད་དོན། ཆོས་སྡེ་ཞབས་འབངས་ཀྱི་རིག་ལས་
བྲེད་ཕོག་ཆོས་རྗེ་བཤད་སྒྲུབ་དབང་རྒྱལ་འདི་ཉིད་ནས། འདི་ཀའི་དགེ་འདུན་སྡེ་གསུམ་སྟོང་ལ་དབྱར་
གནས་ཆོས་ཐོག་རེ་ལ་བོ་བཅུ་བཏང་ཟིན་ནས། སྔར་ཡང་ཕན་བདེ་ལེགས་ཚོགས་དུ་མའི་སྐོར་དམིགས།
སྤྱར་ལོ་ཟླ་བ་དགུ་བའི་ཆོས་བཅུའི་ཉིན་ལ། ཚོགས་ཆེན་དུ་དབྱར་ཆོས་ཆེན་མོའི་ཐོག་ཐེབས་སུ། རྒྱ་དངུལ་
སྲང་གཙང་ཏ་ཆིག་མ་བདུན་ཅུ་ཐམ་པ་ཕྱིན་སྲང་སྟོང་ཕྲག་གསུམ་དང་། ལྔ་བརྒྱ་སྦྱོར་འཇགས་བགྱིས་པས།
དེ་ཡང་མ་རྩ་གཏན་ཆགས་སུ་ཡོལ་མེད་དོས། འཕེལ་སྐྱེད་ཀྱིས་རབ་ཆོས་ལྷུགས་ཕྱི་ལོ་ནས་བཟུང་དབྱར་
ཆོས་སྟེང་ཇོར་ཟླ་ལྔ་བའི་ཡར་ཆོས་བཟང་པོ་ལ་དགེ་རྒྱུན་འགོ་འཛུགས་པ་ནས། ཇི་སྲིད་རྒྱལ་བསྟན་རིན་
པོ་ཆེའི་འོད་སྣང་མཆོག་གི་ཞིང་འདིར་ཇི་ཙམ་བཟུང་བ་ཇི་སྲིད་དུ་རྒྱུན་ཆད་མེད་པར། འབྲུ་དང་དོང་ཙེ་
གཉིས་གང་བྱུང་ཁྱད་མེད་པ་ལས་འབྲུ་ཐོག་ཡིན་ན་འབྲུ་ཤིང་ཙེ་གསུམ་རེ། འགྱེད་ཐོད་ཡིན་ན་དོང་ཙེ་སུམ་

བརྒྱ་རེ་ལོ་ལྟར་བཞིན་འབུལ་རྒྱུ་གཏན་ཁེལ་བར་བཅད་ལ། འདི་ཡང་ཡུལ་ཆོས་སྣ་ཚོགས་ལ་སྤེལ་སྟེ་ཞིན་ཕྱུགས་གཡོ་སྤྱོད་སོགས་ཀྱིས་འཕོར་བརླག་གི་རྐྱེན་དུ་ནམ་ཡང་མི་འགྱུར་བའི་ཆེད་དུ་རྗེ་ལ་རེ་མོ་སྤེལ་བ་ཡིན་གཤིས། སྔར་མའི་འགྲོན་འགྱུར་གྱི་ལས་བྱེད་ཁག་ནས་ཀྱང་འདི་དོན་ཇི་བཞིན་ཡོད་མེད་ཞིབ་འཇུག་གིས་རྩད་གཅོད་ཁ་གཏིང་མཚུངས་པའི་རྒྱབ་སྐྱོར་རྟེན་གཞོན་དང་། རྒྱ་སྒྱུར་ཆོས་རྗེ་བཤད་སྒྲུབ་དབང་རྒྱལ་དང་། དཔོན་པོ་རབ་འབྱམས་པ་འཇམ་དབྱངས་ཆོས་འཕེལ་དང་། དཔོན་པོ་དགེ་སློང་བློ་བཟང་ཉི་མ། དཔོན་པོ་དགེ་སློང་བསྟན་པ་ཡར་འཕེལ་རྣམས་ནས་འཕྲུལ་ཐུག་གི་དགེ་རྩ་རླབས་ཆེ་བ་ལ་དགའ་དད་ཀྱིས་རྗེ་ཡིག་གི་དོན་ལྟར་ལས་འབྲས་དྲང་ཐག་གིས་བརྒྱན་པའི་ཐོག་ནས་ཟོལ་སྤྱོར་བསྒོན་དོར་དང་འབྲལ་བར། གཏན་དོན་རྗེས་འདེད་ཇི་བཞིན་ཞུ་མཆོག་པ་བཅས་ཀྱི་ཆེད་དུ། རབ་ཆེས་བགྲང་བྱ་འཇམ་དབྱངས་གོང་མ་བཀྭང་ཞུ་ཁྲི་ལོ་ཉེར་དྲུག་པ་ལྕགས་བྱི་ལོ་ཟླ་བ་དྲུག་པའི་ཡར་ཚེས་བཟང་པོ་ལ་སྤེལ་བ་དགེ་ལེགས་འཕེལ། འདིར་སྨྲ་བ། དད་གཏོང་ལྷག་བསམ་སྐྱ་རེངས་གསལ་བ་ཡིས། ཉེར་དྲང་མཆོད་སྦྱིན་འཛམ་མེད་སྣང་བའི་མཛོད། ཡོངས་ཕྱིར་བཤད་སྒྲུབ་འདབ་བརྒྱ་ཀུན་དགའི་ཚལ། ལྷག་ལྷག་བཞད་པའི་དགའ་བའི་འཛུམ་ཞལ་ངོམ། ཨེ་མ་དེང་དུས་མི་ཟད་གཏོང་བའི་སྒོ་ཆེར་ཡངས་མཆོད་སྦྱིན་བརྒྱ་བ་འདི་ལྟ་བུའི། དཔེ་ཟླར་འོས་པ་འཚོལ་ཕྱིར་ཉི་ཟླ་ཟུང་། དཔལ་མེད་མཁའ་ལ་ཡང་བརྒྱུས་སམ་སྙམ། འདི་འབད་དགེ་བས་ལྟོས་བཅས་ཚེ་རབས་ཀུན། རྣམ་དག་ལམ་བཟང་སྒྲུབ་པའི་རྟེན་བརྟེན་ཅིང་། དམ་པའི་རྗེས་བཟུང་ས་ལམ་མཐར་སོན་ནས། ཀུན་མཁྱེན་ཡེ་ཤེས་སྣང་བ་མཆོག་ཐོབ་ཤོག །སརྦ་མངྒ་ལཾ། །

གོང་མ་བཀྭང་ཞུ་ཁྲི་ལོ་ཉེར་དགུ་པ། རབ་ཆེས་ཆུ་མོ་ཡོས་ལོའི་ཟླ་བ་ལྔ་བའི་ཚེས་བཅུ་གསུམ་ལ། སྔར་ཡང་རྗེ་རིང་ལ་འགྱུར་མེད་ཀྱི་ཡི་གེ་འགོད་དོན། གོང་གསལ་ཆོས་རྗེས་བཤད་སྒྲུབ་དབང་རྒྱལ་ནས། ཚོགས་ཆེན་དུ་ཐོག་འཁྱིད་དང་ཐོག་གང་རིགས་འབུལ་བའི་ཉི་མ་ཟླ་བ་ལྔ་བའི་ཚེས་བཅུ་གསུམ་རིང་ལ་ངེས་ཅན་དུ་གནས་པའི་ཉིན་འདིར། མང་ཇ་གསུམ་ལ་ཇ་ནག་བག་གསུམ་འོ་མ་བཅས། མར་རྒྱ་ཆེན་སྟེང་དུ། རྒྱ་མ་དྲུག་ཙུ་ཐམ་པ་ངེས་ཅན་གྱི་ནང་ནས་མཆོད་མེ་བརྒྱ་ལོངས་རྫས་ཀྱིས་འབུལ་དགོས་ཤིང་། འདིའི་རྒྱུན་ཐེབས་སུ་དོང་ཙེ་ཆོན་སུམ་སྟོང་དང་སུམ་ཅུ་ལས་ཉོས་པའི་ང་དང་ཚང་དུ་ཞིང་ས་བོན་ཤིང་ཙེ་སྟོང་ཕྲག་གཅིག་གི་ལོ་ཏོག་ལོ་ལྟར་བཞིན་གྲོ་ཤིང་ཙེ་ལྔ་བརྒྱ་རེ་སྤྱི་ཆེན་དུ་འགྲོར་བཞིན་པ་ཡིན་པས། ཉིན་འདིར་སྦྱིན་བདག་གཞན་གྱི་མང་ཇས་ཐུས་པ་དང་། སྤྱ་མཇུག་གི་མང་ཇ་བསྐྱུར་བ་སོགས་གང་བདེ་བྱེད་མི་ཆོག་པར་ལྷན་རྒྱས་ཚོགས་འདུས་ནས་བཅད་པའི་ཡི་གེ་མངྒ་ལཾ། །

༄༅། །ཨོཾ་བདེ་ལེགས་སུ་གྱུར་ཅིག །རྣམ་འདྲེན་ཤཱཀྱའི་རྒྱལ་པོས་ལེགས་པར་གསུངས་པའི་འཇམ་དཔལ་རྩ་རྒྱུད་ཀྱི་ལུང་གིས་ཟིན་པའི་ཆོས་སྡེ་ཆེན་མོ་སྐུ་འབུམ་བྱམས་པ་གླིང་གི་དགེ་འདུན་འདུས་ཚོགས་ཡོངས་ལ། རོང་པོ་ཞིང་དཀར་ཕུག་གི་དགོན་པ་བཀྲ་ཤིས་སྣར་གྱི་གྲྭ་རིགས་ཁུ་ཀླུ་དགེ་སློང་བསྟན་འཛིན་རྒྱ་མཚོའི་འདི་ཕྱིའི་ལེགས་ཚོགས་ལ་དམིགས་ནས། དངུལ་རྡ་རྨིག་མ་ཉི་ཤུ་ཙ་ལྔ་སྟོམ་སྲང་སྟོང་ཕྲག་གཅིག་དང་ཉིས་བརྒྱ་དང་ལྔ་བཅུ་ཐམ་པ་ཐོག་ཐེབས་སུ་སྤྱོར་འཛུགས་བྱས་པ་ཡིན་པས། ལོ་ལྟར་བཞིན་མ་དངུལ་འདི་ཉིད

ཀྱི་འཕེལ་སྐྱེད་ཅི་ཐོབ་བྱུང་བ། ལོ་རེ་བཞིན་ཟླ་བ་བཞི་བའི་ཚེས་བཅོ་ལྔར་དགེ་འདུན་ལ་ཕོག་འགྱེད་ཅི་ཐོབ་ཆད་ལུས་མེད་པར་འབུལ་དགོས་ཐོག་འདི་ཕྱིའི་རྣམ་ཀུན་དགེ་བའི་སྐྱབས་འཇུག་བསྐྱེད་བཞིན་ཡོད། ཅེས་གོ་བར་བྱ་བའི་ཡི་གེ་འཇམ་དབྱངས་གོང་མ་ཞོན་ཐུབ་གནམ་ལོ་དང་པོ་ས་བྱ་ལོའི་ཟླ་བ་བཅུ་གཉིས་པའི་ཚེས་ཉེར་གཅིག་དགེ་བར། བླ་བྲང་བཀྲ་ཤིས་ཁང་གསར་ནས་བྲིས་པ་ཛ་ཡནྟུ། །རབ་བྱུང་བཅུ་དྲུག་པའི་ས་སྦྲུལ་ལོའི་ཟླ༩ཚེས༢༧ལ། གོང་གསལ་སྦྱིན་བདག་རང་ཉིད་ནས་སྨོན་ལམ་གཏོང་ཐེབས་སུ་ཏྲ་སྲིག་མ་བསྡོམས་སྲང་བརྒྱད་བརྒྱ་དང་ལྔ་བཅུ་སྟོང་མཚོད་ལ་དངུལ་སྒོར་བཅས་བསྔན་ཡོད།

༄༅། །ཨོཾ་སྭ་སྟི། རྣམ་འདྲེན་ཤཱཀྱའི་དུས་ཆེན་ཁྱད་པར་ཅན་བཞི་བའི་སྨོན་ལམ་གྱི་གཏོང་ཐེབས་སུ། ཆེ་ཀྱ་ཚོ་བའི་ཅུང་ཅེ་སྡེ་བའི་དགེ་སློང་བྱམས་པ་བསྟན་པ་དང་། དཔོན་པོ་དགེ་ཚུལ་དགེ་འདུན་བསྟན་འཕེལ་གཉིས་ཀྱིས་བསྟན་འགྲོའི་ཕན་བདེ་དང་། རང་གཞན་དགེ་རྩ་བཅས་ལ་དམིགས་ཏེ་དངུལ་ཏྲ་སྲིག་མ་གསུམ་ཅུ་སྡོམ་སྲང་ཆིག་སྟོང་ལྔ་བརྒྱ་དང་། བཞི་བའི་བཅོ་ལྔའི་ཉིན་གསར་སྟོང་དུ་སྟོང་མཚོད་རྒྱུན་འབུལ་ཐེབས་སུ་ཏྲ་སྲིག་མ་གསུམ་སྡོམ་སྲང་བརྒྱ་དང་ལྔ་བཅུ་བཅས་བསྡོམ་སྲང་ཆིག་སྟོང་དྲུག་བརྒྱ་ལྔ་བཅུ་སྦྱོར་འཇགས་བྱས་པས་འདིའི་འཕེལ་ཁ་ལས་ལོ་རེ་བཞིན་བཞི་བའི་སྨོན་ལམ་ཡོངས་རྫོགས་དང་སྟོང་མཚོད་བཅས་གང་རྒྱས་འབུལ་དགོས་རྒྱུའི་ཡི་གེ་འདི་འཇམ་དབྱངས་གོང་མ་ཞོན་ཐུབ་གནམ་ལོ་གསུམ་པ་ལྕགས་ཕག་ལོའི་ཟླ་བ་གསུམ་པའི་ཚེས་བཅུ་དྲུག་ལ་ཚོགས་འདུས་ལྷན་རྒྱས་ནས་བྲིས་པ་དགེ།། །

【译文】

却吉·夏珠旺嘉、丹增嘉措、强巴丹达等人布施银两碑

祈愿吉祥如意！

大慈大悲圆满吉祥之十万光芒，
照耀衰微暗淡难忍之轮回世间，
利乐的源泉是可靠之如意三宝，
它秉握今生今世幸福吉祥之兆。
将一切佛智集于一身的文殊菩萨，
为使佛教宝藏终古不息永远弘扬，
在三分时以持金刚舞步教化人世，
愿善慧佛王宗喀巴赐于圆满吉祥！
怙主你随处显示幻变神通的地方，
是欢乐的具吉祥十万身像慈氏洲，

智者云集，供施流水涓涓不断，

名留汗青，是为佛教获无量发展。

在此佛陀曾经授记的大寺——殊胜诸方之十万佛身喜慈氏洲，以怙主上师之摄政在任大堪布居首，由铁棒喇嘛、拉吉总管、六部落千巴等聚议，勒石载录此不易之文如下：今有本寺属民族姓中之泽科却吉·夏珠旺嘉，在住夏法会上，为本寺两千五百僧人布施元宝十枚，又为积聚各种利乐资粮，复于上年九月十日在经堂会议上布施马蹄纯银元宝七十锭，共合银三千五百两，作为住夏大法地的公积基金，以此为固定本金，从第十五饶迥铁鸡年开始，于住夏法会之藏历五月上旬吉日起，建立善缘，在佛教之灿烂照耀之所有时间，永不间断，用所得利息为众僧发放粮食及铜钱，若献口粮则每人三升，若发衬钱则每人铜钱三百枚，每年如此，成为定规。为避免以遵从各种乡俗为名贪污欺诈，使之耗散，为永无改易，特勒石以记，以便后继之各位执事人查证是否按章行事，言行一致地执行，使施主却吉·夏珠旺嘉、热绛巴喜木样群培、比丘丹巴雅培等人获得久暂之大善根，虔诚遵奉碑文之意，以正直之业果抛弃虚假淆乱，所定之规得以施行，故于文殊皇帝光绪二十六年(1900 年)，第十五饶迥铁鸡年六月上旬吉日敬立。增益吉祥。赞曰：

虔心信奉如黎明侵晓，

迎来无量供施之阳光，

遍照讲修之众喜莲池，

使善业莲花开颜欢笑。

啊！如今敞开信奉之门，

慷慨的供施源源不断，

如果寻找适当的比喻，

一双日月最恰如其分。

笃信不倦地致力于布施行善，

使你世世获往正道的保证，

愿你追随先贤，达到成就之巅，

愿你获得遍通一切的殊胜光辉。

祈愿吉祥！

光绪皇帝二十九年(1903 年)第十五饶迥水兔年五月十三日，又刻石载录不易之文如下：

上述施主却吉·夏珠旺嘉将自己在大经堂大会布施钱财或僧粮的日期定为五月十三日，届时将供施三次有茯茶、面食、牛奶等斋僧茶，在所施大量酥油中，取六十斤定数作奉献百灯供之用。此项布施物品，折算需以三千零三十吊铜钱购买，作为替代，从播种籽一千升之田地的收获中，每年取粮食五百升送交大吉哇。因当天有其他施主所施斋僧茶拼合，恐颠倒前后次序，为辨施主，故经众人商议，将此决定刻石以记。祈愿吉祥如意！

祈愿吉祥！

隆务香噶尔浦地方的扎西噶尔寺僧人库家格隆丹增嘉措为获今生后世之圆满幸福，向依照佛陀善说《大方广菩萨藏文殊师利根本仪轨经》中之授记而建的大寺十万佛身慈氏洲之全体僧人布施马蹄银二十五锭，合银一千二百五十两，作为发放布施的公共基金。此项本金所得全部利息，于每年四月十五日为众僧发放布施不得缺欠扣留，永生永世给予善业佑护。文殊皇帝宣统元年（1909 年），土鸡年冬十二月二十一日写于吉祥新宫。祈愿胜利！

第十六饶迥土蛇年四月三日，上述施主又添马蹄银十七锭，合银八百五十两作为祈愿大法会发放布施的基金，另施银元一百枚奉献千灯供。

祈愿吉祥！

祈家族部落仲侧村庄之比丘强巴丹达、头人格楚格登丹培二人为利益佛法众生，他俱获善根，向佛陀之大节日四月祈愿法会布施马蹄银三十绽，合银一千五百两；为四月十五日大金瓦殿之千灯供奉马蹄银三锭，合银一百五十两，作为布施基金。前后共施白银一千六百五十两。此项本金之利息，奉献于每年四月祈愿法会及千灯供。此文由众僧聚议商定，于文殊皇帝宣统三年 (1911 年) 铁猪年三月十六日刻记此文。吉祥！

班禅大师、章嘉国师、巴图活佛等人布施银两碑

པཎ་ཆེན་རིན་པོ་ཆེ་སོགས་ཀྱིས་དངུལ་ལོ་ཕུལ་བའི་རྡོ་རིང་།

ཨོཾ་སྭ་སྟི། བགྲང་ཡས་བསྐལ་བར་བསྒྲིད་པའི་སྙིང་སྟོབས་ལས། རླབས་ཆེན་ཚོགས་གཉིས་འབྲས་བུ་ཞེར་སྨིན་པས། བཅུ་གཉིས
མཛད་པས་ལུང་རྟོགས་བསྟན་པ་མཆོག སྤེལ་མཛད་ཤཱཀྱའི་རྒྱལ་པོས་ཤིས་པ་སྩོལ། ཅེས་བཀྲ་ཤིས་པའི་ཚིག་གིས་ལམ་ཡངས་པར་བྱས་ཏེ་བརྗོད་པར་བྱ་བ་ནི། ལྷར་བཅས
འགྲོ་བའི་གཙུག་རྒྱན་རྣམ་འདྲེན་བཞི་པ་ཟས་གཙང་སྲས་པོའི་མདོ་སྔགས་ཀྱི་བསྟན་པ་རིན་པོ་ཆེ་སྤྱི་དང་། ཁྱད་པར་རྒྱལ་བ་ཀུན་གྱི་ཡབ་གཅིག་རྗེ་བཙུན་འཇམ་པའི་དབྱངས་དངར་སྨིག་བློས་གར་གྱིས
རྣམ་པར་རོལ་བ། འཇམ་མགོན་བླ་མ་ཙོང་ཁ་པ་ཆེན་པོའི་ཞ་སེར་ཅོད་པན་འཆང་བའི་དགེ་ལྡན་ལུགས་བཟང་མདོ་སྔགས་ཟུང་འབྲེལ་གྱི་རིང་ལུགས་དྲི་མ་མེད་པ་ཕྱོགས་མཐར་རྒྱས་པ་དང་། ནུབ་ཕྱོགས
བདེ་ལྡན་ཞིང་གི་མགོན་པོ། པཎ་ཆེན་ཐམས་ཅད་མཁྱེན་ཅིང་གཟིགས་པའི་ཞབས་སྔ་ནས་དཀའ་ལྡན་ཁྲི་ཐུར་རྗེ་བློ་བཟང་རྒྱལ་མཚན་གྱིས་དབུས། བསྟན་འཛིན་གྱི་སྐྱེ་མཆོག་དམ་པ་རྣམས
གྱི་སྐུ་ཚེ་ཞབས་པད་བརྟན་ཅིང་གསང་གསུམ་འཕྲིན་ལས་ཀྱི་མཛད་པ་བཟང་པོ་སོགས་གོང་འཕེལ་དུ་རྒྱས་པ་དང་། གྲྭ་ས་འབྲས་དགེ་གསུམ། རྒྱུད་གྲྭ་སྟོད་སྨད་རྣམ་གཉིས་ཀྱིས་མཚོན་པའི་དགེ་འདུན
གྱི་སྡེ་རྣམས་ཐུགས་མཐུན་ཁྲིམས་གཙང་མའི་ངོས་ནས་བཤད་སྒྲུབ་འཆད་ཉན་ཡར་རྒྱས་སུ་འཕེལ་བ་དང་། འཇམ་དབྱངས་གོང་མ་བདག་པོ་ཆེན་པོའི་སྐུ་ཚེ་ཞབས་པད་བརྟན་ཅིང་ཆབ་སྲིད་མངའ་ཐང་གོང
ནས་གོང་དུ་འཕེལ་བའི་སྒོ་ནས་གང་གི་ཆབ་འབངས་སུ་གཏོགས་པའི་རྒྱ་བོད་ཧོར་གྱི་ཡུལ་ཅན་ཐམས་ཅད་སྡེ་བཞི་དཔལ་གྱིས་བདེ་བར་འཚོ་བ་དང་། གཞུང་ས་དགའ་ལྡན་ཕོ་བྲང་བའི་ལུགས་ཟུང་ཆབ་སྲིད་ཀྱི་དབུ་རྩོག
བཙན་པོས་པར་རྒྱལ་ལོག་གི་དཔུང་གི་བསམ་སྦྱོར་ངན་པ་ཅི་མཆིས་ཕྱག་མར་ཞི་ནས། རྫོགས་ལྡན་བདེ་སྐྱིད་ཀྱི་དཔལ་ལ་དུས་རྟག་ཏུ་རོལ་བ་དང་། ཡངས་པའི་རྒྱལ་ཁམས་སྤྱི་སྒོས་ཐམས་ཅད་དུ་མི་མཐུན་རྒྱུད་སོགས
ཉེ་བར་ཞི་ཞིང་། མཐུན་རྐྱེན་ལེགས་ཚོགས་དབྱར་གྱི་རྒྱ་གཏེར་བཞིན་གོང་འཕེལ་དུ་རྒྱས་པ་སོགས་བསྟན་འགྲོ་བསྟན་པའི་མཛད་འཕྲིན་རིས་མེད་དུ་སྤེལ་བའི་དགོངས་བཞེད་ཀྱིས། ལྷོ་ཕྱོགས་གྲུ་འཛིན་ཞིང་གི་མགོན་པོ
རྒྱལ་དབང་ཐམས་ཅད་མཁྱེན་གཟིགས་ཆེན་པོ་ངག་དབང་བློ་བཟང་ཐུབ་བསྟན་རྒྱ་མཚོ་འཇིགས་བྲལ་དབང་ཕྱུག་ཕྱོགས་ལས་རྣམ་པར་རྒྱལ་བའི་སྡེའི་ཞབས་སྔ་ནས། བ་རྗེ་འཇམ་མགོན་བླ་མའི་འཁྲུངས་གནས
རྒྱལ་བའི་ལྗོང་གིས་ཟིན་པའི་ཆོས་སྡེ་ཆེན་པོ་སྐུ་འབུམ་བྱམས་པ་གླིང་གི་བླ་གྲྭ་དགེ་འདུན་འདུས་ཚོགས་ཡོངས་ལ་མང་ཇ་གསུམ་གྱི་བསྙེན་བཀུར་ཞུ་ཕོག་ཕོག་ཐེབས་སུ་རྗེ་སྲིད་རྒྱལ་བསྟན་ནམ་གནས
རྒྱུར། མ་དངུལ་རྒྱ་སྲང་སུམ་སྟོང་ལྔ་བརྒྱ་དང་ལྔ་བཅུ་ཐམ་པ་སྐྱོར་འཛུགས་བགྱིས་པའི་སྐྱེད་འབབ་ཐོག་ནས་ཁྱིམ་ལུས་པོར་ཟེག་མི་འབྱུང་བར་ལོ་རེར་ཆགས་སུ་མ་ཉམས་པར་དགེ་འདུན་རྣམས་ཀྱི་ཕྱག་ཏུ་ངེས་པར
གྱིས་གཏོང་དགོས་པའི་ཆེད་དུ། འཇམ་དབྱངས་གོང་མ་བདག་པོ་ཆེན་པོ་ཤོན་ཐོང་རྒྱལ་པོའི་གནམ་ལོ་དང་པོ་ས་བྱ་ལོའི་ཟླ་བ་ལྔ་པའི་ཚེས་དགེ་བར་འགྱུར་བ་མེད་ཀྱི་ཡི་གེ་བྲིས་པར་ཛ་ཡནྟུ། །མངྒ་ལཾ།
ཨོཾ་བདེ་ལེགས་སུ་གྱུར་ཅིག །རྨད་བྱུང་སྙིང་སྟོབས་ཆེ་གེ་ཐུགས་རྗེ་ཡིས། ཉམ་ཐག་ལྔ་བརྒྱའི་འགྲོ་རྣམས་ཕྱག་མཚན་དུ། བཞེས་ནས་ལུང་རྟོགས་ཆོས་བཞིན་སྤེལ་མཛད་པའི། རྣམ་འདྲེན་བུ་རམ
ཤིང་པས་ཤིས་པ་སྩོལ། ཅེས་སྙན་འགྱུར་འབུམ་ལྡན་སྒྲ་དབྱངས་ཀྱི་ལམ་ཡངས་པོར་བྱས་ཏེ། དེ་ཡང་འཇམ་མགོན་བླ་མའི་མདོ་སྔགས་ཀྱི་བསྟན་པ་རིན་པོ་ཆེའི་སྲོག་ཤིང་དམ་པ། འཇམ་དབྱངས
གོང་མ་ཆེན་པོའི་རིགས་ཀྱི་ཅོད་པན་ཡོངས་རྫོགས་བསྟན་པའི་མངའ་བདག་ལྕང་སྐྱ་སྐུ་རབས་བདུན་པ་བཀྭ་ཉིན་ཕུ་ཤན་ཟི་ཏྲ་ཀོ་ཤྲི་ལྕང་སྐྱ་རྡོ་རྗེ་ཐུ་བློ་བཟང་དཔལ་ལྡན་བསྟན་པའི་སྒྲོན་མེ་དཔལ་བཟང་པོའི
ཞལ་སྔ་ནས་ཀྱིས་རྣམ་འདྲེན་ཐུབ་པའི་དབང་པོའི་བསྟན་སྤྱི་དང་། ཡང་སྒོས་འཇམ་མགོན་བླ་མ་རྗེ་བཙུན་འཇམ་དཔལ་སྙིང་པོའི་མདོ་སྔགས་ཟུང་དུ་འབྲེལ་བའི་དགེ་ལྡན་ལུགས་བཟང་འཕྲུལ་བའི་དྲི་མ་དང
བྲལ་བ་འདི་ཉིད་བཤད་པ་དང་སྒྲུབ་པས་ཕྱོགས་དུས་གནས་སྐབས་ཀུན་ཏུ་དར་རྒྱས་ཡུན་རིང་གནས་པ་དང་། བསྟན་པའི་གཙུག་རྒྱན་རྒྱལ་དབང་ཡབ་སྲས་རྣམ་གཉིས་ཀྱིས་གཙོས། སྐྱེས་ཆེན་དམ་པ་རྣམས་སྐུ་ཚེ་བརྟན་ཅིང་མཛད
འཕྲིན་བྱས་པ་དང་། གདན་ས་ཆེན་པོ་གསུམ་གྱིས་མཚོན་པའི་དགེ་འདུན་འདུས་པའི་སྡེ་རྣམས་ཐུགས་མཐུན་ཁྲིམས་གཙང་མའི་ངོས་ནས་བཤད་སྒྲུབ་འཁོར་ལོ་གསུམ་གྱི་བྱང་རྣམས་ཡར་རྒྱས་དང་། སྟོབས་ཀྱི་འཁོར་ལོ
བསྒྱུར་བའི། འཇམ་དབྱངས་གོང་མ་བདག་པོ་ཆེན་པོའི་སྐུ་ཚེ་ཞབས་པད་ཚེ་མཐའ་ཡས་པའི་ངོ་བོར་བརྟན་ཅིང་། ཆབ་སྲིད་མངའ་ཐང་དབུ་རྩོག་བཙན་པོ་དཔུང་སྟོབས་ཡངས་པ་ལ་རེག་པར་དར་གྲགས་ཆེ་བ་དང་། བཀའ་ཁྲིམས་ཕྱག
ལོག་ཏུ་ངལ་བསོ་བའི་ཡུལ་ཅན་མཐའ་དག་རྫོགས་ལྡན་སྡེ་བཞིའི་དཔལ་ལ་བདེ་འཇམ་དུ་འཚོ་བ་དང་། ཁྱད་པར་ཡབ་རྗེ་མཆོག་གི་སྐུ་ཚེ་ཞབས་པད་མི་གཤིག་རྡོ་རྗེ་ལྟར་བརྟན་ཅིང་གསང་གསུམ་མི་ཟད་རྒྱན་གྱི་འཁོར
ལོའི་མཛད་འཕྲིན་ཡོད་དོ་ཅོག །དགོངས་བཞེད་ཇི་བཞིན་འཕེལ་དར་རྒྱས་པ་དང་། གང་གི་འཕྲིན་ལས་ཀྱི་ཞིང་ཁྱོན་ཡོངས་འཛིན་མཁན་པོ་གྲུབ་པ་མཐའ་ཡས། ཇ་སག །ཕྱག་གཉེར་བཅས་གྲྭ་རིགས་རྣམས་ཀྱི་འགལ་རྐྱེན
ཉེར་འཚེ་ཞི་ཞིང་། དགེ་ཚོགས་ཀྱི་བསམ་དོན་ཡིད་བཞིན་འགྲུབ་པའི་ངོས་ནས། སྐྱབས་རྗེ་མཆོག་གི་འཕྲིན་ལས་ཞབས་འདེགས་ཡིད་སྨོན་ལྟར་འགྲུབ་པ་སོགས་སྒོ་དུ་མར་དམིགས་ནས། རྒྱལ་བའི་ལུང་གིས་ཟིན་པའི
ཡབ་རྗེ་རྒྱལ་བ་གཉིས་པའི་གདན་ས་ཆེན་པོ་སྐུ་འབུམ་བྱམས་པ་གླིང་གི་བླ་མ་དགེ་འདུན་ཚོགས་ཡོངས་བཅས་ལ་མང་ཇ་གསུམ་གྱིས་བསྙེན་བཀུར་ཞུ་ཕོག །གདན་ས་འདིར་བསྟན་པ་རྗེ་སྲིད་གནས་པའི་རབ
བརྟན་འཛུགས་སུ་ཕོག་ཐེབས་རྒྱ་དངུལ་སྲང་གཉིས་སྟོང་སྟོང་གཞང་མཛད་པ་བཞིན་ལོ་ལྟར་བཞིན། མ་རྩ་གཏན་གནས་ལ་འཕེལ་ཁས་ཐོག་འགྲེད་ཅི་ཐོག་དེ་ལྟར་འབུལ་དགོས་པའི་ཆེད་དུ་འགྱུར་བ་མེད་པའི་ཡི་གེ་འདི་འཇམ
དབྱངས་གོང་མ་ཤོན་ཐོང་རྒྱལ་པོའི་གནམ་ལོ་དང་པོའི་ས་བྱ་ལོའི་དཀྱུས་ཟླ་དང་པོའི་དམར་ཕྱོགས་དགའ་བ་གཉིས་པའི་ཉིན། གདན་སའི་ཁྲི་འཛིན་གསེར་ཏྲག་རྡོ་ཐོག་ཐུ་ཧྲུའི་ཆིང་ཤེར་ཏེ་ནི་མོ་ཧན་དུ་འབོད་པས
བླ་བྲང་བཀྲ་ཤིས་ཁང་གསར་ནས་བྲིས་པ་ཛ་ཡནྟུ། །ཡོངས་རྫོགས་བསྟན་པའི་གསལ་བྱེད་དམ་པར་འགྱུར་བ། སྐྱབས་རྗེ་ལྷ་གུ་མཁན་ཆེན་མཆོག་སྤྲུལ་རིན་པོ་ཆེ་ནས་རྗེ་སྲིད
རྒྱལ་བསྟན་ནམ་གནས་ཀྱི་བར་དུ་ལོ་ལྟར་བཞིན་ཟླ་བ་བདུན་པའི་ཚེས་བཅུའི་ཉིན། དཔལ་ལྡན་བཤད་སྒྲུབ་གླིང་གི་འཕགས་པའི་དགེ་འདུན་འདུས་པ་རྒྱ་མཚོར་ཐོག་འགྲེད་འབུལ་ཐེབས་སུ་དངུལ་ཏ་སྡིག་མ་ཉིས
བྱ་ཐམ་པ་སྩོམ་གྲངས་སྲང་སྟོང་ཕྲག་གཅིག་དང་བཅུ་གཅིག་ལ་ཞོ་བཞི་ཕུལ་བ་དང་། ཡང་ཏལ་ཏ་ཧ་སག་བྱུ་ཏན་སྡེའི། དད་ལྡན་སྦྱིན་བདག
སྦྱིན་བདག་ཨ་ཡུ་ཤྲཱི་ཟེར་པས། ལོ་ལྟར་བཞིན་ཟླ་བ་བདུན་པའི་ཚེས་བཅུའི་ཉིན། དཔལ་ལྡན་བཤད་སྒྲུབ་གླིང་གི་དགེ་འདུན་ལ་ཐོག་འགྲེད་འབུལ་ཐེབས་སུ་དངུལ་ཏ་སྡིག་མ་བཅུ་ཐམ་པ་སྲང་ལྔ་བརྒྱ་དང་ བཅུ་ཐམ་པ་ཕུལ།
རབ་བྱུང་བཅོ་ལྔའི་ནང་ཚན་ས་མོ་ལུག་ལོ་ནས་འགོ་འཛུགས་ཏེ་ཇི་སྲིད་བསྟན་པ་རིན་ཆེན་དར་རྒྱས་སུ་གནས་པ་དེ་སྲིད་དུ་རྒྱུན་མཆད་པའི་ཐེབས་སུ་ཕུལ་ལགས། རབ་ཆེས་ནང་ཚན་མེ་ཕོ་སྤྲེལ་ལོའི་ཧོར་ཟླ་བདུན་ཚེས་བཅོ་ལྔའི་ཉིན།
སྐྱབས་རྗེ་ལྷ་གུ་མཁན་ཟུར་རིན་པོ་ཆེས་གཙོ་བྱས། གཉེར་པ་དགེ་སློང་བསྟན་འཛིན་རྒྱ་མཚོ། དགེ་སློང་བློ་བཟང་ལགས་བཤད། བོན་པོ་དགེ་ཚུལ་ཚུལ་ཁྲིམས་རྒྱ་མཚོ་རྣམས་ཀྱིས་རྒྱལ་བསྟན་ནམ་གནས་ཀྱི་བར་དུ།
དགེ་ལུགས་བསྟན་པ་དར་ཞིང་རྒྱས་པ་དང་། དགེ་བ་བྱས་རྣམས་ཉེ་འབྲེལ་འཁོར་དང་བཅས། དགེ་མཚན་རྒྱལ་བའི་གོ་འཕང་མྱུར་ཐོབ་ཤོག །རབ་བྱུང་རྒྱལ་པོའི་མེ་ཡོས་ལོའི་ཟླ་ཚེས་༡༥ལ་བསར་པོ་ལོའི་རྟེར་ལས་པ་དགེ་སློང་ཤེས་རབ
གྱིས་དངུལ་སྲང་ལྔ་བཅུ་ཐམ་པ་ཕུལ། རབ་བྱུང་རྒྱལ་པོའི་མེ་ཡོས་ལོའི་ཟླ་བ་བདུན་པའི་ཚེས་གསུམ་ལ་སྤྱི་སོ་ཆེན་མོའི་སྡེ་ཁྲུན་ཆེ་བ་ཆེ་ཀུ་འཚོ་བའི་གཞི་མ་བྲི་ལི་ག་བུ་ཆོས་རྗེ་ཡེ་ཤེས་མཆོག་གྲུབ་དང་སྡེ་ཁྲུན་ཆུང་བ་ཆེ་ཀུ་འཚོ་བའི
ཙུང་ཅེ་ཨ་ཆེ་བུ་ཆོས་རྗེ་བྱང་ཆུབ་རབ་རྒྱས་དང་། ཕྱོགས་པ་འཚོ་བའི་ཡོངས་དགེ་ཀུན་ཆུ་ཏུ་ལ་ཁ་དགེ་འདུན་སྦྱིན་པ་རྣམ་གསུམ་ནས་རང་རང་གི་འདི་ཕྱིའི་ལེགས་ཚོགས་དང་འབྲེལ་བར་བསྟན་འགྲོའི་དོན
བཅས་ལ་དམིགས་ནས་དབྱར་གནས་ཆེན་མོའི་ཕོག་ཐེབས་སུ་དངུལ་ཏ་སྡིག་མ་བཅུ་དང་ཁྲིབ་སུམ་ཅུ་བཅས་སྟོམ་པས་སྲང་སྟོང་ཕྲག་གཉིས་ཕུལ་བ་ལགས་དེའི་བསྐྱེད་ཀྱིས་བསྟན་པ་ནམ
གནས་ཀྱི་བར་དུ་ལོ་རེ་བཞིན་དགེ་འདུན་མང་ལ་སྐུ་འགྲེད་འབུལ་བར་བྱེད་པའི་དགེ་བའི་རྩ་བ་འདིའི་མཐུ་ལ་བརྟེན་ནས་རྒྱལ་བསྟན་རིན་ཆེན་ཕྱོགས་བཅུར་རྒྱས་ཤིང་བསྟན་འཛིན་དམ་པ་རྣམས
ཀྱི་ཞབས་པད་བརྟན་པའི་དོན་ནས་ཆོས་སྡེ་འདིས་མཚོན་པའི་ཕྱོགས་བཅུའི་དགེ་འདུན་རྣམས་ཐུགས་མཐུན་ཁྲིམས་གཙང་བཤད་སྒྲུབ་ཆོས་སྤྱོད་ཀྱི་བྱ་བ་རྣམས་གོང་འཕེལ་དུ་རྒྱས་པ་དང་། ཁྱད་པར
དུས་ཀྱི་འཁྲུག་རྩོད་ནད་རིམས་སོགས་སྙིགས་དུས་ཀྱི་རྒྱུད་སོགས་མཐའ་དག་ཉེ་བར་ཞི་ཞིང་སེམས་ཅན་ཡོངས་ལ་བདེ་སྐྱིད་འབྱུང་བ་དང་སྒོས་སུ་རྒྱུ་ཡོན་སྦྱོར་བ་གོང་གསལ་ལོ་རྣམ་པ་གསུམ་གྱི
གནས་སྐབས་སུ་ལེགས་ཚོགས་དཔལ་འབྱོར་འཕེལ་བ་དང་། མཐར་ཐུག་བླ་མེད་བྱང་ཆུབ་ཀྱི་ཕུན་ཚོགས་བདེ་བ་མ་ལུས་པའི་རྒྱུར་གྱུར་ཅིག །དགེའོ། །སརྦ་མངྒ་ལཾ།།

【提要】

此碑立于塔尔寺弥勒殿殿门左侧，碑首上刻有鳌头，周边为八吉祥纹。藏文石刻碑文。佚名抄刻。此碑的内容反映了清末及民国时期塔尔寺从有关佛教人士那里获得布施的一个侧面，同时也反映了清末民初由于时局动乱，塔尔寺日渐衰落，经济窘迫的情况。

碑今在青海省湟中县塔尔寺弥勒殿殿门左侧，保存完好。碑面 220 厘米 ×72 厘米，藏文 42 行。碑文收入陈庆英、马林编著《中国西北文献丛书》第十二卷，兰州古籍出版社 1990 年版。

【碑文】

ༀ་སྭ་སྟི། བགྲང་ཡས་བསྐལ་བར་བསྐྱེད་པའི་སྙིང་སྟོབས་ལས། རླབས་ཆེན་ཕྱོགས་གཉིས་འབྲས་བུ་ཉེར་སྨིན་པས། བཅུ་གཉིས་མཛད་པས་ལུང་རྟོགས་བསྟན་པ་མཆོག སྤེལ་མཛད་ཤཱཀྱའི་རྒྱལ་པོས་ཤིས་པ་སྩོལ། ཅེས་བཀྲ་ཤིས་པའི་ཚིག་གིས་ལམ་ཡངས་བར་བྱས་ཏེ་བརྗོད་པར་བྱ་བ་ནི། ལྷར་བཅས་འགྲོ་བའི་གཙུག་རྒྱན་རྣམ་འདྲེན་བཞི་བ་ཟས་གཙང་སྲས་པོའི་མདོ་སྔགས་ཀྱི་བསྟན་པ་རིན་པོ་ཆེ་སྤྱི་དང་། ཁྱད་པར་རྒྱལ་བ་ཀུན་གྱི་ཡབ་གཅིག་རྗེ་བཙུན་འཇམ་པའི་དབྱངས་ངུར་སྨྲིག་ཟློས་གར་གྱིས་རྣམ་པར་རོལ་བ། འཇམ་མགོན་བླ་མ་ཙོང་ཁ་པ་ཆེན་པོའི་ཞ་སེར་ཅོད་པན་འཆང་བའི་དགེ་ལྡན་ལུགས་བཟང་མདོ་སྔགས་ཟུང་འབྲེལ་གྱི་རིང་ལུགས་དྲི་མ་མེད་པ་ཕྱོགས་མཐར་རྒྱས་པ་དང་། ནུབ་ཕྱོགས་བདེ་ལྡན་ཞིང་གི་མགོན་པོ། པཎ་ཆེན་ཐམས་ཅད་མཁྱེན་ཅིང་གཟིགས་པའི་ཞ་སྔ་ནས་དགའ་ལྡན་ཁྲི་ཟུར་རྗེ་བློ་བཟང་རྒྱལ་མཚན་གྱིས་དབུས། བསྟན་འཛིན་གྱི་སྐྱེ་མཆོག་དམ་པ་རྣམས་ཀྱི་སྐུ་ཚེ་ཞབས་པད་བརྟན་ཅིང་གསང་གསུམ་འཕྲིན་ལས་ཀྱི་མཛད་པ་བཟང་པོ་སོགས་གོང་འཕེལ་དུ་རྒྱས་པ་དང་། གྲྭ་ས་སེ་འབྲས་དགེ་གསུམ། རྒྱུད་གྲྭ་སྟོད་སྨད་རྣམ་གཉིས་ཀྱིས་མཚོན་པའི་དགེ་འདུན་གྱི་སྡེ་རྣམས་ཐུགས་མཐུན་ཁྲིམས་གཙང་མའི་ངོས་ནས་བཤད་སྒྲུབ་འཆད་ཉན་ཡར་རྒྱས་སུ་འཕེལ་བ་དང་། འཇམ་དབྱངས་གོང་མ་བདག་པ་ཆེན་པོའི་སྐུ་ཚེ་ཞབས་པད་བརྟན་ཅིང་ཆབ་སྲིད་མངའ་ཐང་གོང་ནས་གོང་དུ་འཕེལ་བའི་སྒོ་ནས་གང་གི་ཆབ་འབངས་སུ་གཏོགས་པའི་རྒྱ་བོད་ཧོར་གྱི་ལུས་ཅན་ཐམས་ཅད་སྡེ་བཞི་དཔལ་གྱིས་བདེ་བར་འཚོ་བ་དང་། གཞུང་ས་དགའ་ལྡན་ཕོ་བྲང་བའི་ལུགས་ཟུང་ཆབ་སྲིད་ཀྱི་དབུ་རྩོག་བཙན་པོས་ཕར་རྒོལ་ལོག་གི་དཔུང་གི་བསམ་སྦྱོར་ངན་པ་ཅི་མཆིས་ལྷག་མར་ཞི་ནས། རྫོགས་ལྡན་བདེ་བསྐྱིད་ཀྱི་དཔལ་ལ་དུས་རྟག་ཏུ་རོལ་བ་དང་། ཡངས་པའི་རྒྱལ་ཁམས་སྤྱི་སྒོས་ཐམས་ཅད་དུ་མི་མཐུན་རྐྱེན་སོགས་ཉེ་བར་ཞི་ཞིང་། མཐུན་རྐྱེན་ལེགས་ཚོགས་དབྱར་གྱི་ཆུ་གཏེར་བཞིན་གོང་འཕེལ་དུ་རྒྱས་པ་སོགས་བསྟན་འགྲོ་བསྟན་པའི་མཛད་འཕྲིན་རིས་མེད་དུ་སྤེལ་བའི་དགོངས་བཞེད་ཀྱིས། ལྷོ་ཕྱོགས་གྲུ་འཛིན་ཞིང་གི་མགོན་པོ་རྒྱལ་དབང་ཐམས་ཅད་མཁྱེན་གཟིགས་ཆེན་པོ་

ངག་དབང་བློ་བཟང་ཐུབ་བསྟན་རྒྱ་མཚོ་འཇིགས་བྲལ་དབང་ཕྱུག་ཕྱོགས་ལས་རྣམ་པར་རྒྱལ་བའི་སྡེའི་ཞབ་སྔ་ནས། བ་ཛྲེ་འཇམ་མགོན་བླ་མའི་འཁྲུངས་གནས་རྒྱལ་བའི་ལོང་གིས་ཟིན་པའི་ཆོས་སྡེ་ཆེན་པོ་སྐུ་འབུམ་བྱམས་པ་གླིང་གི་བླ་གྲྭ་དགེ་འདུན་འདུས་ཚོགས་ཡོངས་ལ་མང་ཐུག་གསུམ་གྱི་བསྙེན་བཀུར་ཞུ་ཐོག་ཐོག་ཐེབས་དུ་ཉི་སྲིད་རྒྱལ་བརྟན་ནམ་གནས་རྒྱུར། མ་དངུལ་རྒྱ་སྲང་སུམ་སྟོང་ལྔ་བརྒྱ་དང་ལྔ་བཅུ་ཐམ་པ་སྒྲོར་འཇགས་བགྱིས་པའི་སྐྱེད་འབབ་ཐོག་ནས་ཁྱིམ་ལུས་པོར་ཟེག་མི་འབྱུང་བར་ལོ་རེར་ཆགས་སུ་མ་ཉམས་པར་དགེ་འདུན་རྣམས་ཀྱི་ཕྱག་ཏུ་ངེས་པར་ཀྱིས་གཏོང་དགོས་པའི་ཆེད་དུ། འཇམ་དབྱངས་གོང་མ་བདག་པོ་ཆེན་པོ་ཤོན་ཐོང་རྒྱལ་པོའི་གནམ་ལོ་དང་པོ་ས་བྱ་ལོའི་ཟླ་བ་ལྔ་བའི་ཚེས་དགེ་པར་འགྱུར་བ་མེད་ཀྱི་ཡི་གེ་བྲིས་པར་ཛ་ཡནྟུ། །མངྒལཾ། །ཨོཾ་བདེ་ལེགས་སུ་གྱུར་ཅིག །རྨད་བྱུང་སྙིང་སྟོབས་ཆོ་གི་ཐུགས་རྗེ་ཡིས། ཉམ་ཐག་ལྔ་བརྒྱའི་འགྲོ་རྣམས་ཕྱག་མཚན་དུ། བཞེས་ནས་ལུང་རྟོགས་ཆོས་བཞིན་སྤྱེལ་མཛད་པའི། རྣམ་འདྲེན་བུ་རམ་ཤིང་པས་ཤིས་པ་སྩོལ། ཅེས་སྔོན་འགྱུར་འབུམ་ལྡན་སྒྲ་དབྱངས་ཀྱི་ལམ་ཡངས་པོར་བྱས་ཏེ། དེ་ཡང་འཇམ་མགོན་བླ་མའི་མདོ་སྔགས་ཀྱི་བསྟན་པ་རིན་པོ་ཆེའི་སྲོག་ཤིང་དམ་པ། འཇམ་དབྱངས་གོང་མ་ཆེན་པོའི་རིགས་ཀྱི་ཅོད་པན་ཡོངས་རྫོགས་བརྟན་པའི་མངའ་བདག་ལྷུང་སྐྱ་སྐུ་རབས་བདུན་པ་བཀྲིན་ཏིན་ཕུ་ཤན་ཟེ་ཏྲ་གོ་ཤྲི་ལྷུང་སྐྱ་ཧོ་ཐོག་ཐུ་བློ་བཟང་དཔལ་ལྡན་བསྟན་པའི་སྒྲོན་མེ་དཔལ། ཟང་པོའི་ཞལ་སྔ་ནས་ཀྱིས་རྣམ་འདྲེན་ཐུབ་པའི་དབང་པོའི་བསྟན་སྲི་དང་། ཡང་སློས་འཇམ་མགོན་བླ་མ་རྗེ་བཙུན་འཇམ་དཔལ་སྙིང་པོའི་མདོ་སྔགས་ཟུང་དུ་འབྲེལ་བའི་དགེ་ལྡན་ལུགས་བཟང་འཕྲུལ་བའི་དྲི་མ་དང་བྲལ་བ་འདི་ཉིད་བཤད་པ་དང་སྒྲུབས་པས་ཕྱོགས་དུས་གནས་སྐབས་ཀུན་ཏུ་དར་རྒྱས་ཡུན་རིང་གནས་པ་དང་། བསྟན་པའི་གཙུག་རྒྱན་རྒྱལ་དབང་ཡབ་སྲས་རྣམ་གཉིས་ཀྱིས་གཙོས། སྐྱེས་ཆེན་དམ་པ་རྣམས་སྐུ་ཚེ་བརྟན་ཅིང་མཛད་འཕྲིན་བྱས་པ་དང་། གདན་ས་ཆེན་པོ་གསུམ་གྱིས་མཚོན་པའི་དགེ་འདུན་འདུས་པའི་སྡེ་རྣམས་ཐུགས་མཐུན་ཁྲིམས་གཙང་མའི་ངོས་ནས་བཤད་སྒྲུབ་འཁོར་ལོ་གསུམ་གྱི་བྱ་བ་རྣམས་ཡར་རྒྱས་དང་། སྟོབས་ཀྱི་འཁོར་ལོ་བསྒྱུར་བའི། འཇམ་དབྱངས་གོང་མ་བདག་པོ་ཆེན་པོའི་སྐུ་ཚེ་ཞབས་པད་ཚེ་མཐའ་ཡས་པའི་ངོ་བོར་བརྟན་ཅིང་། ཆབ་སྲིད་མངའ་ཐང་དབུ་རྨོག་བཙན་པོ་དཀྱུང་སྔོན་ཡངས་ལ་རིག་པར་དར་གྲགས་ཆེ་བ་དང་། བཀའ་ཁྲིམས་ཕྱག་འོག་ཏུ་ངལ་བསོ་བའི་ལུས་ཅན་མཐའ་དག་རྫོགས་ལྡན་སྡེ་བཞིའི་དཔལ་ལ་བདེ་འཇམ་དུ་འཚོ་བ་དང་། ཁྱད་པར་ཡབ་རྗེ་མཆོག་གི་སྐུ་ཚེ་ཞབས་པད་མི་གཤིག་རྡོ་རྗེ་ལྟར་བརྟན་ཅིང་གསང་གསུམ་མི་ཟད་རྒྱན་གྱི་འཁོར་ལོའི་མཛད་འཕྲིན་ཡོད་དོ་ཅོག །དགོངས་བཞེད་ཇི་བཞིན་འཕེལ་དར་རྒྱས་པ་དང་། གང་གི་འཕྲིན་ལས་ཀྱི་བྱིན་པོ་ཡོངས་འཛིན་མཁན་པོ་གྲགས་པ་མཐའ་ཡས། ཛ་སག །ཕྱག་གཉེར་བཅས་གྲྭ་རིགས་རྣམས་ཀྱི་འགལ་རྐྱེན་ཞེར་འཚེ་ཞི་ཞིང་། དགེ་ཚོགས་ཀྱི་བསམ་དོན་ཡིད་བཞིན་འགྲུབ་པའི་ངོས་ནས། སྐྱབས་རྗེ་མཆོག་གི་འཕྲིན་ལས་ཞབས་འདེགས་ཡིད་སྨོན་ལྟར་འགྲུབ་པ་སོགས་སྔོ་དུ་མར་དམིགས་ནས། རྒྱལ་བའི་ལུང་གིས་ཟིན་པའི་ཡབ་རྗེ་རྒྱལ་བ་གཉིས་པའི་གདན་ས་ཆེན་པོ་སྐུ་འབུམ་བྱམས་པ་གླིང་གི་བླ་མ་དགེ་འདུན་ཚོགས་ཡོངས་བཅས་ལ་མང་ཇ་གསུམ་གྱིས

བསྙེན་བཀུར་ཞུ་ཐོག །གདན་ས་འདིར་བསྟན་པ་ཇི་སྲིད་གནས་པའི་རབ་བརྟན་འཛུགས་ཐོག་ཐེབས་རྒྱ་དངུལ་སྲུང་གཉིས་སྐོར་སྒྲོར་གནང་མཛད་པ་བཞིན་ལོ་ལྟར་བཞིན། མ་རྩ་གཏན་གནས་ལ་འཕེལ་ཁས་ཐོག་འགྲེད་ཅི་ཐོག་དེ་ལྟར་འབུལ་དགོས་པའི་ཆེད་དུ་གྱུར་བ་མེད་པའི་ཡི་གེ་འདི་འཛམ་དབྱངས་གོང་མ་ཤོན་ཐོང་རྒྱལ་པོའི་གནམ་ལོ་དང་པོའི་ས་བྱ་ལོའི་དགུན་ཟླ་དང་པོའི་དམར་ཕྱོགས་དགའ་བ་གཉིས་པའི་ཉིན། གདན་སའི་ཁྲི་འཛིན་གསེར་ཏོག་ཧོ་ཐོག་ཐུ་ཧྲའི་ཆིང་ཤེར་ཧེ་ཐེ་མོ་ཧན་དུ་འབོད་པས་ཟླ་སྲང་བཀྲ་ཤིས་ཁང་གསར་ནས་བྲིས་པ་ཛ་ཡནྟུ། །ཡོངས་རྫོགས་བསྟན་པའི་གསལ་བྱེད་དམ་པར་འགྱུར་བ། སྐྱབས་རྗེ་བླ་གྲུ་མཁན་ཆེན་མཆོག་སྤྲུལ་རིན་པོ་ཆེ་ནས་ཇི་སྲིད་རྒྱལ་བསྟར་ནམ་གནས་ཀྱི་བར་དུ་ལོ་ལྟར་བཞིན་ཟླ་བ་བདུན་པའི་ཆོས་བཅུའི་ཉིན། དཔལ་ལྡན་བཤད་སྒྲུབ་གླིང་གི་འཕགས་པའི་དགེ་འདུན་འདུས་པ་རྒྱ་མཚོར་ཐོག་འགྲེད་འབུལ་ཐེབས་སུ་དངུལ་ཏ་རྨིག་མ་ཉིས་ཤུ་ཐམ་པ་སྔོམ་གྲངས་སྲང་སྟོང་ཕྲག་གཅིག་དང་བཅུ་གཅིག་ལ་ཞོ་བཞི་ཕྱུལ་བ་དང་། ཡང་ཏལ་ཏ་ཧ་སག་ཐུ་ཏན་སྡེའི། དད་ལྡན་སྦྱིན་བདག་སྦྱིན་བདག་ཨ་ཡུ་ཤྲཱི་ཐེར་པས། ལོ་ལྟར་བཞིན་ཟླ་བ་བདུན་པའི་ཆོས་བཅུའི་ཉིན། དཔལ་ལྡན་བཤད་སྒྲུབ་གླིང་གི་དགེ་འདུན་ལ་ཐོག་འགྲེད་འབུལ་ཐེབསུ་དངུལ་ཏ་རྨིག་མ་བཅུ་ཐམ་པ་སྲང་ལྔ་བརྒྱ་དང་ བཅུ་ཐམ་པ་ཕྱུལ། རབ་བྱུང་བཅོ་ལྔའི་ནང་ཚན་ས་མོ་ལུག་ལོ་ནས་འགོ་འཛུགས་ཏེ་ཇི་སྲིད་བསྟན་པ་རིན་ཆེན་དར་རྒྱས་སུ་གནས་པ་དེ་སྲིད་དུ་རྒྱུན་མཆད་པའི་ཐེབས་སུ་ཕྱུལ་ལགས། རབ་ཆེས་ནང་ཚན་མེ་ཕོ་སྟག་ལོའི་ཧོར་ཟླ་བདུན་ཆོས་བཅོ་ལྔའི་ཉིན། སྐྱབས་རྗེ་པདྨ་གྲུ་མཁན་ཟུར་རིན་པོ་ཆེས་གཙོ་བྱས། གཉེར་བ་དགེ་སློང་བསྟན་འཛིན་རྒྱ་མཚོ། དགེ་སློང་བློ་བཟང་ལགས་བཤད། བོན་པོ་དགེ་ཚུལ་ཚུལ་ཁྲིམས་རྒྱ་མཚོ་རྣམས་ཀྱིས་རྒྱལ་བསྟན་ནམ་གནས་ཀྱི་བར་དུ། དགེ་ལུགས་བསྟན་པ་དར་ཞིང་རྒྱས་པ་དང་། དགེ་བ་བྱས་རྣམས་ཉེ་འབྲེལ་འཁོར་དང་བཅས། དགེ་མཚན་རྒྱལ་བའི་གོ་འཕང་ཐོབ་ཕྱིར་ཐོབ་ཤོག །རབ་བྱུང་རྒྱལ་པོའི་མེ་ཡོས་ལོའི་ཟླ་ཆེས་༡༥ལ་སར་ཐོ་ལོའི་རྗེར་ལས་པ་དགེ་སློང་ཤེས་རབ་ཀྱིས་དངུལ་སྲང་ལྔ་བཅུ་ཐམ་པ་ཕྱུལ། རབ་བྱུང་རྒྱལ་པོའི་མེ་ཡོས་ལོའི་ཟླ་བ་བདུན་པའི་ཆོས་གསུམ་ལ་སྤྱི་སོ་ཆེན་མོའི་སྡེ་ཟུར་ཆེ་བ་ཆེ་ཀྲུ་འཚོ་བའི་གཞི་མ་བླི་ལི་ག་ཐུ་ཆོས་རྗེ་ཡེ་ཤེས་མཆོག་གྲུབ་དང་སྡེ་ཟུར་ཆུང་བ་ཆེ་ཀྲུ་འཚོ་བའི་ཙུང་ཅི་ཨ་ཆེ་ཐུ་ཆོས་རྗེ་བྱང་ཆུབ་རབ་རྒྱས་དང་། ཕྱོགས་པ་འཚོ་བའི་ཁོངས་དགེ་རྒན་ཚུ་རུལ་ཁ་དགེ་འདུན་སྦྱིན་པ་རྣམ་གསུམ་ནས་རང་རང་གི་འདི་ཕྱིའི་ལེགས་ཚོགས་དང་འབྲེལ་བར་བསྟན་འགྲོའི་དོན་བཅས་ལ་དམིགས་ནས་དབྱར་གནས་ཆེན་མོའི་ཐོག་ཐེབསུ་དངུལ་ཏ་རྨིག་མ་བཅུ་དང་ཁྲིབ་སུམ་ཅུ་བཅས་སྔོམ་པས་སྲང་སྟོང་ཕྲག་གཉིས་ཕྱུལ་བ་ལགས་དེའི་བསྐྱེད་ཀྱིས་བསྟན་པ་ནམ་གནས་ཀྱི་བར་དུ་ལོ་རེ་བཞིན་དགེ་འདུན་མང་ལ་སྐྱུ་འགྲེད་འབུལ་བར་བྱེད་པའི་དགེ་བའི་རྩ་བ་འདིའི་མཐུ་ལ་བརྟེན་ནས་རྒྱལ་བསྟན་རིན་ཆེན་ཕྱོགས་བཅུར་རྒྱས་ཤིང་བསྟན་འཛིན་དམ་པ་རྣམས་ཀྱི་ཞབས་པད་བརྟན་པའི་ངོས་ནས་ཆོས་སྡེ་འདིས་མཚོན་པའི་ཕྱོགས་བཅུའི་དགེ་འདུན་རྣམས་ཐུགས་མཐུན་ཁྲིམས་གཙང་བཤད་སྒྲུབ་ཆོས་སྤྱོད་ཀྱི་བྱ་བ་རྣམས་གོང་འཕེལ་དུ་རྒྱས་པ་དང་། ཁྱད་པར་དུས་ཀྱི་འཁྲུག་རྩོད་ནད་རིམས་སོགས་སྙིགས་དུས་ཀྱི་རྒུད་སོགས་མཐའ་དག་ཉེ་བར་ཞི་ཞིང་སེམས་ཅན་ཡོངས་

ལ་བདེ་སྐྱིད་འབྱུང་བ་དང་སྔོས་སུ་རྒྱུ་ཡོན་སྦྱོར་བ་གོང་གསལ་ཕོ་རྣམ་པ་གསུམ་གྱི་གནས་སྐབས་སུ་ལེགས་ཚོགས་དཔལ་འབྱོར་འཕེལ་བ་དང་། མཐར་ཐུག་བླ་མེད་བྱང་ཆུབ་ཀྱི་ཐུན་ཚོགས་བདེ་བ་མ་ལུས་པའི་རྒྱུར་གྱུར་ཅིག །དགེའོ། སརྦ་མངྒལཾ། །

【译文】

祈愿吉祥！

由无数劫中发愿之力，

使自他双方正果成熟，

以十二功业示现教证，

祈求释迦王赐给吉祥！

如是赞颂吉祥已毕，记述如下。与天神无别之众生顶饰、第四导师、使净饭王子的显密教法尤其是承继诸佛本尊殊胜文殊菩萨之袈裟的教法之情主上师宗喀巴大师之黄帽教法即显密双修之甘丹派清净教法弘遭各方之西方乐土之依怙、遍知道见一切之班禅大师，为祝愿以卸任甘丹赤巴罗桑坚赞为首的诸位执掌教法的高僧大德健康长寿、三密功业增盛，以色拉、哲蚌、甘丹三大寺以及拉萨上、下密院为代表的诸部僧伽齐心和睦、戒律清净、讲论修习说法听经发达兴盛，文殊皇帝大主宰御体康健长寿，社稷权势日益兴隆，治下之汉、藏、蒙古所有众生享受四部福德、安居乐业，西藏地方政府甘丹颇章政教之盔甲坚利，所有来犯之邪见恶军俱被平服，如圆劫时之众生常享富乐，全部广大国土不生战乱灾变，顺缘善业如夏季泉水一般涌出，总之为祈愿利乐教法及众生之功业兴盛，为南方普陀山之依怙、遍知道见之达赖喇嘛阿旺罗桑土丹嘉措久者旺秋却勒南巴加哇贝桑布，向上师怙主宗喀巴诞生之地、依佛陀授记所建之大寺十万佛身慈氏洲之全部僧众布施三种食物制成之斋僧茶饭的资金，于佛法住世之时，此项本金白银三千五百五十两所生之利息，全部无遗地每年奉献于僧众之手中，为使之不生差欠衰损，于文殊皇帝大主宰宣统元年土鸡年(1909 年)五月吉日将此不变易之文刻于石碑。祈愿胜利！

吉祥！

祈愿吉祥如意！

以殊胜愿力之大慈悲，

救度五百种苦之众生，

如律弘传佛法之教证，

祈愿释迦佛赐给吉祥！

如是以万种妙音赞颂已毕，记述如下：怙主上师显密教法之栋梁大德，被文殊大皇帝尊奉为顶饰之全部教法之主宰第七世章嘉活佛、灌顶普善广慈大国师章嘉呼图克图罗桑贝丹丹白准美贝桑布，为祈愿导师释迦年尼之教法尤其是上师情主尊胜宗喀巴大师的显密双修的甘丹派的清净无误教法的讲论修习于一切时处兴盛弘扬并长久住世，教法项饰之达赖喇嘛、班禅大师二尊为首的诸位大德健康长寿功业成就，以三大寺为代表的诸部僧伽同心和睦、戒律清净、讲论修习之三法轮尖盛发达，转大力法转之文殊皇帝健康长寿，社稷权势增广，盔甲坚利，声名遍于广大虚空，治下之所有众生于圆劫时享四部福德、安居乐业，特别是祈愿怙主上师本人健康长寿、坚如金刚之三密无漏、成就法轮功业，所思如愿增益，执掌善心之舞师、堪布及无数大德、扎萨克、执事等出家僧众息灭违难，善众心愿如意成就怙主之事业如意成就，在此佛陀授记而建的第二佛陀之大寺十万佛身慈氏洲向所有上师僧众布施斋僧茶饭，为此寺之闻名永久住世，布施白银二千五百两作为基金，每年由此基金所增之利息需全部奉献寺院，故书写于此永无移易之文字。文殊皇帝宣统元年土鸡年十月二日由担任本寺法台色多呼图克图达勤额尔德尼诺门汗写于拉章扎西康萨。祈愿胜利！

显扬全部教法之大德、怙主巴周堪饮活佛为在佛陀教法住世之时，每年七月十日向贝吉祥讲修院（塔尔寺显宗学院）的广大僧众布施口粮，捐马蹄银二十枚，共合一千零十两四钱。此外，喀尔喀扎萨克图汗部之虔信施主阿尤喜为每年七月十日向吉祥讲修院之僧众布施口粮，捐马蹄银十枚，计五百零十两。

自第十五饶迥阴土羊年起，在佛法住世之时常川不断奉献布施。第十五饶迥阳火虎年（1926年七月十日），以怙主巴周卸任堪布为首，营事比丘丹增嘉措、比丘洛桑勒雪、温波格楚楚臣嘉措等人，为在佛法住世之时于每年七月十日全体僧众布施口粮，捐马蹄银二十枚，合白银二千两作为基金。愿因此善根，全部佛法尤其是格鲁派教法弘扬兴盛，积善诸人及其亲属迅速证得佛果！

第十六饶迥火兔年（1927年一月五日）在拉萨供职的石匠比丘喜饶献银五十两。

第十六饶迥火兔年七月三日，大吉索的卸任大管事、祁家部落香火庄的毕力格图却吉·意希却珠以及卸任小管家、祁家部落庄子的阿齐图却吉·绛曲饶杰、西河坝部落之比丘曲如卡·根覆金巴等三人为各自今生后世积聚善业资粮及利益教法众生，为住夏大法会献布施基金马蹄银十枚、碎银三十块，共合白银二千两。以此项基金之利息于佛法住世之时每年向僧众发放布施。祈愿因此善根之法力，宝贵佛法弘扬十方，诸掌教大德身体健康，以本寺为代表之十方僧伽齐心和睦、戒律清净、讲论修习诸法行增盛，特别是时下战乱、瘟疫等浊世衰损全部息灭，众生得享安乐，上述奉献布施之三位施主目前长远之善业资粮增盛，最终证得无上菩提之圆满大乐！善哉！

祈愿吉祥！

玛热活佛土丹彭措及僧人绛曲绕杰、嘉木样嘉措等布施银两碑

རྨ་ར་མཆོག་སྤྲུལ་རིན་པོ་ཆེ་ཐུབ་བསྟན་ཕུན་ཚོགས་དང་འཇམ་དབྱངས་རྒྱ་མཚོ་སོགས་ཀྱིས་དངུལ་ལོ་ཕུལ་བའི་རྡོ་རིང་།

༄༅། །ཨོཾ་བདེ་ལེགས་སུ་གྱུར་ཅིག །བློ་ཆེན་ཀུན་བཟང་ཞིང་གི་ཉི་མ་མཆོག །བླ་མེད་གསང་གསུམ་བཀོད་པའི་འོད་སྟོང་ལྡན། །རྒྱལ་བསྟན་འཛིན་སྐྱོང་སྤེལ་མཛད་གྲགས་པའི་དཔལ། །སྲིད་གསུམ་མཛེས་པའི་རྒྱན་གྱུར་དེ་ལ་འདུད། །གང་དེ་འཁྲུངས་ནས་སྐུ་འབུམ་ཆོས་ཀྱི་སྡེར། །འགྱུར་མེད་དད་པའི་རྩ་བ་རབ་བརྟན་ཅིང་། །རྨད་བྱུང་ཚོགས་གཉིས་ཡལ་ག་དབང་བསྒྱུར་ཟ་བའི། །ངང་ཚུལ་རང་གཞན་ཡི་རབས་འཕེལ་ཆེད་འགོད། །འདིར་མཆོག་དམན་ཡོངས་ཀྱི་དགོངས་རྒྱུར་སྐབས་སུ་གླེང་བར་བྱ་བ་ནི། བསྟན་པའི་རྩ་ལག་ལུང་རྟོགས་ཡོན་ཏན་གྱི་མངའ་བདག་སྨྲ་མཆོག་སྤྲུལ་རིན་པོ་ཆེ་རྗེ་ཐུབ་བསྟན་ཐུབ་ཚོགས་དང་དད་ཀུན་གདོང་ཤོད་ཀྱི་ཕྱུག་པའི་ཆོས་རྗེ་བྱང་ཆུབ་རབ་རྒྱས། དགེ་སློང་འཇམ་དབྱངས་རྒྱ་མཚོ། དགེ་ཚུལ་བློ་བཟང་བདེ་བ། དགེ་ཚུལ་བློ་བཟང་རྡོ་རྗེ་ཟེར་བ་རྣམས་ཀྱིས་བསྟན་འགྲོའི་ཕན་བདེ་འབྱུང་བའི་རྒྱུར་དམིགས་ནས། རབ་བྱུང་བཅོ་ལྔའི་ནང་ཚན་ལྕགས་མོ་ཕག་ ལོའི་ཟླ་༧ཚེས་༡༥ལ་བཞི་པའི་སྨོན་ལམ་ཆེན་མོའི་གཏོང་ཕྱིབས་སུ་དངུལ་ཧ་རྡོག་མ་བཞི་བཅུ་ཐམ་པ་དང་། ཡང་ས་མོ་སྦྲུལ་ལོའི་ཟླ་༤ཚེས་༡༠ལ་ཧ་རྡོག་མ་བརྒྱ། ལྕགས་སྦྲུལ་ལོར་དངུལ་གོར་སྟོང་ཕྲག་གཉིས་དང་ཅིག་བརྒྱ་བསྟན་ཉེ་ཕུལ། རབ་ཆེས་ཀྱི་མེ་སྦྲུལ་ལོའི་དབྱར་གནས་རི་ལ་པོར་མང་ཇའི་བསྙེན་བཀུར་བྱས་པ་ནས་བཟུང་དབྱར་གནས་ཆེན་མོར་ལོ་བདུན་གྱི་རིང་ལ་མང་ཇའི་བསྙེན་བཀུར། རབ་ཆེས་ནང་ཚན་དཀར་པོ་ལྕགས་སྤྲེལ་ལོའི་སག་ཟླ་བའི་ཉ་ལ་འཛམ་གླིང་མཛེས་པའི་རྒྱན་གཅིག་གསེར་སྟོང་ཆེན་མོར་རིན་ཆེན་དང་པོ་ཐུར་སང་ལྔ་བཅུ་ང་གཅིག་ལས་བསྒྲུབས་པའི་གསེར་ཏོག་ཁྲིད་འཕགས། དངུལ་སྲང་སོ་ལྔ་ལས་བརྡུངས་པའི་ནང་བཞུང་དང་ཁ་ཞེབས་གསེར་སྲང་གསུམ་གྱི་སྦྲ་ཕྲུད་རིམ་པ་གཉིས་པའི་རྒྱན་ཅན་བཅས། དེའི་རྒྱན་འཕར་གསེར་སྲང་དྲུག་དང་ཞོ་བཞི། གསེར་སྟོང་བཞེངས་ཐེབས་གསེར་སྲང་ལྔ། དགེ་འདུན་མང་པོའི་ཕྱག་ཏུ་དོང་ཆེན་བྱུང་རེའི་སྐུ་འགྲེད་བཅས་ཀྱི་བསྙེན་བཀུར་ཞུ་ཤོག་བླ་མ་གྲྭ་ཚང་རིན་པོ་ཆེ་ནས་བཀའ་ཤོག་དང་། ཆིང་སུ་དྲུག་ཐུ་ཆོས་རྗེ་ཞེས་པའི་ཆོ་ལོའི་གཟེངས་བསྟོད་སྩལ། རབ་ཆེས་ནང་གི་ས་མོ་སྦྲུལ་ལོའི་ཟླ་༡༥ཚེས་ལ་དགེ་འདུན་རེ་རེའི་ཕྱག་ཏུ་ནས་ཞོག་བྲེ་གསུམ་རེ་འབུལ་ཐེབས་དངུལ་སྲང་ཆིག་སྟོང་བདུན་བརྒྱ་ལྔ་བཅུ་སྤྱོར་འཛུགས། རབ་ཆེས་ནད་ཚན་མིག་དམར་ལོ་ནས་བཟུང་དགེ་ འདུན་རེ་རེར་དངུལ་གོར་རེའི་སྐུ་འགྲེད་ལན་བདུན་བསྙེན་བཀུར་ཞིང་། རབ་རྒྱལ་མེ་གླང་ལོའི་ཡར་ངོར་བཀའ་འགྱུར་གླེག་ཐེབས་སུ་ཧ་རྡོག་མ་བཅོ་ལྔ། གསེར་སྟོང་བཞེངས་ཐེབས་སུ་དངུལ་གོར་སྟོང་ཕྲག་གཅིག་དང་ཧ་རྡོག་མ་གཅིག་སྟོང་མཆོད་ཐེབས་སུ་ཧ་རྡོག་མ་གསུམ། འདུ་ཁང་ཆེན་མོའི་བཞེངས་ཐེབས་སུ་སྤྱི་བསྩོམས་པས་དངུལ་སྲང་ཉིས་སྟོང་དྲུག་བརྒྱ་ལྔ་བཅུ། འདུ་ཁང་ཆེན་མོར་ཟངས་སེར་གྱི་གདོང་ཐེབས་སྟོང་ཕྲག་གཅིག་དང་ཟངས་སེར་གྱི་ཉིང་ཤོར་སྟོང་ཕྲག་གཉིས་བཞག་པ་དང་། བཙན་ཁང་ཐེབས་སུ་དངུལ་གོར་སྟོང་ཕྲག་གཅིག །ཚོགས་ཟངས་ཐེབས་སུ་དངུལ་གོར་ཆིག་སྟོང་། ཤིང་ཕག་ལོར་གོང་ས་པཎ་ཆེན་རིན་པོ་ཆེར་ཚེ་དབང་ཞུ་ཡོན་དུ་ཧ་རྡོག་མ་ཉི་ཤུ་རྩ་གཅིག་གཟིམས་ཁང་གོང་མའི་སྣང་གནས་ཐེབས་སུ་དངུལ་གོར་ཆིག་སྟོང་། ཆེ་ཀྱཱ་ཆོ་བའི་སྨོན་ལམ་གཏོང་ཐེབས་སུ་དངུལ་གོར་ཆིག་སྟོང་། རྒྱུད་པ་གྲྭ་ཚང་གི་གསུམ་པའི་སྒྲུབ་མཆོད་ཀྱི་ཐེབས་སུ་ཧ་རྡོག་མ་བཅུ། ཟླ་༣ཚེས་༢༥ལ་ ཕོག་ཐེབས་སུ་དངུལ་གོར་ཆིག་སྟོང་དང་སུམ་ཅུ། སྨན་པ་གྲྭ་ཚང་ལ་སྨན་བླའི་སྒྲུབ་མཆོད་གཏོང་ཐེབས་སུ་དངུལ་གོར་བདུན་བརྒྱ། ཟླ་༥ཚེས་༤ལ་གྲྭ་ཧྲེའི་ཐེབས་སུ་དངུལ་གོར་བརྒྱ། ཕོག་ཐེབས་སུ་ས་ཞིང་གི་ཁྲུ་ཡོན་སྟོང་དང་དགུ་བརྒྱ། དུས་འཁོར་གྲྭ་ཚང་དབྱར་གནས་ཕོག་བཅས་ཀྱི་རྒྱུན་ཐེབས་སུ་དངུལ་སྲང་ལྔ་བརྒྱ། ས་བོན་ཤིང་ཆེ་སུམ་བརྒྱ་དྲུག་ཅུ་རེ་གསུམ་གྱི་ས་ཞིང་། བརྟན་པའི་སྒྲུབ་མཆོད་ཀྱི་ཐེབས་ སུ་དངུལ་གོར་ལྔ་བརྒྱ་རྣམས་ཕུལ་བ་དང་། རབ་རྒྱལ་མེ་ཕག་ལོའི་ཟླ་༣ཚེས་༡༧ལ་གསེར་སྟོང་ཆེན་མོར་ཧ་རྡོག་མ་གཅིག །བཙན་ཁང་དུ་ཡང་ཧ་རྡོག་མ་གཅིག །དགེ་འདུན་རེ་རེའི་ཕྱག་ཏུ་ནས་ཕོག་བྲེ་བཅོ་ལྔ་རེ་འབུལ་ཐེབས་སུ་དངུལ་གོར་ཁྲི་ཚེ་ཐམ་པ་ཕུལ། གཞན་ཡང་སྐབས་སྐབས་སུ་རང་འཁོར་དང་བསྟུན་པའི་མང་བསྐོལ་གྲངས་མང་པོ་དང་། ཚོགས་ཆེན་དང་གྲྭ་ཚང་སོ་སོའི་དགེ་འདུན་ལ་ སྤྱི་སྐུ་འགྲེད་ལན་དུ་མ་དང་། དོང་ཙེ་ཆེན་པ་དྲུག་བཅས་ཀྱི་རྣམ་བཞག་དང་། རྗེའི་སྟོང་མཆོད་དང་སྨན་བླའི་སྟོང་མཆོད་སོགས་གྲངས་མང་པོ་དང་། སྤྱང་སྟོན་དང་ཕྱི་སྟོན་ལ་སོགས་པའི་སྦྱིན་གཏོང་ཚད་མེད་ ཀྱིས་བསྐྱངས་པ་ནི་བསྡུགས་པར་ངེས་པའི་ཡུལ་དུ་གྱུར་ལ། ཚུལ་འདི་ལ་དགོངས་ནས་རབ་རྒྱལ་ནང་ཚན་ལྕགས་སྦྲུལ་ལོའི་ཟླ་༦ཚེས་༡༣ལ། བླ་མ་ཚོགས་འདུས་ལྡན་རྒྱས་ནས་ཨ་ཆི་ཐུ་པོ་ཡིན་ཐུག་སིག་ཆེ་དར་ཧན་ཆོས་རྗེ་ཞེས་པའི་ཆོ་ལོའི་གཟེངས་བསྟོད་གནང་། སྨོན་ཚིག་ནི། སྐར་མིང་དགེ་ལྡན་དགའ་ཚལ་གླིང་ཞེས་བསྔགས་པར་བརྗོད་པ་དང་། སྤྱི་གར་གྱི་ཐོབ་ཆ་གྲང་ཆེན། གཉིས་སོ། །ཕྱིན་ཆོག སྐར་སྐལ་གསུམ་བཅས་བདག་རྐྱེན་དུ་སྐྱལ་བ་ཡིན་པས། འདི་ཕྱི་རབས་ཕྱིན་ཆད་ཀྱི་དཔོན་བརྒྱུད་གང་བྱུང་ནས་ཇི་སྲིད་རྒྱལ་བསྟན་གནས་པ་དེ་སྲིད་དུ་བླང་ཆོག་པ་དང་། སྐར་སྤྱིའི་ཁྲལ་ཡོད་དམིགས་གསལ་དུ་བཏང་བ་སོགས་ཀྱིས་གཟེངས་བསྟོད་བླ་ན་མེད་པ་མཛད་དོ། །འདིར་འབད་རྣམ་དཀར་ལེགས་བྱས་དཔལ་འགྲོའི་རྒྱུན། །དུས་གསུམ་དགེ་ཚོགས་ཀླུང་ཆེན་རབ་བརྒྱུད་ནས། །རླབས་ཆེན་རྒྱལ་སྲས་སྤྱོད་པའི་རྒྱ་མཚོ་ཆེར། །ཉམས་པ་མེད་པར་གཅིག་ཏུ་འཁྱིལ་བའི་མཐུས། །རྒྱལ་དང་རྒྱལ་བ་གཉིས་པའི་བསྟན་པ་རྒྱས། །དེ་འཛིན་ཞབས་བརྟན་དགེ་འདུན་ཆོས་སྤྱོད་འཕེལ། །རྒྱལ་ཁམས་ཀུན་བདེ་འགྲོ་བ་མ་ལུས་པ། །བཤེས་གཉེན་དམ་པས་རྗེས་སུ་འཛིན་གྱུར་ཅིག །ཁྱད་པར་རྒྱུ་སྦྱོར་ཉེ་འབྲེལ་བསྔོས་བཅས་ཀུན། །སྐྱེ་དང་སྐྱེ་རབས་འཇམ་མགོན་བླ་མ་ཡིས། །དགྱེས་བཞིན་རྗེས་སུ་བཟུང་སྟེ་ས་ལམ་གྱི། །རྟོགས་པ་མཐར་ཕྱིན་ཟུང་འཇུག་སྐུ་ཐོབ་ཤོག །དཔལ་ལྡན་དང་པོའི་སངས་རྒྱས་དུས་འཁོར་ལོས། །དབྱེར་མེད་པཎ་ཆེན་སྐུ་འཕྲེང་བཅུ་བདུན་པ། །གང་དེའི་བསྟན་འགྲོའི་དོན་ཆེན་ལེགས་དགོངས་ནས། །ལྷ་ཁང་ཆེན་མོར་ལོ་རེར་དུས་འཁོར་གྱི། །ཚུལ་ཆེན་འཛུགས་རྒྱུའི་ཞལ་བཀོད་སྩལ་བ་བཞིན། །དམ་པའི་ཕྱག་བཞེས་བཞིན་དུ་བཙུགས་པའི་ཚེ། །རབ་འབྱམས་སྨྲ་བ་བྱང་ཆུབ་རབ་རྒྱས་ནས། །དྲི་མེད་དད་པས་དངུལ་གོར་སྟོང་ཕྲག་གསུམ། །སྒྲུབ་མཆོད་ཐེབས་སུ་ཕུལ་བའི་དགེ་བའི་མཐུས། །གནས་སྐབས་འགལ་རྐྱེན་ཞི་ཞིང་མཐུན་རྐྱེན་སྤེལ། །མཐར་ཐུག་ཤམྦྷ་ལ་ཡི་གྲོང་ཁྱེར་དུ། །རིགས་ལྡན་རྒྱལ་པོའི་སྲས་ཀྱི་མཆོག་གྱུར་ཏེ། །ཐབས་ལམ་རྡོ་རྗེའི་རྣལ་འབྱོར་ནས། །སྟོང་གཟུགས་ཕྱག་རྒྱ་ཆེན་མོ་མྱུར་ཐོབ་ཤོག །ཅེས་གོ་བར་བྱ་བའི་ཡི་གེ་འདི་ནི་རབ་བྱུང་བཅུ་དྲུག་པའི་མེ་ཕག་ལོའི་སག་ཟླ་བའི་ཡར་ཚེས་དུས་ཆེན་གསུམ་འཛོམས་ཀྱི་ཉིན་མཆོག་ཡོངས་ཀྱི་དགོངས་རྒྱུར་རྡོ་རིང་ངོས་སུ་ཕབ་པ་དགེ་ལེགས་འཕེལ།། སྐར་ཡང་རབ་རྒྱལ་མེ་ཕག་ལོའི་ཟླ་༥ཚེས་༡༥ལ་ཐོར་གོར་དང་ཕྱུར་སོག་གི་སྦྱང་གནས་པ་དགེ་སློང་དཀོན་མཆོག་གིས་དངུལ་གོར་ལྔ་བརྒྱ་ཐམ་པ་སྦྱང་གནས་རྒྱུན་ཐེབས་སུ་ཕུལ་བའི་དགེ་བ་རྩ་བ་བརྟེན་ནས་མང་གྱུར་སེམས་ཅན་ཐམས་ཅད་སངས་རྒྱས་ཀྱི་གོ་འཕང་མྱུར་དུ་འཐོབ་པར་གྱུར་ཅིག།། མངྒ་ལཾ།

【提要】

此碑立于塔尔寺九间殿前辩经院北侧廊下。藏文石刻碑文。佚名抄刻。碑文记述了玛热活佛及僧人绛曲绕杰、嘉木样嘉措等（当是玛热活佛之执事侍从）1869 ～ 1947 年的近 80 年间多次向塔尔寺僧众奉献布施。

碑今在青海省湟中县塔尔寺辩经院北侧回廊下，保存完好。碑面160厘米×82厘米，石刻，藏文 34 行，楷书。碑文收入陈庆英、马林编著《中国西北文献丛书》第十二卷，兰州古籍出版社 1990 年版。

【碑文】

༄༅། །ཨོཾ་བདེ་ལེགས་སུ་གྱུར་ཅིག །བློ་ཆེན་ཀུན་བཟང་ཞིང་གི་ཉི་མ་མཆོག །བླ་མེད་གསང་གསུམ་བགོད་པའི་འོད་སྟོང་ལྡན། །རྒྱལ་བསྟན་འཛིན་སྐྱོང་སྤེལ་མཛད་གྲགས་པའི་དཔལ། །སྲིད་གསུམ་མཛེས་པའི་རྒྱན་གྱུར་དེ་ལ་འདུད། །ཁང་དེ་འཁྲུངས་ནས་སྐུ་འབུམ་ཆོས་ཀྱི་སྡེར། །འགྱུར་མེད་དད་པའི་རྩ་བ་རབ་བརྟན་ཅིང་། །རྨད་བྱུང་ཚོགས་གཉིས་ཡལ་གདབ་གཡུར་ཟ་བའི། །ངང་ཚུལ་རང་གཞན་ཡི་རབས་འཕེལ་ཆེད་འགོད། །འདིར་མཆོག་དམན་ཡོངས་ཀྱི་དགོངས་རྒྱུར་སྐབས་སུ་གླེང་བར་བྱ་བ་ནི། བསྟན་པའི་རྩ་ལག་ལུང་རྟོགས་ཡོན་ཏན་གྱི་མངའ་བདག་སླར་མཆོག་སྤྲུལ་རིན་པོ་ཆེ་རྗེ་ཐུབ་བསྟན་ཕུན་ཚོགས་དང་དད་གུས་གཏོང་ཕོད་ཀྱི་ཕྱུག་པའི་ཆོས་རྗེ་བྱང་ཆུབ་རབ་རྒྱས། དགེ་སློང་འཇམ་དབྱངས་རྒྱ་མཚོ། དགེ་ཚུལ་བློ་བཟང་བདེ་བ། དགེ་ཚུལ་བློ་བཟང་རྡོ་རྗེ་ཟེར་བ་རྣམས་ཀྱིས་བསྟན་འགྲོའི་ཕན་བདེ་འབྱུང་བའི་རྒྱུར་དམིགས་ནས། རབ་བྱུང་བཅོ་ལྔའི་ནང་ཚན་ལྕགས་མོ་ཕག་ ལོའི་ཟླ༧ཚེས༡༥ལ་བཞི་བའི་སྨོན་ལམ་ཆེན་མོའི་གཏོང་ཐེབས་སུ་དངུལ་ཧ་རྫིག་མ་བཞི་བཅུ་ཐམ་པ་དང་། ཡང་ས་མོ་སྦྲུལ་ལོའི་ཟླ༤ཚེས༧ལ་ཧ་རྫིག་མ་བཅུ། ལྕགས་སྦྲུལ་ལོར་དངུལ་གོར་སྟོང་ཕྲག་གཉིས་དང་ཆིག་བརྒྱ་བསྟན་ཏེ་ཕུལ། རབ་ཆེས་ཀྱི་མེ་སྦྲུལ་ལོའི་དབྱར་གནས་རིལ་པོར་མང་ཇའི་བསྙེན་བཀུར་བྱས་པ་ནས་བཟུང་དབྱར་གནས་ཆེན་མོར་ལོ་བདུན་གྱི་རིང་ལ་མང་ཇའི་བསྙེན་བཀུར། རབ་ཆེས་ནང་ཚན་དགུ་པོ་ལྕགས་སྤྲེལ་ལོའི་ས་ག་ཟླ་བའི་ཉ་ལ་འཛམ་གླིང་མཛེས་པའི་རྒྱན་གཅིག་གསེར་སྟོང་ཆེན་མོར་རིན་ཆེན་དང་པོ་ཕྲུར་སང་ལྔ་བཅུ་ང་གཅིག་ལས་བསྒྲུབས་པའི་གསེར་རྐོང་ཁྲིད་འཕགས། དངུལ་སྲང་སོ་ལྔ་ལས་བརྡུངས་བའི་ནང་བཟུང་དང་ཁ་ལེབས་གསེར་སྲང་གསུམ་གྱི་སྣ་ཁྲིད་རིམ་པ་གཉིས་པའི་རྒྱན་ཅན་བཅས། དེའི་རྒྱུན་འབར་གསེར་སྲང་དྲུག་དང་ཞོ་བཞི། གསེར་སྟོང་བཞེངས་ཐེབས་གསེར་སྲང་ལྔ། དགེ་འདུན་མང་པོའི་ཕྱག་ཏུ་དོང་ཆེན་ཟུང་རེའི་སྐུ་འགྲེད་བཅས་ཀྱི་བསྙེན་བཀུར་ཞུ་ཐོག་བླ་མ་གྲྭ་ཚང་རིན་པོ་ཆེ་ནས་བཀའ་ཤོག་དང་། ཆིང་སུ་དྲུག་ཐུ་ཆོས་རྗེ་ཞེས་པའི་ཚོ་ལོའི་གཟེངས་བསྟོད་སྩལ། རབ་ཆེས་ནང་གི་ས་མོ་སྦྲུལ་ལོའི་ཟླ༡༥ཚེས་ལ་དགེ་འདུན་རེ་རེའི་ཕྱག་ཏུ་ནས་ཐོག་ཁྲེ་གསུམ་རེ་འབུལ་ཐེབས་དངུལ་སྲང་ཆིག་སྟོང་བདུན་བརྒྱ་ལྔ་བཅུ་སྦྱོར་འཛུགས། རབ་ཆེས་ནད་ཚན་མིག་དམར་

ལོ་ནས་བཟུང་དགེ་ འདུན་རེ་རེར་དཏུལ་གོར་རེའི་སྐུ་འགྲེད་ལན་བདུན་བསྙེན་བཀུར་ཞིང་། རབ་རྒྱལ་མེ་གླང་ལོའི་ཡར་ངོར་བཀའ་འགྱུར་ཀློག་ཐེབས་སུ་ཏ་རྙིག་མ་བཅོ་ལྔ། གསེར་སྟོང་བཞེངས་ཐེབས་སུ་དཏུལ་གོར་སྟོང་ཕྲག་གཅིག་དང་ཏ་རྙིག་མ་གཅིག་སྟོང་མཆོད་ཐེབས་སུ་ཏ་རྙིག་མ་གསུམ། འདུ་ཁང་ཆེན་མོའི་བཞེངས་ཐེབས་སུ་སྔ་ཕྱི་བསྡོམས་པས་དཏུལ་སྲང་ཉིས་སྟོང་དྲུག་བརྒྱ་ལྔ་བཅུ། འདུ་ཁང་ཆེན་མོར་ཟངས་སེར་གྱི་གདོང་ཐེབས་སྟོང་ཕྲག་གཅིག་དང་ཟངས་སེར་གྱི་ཏིང་ཤོར་སྟོང་ཕྲག་གཉིས་བཞག་པ་དང་། བཙན་ཁང་ཐེབས་སུ་དཏུལ་གོར་སྟོང་ཕྲག་གཅིག ། ཚོགས་ཟངས་ཐེབས་སུ་དཏུལ་གོར་ཆིག་སྟོང་། ཤིང་ཕག་ལོར་གོང་ས་པཎ་ཆེན་རིན་པོ་ཆེར་ཚེ་དབང་ཞུ་ཡོན་དུ་ཏ་རྙིག་མ་ཉི་ཤུ་རྩ་གཅིག་གཟིམས་ཁང་གོང་མའི་སྒྱུང་གནས་ཐེབས་སུ་དཏུལ་གོར་ཆིག་སྟོང་། ཆེ་ཀླུ་ཚོ་བའི་སྨོན་ལམ་གདོང་ཐེབས་སུ་དཏུལ་གོར་ཆིག་སྟོང་། རྒྱུད་པ་གྲྭ་ཚང་གི་གསུམ་པའི་སྒྲུབ་མཆོད་ཀྱི་ཐེབས་སུ་ཏ་རྙིག་མ་བཅུ། ཟླ༣ཚེས༢༥ལ་ ཕོག་ཐེབས་སུ་དཏུལ་གོར་ཆིག་སྟོང་དང་སུམ་ཅུ། སྨན་པ་གྲྭ་ཚང་ལ་སྨན་བླའི་སྒྲུབ་མཆོད་གདོང་ཐེབས་སུ་དཏུལ་གོར་བདུན་བརྒྱ། ཟླ༥ཚེས༨ལ་གྲྭ་ཧྲའི་ཐེབས་སུ་དཏུལ་གོར་བརྒྱ། ཕོག་ཐེབས་སུ་ས་ཞིང་གི་བླ་ཡོན་སྟོང་དང་དགུ་བརྒྱ། དུས་འཁོར་གྲྭ་ཚང་དབྱར་གནས་ཕོག་བཅས་ཀྱི་རྒྱུན་ཐེབས་སུ་དཏུལ་སྲང་ལྔ་བརྒྱ། ས་བོན་ཤིང་ཚེ་སུམ་བརྒྱ་དྲུག་ཅུ་རེ་གསུམ་གྱི་ས་ཞིང་། བཀའ་པའི་སྒྲུབ་ཚོད་ཀྱི་ཐེབས་སུ་དཏུལ་གོར་ལྔ་བརྒྱ་རྣམས་ཕུལ་བ་དང་། རབ་རྒྱལ་མེ་ཕག་ལོའི་ཟླ༡ཚེས༡༣ལ་གསེར་སྟོང་ཆེན་མོར་ཏ་རྙིག་མ་གཅིག །བཙན་ཁང་དུ་ཡང་ཏ་རྙིག་མ་གཅིག ། དགེ་འདུན་རེ་རེའི་ཕྱག་ཏུ་ནས་ཕོག་ཁྲེ་བཅོ་ལྔ་རེ་འབུལ་ཐེབས་སུ་དཏུལ་གོར་ཁྲི་ཚོ་ཐམ་པ་ཕུལ། གཞན་ཡང་སྐབས་སྐབས་སུ་རང་འཁོར་དང་བསྟུན་པའི་མང་བསྐོལ་གྲངས་མང་པོ་དང་། ཚོགས་ཆེན་དང་གྲྭ་ཚང་སོ་སོའི་དགེ་འདུན་ལ་སྔ་ཕྱི་སྐུ་འགྲེད་ལན་དུ་མ་དང་། དོང་ཙེ་ཚོན་པ་དྲུག་བཅས་ཀྱི་རྣམ་བཞག་དང་། རྗེའི་སྟོང་མཆོད་དང་སྨན་བླའི་སྟོང་མཆོད་སོགས་གྲངས་མང་པོ་དང་། སྲུང་སྟོན་དང་ཁྲི་སྟོན་ལ་སོགས་པའི་སྦྱིན་གཏོང་ཚད་མེད་ཀྱིས་བསྐྱངས་པ་ནི་བསྡུགས་པར་འོས་པའི་ཡུལ་དུ་གྱུར་ལ། ཚུལ་འདི་ལ་དགོངས་ནས་རབ་རྒྱལ་ནང་ཚན་ལྕགས་སྤྲུལ་ལོའི་ཟླ༦ཚེས༡༢ལ། བླ་མ་ཚོགས་འདུས་ལྷན་རྒྱས་ནས་ཨ་ཆི་ཐུ་པོ་ཡིན་ཐུག་སིག་ཆི་དར་ཧན་ཚོས་རྗེ་ཞེས་པའི་ཚོ་ལོའི་གཟེངས་བསྟོད་གནང་། སྟོམ་ཏོ་ཞི། སྐར་མིང་དགེ་ལྡན་དགའ་ཚལ་གླིང་ཞེས་བསྟུགས་པར་བརྗོད་པ་དང་། སྒྲི་གར་གྱི་ཐོབ་ཆ་གྱང་ཆེན་གཉིས་སྐོ ། སྤྱིན་ཚིག སྐར་སྐལ་གསུམ་བཅས་བདག་རྐྱེན་དུ་སྩལ་བ་ཡིན་པས། འདི་ཕྱི་རབས་ཕྱིན་ཆད་ཀྱི་དཔོན་བརྒྱུད་གང་བྱུང་ནས་ཧི་སྲིད་རྒྱལ་བསྟན་གནས་པ་དེ་སྲིད་དུ་བླང་ཚོག་པ་དང་། སྐར་སྤྱིའི་ཁྲལ་ཡོད་དམིགས་གསལ་དུ་བཏང་བ་སོགས་ཀྱིས་གཟེངས་བསྟོད་བླ་ན་མེད་པ་མཛད་དོ། །འདིར་འབད་རྣམ་དཀར་ལེགས་བྱས་དལ་འགྲོའི་རྒྱུན། །དུས་གསུམ་དགེ་ཚོགས་ཀླུང་ཆེན་རབ་བརྒྱུད་ནས། །རླབས་ཆེན་རྒྱལ་སྲས་སྤྱོད་པའི་རྒྱ་མཚོ་ཆེར། །ཉམས་པ་མེད་པར་གཅིག་ཏུ་འཁྱིལ་བའི་མཐུས། །རྒྱལ་དང་རྒྱལ་བ་གཉིས་པའི་བསྟན་པ་རྒྱས། །དེ་འཛིན་ཞབས་བརྟན་དགེ་འདུན་ཆོས་སྤྱོད་འཕེལ། །རྒྱལ་ཁམས་ཀུན་བདེ་འགྲོ་བ་མ་ལུས་པ། །བཤེས་གཉེན་དམ་པས་རྗེས་སུ་འཛིན་གྱུར་ཅིག །ཁྱད་པར་རྒྱུ་སྦྱོར་ཉེ་འབྲེལ་བསྔོས་བཅས་

ཀུན། །སྐྱེ་དང་སྐྱེ་རབས་འཛམ་མགོན་བླ་མ་ཡིས། དགྱེས་བཞིན་རྗེས་སུ་བཟུང་སྟེ་ས་ལམ་གྱི། །རྟོགས་པ་མཐར་ཕྱིན་ཟུང་འཇུག་སྐུ་ཐོབ་ཤོག །དཔལ་ལྡན་དང་པོའི་སངས་རྒྱས་དུས་འཁོར་ལོར། །དབྱེར་མེད་པཎ་ཆེན་སྐུ་འཕྲེང་བཅུ་བདུན་པ། །གང་དེའི་བསྟན་འགྲོའི་དོན་ཆེན་ལེགས་དགོངས་ནས། །ལྷ་ཁང་ཆེན་མོར་ལོ་རེར་དུས་འཁོར་གྱི། །རྡུལ་ཚོན་འཛུགས་ཀྱུའི་ཞལ་བཀོད་སྩོལ་བ་བཞིན། །དམ་པའི་ཕྱག་བཞེས་བཞིན་དུ་བཙུགས་པའི་ཚེ། །རབ་འབྱམས་སྨྲ་བ་བྱང་ཆུབ་རབ་རྒྱས་ནས། །དྲི་མེད་དད་པས་དངུལ་གོར་སྟོང་ཕྲག་གསུམ། །སྒྲུབ་མཆོད་ཐེབས་སུ་ཕུལ་བའི་དགེ་བའི་མཐུས། །གནས་སྐབས་འགལ་རྐྱེན་ཞི་ཞིང་མཐུན་རྐྱེན་སྒྲུབ། །མ་འོངས་ཤམྦྷ་ལ་ཡི་གྲོང་ཁྱེར་དུ། །རིགས་ལྡན་རྒྱལ་པོའི་སྲས་ཀྱི་མཆོག་གྱུར་ཏེ། །ཟབ་ལམ་རྡོ་རྗེའི་ནལ་འབྱོར་ནས། །སྟོང་གཟུགས་ཕྱག་རྒྱ་ཆེན་མོ་མྱུར་ཐོབ་ཤོག །ཅེས་གོ་བར་བྱ་བའི་ཡི་གེ་འདི་ནི་རབ་བྱུང་བཅུ་དྲུག་པའི་མེ་ཕག་ལོའི་ས་ག་ཟླ་བའི་ཡར་ཚེས་དུས་ཆེན་གསུམ་འཛོམས་ཀྱི་ཉིན་མཆོག་ཡོངས་ཀྱི་དགོངས་རྒྱུར་རྡོ་རིང་ངོས་སུ་ཕབ་པ་དགེ་ལེགས་འཕེལ། །༈ སྔར་ཡང་རབ་རྒྱལ་མེ་ཕག་ལོའི་ཟླ༥ཚེས༡༥ལ་ཐོར་གོར་ཧང་ལྕར་ཤོག་གི་སྨྱུང་གནས་པ་དགེ་སློང་དཀོན་མཆོག་གིས་དངུལ་གོར་ལྔ་བརྒྱ་ཐམ་པ་སྨྱུང་གནས་རྒྱུན་ཐེབས་སུ་ཕུལ་བའི་དགེ་བ་རྩ་བ་བརྟེན་ནས་མང་གྱུར་སེམས་ཅན་ཐམས་ཅད་སངས་རྒྱས་ཀྱི་གོ་འཕང་མྱུར་དུ་འཐོབ་པར་གྱུར་ཅིག། །མངྒ་ལཾ།

【译文】

祈愿吉祥如意！

智慧如普贤界之千辐金轮，

放射无上三密之万道光辉，

你护持弘扬佛法盛名广传，

向你这三界严饰虔诚顶礼！

在你诞生的十万身像慈氏洲，

信仰不移根深蒂固坚如磐石，

殊胜二资粮枝叶繁茂郁郁葱葱，

示现出令人欢欣的兴旺景象。

兹依上下人等之意愿载录如下：

圣教之根本，教证功德之主宰玛热活佛却吉土登彭措、虔诚好施的富裕者却吉绛曲绕杰、比丘嘉木样嘉措、沙弥洛桑德哇、沙弥洛桑多杰等，为利乐佛法及众生，于第十五饶迥铁猪年（1911 年）三月十五日，布施马蹄银四十锭，作为四月祈愿大法会的布施基金。土蛇年（1869 年）四月三日，布施马蹄银十锭。铁猴年（1881 年）又增施白洋两千一百枚。第十五饶迥火蛇年(1917年)住夏法会期间,奉献一百四十二次斋僧茶饭。此后七年间,每年为住夏大法会布施斋僧茶饭。第十五饶迥铁猴年(1881年四月十五日,向被称为世间一庄严的大金瓦殿奉献金灯一盏,此灯用五十一两黄金打造,以三十五两白银制成内衬及灯罩,上饰三两黄金制成的两圈镶边。另施五两黄金作修缮大金瓦殿之费用,给每位僧人布施铜钱两枚。为此,喇嘛、扎仓活佛授与他"齐苏卓克图却吉"的称号。第十五饶迥土蛇年(1869年)七月十五日,曾献白银一千七百五十两,作为给每位僧人发放衬粮三升的布施基金。从第十五饶迥木鼠年(1924年)开始,给每位僧人发放衬粮三升的布施基金,给每位僧人每次施舍银元一枚,每年共布施七次。第十六饶迥火牛年(1937年)上半年,布施马蹄银十五锭作为念诵《甘珠尔》的费用,布施银元一千枚,马蹄银一锭用作修葺大金瓦殿,另用千灯供施舍马蹄银三锭,为修缮大经堂先后共施白银两千六百五十两,黄铜供灯一千只,黄铜供杯二千只,为修葺小金瓦殿布施银元一千枚,为铸造斋僧大锅施银元一千枚。木猪年(1935年),为祈请班禅大师作长寿灌顶,布施马蹄银二十一锭。为上寝宫之禁食斋布施银元一千枚,为祈家部落之祈愿法会布施银元一千枚,为密宗学院之三月修供布施马蹄银十枚。三月二十五日,布施僧粮折合银元一千零三十枚,为医宗学院修供药师布施银元七百枚。五月八日施斋僧茶饭费用银元一百枚,另施银元一千六百枚用于赎回僧众口粮由,为时轮学院住夏法会布施常设基金计白银五百两,另施可播籽种三百六十三升的土地,为七月修供布施基金计银元五百枚。第十六饶迥火猪年(1947年)二月十三日,给大金瓦殿施马蹄银一锭,给小金瓦殿施马蹄银一锭,为众僧每人布施青稞十五升,献银元一万枚。另外,他还时常根据自己的财力多次布施斋僧茶,先后数次布施大经堂及各扎仓的僧人铜钱各六串,多次奉献宗喀巴千灯供及药师佛千灯供,以无数施舍乞丐与犬獒等,这些都是值得赞誉的殊胜善行。思量以上情形,第十六饶迥铁蛇年(1941年)六月十二日,众喇嘛聚集商议,决定授予该檀越"阿齐图宝音特色齐达尔汗却吉"之称号,其噶尔哇"东和寺"题名为"具善桑园洲",并允许按一般噶尔哇高墙、重门、边麻墙饰的规格修建,其后世转世于佛教存在之时,均可享用,并按一般噶尔哇之通例,免除差役,给予至高无上的赞扬。

努力于布施善行之流水,
汇人三世福德资粮大川,
向菩萨行波澜壮阔大海,

以下倦怠之势汇聚一起。
弘扬佛与第二佛陀之教法，
执掌佛法之僧伽法行增盛，
祈愿国土安乐及所有众生，
受到善识大德之常时护佑！
祈愿文殊怙主与喇嘛等，
对于檀越及其所有亲朋，
生生世世含笑慈悲摄受，
获得满通达地道双运身。

同第一佛陀具德之时轮无分别之第十七世班禅大师，为佛教众生大业着想，谕示每年在大经堂建一彩粉时轮坛城，遵此，按圣贤之传统修建时，讲经师绛曲绕杰以洁净虔信捐银元三千枚，作为供修基金。愿他以此善力，止息短暂逆缘而修得顺缘，于未来香跋拉国成为法王之殊胜弟子，从甚深妙道金刚瑜珈速获空色大手印。如上记事，于第十六饶迥火猪年(1947 年)四月上旬三节汇集之时将全体僧人之意愿铭石以记。祈愿吉祥增益！

又及，第十六饶迥火猪年(1947 年)五月十五日，土尔扈特部杭瓦旗持斋比丘官却施银元五百枚，作禁食斋之常设基金，因此善根，愿一切人众速证佛果！愿吉祥如意！

玉树贝沟摩崖刻造佛像简志

ཡུལ་ཤུལ་འབིས་ཁོག་བྲག་ངོས་ཀྱི་སྐུ་རྗེན་བརྐོས་བཞེངས་ཀྱི་དཀར་ཆག

玉树贝沟摩崖刻造佛像简志

ཀ ཡུལ་ཤུལ་འབིས་མདོའི་སྐུ་རྟེན་བརྐོས་བཞེངས་ཀྱི་དཀར་ཆག་ཟོ་ཡིག་མ།

༄༅། བྲིའིལོལསྐུགཟུགསའབུརདུབཀོསཔདང
2 དརམཀུན་བྲིས་པའི་སློན་ལམལསོགསཔབཙནཔོཁྲིལྡེ་སྲོངབཙནགྱི
3 སྐུརིངལཇེནློནཡོནབདགདངསེམསཅནཐམསཅདཀྱིདོནཀྱིཕྱིརདགེ
4 སློངལོཆེནཡེཤེསདབྱངསཀྱིསབགྱིསྟེ། བཟོབོདགེ་སློངརིནསྣངམཛདདང་། རྒྱལ
5 བཟངདངདཔལལྷནདངལགདཔོནཐམསཅདདགེལེགསསུབྱེདཔགཙུགནས
6 སྣལམིསྐྱོབསལྷནརྣམསྟེ། བྲགལསྐུགཟུགསདངདརམའདིརྣམསབྲིསཔདང
7 དཀོནམཆོགགསུམགྱིརྟེནཀྱིརྣམཔསེམསཅནགངདགགིསམཐོང
8 བདངརེགཔདངཕྱགའཚལབདངཐོསཔདངདྲནཔའིབསོདནམས
9 དངཡེཤེཀྱིསབཙནཔོཡབསྲསདངསེམསཅནཐམསཅདབླ
10 ནམེདཔའིབྱངཆུབདུསྒྲུབཔརསློནཏོ། །

【提要】

摩崖石刻 1 处。吐蕃古藏文摩崖石刻文。佚名撰、抄刻。于吐蕃第 41 代赞普赤德松赞（798 ～ 815 年在位）时期的火狗阳年即公元 806 年刻。该简志明确记载了贝沟大日如来及八大随佛菩萨造像和经文的制作雕刻情形、造刻者和工匠姓名、造刻年代和原因等。贝沟石刻是藏族地区吐蕃时期为数极少的有年代题记的摩崖造像，对藏族古代宗教史、藏汉民族关系史、佛教艺术以及语言学、文献学等均有极高的研究价值，对研究唐蕃文化交流、经济贸易发展有很高的参考价值。

此摩崖石刻在青海省玉树藏族自治州州府结古镇以南约 20 公里的玉树县巴塘乡贝达社贝沟的大日如来佛堂（文成公主庙）大殿西面后侧岩石壁面上。石刻文字面高约 52 厘米，长约 204 厘米，藏文，楷书，横刻 5 行，共 292 个字，第一行起头有单起始符号，无边框栏，每行间距约 9 厘米。虽历史久远，风化脱落较多，但多数文字较为清晰，目前尚能辨认，据其他文字材料及研究成果可复原。此处壁面另有一摩崖石刻《庙宇身像礼赞及发愿辞》。壁面有露天部分风化脱落，现无保护措施。

玉树贝沟崖刻《庙宇身像礼赞及发愿辞》

ཡུལ་ཤུལ་འབིས་ཁོག་གི་རྟེན་བརྟེན་པའི་བསྟོད་པ་སྨོན་ལམ་བྲག་བརྐོས་མ།

【提要】

摩崖石刻 1 处。吐蕃古藏文摩崖石刻文。佚名撰、抄刻。吐蕃第 41 代赞普赤德松赞（798 ～ 815 年在位）时期的藏历火狗阳年即公元 806 年刻。与玉树贝沟摩崖刻造佛像简志相连，且崖刻布局和字体与摩崖简志相同，文献记载也为与简志同时代。该崖刻记录了玉树贝沟大日如来造像所依、能依的礼赞和发愿辞或祝辞，主要是对大日如来佛及八大随佛菩萨等九尊佛像的礼赞和发愿。其所依指佛堂或庙宇，能依指佛像即随主九尊，分别为主像大日如来佛和八尊随佛弟子菩萨圣像。

此摩崖石刻位于青海省玉树藏族自治州州府结古镇以南约 20 公里大日如来佛堂（文成公主庙）大殿西面后侧岩石壁面。在刻造佛像简志的上方，全部为古藏文形式书写。该摩崖石刻对藏族古代宗教史、佛教艺术以及语言学、文献学等有极高的研究价值。此处摩崖石刻文字面约 144.5 厘米 ×323 厘米，藏文，楷书，横刻 18 行，共 1000 多字，第一行起头有单起始符号，无边框栏，每行间距约 9 厘米，风化脱落较多，但部分文字较为清晰，目前尚能辨认。此处壁面另有一铺《玉树贝沟摩崖刻造佛像简志》。壁面露天，有部分风化脱落，现无保护措施。

玉树贝沟崖刻《般若波罗蜜多心经》

ཡུལ་ཤུལ་འབིས་མདོའི་བྲག་བརྐོས་ཤེས་རབ་སྙིང་པོ།

1 རྒྱགརསྐདདུཨཱརྱ××××

2 ཕྱིན་པའི་མདོ། བཅོམ་ལྡན་འདས་མ་ཤེས×××

3 ལྡནསངསརྒྱལཁབབྱགེསློང××

4 བཞུགས། དེའི་ཚེ་བཅོམ་ལྡན་འདས་ཆོས་བ་མོ××××

5 དེའིཚེབྱངཆུབསེམསདཔའའཕགས་པསྤྱནརསགཟིགསཀྱི××××

6 པར་རྟོག་ཅིང་ཕུང་པོ་དེ་དགལཡྔརངགཞན་གྱིནསཆེ××××

7 ཆུབསེམསདཔའསེམས་དཔའཆེན་པོའཕགས་པ་སྤྱན་རས་གཟིགས་ཀྱི××××

8 ལལཤེསཀྱིཕརོལདུ་ཕྱིན××××

9 ཆུབསེམསདཔའསེམསདཔའཆེནཔོ་འཕགས×××××

10 རིགསཀྱིཀྱིབུམོགངལ×××××

11 སྟེ། ཕུང་པོ་ལྔ་པོ་སོགས་ཀྱིས་རང་བཞིན××××

12 ཡིན་ནོ། །སྟོང་བ་ཉིདནསཀྱངཟུགས×××××

13 ཤརིའིབུདེལྟརཆོསཐམསཅདསྟོངབཉིདདོ། །མཚན

14 ཟྲིབསྐྱེདཔ། གང་བསྐྱེདཔའོ། །ཤརིའིབུདེ་ལྟར་ན་སྟོང་བ་ཉིད་ནི་གཟུགསམ

15 མ་ཡིན། ཟ་བ་མ་ཡིན། སྣ་མ་ཡིན། ལྕེ་མ་ཡིན། ལུས་མ་ཡིན། ཡིད་མ་ཡིན་ནོ། །གཟུགས××××

16 གནས། ཡོད་ཀྱི་ཁམས་མ་ཡིན། ཡོད་ཀྱི་རྣམ་པར་ཤེས་པའི་ཁམས

17 སྡུགབསྔལདང་། ཀུན་འབྱུང་དང་། འགོག་པ་དང་། ལམ་མ་ཡིན། ཡེ་ཤེས་མ་ཡིན།

18 ཕྱིརཤེསརབ་ཀྱི་ཕ་རོལདུ་ཕྱིནཔལགནསང་སྤྱོད་དེ། སེམས་ཀྱིསྒྲིབ་པ་མེད་པསསྐྲགཔམེདདོ། །
ཕྱིམནོ×××

19 དུསགསུམདུརྣམཔརབཞུགསཔའིསངསརྒྱསཐམསཅདཀྱངཤེསརབཀྱིཕ་རོལ་དུ་ཕྱིན་པ་ལསངསརྒྱས་

20 སོ། །དེ་བསནཤེསརབཀྱིཕརོལདུཕྱིནཔའིསྔགས། རིག་པ་ཆེན་པོའི་སྔགས། བླ་ནམེདཔའིསྔགས།
མིམཉམདངམཉམཔའིསྔགས×××××

21 པའི་སྔགས་སུ་ཤེས་པར་བྱ་སྟེ། བདེན་ཏེ་མནོརཔསཤེས་རབ་ཀྱི་ཕ་རོལ་
དུཕྱིནའགདཏེཔརཔརསངའགདདེསྭཧཱ།
ཤརིའིབུདངབྱངཆུབསེམསདཔའསེམསདཔའཤེསརབཀྱིཕརོལདུཕྱིནཔའ×××

22 བསླབ་པར་བྱའོ། །དེ་ནསབཅོམལྡནའདསཏིངངེ་འཛིནདལསབཞེངསཏེབྱང་ཆུབ

23 དབང་པོལ་ལེགསསོཞེསབྱབ་བྱིན་ནས། ལེགས་སོ་ལེགས་སོ། རིགས་ཀྱི་བུ། དེབཞིནཏེཁྱོདཀྱི

24 བསྟན་པདེབཞིན་དུ། ཤེསརབཀྱིཕརོལདུཕྱིནཔཟདཔརབྱསྟེ། དེ་བཞིན

25 བཅོམལྡནའདསདགྱེསཤིངདེསྐདཅེསབཀའབསྩལཏེ། ཚེདང་ལྡན་པའིཤརིའིབུད། བྱ

26 ལྷ་དངམི་དང་ལྷ་མ་ཡིན་དང་དྲི་ཟར་བཅས་པའི་འཇིག་རྟེན་གྱི་འཁོར་དེ་ཐམསཅ
27 གསུང་པལམངོན་པརདགའོ། །རྫོགས་སོ། །

【提要】

摩崖石刻 1 铺 4 处。吐蕃古藏文、古汉文、古代梵文楷书和草书摩崖石刻文。佚名撰、抄刻。国内外专家对贝沟摩崖刻造佛像简志及其他地区造像和文字的比较研究，认为该摩崖石刻于吐蕃第 41 代赞普赤德松赞时期（798 ～ 815 年在位）的火狗年即公元 806 年刻。该崖刻全文记录了吐蕃时期旧译的藏文《般若波罗蜜多心经》，以及印度梵文的原文和汉文旧译经文。此经由古印度论师比马拉米扎和西藏译师仁钦德由梵文译为藏文；汉文名《摩诃般若波罗蜜多心经》，玄奘法师（又说是宋施护）由梵文译为汉文。该经文主要是讲说佛教的性空之道理，它直指般若了义，起心观彻五蕴皆空，明见自己本体之性相，讲述了色不异空，空不异色，色即是空，空即是色的了义智慧。此处为贝沟三宝造像的一部分，属于法宝。贝沟崖刻《般若波罗蜜多心经》是藏族地区吐蕃时期极其罕见的三种文字合璧石刻佛经，对研究藏族宗教史、吐蕃与唐及印度等周边地区关系史以及语言学、文献学等均有极高的价值。

此摩崖石刻位于青海省玉树藏族自治州州府结古镇以南约 20 公里的大日如来佛堂（文成公主庙）大殿后东侧（摩崖造像左侧）岩山壁面。古藏文楷书横刻，石刻文字版面约 85 厘米 ×119 厘米；汉文繁体楷书竖刻；印度文字不详。藏文开头有反写的起首符号，每行间距约 10 厘米。此处壁面另有“六字真言”等多处古藏文石刻。多数风化脱落，少数文字可见。汉文根据可见的文字，经比较和考证佛教经典，整理后刻于石碑上，共 260 字，现立于贝沟大日如来佛堂（文成公主庙）经堂内，并有附记。全部崖刻佛经为露天，现无保护措施。

玉树贝沟崖刻《普贤行愿品》

ཡུལ་ཤུལ་འབིས་མདོའི་བྲག་བརྐོས་བཟང་སྤྱོད།

1 ××××××

2 ××××××

3 ××××××

4 སྒྲིཀྲྀབའ×××འགྲོ××××××

5 ×××དཀོན་མཆོག་གསུམ་དུ××××××

6 ××××××

7 ××××××

8 ཕྱོགསབཅུསངསརྒྱསཀྱིཞིངཁམསསུཀུནདུབཟངཔོལབྱངཆུབསེམསདཔསཅིགཅརཚིགསསུབཅད
པའིདབྱངསཀྱིསསྨོནལམགསུངསཔ། ཕྱོགསབཅུའཛིགརྟེན།། (ཇི་སྙེད་སུ་དག་ཕྱོགས་བཅུའི་འཇིག་རྟེན་ན། །
དུས་གསུམ་གཤེགས་པ་མི་ཡི་སེང་གེ་ཀུན། །བདག་གིས་མ་ལུས་དེ་དག་ཐམས་ཅད་ལ། །)

9 ལུསདངཡིདདངངགདངབསཕྱགབགྱིའོ། །བཟངཔོསྤྱོདཔའིསྨོནལམསྟོབསདགགིས། རྒྱལབཐམསཆདཡིདཀྱིས
(མངོན་སུམ་དུ། །ཞིང་གི་རྡུལ་སྙེད་ལུས་རབ་བཏུད་པ)ཡིས། །(རྒྱལ་བ་ཀུན་ལ་རབ་ཏུ་ཕྱག་འཚལ་ལོ། །) རྡུལ
གཅིགསྟེངནརྡུལསྙེདསངསརྒྱསརྣམས། །སངསརྒྱསསྲསཀྱིདབུསནབཞུགསཔདག

10 དེལྟརཆོསཀྱིདབྱིངསརྣམསམལུསཔར། །ཐམསཆདརྒྱལབདགགིསགངབརམོས། །དེཡིབསྔགས
པམིཟདརྒྱམཚོརྣམས། །དབྱངསཀྱིཡནལགརྒྱམཚོའིསྒྲཀུནགྱིས། །རྒྱལབཀུནགྱི(ཡོན་ཏན་རབ་བརྗོད་ཅིང་། །
བདེ་བར་གཤེགས་པཐམས་ཅད་བདག་གིས་བསྟོད། །མེ་ཏོག་དམ་པ་ཕྲེང་བ་དམ་པ་དང་། །)

11སིལསྙནརྣམསདངབྱུགཔའིགདུགསམཆོགདང་། །མརམེམཆོགདངབདུགཔ་སྤོསཡིསནི། །
རྒྱལབདེདགཀུནལམཆོདཔརབགྱི། །ནབཟའདམཔརྣམསདངདྲིམཆོགདང་། །ཕྱེམའི(ཕུར་མ་རི་རབ་མཉམ་
པ་དང་། །བཀོད་པ་ཁྱད་པར་འཕགས་པའི་མཆོག་ཀུན་གྱིས། །རྒྱལ་བ་དེ་དག་ལ་ཡང་མཆོད་པར་བགྱི། །
མཆོད་པ་གང་རྣམས་བླ་མེད་རྒྱ་ཆེ་བ། །)

12 དེ་དགརྒྱལབཐམསཅདགངབརམོས། །བཟངཔོསྤྱོདལདདཔའིསྟོབསདགགིས། །རྒྱལབཀུནལ
ཕྱགའཚལམཆོདཔརབགྱི། །འདོདཆགས(ཞེ་སྡང་གཏི་མུག་དབང་གིས་ནི། །ལུས་དང་ངག་དང་དེ་བཞིན་)
ཡིདཀྱིསཀྱང་། །སྡིགཔབདགགིསབགྱིསཔཅིམཆིསཔ། །དེདགཐམསཅདབདགགིསསོསོརབཤགས། །

13 ཕྱོགསབཅུའིརྒྱལབཀུནདངསངསརྒྱསསྲས། །རངརྒྱལརྣམསདངསློབཊྲསྨིསློབཊྲ། །
འགྲོབཀུནགྱིབསོདནམསགངལཡང་། །དེདགཀུནཀྱིརྗེསསུབདགཡིརང་། ། (གང་རྣམས་ཕྱོགས་བཅུའི་འཇིག་
རྟེན་སྒྲོན་མ་དག བྱང་ཆུབ་རིམ་པར་སངས་རྒྱས་མ་ཆགས་བརྙེས། །མགོན་པོ་དེ་དག་བདག་གིས་ཐམས་
ཅད་ལ། །འཁོར་ལོ་བླ་ན་མེད་པ་བསྐོར་བར་བསྐུལ།)

14 མྱངནའདདའསྟོནགངབཞེདདེདགལ། །འགྲོབཀུནལཕནཞིངབདེབའིཕྱིར། །ཞིངགིརྡུལསྙེདབསྐལཔར
བཞུགསཔརཡང་། །བདགགིསཐལམོརབསྦྱརགསོལབརབགྱི། །ཕྱགའཚལབདངམཆོད(ཅིང་བཤགས་པ་

དང་། །རྗེས་སུ་ཡི་རངས་བསྐུལ་ཞིང་གསོལ་བ་ཡི། །དགེ་བ་ཅུང་ཟད་བདག་གིས་ཅི་བསགས་པ། །ཐམས་ཅད་
བདག་གིས་བྱང་ཆུབ་ཕྱིར་བསྔོའོ། །འདས་པའི་སངས་རྒྱས་རྣམས་དང་ཕྱོགས་བཅུ་ཡི། །འཇིག་རྟེན་དག་ན་
གང་བཞུགས་ཚོད་པར་འགྱུར། །)

15 གངཡངམགྱོནདེདགགརབསྒྱུརབར། །བྱངཆུབཉམཔརཆུབཔསསྐྱོན། །ཕྱོགསབཅུདུསགསུམསངསརྒྱསམ
ཚོདགྱུརཅིག ཕྱོགསབཅུཇིསྙེད། ། (བྱང་ཆུབ་ཤིང་དབང་དྲུང་གཤེགས་རྒྱལ་བ་དང་། །སངས་རྒྱས་སྲས་ཀྱིས་
རབ་ཏུ་གང་བར་ཤོག)ཕྱོགས་བཅུའི་(སེམས་ཅན་གང་རྣམས་ཇི་སྙེད་པ་)དདགཏགཏཏུནདམེད

16 བདེབརགྱུརད། འགྲོབཀུནགྱིཆོསཀྱིདོནནརྣམསནི། །མཐུནཔརགྱུརཅིངརེབའངའགྲུབཔརཤོག
བྱངཆུབསྤྱོདཔདགནིབདགསྤྱོདཅིང་། །འགྲོབཀུན(ཏུ་འཆི་འཕོ་སྐྱེ་བ་ན། །རྟག་ཏུ་བདག་ནི་རབ་ཏུ་འབྱུང་
བར་ཤོག)རྒྱལབཀུནགྱིརྗེསསུསློབགྱུརཏེ། །བཟངཔོསྤྱོདཔཡོངསསུརྫོགསབྱེདཅིང་། །ཚུལཁྲིམས

17 དྲིམེདཡོངསདགསྤྱོདཔརཤོག ། ལྷའིསྐདདངཀླུདངགནོདསྦྱིནསྐད། །གྲུལབུམདགདངམིཡིསྐདརྣམས
དང་། །འགྲོབཀུནགྱིསྒྲསྐདཇིཙམཔར། །ཐམསཅདསྐདདུབདགགིས(ཆོས་བསྟན་ཏོ། །དེས་ཤིང་ཕ་རོལ་ཕྱིན་ལ་
རབ་བརྩོན་ཏེ། །བྱང་ཆུབ་སེམས་ནི་ནམ་ཡང་བརྗེད་མ་གྱུར། །སྡིག་པ་གང་རྣམས་སྒྲིབ་པར་འགྱུར་བ་དག །
དེ་དག་མ་ལུས་ཡོངས་སུ་བྱང་བར་ཤོག   ལས་དང་)

18 ཉོནམོངསབདུདཀྱིལསརྣམས(ལས)། །འཇིགརྟེནརྒྱལརྣམསགྲོལཔ། །ཇིལྟརཔདམོཆུསམིཆགསཔབཞིན།།
གཉིཟླནམཀརཐོགསཔམེདཔབཞིན། །ཕྱོགསརྣམས(ཇི་ཙམ་པར། །ངན་སོང་སྡུག་བསྔལ་རབ་ཏུ་ཞི་བར་
བྱེད། །བདེ་བ་དག་ལ་འགྲོ་བ་ཀུན་འགོད་ཅིང་། །འགྲོ་བ་ཐམས་ཅད་ལ་ནི་ཕན་པར་སྤྱད། །བྱང་ཆུབ་སྤྱོད་པ་
ཡོངས་སུ་རྫོགས་བྱེད་ཅིང་། །)

19 སེམསཅནདགགིསྤྱོདདཟླམཐུནཔརའཇུག བཟངཔོསྤྱོདཔདགནིརབསྟོནཅིང་། །མའོངསབསྐལབ
ཀུནདུསྤྱོདཔརགྱུར། །བདགགིསྤྱོདདངམཚུངསཔརསུསྤྱོདཔ། །དེདག(དང་ནི་རྟག་ཏུ་འགྲོགས་པར་ཤོག ལུས་
དང་ངག་རྣམས་དང་ནི་སེམས་ཀྱིས་ཀྱང་། །སྤྱོད་པ་དག་དང་སྨོན་ལམ་གཅིག་ཏུ་སྤྱད། །བདག་ལ་ཕན་པར་
འདོད་པའི་གྲོགས་པོ་དག བཟང་པོའི་སྤྱོད་པ་རབ་ཏུ་སྟོན་པ་རྣམས། །དེ་དག་)

20 དངཡངརྟགཏུཕྲདཔརཤོག དེདགབདགགིསནམཡངཡིདམིདབྱུང་། །མགོནཔོསངསརྒྱསསྲསཀྱིསབསྐོར
བའིརྣམས། །བདགགིརྒྱལབམངོནསུམབལྟ། །××××××

21 མའོངས(བསྐལ་པ་ཀུན་ཏུ་)སྤྱདཔརབགྱི། །སྲིདཔཐམསཅདདུཡངའཁོརབན། །བསོདནམསཡེཤེསདག
ནིམིཟདསྙེད། །ཐབསཤེསརབཏིངའཛིནརྣམཐརདང་། །ཡོནཏནཀུནགྱིམིཟདམཛོདདུགྱུར། ། (རྡུལ་གཅིག་
སྟེང་ན་རྡུལ་སྙེད་ཞིང་རྣམས་ཏེ། །ཞིང་དེར་བསམ་གྱིས་མི་ཁྱབ་སངས་རྒྱས་རྣམས། །སངས་རྒྱས་སྲས་ཀྱི་
དབུས་ན་བཞུགས་པ་ལ། །བྱང་ཆུབ་སྤྱད་པ་སྤྱོད་ཅིང་བལྟ་བར་བགྱི། །)

22 ལུསཐམསཅདདུ། །སྐྲཙམཕྱོགསལདུསགསུམཚདསྙེདཀྱི། །ཞིངརྣམསརྒྱམཚོསངསརྒྱསརྒྱམཚོལ། །
བསྐལབརྒྱམཚོརའཇུགཅིངརབཏུསྤྱོད། །རྒྱལབཀུནདབྱངས(ཡན་ལག་རྣམ་དག་པ། །འགྲོ་བ་ཀུན་གྱི་བསམ་

པ་ཇི་བཞིན་དབྱངས། །སངས་རྒྱས་གསུང་ལ་རྟག་ཏུ་འཇུག་པར་བགྱི། །དུས་གསུམ་གཤེགས་པ་རྒྱལ་བ་
ཐམས་ཅད་དག)
23 དེདགགིཡངགསུངདབྱངསམཟདལ། །ཆོས་ཀྱི་འཁོརལོཚུལབཞིནབསྐོརབལ། །བདགཀྱངབློའིསྟོབསཀྱིས
རབཏུའཇུག མའོངསབསྐལབཀུནདུའཇུགཔརཡང་། །བདགགིསསྐདཅིགགིསནིའཇུགཔརབགྱི། །
(གང་ཡང་བསྐལ་པ་དུས་གསུམ་ཚོད་དེ་དག །སྐད་ཅིག་ཆ་ཤས་ཀྱིས་ནི་ཞུགས་པར་སྤྱད། །དུས་གསུམ་
གཤེགས་པ་མི་ཡི་སེང་གེ་གང་། །དེ་དག་སྐད་ཅིག་གཅིག་ལ་བདག་གིས་བལྟ། །)
24 རྟགཏུདེདགཀུནགྱིསྤྱོདཡུལལ། །རྣམཐརསྒྱུམརགྱུརབའིསྟོབསཀྱིསའཇུག དུསགསུམགངདགགིནིཞིང
བཀོདཔ། །དེདགརྡུལགཅིགསྟེངདུམངོནཔརབསྒྲུབ། །དེལྟརམལུསཕྱོགསརྣམས(ཐམས་ཅད་དུ)རྒྱལབདགགི
ཞིངབཀོདརྣམསལའཇུག བྱངཆུབ། །དེདགརིམཔརའཚངརྒྱའཁོརལོབསྐོར། །མྱངའདསཔརབཏུཞི
མཐའའསྟོན། །
25 མགོནཔོཀུནགྱིདྲུངདུབདགམཆིའོ། །རྫུའཕྲུལཀུནདུམྱུརབའིསྟོབསརྣམསདང། །ཐེགཔཀུནནས
སྒོའིསྟོབསདགདང། །ཡོནཏནཀུནདུསྤྱོདཔའིསྟོབསརྣམསདང། །བྱམསཔཀུནཏུཁྱབཔར། །ཀུནདུདགེ
བའིབསོདནམསསྟོབསདང་། །ཆགསཔམེདཔརགྱུརཔའི(ཡེ་ཤེས་སྟོབས། །)ཤེསརབཐབས དངཏིངའཛིན(
སྟོབས་དག་གིས། །)བྱངཆུབསྟོབསརྣམསཡངདགསྒྲུབཔརབྱེད། །
26 ལསཀྱིསྟོབསརྣམསཡོངསསུདགབྱེདཅིང་། །ཉོནམོངསསྟོབསརྣམསཀུནཏུའཇོམསཔརབྱེད། །
བདུདཀྱིསྟོབསརྣམས(སྟོབས་མེད་རབ་བྱེད་ཅིང་། །བཟང་པོ་སྤྱོད་པའི་)སྟོབསནིརྫོགསཔརབགྱི། །
ཞིངརྣམསརྒྱམཚོརྣམཔརདགབྱེདཅིང་། །སེམསཅནརྒྱམཚོདག(ཞིང་རྣམ་པར་གྲོལ། །)
ཆོསརྣམསརྒྱམཚོརབཏུམཐོངབྱེདཅིང་། །ཡེཤེསརྒྱམཚོརབཏུགོམས(པར་བྱེད་)སྤྱོདཔརྒྱམཚོརྣམཔར
27 དགབྱེདཅིང་། །སྨོནལམརྒྱམཚོརབཏུརྫོགསཔརབྱེད། །སངསརྒྱསརྒྱམཚོརབཏུམཆོདབྱེདཔ། །
བསྐལབརྒྱམཚོརམིསྐྱོསྤྱདཔརབགྱི། །དུསགསུམགཤེགསཔའིརྒྱལབགངདགགི། །བྱངཆུབསྤྱོདཔའིསྨོནལམ
(བྱེ་བྲག)རྣམས། །བཟངཔོསྤྱོདཔས(བྱང་ཆུབ་སངས་རྒྱས་ནས)དེཀུནམལུསབདགགིསརྫོགསཔརབགྱི། །
རྒྱལབཀུནགྱིསྲསཀྱིཐུབོཔ། །མིངནིཀུནདུབཟངཞེསགངབྱབ། །མཁསཔདེདང་མཚུངས་པར་སྤྱད་པའི་ཕྱིར། །)
28 དགེབའདིཀུནལནིརབདུབསྔོ། །ལུསདངངགདངཡིདཀྱངརྣམདགཅིང་། །སྤྱོདཔཡོངསདགཞིང
རྣམསཡོངསདགདང། །ཇིལྟརབཟངཔོསབསྔོབདེབཞིནདུ། །དེའདྲརབདགཀྱངདེདངམཚུངསཔརཤོག
བཟངཔོསྤྱོདཔཀུནདུདགེབདང་། །འཇམདཔལགྱིནིསྨོནལམསྤྱདཔརབགྱི། །མའོངསབསྐལབཀུནདུམིསྐྱོབར། །
དེཡིབྱབམལུསརྫོགསཔརབགྱི། །སྤྱོདཔདགལཚདཡོདམགྱུརཅིག ཡོནཏནརྣམསཀྱངཚདགཟུང
29 མེདཔརཤོག སྤྱོདཔཚདམེདཔལགནསབྱསནས། །དེཡིརྫུའཕྲུལཐམསཅདའཚལབརབགྱི། ། །
ནམམཁའིམཐརགྱུརཐུགཔཅིཙམཔ། །སེམསཅནམལུསམཐའཡངདེབཞིནདེ། །ལསདྲོཉོནམོངས
ཉིཟདཇིཙམཔར། །བདགགིསྨོནལམམཐའནིདེབཞིནནོ། །ཕྱོགསབཅུགངནཞིངརྣམསམཐའཡསཔ། །

རིནཆེནཀྲུནདེཀྲུལབ××××××

30 ཞིངགིརྡུལསྙེདབསྐལབརཕུལབབས། །གངགིསབསྔོབའིརྒྱལབོའདིཐོསནས། །བྱངཆུབམཆོགགི
རྗེསསུརབམོསཤིང་། །ལནཅིཙམཡངདདཔསྐྱེདཔནི། །བསོདནམསདམཔའིམཆོགཏུདེའགྱུརརོ། །
གངགིསབཟངསྤྱོདསྨོནལམའདིབཏབཔས། །དེསནིངནའགྲོཐམསཅདསྤངསཔརའགྱུར། །

31 སྐྱེཆེའདིཡངདེདགལེགསཔརའོངས། །ཀུནཏུབཟངཔོདེཡངཛེའདྲབར། །དེདགརིངཔོམིཐོགསདེ
འདྲརའགྱུར། །མཚམསམེདལྔཔོདགགིསྡིགཔརྣམས། །གངགིསམིཤེསདབངགིསབྱསཔདག
དེའིསབཟངཔོསྤྱོདཔའདིབརྗོདན། །མྱུརདུམལུསཡོངསསུ××××××

32 འཛིགརྟེནགསུམཔོཀུནནམཆོདཔརའགྱུར། །བྱངཆུབཤིངདབངདྲུངདུདེམྱུརའགྲོ། །སོངནསསེམསཙན
ཕནཕྱིརདེརའདུགསྟེ། །བྱངཆུབསངསརྒྱསའཁོརལོརབཏུབསྐོར། །བདུདརྣམསསྡེདངབཙསཔཐམསཅད
བཏུལ། །གངགིསབཟངཔོསྤྱོདཔའིསྨོནལམའདི། །

33 ཀུནཏུབཟངཔོཡངནོདེབཞིནདེ། །དེདགགིནིརྗེསསུབདགསློབཔར། །དགེབའདིདགཀུནགྱིརབཏུབསྔོ། །
(དུས་གསུམ་གཤེགས་པ་རྒྱལ་བ་ཐམས་ཅད་ཀྱི། །བསྔོ་བ་གང་ལ)མཆོགཏུབསྔགསཔདེས། །བདགགིདགེབའི་
རྩབའདིཀུནཀྱང་། །བཟངཔོ

34 རྒྱལབའིདཀྱིལའཁོརབཟངཞིངདཀའབདེར། །པདྨོདམཔཤིནཏུམཛེསལསསྐྱེས། །དེརཕྱིནནསནི (རྒྱལ་
བས་མངོན་སུམ་དུ། །ལུང་བསྟན་པ་ཡང་བདག་གིས)སྤྱོདཔརཤོག དེཀུནབདགགིས

35 བློཡིསྟོབསཀྱིསཕྱོགསབཅུཀུནདུཡང་། །སེམསཅནརྣམསལཕནཔམངཔོབགྱི། །ཀུནཏུབཟང
པོསྤྱོདཔའིསྨོནལམཀྱིས། །××××××

【提要】

摩崖石刻 1 处。吐蕃古藏文摩崖石刻文。佚名撰、抄刻。国内外专家对贝沟摩崖刻造佛简志及其他地区造像和文字的比较研究，认为该摩崖石刻于吐蕃第 41 代赞普赤德松赞时期（798 ～ 815 年在位）的火狗年即公元 806 年刻。该崖刻全文记录了吐蕃时期旧译的 60 偈版古藏文佛经《普贤行愿品》，全称为《普贤菩萨行愿王经》，该经文是大日如来佛最看重的得意门生普贤菩萨将行愿经中之王或大愿讲授给财善童子（青年诺桑），愿以自他三世所积累的一切善业回向行持普贤大愿的一部佛经，是普贤菩萨的修行法门。主要讲述普贤菩萨发的十大愿望，即“一者礼敬诸佛，二者称赞如来，三者广修供养，四者忏悔业障，五者随喜功德，六者请转法轮，七者请佛住世，八者常随佛学，九者恒顺众生，十者普皆回向”。此处为贝沟三宝造像的一部分。贝沟崖刻《普贤行愿品》是藏族地区吐蕃时期为数极少的石刻佛经，对研究藏族古代宗教史、吐蕃与周边地区关系史以及语言学、文献学等均有极高的价值。

此摩崖石刻位于青海省玉树藏族自治州州府结古镇以南约 20 公里的玉树县巴塘乡贝达社贝沟内，大日如来佛堂大殿西北面约 500 米的岩壁上。石刻文字版面约 75 厘米 ×260 厘米，藏文，楷书，横刻 35 行，共约 4200 个字，每行间距约 12 厘米。此处壁面文字上方为摩崖线刻的十方佛造像。壁面露天有风化脱落之处，尤其经文的前 7 行几乎无法读取，但多数文字较为清晰，目前尚能辨认，据其他文字材料可复原。现无保护措施。

玉树勒巴沟摩崖佛像题记祈愿文

ཡུལ་ཤུལ་ལེབ་ཁོག་བྲག་རྡོས་ཀྱི་སྐུ་རྟེན་སྨོན་ཚིག

【提要】

摩崖石刻1处。吐蕃古藏文摩崖石刻文。佚名撰、抄刻。崖刻年代为9世纪吐蕃时期。明确记载了勒巴沟大日如来像及其他两尊佛像的名称、造刻年代和原因等。勒巴沟石刻是藏族地区吐蕃时期为数极少的有年代和佛像名称题记的摩崖造像及文字，对研究藏族古代宗教史、佛教艺术以及语言学、文献学等均有极高的价值，对研究唐蕃文化交流、经济贸易发展有很高的参考价值。

此摩崖石刻位于青海省玉树藏族自治州州府结古镇以东约20公里的玉树县巴塘乡勒巴社勒巴沟内的岩石壁面。石刻文字版面约75厘米×260厘米，藏文，楷书，横刻5行，共292个字，第一行起头有单起始符号，无边框栏，每行间距约15厘米。虽历史久远，但文字清晰，完全能辨认。此处壁面的文字上方为三尊石刻浅浮雕佛像，中央为大日如来，跏趺坐于大仰莲花座，莲花茎两侧分框，各有一只头向外狮子形式的莲座基础；两侧胁侍分别是金刚手（并不符合其造像标志，但依藏文原文名称应为金刚手）和圣观音，辅助线刻造型。双狮莲座下方为古藏文祈愿文。另有后期大量的雕刻经文、咒语等。佛像及文字壁面露天，有风化脱落，现无保护措施。

【碑文】

༡ སངསརྒྱས་རྣམཔརསྣངམཛདདང

༢ ཕྱགནརྡོརྗེདངཨརྱབལོལཕྱགའཚལ

༣ རྟའིལོལབགྱིས།།

译文如下：“敬礼大日如来佛和金刚手和圣观音，造于马年。”

瞿昙寺天顺三年石刻六字真言

ཧོར་བཀོས་མ་ཎི་ཡིག་དྲུག

【提要】

石刻 1 块。藏文与汉文合璧石刻文。明天顺三年（1459 年）佚名抄刻，记述“唵嘛呢叭咪吽”六字真言。嘛呢在佛经中解释为观音菩萨六字真经，六字代表解度六道众生、破除六种烦恼、修六般若行、获得六种佛身、生出六种智慧等殊胜功德。刻字面 49 厘米 ×88 厘米。

石刻现藏于青海省海东市乐都区瞿昙寺，保存完好。

玉树嘉纳嘛呢石经城

ཡུལ་ཤུལ་རྒྱ་ནག་མ་ཎི་རྡོ་འབུམ།

【提要】

藏文石刻文。佚名抄刻。石经城于18世纪上半叶由藏传佛教高僧嘉那道丁桑秋帕永（又名嘉那仁波切）创建。嘛呢在佛经中解释为观音菩萨六字真经，六字代表解度六道众生、破除六种烦恼、修六般若行、获得六种佛身、生出六种智慧等殊胜功德。嘉那嘛呢石刻经文包括佛教六字真言、密宗咒语、各种经文和一部分苯波教咒语等，数量之多、雕刻持续时间之长、规模之大，世所罕见。

石经城位于青海省玉树藏族自治州玉树县新寨村。嘛呢石堆东西长283米，南北宽74米，高2.5米，由25亿多块嘛呢石、1座大转经堂、1座佛堂、10个大转经筒、300多个小转经筒、十几座佛塔组成。

泽库和日石经墙

རྩེ་ཁོག་ཧོར་བཀའ་འགྱུར་རྡོ་འབུམ།

【提要】

藏文石刻文。佚名抄刻。石经墙的文字及佛像由寺僧和民间艺人自 1923 年至 1951 年历时 28 年刻制完成。所刻主要佛经为藏文大藏经《甘珠尔》《丹珠尔》《度亡经》及其他一些佛教经典。

石经墙位于青海省黄南藏族自治州泽库县和日乡境内。石经墙宽 3 米，长 200 米，由刻着经文、图案的石片垒砌而成，石片约 3000 立方米，字数约 20 多亿，佛像、图案、风情、人物等石雕品达 5000 余尊。

天峻夏日哈石经院

ཐ་དག་ཀའི་བཀའ་འགྱུར་རྡོ་འབུམ།

【提要】

藏文石刻文。佚名抄刻。在石板上镌刻有藏文《甘珠尔》，“塔多”《解脱经》200部，佛像324尊，中间为堆科却旦（时轮佛塔）1座。

石经墙位于青海省海西蒙古族藏族自治州天峻县城东北方向约20公里处。由经石砌成高2米、宽1米、周长320米的四方形，石经墙总石方约1736立方米，经文石方约488立方米，占地面积64.6平方米。

玉树贝沟大日如来佛堂岩刻佛菩萨名称

ཡུལ་ཤུལ་འབིས་རྣམ་སྣང་ལྷ་ཁང་གི་བྲག་བརྐོས་མཚན་བྱང་།

【提要】

石刻 1 处。摩崖岩刻藏文。佚名撰、抄刻。1931 年由禅古寺第八世禅来坚贡活佛修建贝沟大日如来佛堂（文成公主庙）时，以原有摩崖石刻古藏文佛菩萨名称为蓝本而刻。上面明确记载了此处摩崖石刻的主佛及八大随佛菩萨的名称。大日如来佛高约 3 米，题名雕刻在莲座对狮的上方、佛造像下方；八大菩萨高各 2 米，名称刻在每个浮雕造像的侧面；主佛和其他菩萨的名称前后符号用法略有区别，除盖障的名称与厘定后的名称在用字上有所差异。主佛大日如来和弥勒、虚空藏、普贤、金刚手、地藏、观世音、文殊、除盖障等菩萨的藏文名称，在保持原有古藏文字体的基础上，于 20 世纪 80 年代修复佛堂时重新做了加工，有些岩体脱落处还能看到部分名称的原文。名称皆刻于佛堂内的墙体上，观世音名称为两行，其他全部为一行；大日如来佛名称起头有单起始符号，其他名称无；弥勒、金刚手的名称被法衣覆盖。这些名称对于藏族宗教史以及语言学、文献学等均有极高的研究价值。

此摩崖石刻位于青海省玉树藏族自治州州府结古镇以南约 20 公里的的大日如来佛堂（文成公主庙）。石刻文字高 13 厘米左右，四周无栏，藏文，楷书，横刻，除了弥勒和金刚手共 8 行、7 个名称、43 个字，其余文字都清晰可见，墙面其他位置为岩刻造像等，保存完好。

【原文】

རྣམཔརསྣངམཛད། །×× ནམསྙིང   ཀུནབཟང××

སའིསྙིངཔོ། སྤྱནརསགཟིགས འཛམདཔར སྒྲིབཔརྣམསྒོལ

玉树贝沟摩崖线刻佛塔祈愿文

ཡུལ་ཤུལ་འབིས་ཁོག་ཡར་ནང་དུ་བྲིན་པའི་མཆོད་རྟེན་གྱི་ སྨོན་ཚིག་བྲག་བརྐོས་མ།

【原文】

༄༅། །ཆོསགངརྒྱུལསསྐྱེསཔནི། །× × × × ×། །× × × × ×། །× × × × ×། །

长条石刻《文博·才嘉文集》

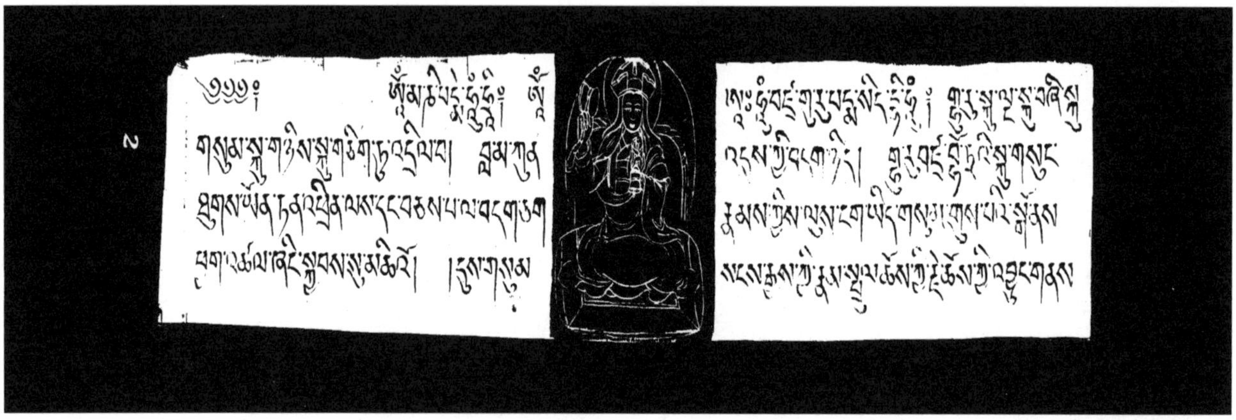

༄༅༅༔ ཨོཾ་མ་ཎི་པདྨེ་ཧཱུྃ་ཧྲཱི༔ ཨོཾ་ཨཱཿཧཱུྃ་བཛྲ་གུ་རུ་སིད་ཧི་ཧཱུྃ༔ གུ་རུ་སྐུ་ལྔ་སྐུ་བཞི་སྐུ་གསུམ་སྐུ་གཉིས་སྐུ་གཅིག་ཏུ་འདྲིལ་བ། བླ་མ་ཀུན་འདུས་ཀྱི་བདག་ཉིད། གུ་རུ་བཛྲ་དྷོ་ཏྲའི་སྐུ་གསུང་ཐུགས་ཡོན་ཏན་འཕྲིན་ལས་དང་བཅས་ལ་་བདག་ཅག་རྣམས་ཀྱིས་ལུས་ངག་ཡིད་གསུམ་གུས་པའི་སྒོ་ནས་ཕྱག་འཚལ་ཞིང་སྐྱབས་སུ་མཆིའོ། །དུས་གསུམ་སངས་རྒྱས་ཀྱི་རྣམ་སྤྲུལ་ཆོས་ཀྱི་རྗེ་ཆོས་ཀྱི་འབྱུང་གནས

【提要】

石刻长条文献，石刻藏文。该文献是《文博·才嘉文集》，有两部，分别为《果历推算明镜》（215 叶）和《仪轨·利乐速成》（14 叶），是藏区极其罕见的文献遗产，对研究藏族宗教信仰、西藏印刷业发展、玉树地区佛教文化等方面具有重要研究价值。

此石刻在青海省玉树藏族自治州。藏文，楷书，横刻，共 229 叶，约 16480 个音节，规格等不详，石刻收入夏吾李加、还格吉《玉树地震灾区藏文文献遗产整理保护研究》，保存良好。

囊谦嘉玛嘛呢石碑

【提要】

石碑 1 通，藏文石刻碑文。由四川甘孜州新龙县人夏 • 娘绒巴更德松保撰、刻。该石碑记录了玉树囊谦县嘉玛嘛呢石刻遗产的建造历程，指出了建造嘛呢石刻的功德、六字真言的功德以及色彩的意义、绕转嘛呢石堆的功效、历代尊者高僧的开示、该嘛呢石的倡导者和建造者、碑文撰刻者等内容，对藏族宗教信仰、嘛呢石刻传统、民族文化交流等具有研究价值。

该石碑发掘于囊谦县吉曲乡政府所在吉曲河对岸的嘉玛嘛呢石刻旁。藏文，楷书，横刻，约 650 个音节，规格等不详，石刻收入夏吾李加、还格吉《玉树地震灾区藏文文献遗产整理保护研究》，保存良好。

【译文】

嘉玛嘛呢之功德概述：法身无量光佛、报身观世音、化身莲花生及十方四时皆以皈依之大海致敬，愿为自他二业善行千秋。空中千辐轮如同展开的宝盖，被稀世之祥云所环绕，无数绽开之莲花大地，溢满一切圆满怙主之轮圆，那七宝相饰于密宗事部三怙主之圣地，受施着昔日佛陀观音无量光佛莲花身之佑护。至尊度母之化身公主，以神奇之法力书下“六字大明”，被桑杰绰加镌刻于三块石上献之。六世红帽尊者，将石文染以彩色，以福佑与智慧之力，遂把两块石文供献以神座前，一块为众生积净而献之。值时无量光佛暨观世音灵处，照出一道红光，耀及此地，遂把该地称之为嘉玛嘛呢而盛名，意为红色的彩虹。该嘛呢石堆如雪山叠起或极乐世界或布达拉或佛光指尘洲，时常在此巡礼一周，如同诵经亿遍；若望、晦之月巡礼，如诵经二十五亿；若佛陀节日巡礼，如诵经百亿。朝拜与恭敬或培修佛像等者，其功德无边等红帽尊者或莲花太阳尊，遍识竹钦、达隆巴、萨迦至尊救度母、昂城尊者、噶玛恰米、嘉永钦则、直贡巴、洛嘎尺、藏尺等尊者日之，恐无臆说。愿以善事解脱众生，吉祥如意。此文应嘛呢多杰仁增之勉励，由夏 • 娘绒巴更德松保住处亲笔，愿一切众生迅速解脱。

尖扎恰合旦滩地界石刻文

གཙན་ཚ་ཁྲག་རྟེན་ཐང་གི་ས་མཚམས་རྡོ་ཡིག

ཨོཾ་མ་ཎི་པད་མེ་ཧཱུྃ

དགེ་ལེགས་དྲུག་མ་འདི་བཞིང་པའི་ཐུག་རྗེ་ནུས་མཐུས་ལ་བརྟེན་ན་སྦྱིན་པའི་བདག་པོ་

སངས་རྒྱས་བསྐྱུབ་ཀྱི་སེམས་བསྐྱེད་པའི་མཁན་པོ་སློབཔོན་བསྐྱེད་པའི་དྲིན་ཅན་ཕ་མའི་གཙོ

སེམས་ཅན་ཐམས་ཅད་རེ་འཁོར་མར་བསྟེན་པར་གྱུར་ཅིག་སེམས་ཀྱི་བར་ཆད་ཐམས་

ཅད་ཉེས་པར་ཞི་བར་གྱུར་ཅིག ། དགེའོ་ལེགསོ

ཨོཾ་མ་ཎི་པད་མེ་ཧཱུྃ

དགེ་ལེགས་ ༡ (མ་ཎི་ཡི་གེ)དྲུག་མ་འདི་བཞིང་(བཞེངས)པའི་ཐུག་(ཐུགས)རྗེ་ནུས་མཐུས་(མཐུ)ལ་བརྟེན་

ན་སྦྱིན་པའི་བདག་པོ་ ༢ སངས་རྒྱས་བསྐྱུབ་ཀྱི་སེམས་བསྐྱེད་པའི་མཁན་པོ་སློབཔོན་(ལུས)བསྐྱེད་པའི་

དྲིན་ཅན་ཕ་མའི་གཙོ ༣ (བྱས་པའི)སེམས་ཅན་ཐམས་ཅད་རེ་འཁོར་མར་བསྟེན་པར་གྱུར་ཅིག སེམས་

ཀྱི་བར་ཆད་ཐམས་ཅད ༤ ཉེས་པར་ཞི་བར་གྱུར་ཅིག ། དགེའོ་ལེགསོ

【提要】

石刻 1 通。藏文石刻文。佚名撰、抄刻。石刻立碑年代不详。当地民间口碑古籍称：围绕石刻地界所在的塘西热一地，措周和贾加两个部族发生草场纠纷，附近古哇寺古哇活佛之放牧女在纠纷期间去世，后经双方谈判，以横向路面为界，划清草场界限，并将划定的一方草场称为“恰合旦滩”（ཁག་རྟེན་ཐང་），意为赔偿血案之草地。所抄石刻文字大意为：以六字真言为证，感化施主，发心引渡具恩父母，特为古哇之牧人女、桑杰加布之母赔偿血案，以道路为界划地，愿平息障碍纠纷、众生证得佛陀正觉。该石刻是藏文在藏族民间应用的典型代表，对于藏文民间传播、藏族民俗和信仰、草场纠纷调解制度、寺院和世俗关系等具有很高的研究价值。

此石刻在青海省黄南藏族自治州尖扎县措周乡境内。石块为自然的椭圆形，76 厘米 ×40 厘米，无栏，无起始符号，藏文，楷书，横刻 5 行 67 个字段，第一行大字体的六字真言，46.5 厘米 ×12 厘米。正文四行石刻文字版面约 58 厘米 ×11 厘米，每行间距约 2.5 ～ 3.5 厘米，碑面文字部分难以辨认，石块保存比较完好，刻字石保持原貌，未有破坏，但石面刻字有文字重叠、风化程度不同等明显的文字篡改痕迹。

吐蕃古铜钟

བཙན་པོ་ཁྲི་ལྡེ་གཙུག་བརྩན་སྐབས་ཀྱི་ཧག་རོང་དགའ་ལྡན་བྱིན་ཆེན་གཙུག་ལག་ཁང་གི་དྲིལ་བུའི་ཁ་བྱང་།

【提要】

古铜钟，1 口。藏文铸造钟文。由夏贡□□书写铭文，比丘僧人切真铸造（公元 712 年赤德祖赞）时期。铭文大意：“为吐蕃神圣赞普赤德祖赞及王兄之无量功德特发祈愿，尚伦臣拉扎加来父子特为者龙甘丹兴庆寺供奉大口铸钟一座，祈愿获得其无上妙果为施主及一切众生之菩提善根。”铜钟重 168 公斤，高约 54 厘米，钟口直径为 52 厘米，钟座直径为 40 厘米，整个铜钟形呈六瓣莲花状，花瓣尖端绘有虎头纹，除书写者的名字模糊不清外，其余文字和图案仍清晰可见。

古铜钟现存于私人手中，保存完好。铭文收入兰确加《吐蕃王朝古铜钟》，载《西藏研究》（藏文版）2011 年第 1 期。

瞿昙寺象牙印

【提要】

瞿昙寺象牙印，1 方。汉文象牙印章文。篆刻人佚名。明宣德三年（1428 年）皇帝赐给喇嘛绰失领占。印章高 6.6 厘米，宽 4 厘米，刻篆书“真修无碍”四个字。现保存于青海省海东市乐都区瞿昙寺。

瞿昙寺鎏金铜印

【提要】

瞿昙寺鎏金铜印，1 方。汉文鎏金铜印文。印面镌有“广慧悟法净觉妙善翊国衍教灌顶戒定西天佛子大国师”，印左侧镌有“成化二十三年礼部造”字样。铜印高 17 厘米，宽 10 厘米。现保存于青海省海东市乐都区瞿昙寺。

夏宗寺铸钟铭文

བྱ་རྫོང་དགོན་ཁྲོད་ཀྱི་ཅོང་ཡིག

【提要】

夏宗寺铸钟，1 口。汉文铸造钟文。铸造人佚名。清康熙二十年（1681 年）铸造。有铭文 47 字。记有工匠人、化铁人、捐资人姓名、地址及铸造时间，对研究夏宗寺历史沿革有一定参考价值。铭文为汉文，楷体。现保存于青海省海东市平安区寺台乡夏宗寺。

瞿昙寺大明宣德钟

【提要】

大明宣德青铜钟，1 口。藏汉合璧铸造钟文。铸造人佚名。刻有藏汉文对照“大明宣德年施”字样。铜钟高约 1.8 米，口宽 1.5 米，重达 1 吨多。现保存于青海省海东市乐都区瞿昙寺。

圣地扎西曲寺大锅铭刻文

བཀྲ་ཤིས་འཁྱིལ་བའི་ཚོགས་ཟངས་ཀྱི་ཡི་གེ

【提要】

藏文铸造锅1口。佚名撰、铸刻。铸造年代为藏历木鸡年。五段文字全部用七言体(每句七个音节),全部共有26句,记载了铸造大锅的时间、时任本寺僧官（贵格）和管家（涅尔瓦)、铸造事务具体承担者、铸造的施主等名字，并铭刻日夜吉祥的祝福祈请文。此铭文指出时任僧官是根登达杰、管家是根登慈诚，先后有比丘索南达杰、僧人根登群觉、比丘根登丹增、僧人根登嘉措四人参与铸造之事，由佛法施主贡嘎洛桑及其家人提供资助。锅面文字对于区域宗教史、藏族信仰方式变迁、僧俗人名习俗、语言学、文献学等均有极高的研究价值。

大锅在青海省黄南藏族自治州州府隆务镇以北25公里处的扎西曲寺。该锅属寺院大经堂聚会时集体斋饭所用，直径1.8米，高度1.1米，锅面文字属于铸造，共5处，每处文字约27厘米 ×16厘米，字间距3厘米，每处都有双起始符号，四周无栏，藏文，楷书，横刻。铭刻文字多数可辨认，两处风化脱落较严重。现放置于扎西曲寺大经堂前院，保存较差。

圣地扎西曲寺弥勒佛像造像祈请文

གནས་མཆོག་བཀྲ་ཤིས་འཁྱིལ་བའི་བྱམས་
སྐུ་བཞེངས་པའི་རྟེན་ཡིག

【提要】

石碑 1 通。石碑篆刻藏文。多杰羌·洛桑丹贝坚赞撰，桑丹嘉措抄刻。曲哇活佛多杰羌·洛桑丹贝坚赞（1581 ～约 1659 年）于藏历木牛年（1625 年）将圣地扎西曲寺开辟为修行处后，于 1648 年后修建弥勒殿；弥勒殿落成后，写成造像的装藏目录和弥勒佛像造像缘起祈请文刻于石碑。该石碑记载了弥勒佛像的建造者、造像功德、瞻仰膜拜和绕转佛像的受益，指出该佛像有瑜伽成道高僧洛桑丹坚（简称）所造，为此勤修则饶益无边，获得长寿、健康、安乐，为弥勒佛所随喜，终得圆满解脱，祈请以此造像而自他三时积善业，常行瞻仰、膜拜和绕转而利益众生，依止善知识而闻修大乘佛法，乃远离污点。石碑对于区域宗教史、藏族信仰方式变迁、历史人物、语言学、文献学等均有极高的研究价值。

石碑在青海省黄南藏族自治州隆务镇北 25 公里处的扎西曲寺。石碑为长方形，竖放，100 厘米 ×24.3 厘米，厚度 8 厘米，双起始符号，四周无栏，藏文，楷书，横刻 24 行，约 245 个音节，石刻文字基本清晰可见。现放置于扎西曲寺弥勒殿，保存完好。

圣地扎西曲寺弥勒佛像装藏目录

གནས་མཆོག་བཀྲ་ཤིས་འཁྱིལ་བའི་བྱམས་སྐུའི་གཟུངས་བཞུགས་དཀར་ཆག

【提要】

石碑 1 通。石碑篆刻藏文。多杰羌·洛桑丹贝坚赞撰，桑丹嘉措抄刻。曲哇活佛多杰羌·洛桑丹贝坚赞（1581 ～约 1659 年）于藏历木牛年（1625 年）将圣地扎西曲寺开辟为修行处后，于 1648 后修建弥勒殿；弥勒殿落成后，写成造像的装藏目录和弥勒佛像造像缘起祈请文刻于石碑。该石碑记载了弥勒佛像建造落成时间和佛像装藏细目，列出了该佛像装藏的圣物包括佛陀释迦牟尼舍利子、阿底峡尊者遗物，以及印度和西藏著名的高僧成道者、佛学大师、密宗大师、著名活佛等的发舍利、法衣片、加持密咒丸、遗骨和其他各种舍利子，以及热振寺、五台山名胜地圣物。石碑对于区域宗教史、藏族信仰方式变迁、历史人物、语言学、文献学等均有极高的研究价值。

碑今在青海省黄南藏族自治州隆务镇北 25 公里处的扎西曲寺。石碑为长方形，竖放，97 厘米 ×29.5 厘米，厚度 6 厘米，字间距 1.4 厘米，双起始符号，四周无栏，藏文，楷书，横刻 47 行，约 490 个音节，石刻文字多数可辨认，风化脱落较严重。现放置于扎西曲寺弥勒殿，上部断裂，保存较差。

塔尔寺花寺石碑

一等文　虎
二等大綏嘉禾章勛五位陸軍中將甘邊寧海鎮守使馬　爲
寶光嘉禾
嘉　禾
文　虎
三等　章任命甘肅西寧道道尹黎
發給執照　　案據西寧塔爾寺
嘉　禾
阿嘉呼圖克圖噶勒旦錫將呼圖克圖同法臺僧綱等禀稱：竊查卑寺初建于前元年間
寶貝佛降生之所而西藏
達賴班禪各東北蒙黑佛等建立窩博并各蒙古王公重修寺院諷經祈禱平安最爲注重之地所有一切牧畜草坡養贍田地均有先後印照諭示及碑記可憑占根最早牧養最先遵查
卑寺地方中系塔爾寺院臨近寺南有卑寺嘉牙灘牧畜陰坡荒地一所海瑪溝哈蟆臺牧坡二所内哈蟆臺有卑寺所轄番佃五六十户寺西有大小階模溝牧坡一處又連浄房頂牧
坡一處寺北有魯沙爾街面一處寺僧街房二十餘座寺東有護山其寺及周圍牧坡總四至東至東閶門紅山嘴南至石山西至丹卜地土墩北至魯沙爾土閶門并嘉牙灘閶門各爲
界碑記總照内均載明可查此外有南川大灘養贍旱地紅崖溝下籽三十七石三㪷嘉牙下籽二十九石八㪷四升和爾定下籽五石野磨堂托爾幹莊下籽二十六石多委莊下籽二
十六石浪爾莊下籽二十六石隆思幹下籽二十六石阿家莊下籽二十六石加馬莊二十六石以上九處共旱地下籽二百二十八石一㪷四升又班沙爾置買旱地下籽市升㪷六十
餘石每年由寺均與縣倉承納糧草有案又野磨堂有牧坡一所東至丹卜地南至石山北至衆僧六莊地西至山條溝願各爲界以及寺院前項牧坡并彼時現有之佛殿二十一座衆
僧住房七十二院清雍正二年蒙監督西寧等處鞏昌分府閻　查明取結立案與卑寺給發四至詳細總執照永遠營業爲憑嗣後尚有續置之佛殿各浄房田業亦分別有契又查
卑寺之嘉牙灘海瑪溝哈蟆臺大小階模各牧坡盡有泉源聚流成河南川籍灌二十餘堡田地每年輪納屯糧五千餘石草五萬餘束因通事沈元及南川營都司等前後將上項牧坡
暗謀開墾經出有南川各堡總士民解殿馨張琮石國柴劉時隆等數十名以開墾有礙田地水源于國賦民生均有關礙懇請禁墾
勒石等情于乾隆八年禀明西寧前縣主應旋蒙
查明雍正年通事沈元欲墾禀奉
大將軍岳公批飭查明業經裁決西寧衛廖給照不允開墾及前縣沈于雍正七年詳允禁墾各在案惟嘉牙灘原系塔爾寺牧廠若使許其開墾則水源勢必淺涸不特衆僧放牧無地即南
川一帶屯田灌溉維難誠一時施惠于兵者薄异日留害于民者巨也既據該川士民禀懇禁止開墾禁止開墾請照勒及將奉文會勘過不能開墾各等據詳請奉
前西寧道（府）憲楊（申）裁批如詳勒石立案永禁不許開墾因各堡士民等于乾隆九年備録勒碑于塔爾寺以垂永久各在案現有石碑可查嗣經班禪額爾德尼大佛爺于嘉牙灘之中間于乾
隆年間作塔補脉建立窩博以爲祈禱平安保護閤川風雨兼旺水源不許開墾于同治七年奉
前欽差大臣王因禁墾發有飭知爲據不料至光緒年間時有漢民謀占開墾屢奉地方官禁墾各在案復于民國八年有南川人民違背伊先祖之石碑托求委員强謀開墾斯地禀奉
鎮道憲查明永不準開墾均蒙給發執照爲憑再卑寺迤西響河爾地方内東臺西臺盤道三莊均系卑寺田地每年與縣倉納糧可考又有大小西岔牧坡二處内有卑寺所轄番佃四
十餘户冬有冬窩夏有夏窩插帳住牧其他總四至東至盤道牙壑南至金納峽西至大青沙牙壑北至三岔口子各爲界因旱據兵燹遺失于雍正五年奉
前總理青海番彝事務散秩大臣達　查明給發四至執照永遠遵守各據惟今時代過度人心不古若不請願民國新照誠恐年遠日久此争彼奪强占開墾有絶卑寺三千六百衆僧養命
之源且民國成立首重黄教各處蒙番寺産牧界擬定條例鑒地方長官特別保護在案惟卑寺除香糧田牧而外祇靠十方布施并無別項養贍又無林業可靠較之他寺异常困苦前因
青海郡王盟長赴京之便當時卑寺困苦各情代達轉求
甘肅省長都軍帥憲賞發牧坡新照大减平番税厘免捐公債勿阻來鹽等情奉令查復在案惟前因與七縣開局番族各牧界地畝有按税之説佛僧等聽之憂愁萬狀業已懇蒙準面
示念佛教卑寺嘉牙灘海瑪溝等處區區彈丸砂礫各牧廠日後永遠免其按税遵守牧畜不準開墾亦不納糧體恤給恩在案除將請减各税差捐情形前已另禀轉復外所有雍正年
間牧産四至總執照碑記各據已蒙恩憲調驗明確無异議當將卑寺牧産各四至照舊開列粘單據據情禀懇會銜呈請省長賞發各四至執照勒石遵守等因至今未蒙給發現
值僧綱等更换之際手續未清祇得遵照原情録呈開列原舊牧産各四至伏乞施恩鑒核俯賜會銜賞發各原情四至總執一紙以便勒石永遠遵守牧畜不準開墾永免按税倘有奸民
擾轄情事指各禀辦以恤佛教則閤寺諸位呼圖克圖衆僧等惟有永祝各憲長生禄位福無量矣等情據此查本使（道）上年奉令辦蒙番地畝公所所有屬境各寺院地畝數目當即飭令
逐一查報以憑查收税款而便發給執照在案據該呼圖克圖首先提倡承認地費銀五千兩足見熱心公誼情殊可嘉至認繳地費銀兩亦即隨時交清自應查照定章先由本使（道）加發執照
以資遵守爲此仰阿嘉呼圖克圖等即便遵照以昭慎重至于地畝公所所請部照容後頒發到寧之時再行换發俾重久遠切切——此照計開一塔爾寺附近周圍所有嘉牙灘海瑪溝等處
牧坡各界總四至東至東閶門紅山嘴南至石山爲界西至丹卜地土墩爲界北至魯沙爾土閶
門并嘉牙灘閶門爲界一本寺迤南有野磨堂牧坡一所東至丹卜地南至石山爲界西至山條溝北至衆僧
六莊地爲界一本寺迤西響河爾地方東西臺盤道田土大小西岔牧坡總四至東至盤道牙壑南至金納峽爲界西至大青沙牙壑北至三岔口子爲界以上各四至均系遵照乾隆年間總執照碑
記内四至録列并無侵占他人地界情事理合證明右照給塔爾寺阿嘉呼圖克圖噶勒旦錫埒呼圖克圖并法臺僧綱等執此
中華民國拾壹年四月初九日

【提要】

石碑1通。汉文石刻碑文。佚名抄刻。碑文内容为1922年塔尔寺阿嘉呼图克图、噶勒旦锡将呼图克图及法台僧纲等禀呈甘边宁海镇守使马麒和西宁道尹黎丹，请求发给塔尔寺所属田地、牧场、房舍的详细总执照一事的呈文和马麒、黎丹所颁执照的文样。

碑今在青海省湟中县塔尔寺花寺（祈寿殿）内。碑面156厘米×73厘米，石刻，40行，汉文，楷书，保存完好。碑文收入陈庆英、马林编著《中国西北文献丛书》第十二卷，兰州古籍出版社1990年版。

【碑文】

一等文　虎

二等大绶嘉禾章勋五位陆军中将甘边宁海镇守使马　　为

宝光嘉禾

嘉　　禾

文　　虎

三等　章任命甘肃西宁道道尹黎

发给执照　　案据西宁塔尔寺

嘉　　禾

阿嘉呼图克图、噶勒旦锡将呼图克图同法台僧纲等禀称：窃查卑寺初建于前元年间宝贝佛降生之所，而西藏达赖班禅各东北蒙黑佛等建立窝博，并各蒙古王公重修寺院，讽经祈祷平安，最为注重之地。所有一切牧畜草坡、养赡田地，均有先后印照谕示及碑记可凭，占根最早，牧养最先。遵查卑寺地方，中系塔尔寺院，临近寺南，有卑寺嘉牙滩牧畜阴坡荒地一所，海玛沟、哈蟆台牧坡二所，内哈蟆台有卑寺所辖番佃五六十户。寺西有大小阶模沟牧坡一处，又连净房顶牧坡一处。寺北有鲁沙尔街面一处，寺僧街房二十余座。寺东有护山。其寺及周围牧坡总四至，东至东闇门、红山嘴，南至石山，西至丹卜地土墩，北至鲁沙尔，土闇门并嘉牙滩闇门，各为界，碑记总照内均载明可查。此外有南川大滩养赡旱地，红崖沟下籽三十七石三斗，嘉牙下籽二十九石八斗四升，和尔定下籽五石，野磨堂、托尔干庄下籽二十六石，多委庄下籽二十六石，浪尔庄下籽二十六石，隆思干下籽二十六石，阿家庄下籽二十六石，加马庄二十六石，以上九处共旱地下籽二百二十八石一斗四升。又班沙尔置买旱地下籽市升斗六十余石，每年由寺均与县仓承纳粮草有案。又野磨堂有牧坡一所，东至丹卜地，南至石山，北至众僧六庄地，西至山条沟愿各为界。以及寺院前项牧坡并彼时现有之佛殿二十一座，众僧住房七十二院，清雍正二年，蒙监督西宁等处巩昌分府阎　查明取结立案与卑寺给发四至详细总执照，永远营业为凭。嗣后尚有续置之佛殿各净房田业，亦分别有契。又查卑寺之嘉牙滩、海玛沟、哈蟆台、大小阶模各牧坡，尽有泉源，聚流成河，南川籍灌二十余堡田地，每年轮纳屯粮五千余石，草五万余束。因通事沈元及南川营都司等前后将上项牧坡暗谋开垦，经出有南川各堡总士民解殿馨、张琮、石国柴、刘时隆等数十名以开垦有碍田地水源，于国赋民生均有关碍，恳请禁垦勒石等情，于乾隆八年禀明西宁前县主应旋蒙查明雍正年通事沈元欲垦禀，奉大将军岳公批饬查明，业经裁决，西宁卫廖给照，不允开垦及前县沈于雍正七年详允禁垦各在案。惟嘉牙滩原系塔尔寺牧厂，若使许其开垦则水源势必浅涸，不特众僧放牧无地，即南川一带屯田灌溉维难。诚一时施惠于兵者薄，异日留害于民者巨也。既据该川士民禀恳禁止开垦，禁止开垦请照勒及将奉文会勘过不能开垦各等据详，请奉前西宁道（府）宪杨（申）裁批如详，勒石立案永禁，不许开垦。因各堡士民等于乾隆九年备录勒碑于塔尔寺，以垂永久各在案，现有石碑可查。嗣经班禅额尔德尼大佛爷于嘉牙滩之中间，于乾隆年间作塔补脉，建立窝博，以为祈祷平安，保护阖川风雨，兼旺水源，不许开垦。于同治七年奉前钦差大臣王因禁垦，发有饬知为据。不料至光绪年间，时有汉民谋占开垦，屡奉地方官禁垦各在案。复于民国八年，有南川人民违背伊先祖之石碑，托求委员，强谋开垦斯地，禀奉镇道宪查明，永不准开垦，均蒙给发执照为凭。再卑寺迤西响河尔地方内东台、西台、盘道三庄，均系卑寺田地，每年与县仓纳粮可考。又有大小西岔牧坡二处，内有卑寺所辖番佃四十余户，冬有冬窝，夏有夏窝，插帐住牧。其他总四至：东至盘道牙壑，南至金纳峡，西至大青沙牙壑，北至三岔口子各为界。因早据兵燹遗失，于雍正五年奉前总理青海番彝事务散秩大臣达查明，给发四至执照，永远遵守各据。惟今时代过度，人心不古，若不请愿民国新照，诚恐年远日久，此争彼夺，强占开垦，有绝卑寺三千六百众僧养命之源。且民国成立，首重黄教，各处蒙番寺产牧界，拟定条例，鉴地方长官特别保护在案。惟卑寺除香粮田牧而外，只靠十方布施，并无别项养赡，又无林业可靠，较之他寺异常困苦。前因青海郡王盟长赴京之便，当时卑寺困苦各情代达转求甘肃省长都军帅宪赏发牧坡新照，大减平番税厘，免捐公债，勿阻来盐等情，奉令查复在案。惟前因与七县开局番族各牧界地亩有按税之说，佛僧等听之，忧愁万状，业已恳蒙准面示。念佛教卑寺嘉牙滩、海玛沟等处区区弹丸砂砾，各牧厂日后永远免其按税，遵守牧畜，不准开垦，亦不纳粮，体恤给恩在案。除将请减各税差捐情形前已另禀转复外，所有雍正年间牧产四至总执照碑记各据，已蒙恩宪调验明确无异议，当将卑寺牧产各四至照旧开列粘单。据据情禀，恳会衔呈请省长，赏发各四至执照，勒石遵守等因，至今未蒙给发。现值僧纲等更换之际，手续未清，只得遵照原情，录呈开列原旧牧产各四至，伏乞施恩鉴核俯赐，会衔赏发各原情四至总执一纸，以便勒石，永远遵守，牧畜不准开垦，永免按税。倘有奸民扰辖情事，指各禀办，以恤佛教，则阖寺诸位呼图克图众僧等，惟有永祝各宪长生禄位福无量矣等情。据此，查本使（道）上年奉令办蒙番地亩公所，所有属境各寺院地亩数目，当即饬令逐一查报，以凭查收税款，而便发给执照在案。据该呼图克图首先提倡，承认地费银五千两，足见热心公谊，情殊可嘉。至认缴地费银两，亦即随时交清。自应查照定章，先由本使（道）加发执照以资遵守。为此仰阿嘉呼图克图等，即便遵照，以昭慎重。至于地亩公所所请部照，容后颁发到宁之时，再行换发，俾重久远，切切！此照。计开：一、塔尔寺附近周围所有嘉牙滩、海玛沟等处牧坡各界总四至，东至东闇门、红山嘴，南至石山为界，西至丹卜地土墩为界，北至鲁沙尔土闇门并嘉牙滩闇门为界。一、本寺迤南，有野磨堂牧坡一所，东至丹卜地，南至石山为界，西至山条沟，北至众僧六庄地为界。一、本寺迤西响河尔地方，东西台、盘道田土、大小西岔牧坡总四至，东至盘道牙壑，南至金纳峡为界，西至大青沙牙壑，北至三岔口子为界。以上各四至，均系遵照乾隆年间总执照碑记内四至录列，并无侵占他人地界情事，理合证明。右照给塔尔寺阿嘉呼图克图、噶勒旦锡埒呼图克图并法台、僧纲等执此。

中华民国拾壹年四月初九日

九世班禅额尔德尼驻锡塔尔寺记事碑

པན་ཆེན་སྐུ་ཕྲེང་དགུ་པ་སྐུ་འབུམ་དུ་བཞུགས་སྐབས་ཀྱི་དོན་ཆེན་རྡོ་རིང་།

༄༅། །ཨོཾ་སྭ་སྟི། དཔལ་ལྡན་སྟོབས་བཅུ་ཡོངས་རྫོགས་མི་འགྱུར་བདེ་ཆེན་ལྷུན་གྲུབ་རྫོགས་སངས་རྒྱས། ཀུན་རྟོག་སྤངས་པའི་འཆིང་བ་ལ་ཆོས་དབྱིངས་རོ་གཅིག་འགོག་ལམ་དམ་པའི་ཆོས། ཞི་སྡོམ་གཉིས་མེད་ཐར་པའི་ལམ་སྟོན་བསྒྲུབ་པའི་མཛོད་འཛིན་དགེ་འདུན་སྡེ། སྐྱབས་གསུམ་ཡིད་བཞིན་ནོར་བུ་འཛིག་རྟེན་གསུམ་ན་རྣམ་ཀུན་རྒྱལ་གྱུར་ཅིག ། རྒྱལ་ཀུན་མཁྱེན་པའི་རང་མདངས་བླ་གཞོན་མཁས་བཟང་གདུལ་བྱའི་མཚོ་དྲངས་ངོམ། རབ་མཛེས་དུར་སྨིག་འཛིན་སྨིག་འགོག་མེད་ཅིང་ཡང་ངོམས་པའི་རྩེ་དགའ་རྒྱས། ཐབ་རྒྱས་གསུང་གསུང་སྙན་པའི་ང་རོའི་དཀྱིལ་འཁོར་སྲིད་གསུམ་འགེབས་མཛད་པ། འཇམ་མགོན་སྐུ་བཞིའི་བདག་ཉིད་ས་གསུམ་སྐྱེ་དགུའི་གཙུག་ན་མཛེས་གྱུར་ཅིག །གྲོ་ཆེན་མཁྱེན་པའི་ཨ་ད་ར་ཡངས་དབྱིངས་སུ་བསྐལ་བཟང་སྟོང་གི་ཕྱུགས་བཅུད་གདམས་པའི་རི་མོ་འབུམ། མ་འདྲེས་གསལ་རྫོགས་ཆེས་བཀྲ་ཐུབ་བསྟན་ཀྱོན་ཀུན་ལུང་རྟོགས་ཆོས་ཀྱི་སྣང་བས་ཁྱབ་མཛད་པ་ཞིགས་མོ་ལ། བགྲང་ཡས་རྒྱལ་སྲས་ཚོགས་ཀྱང་ངོ་མཚར་བསྔགས་བརྗོད་ཟབ་མི་ཤེས་པའི་ཉི་མ་འབུམ་གྱི་གདེངས་འགྱེད་འཁོར་འདས་དགེ་ལེགས་ཀུན་གྱི་འབྱུང་གནས་ཕྱོགས་ལས་རྣམ་རྒྱལ་མགོན་དེ་ཡུས་ཅན་བདུད་ནམས་ཞིང་དུ་འཕགས། མགོན་ཕྱོད་རང་བློས་ཐུགས་བསྐྱེད་ལས་འོངས་པའི། གཞན་ཕན་མཛད་འཕྲིན་ལས་གསུམ་འབབ་པའི་རྒྱུན། བདག་ཅག་བགོ་སྐལ་ལྷ་ཆེན་རབ་གྱོང་དུ། ཉེར་སེམ་དང་རྩལ་ཆགས་ཕྲ་མོ་འདིའི། དཔག་བསམ་ལྗོན་པའི་འབྲས་བཟང་ལྡན་སྐྱེས་གཤག་སེམས་དེ་མའི་གྲོང་ཁྱེར་དུ། ཉེ་བར་ལྡང་བྱས་དོན་ལྡན་གཏམ་བཟང་འཛམ་བུའི་གསེར་གྱི་རྒྱལ་མཚན་འདི། ཡུས་ཅན་སྲིད་ཞིའི་རྒྱུད་པའི་འབྱུལ་བ་ཞི་ཞིང་གཏན་བདེར་ལོངས་སྤྱོད་ཕྱིར། དད་པའི་གསོས་སྨན་མཆོག་གི་གཟུལ་རྩེར་མཛེས་པའི་རྒྱན་དུ་བསྒྲེང་། ཞེས་ཤིས་པ་བརྗོད་པའི་ཚིག་གི་མེ་ཏོག་འཐོར་བ་སྔོན་དུ་འགྲོ་བས་སྐབས་དོན་ཅུང་ཟད་སྨོས་པར་བྱ་བ་ནི། དེ་ཡང་ལྟར་བཙོས་འགྲོ་བའི་འདྲེན་མཆོག་གོང་མ་ཡབ་ཆེན་ཐམས་ཅད་མཁྱེན་གཟིགས་ཉིད། ངེས་པའི་དོན་དུ་ན་བགྲང་ཡས་བསྐལ་པ་རྒྱ་མཚོའི་སྔོན་ནས་བླ་མེད་བྱང་ཆུབ་ཀྱི་བདུད་རྩི་མཛད་དེ་སྐུ་གསུམ་གྱི་ངོ་བོར་སངས་རྒྱས་སུ་ཟིན་མོ་ཀྱང་། སྣར་ཡང་སྤྲུལ་པའི་བཀོད་པ་སྣ་བརྗོད་ཀྱི་དགེ་ལས་འདས་ཤིང་སེལ་ལྡན་རི་རོའི་འཕྲེང་བ་མཚར་དུ་དངར་བའི་ལྗོངས་འདིར་ཡང་རྒྱལ་བ་དབེན་ས་པ་སོགས་ངོ་མཚར་སྐུ་འཕྲེང་རིམ་བྱོན་གྱིས་བསྟན་འགྲོའི་དོན་ཆེན་མཛད་པའི་སྣ་དབྱངས་སྲིད་རྩེའི་ཕོངས་ལས་བརྒྱལ་ཞིང་། ཕྱག་པར་སྣང་མཐའ་སྐྱ་འཕྲུལ་པཎ་ཆེན་དཔལ་ལྡན་ཡེ་ཤེས་འདི་བྱང་ཕྱོགས་ཀྱི་བསྟན་འགྲོའི་དོན་ལ་དགོངས་ཏེ་སྐུ་འཁྲུངས་གདན་ས་འདིར་ཞབས་པད་མཚོན་པར་བཀོད་ནས་ཆོས་སྲིད་ཀྱི་བཀའ་དྲིན་རྒྱ་ཆེར་བསྐྱངས། པཎ་ཆེན་ཆོས་རྒྱན་ནས་བཟང་པའི་དཔལ་ལྡན་སྐུ་འཕྲེང་དུག་པ་ཐམས་ཅད་མཁྱེན་གཟིགས་ཆེན་པོ་དོན་གྱི་སྣད་དུ་མཚན་ནས་སྨོས་ཏེ། ཤཱཀྱ་བཟང་ཐུབ་བསྟན་ཆོས་ཀྱི་ཉི་མ་དགེ་ལེགས་རྣམ་རྒྱལ་དཔལ་བཟང་པའི་ཞལ་སྔ་ནས་ཀྱང་རིང་གོམས་ཐུགས་བསྐྱེད་དུས་སུ་སྨིན་པ་ན། རབ་ཆེས་ཁྲག་སྐྱག་རྒྱ་ཡག་ལོར་དཔལ་གྱི་སྡེ་ཆེན་བཀྲ་ཤིས་ལྷུན་པོ་ནས་སྔར་ཆེན་བདེ་གཤེགས་ནས་བྱང་ལམ་རིམ་བརྒྱུད་ཀྱིས་མཚོ་སྔོན་ངོ་མིང་དང་ཨ་ཞ་ཡི་ཕྱུས་ཀྱུའུ་སོགས་ཞབས་བཅགས་ཕྱིན་གྱིས་བརླབས། དེ་ནས་མིག་དམར་ཤིང་ཕྱི་ལོ་ཧོར་ཟླ་བཞི་པའི་ཚེས་༡༧ཉིན་ལ་གདན་ས་འདི་མཁའ་བྱུང་པ་ཀྲོ་ཚང་བྲག་དང་མི་ཞག་སྐྱུལ་བའི་སྐུ་སོགས་ཀྱིས་ཚིབས་བསྒྱུ་ཞུས་ཤིང་མཇལ་རྟེན་གསུམ་བཅས་ཕུལ་ནས་ཕྱག་དབང་དང་འདོད་ཆོས་ཐོག་ཐར་སྐྱལ། ལན་གྲུའུ་སོགས་རྒྱ་ལམ་རིམ་བརྒྱུད་ཀྱིས་ཕོ་བྲང་ཆེན་པོ་པེ་ཅིང་དུ་ཚིབས་བསྒྱུར་མཛད། ཁྲི་ཡི་ཤིང་ཕྲུག་ལོའི་ཟླ་༡ཚེས་༡༥ལ་གོང་མའི་ཞབས་བརྟན་སྐྱབ་ཡོན་ལ་དངུལ་སྲང་བརྒྱ་འབྱོར་ཞིང་། ཡང་ཟད་པ་མེ་སྟག་ལོའི་ཟླ་ཚེས་ཡའང་ཞབས་བརྟན་སྐྱབ་ཡོན་ལ་དངུལ་སྲང་གཉིས་བརྒྱ་དང་ལྔ་བཅུ་འབྱོར། གོང་མ་མཆོག་ནས་ཀྱང་གཞུང་ནས་ལ་དངུལ་སྲང་ལྔ་བཅུ་དང་གོས་ཡུག་བཅས་ཀྱི་བདག་རྐྱེན་བསྐྱུར་གནང་མཛད། ལན་གྲུའུ་ཞབས་སྐབས་གཞིམས་ཆས་མཁན་པོ་གདན་ས་འདིར་ཆེད་མངགས་མཛད་དེ་ལྷ་ཁང་ཆེན་མོར་གསེར་སྲང་བཅུ་དགུ་དང་ཞོ་ལྔ་ལས་གྲུབ་པའི་གསེར་རྐང་བུམ་པའི་སྟེང་དུ་རྡོ་རྗེ་ཕ་ལམ། མཆུད། པད་མ་ར་ག གཡུ་དྲུག་དཀར་ཅན་ཕྲ་སྣ་བཞིས་སྤྲས་པ་དཔངས་ལ་སོར་བཅུ། ཁ་ཞེང་སོར་དྲུག་དང་བྱེད་ཅན་བཟོ་བཀོད་ཀྱི་ཉམས་པ་སྤྱིར་འདུགས་མཛད་ཅིང་། ཚོགས་ལོངས་ལ་དྲོང་ཚེ་ལྔ་བརྒྱ་རེའི་སྐུ་འགྲེད་མང་ཇ་བཅས་སྩལ། རབ་བྱུང་བཅུ་དྲུག་པ་ན་ཚོད་ལྡན་ཤིང་ཕག་ལོའི་ཟླ་༦ཚེས་༨ཉིན་ཤྭ་གོང་ས་ཐམས་ཅད་མཁྱེན་གཟིགས་ཉིད་ཟེ་ཡང་དུ་ཚིབས་བསྒྱུར་གནང་། ཚེས་༡༠ལ་གདན་ས་འདི་མཁའ་རིན་པོ་ཆེས་དབུ་མཛད་སྤྱུལ་སྐུ་ཆེ་ཁག་སོགས་ལ་ཕྱག་དབང་སྩལ། ཚེས་༡༡ལ་ཛ་ཐབ་སེར་སྤྱིང་བཅས་ཆོས་སྡེ་འདིར་ཞབས་པད་མཛད་པར་བཀོད་དེ་གསེར་སྟོང་ཆེན་མོར་སྟོང་མཆོད་བཅས་པ་གནང་ཞིང་ཁྲུས་གསོལ་བཏྲན་ཤིས་བཅས་མཛད་དེ་བླ་བྲང་གཞིམས་ཁང་བཀྲ་ཤིས་ཁང་སར་དུ་ཕྱག་ཕེབས། གདན་ས་འདིའི་མཁན་པོས་དབུ་མཛད་བླ་སྤྱུལ་ཆེ་ཆུང་ལས་སྡེ་པ་བཅས་ལ་ཕྱག་དབང་གནང་། ཚེས་༡༣ཉིན་ལ་འཚམས་གཟིགས་མཛད། ཆོས་དུས་ཆེན་གསུམ་འཛོམས་ཀྱི་ཉིན་དགེ་བར་ཚོགས་ཡོངས་ལ་རིན་འཁོར་རེའི་སྐུ་འགྲེད་དང་མང་ཇའི་བདག་རྐྱེན་སྩལ། ལྷ་ཁང་ཆེན་མོར་ཞལ་གསེར་དང་སྟོང་མཆོད་རྒྱས་པ་གནང་། གསོ་སྦྱོང་ལ་ཕེབས་ཏེ་མདོ་གསུང་ཞིང་གཞི་གསུམ་ཕྱག་བཞེས་མ་ཉམས་གོང་འཕེལ་དུ་བཞུགས་པའི་ཐུགས་སྨོན་མཚམས་སྦྱོར་ཡང་དག་པ་མཛད། གསོ་སྦྱོང་གྲོལ་ནས་གཟིམས་སྤྱིལ་ཐང་དུ་ཕེབས། ཐོས་སྤྱུ་ཆེན་མོར་ཁ་བཏགས་དང་ཆོས་སྐྱོང་ལ་སྐྱན་ཤལ་གནང་། དེ་ནས་ཆ་རྐྱེན་མེའི་ཚོགས་ཏེ་ཚོགས་དབུས་སུ་གདན་དྲངས་པ་ལྟར་འདུས་པ་རྒྱ་མཚོའི་མགོན་དུ་མི་འཇིགས་སེང་ཁྲིར་མཐའ་དབང་བསྒྱུར། འདུས་ཚོགས་ཡོངས་ལ་དགའ་ལྡན་ལྷ་བརྒྱ་མའི་བཤད་ལུང་རྒྱས་པ་མཛད་ཅིང་ཕྱག་དབང་སྩལ། ཆོས་བཅུ་དྲུག་ལ་སྨོན་ལམ་དུ་ཕེབས་བསྔོ་སྨོན་བསྟན་འབར་མ་བདེ་སྨོན་བཅས་གསུང་ནས་ཕྱག་སྨོན་ཕྲབས་པོ་ཆེ་རྒྱས་པར་མཛད། ཟླ་༧ཚེས་༥ལ་དགེ་འདུན་འདུས་ཚོགས་ཡོངས་ལ་ཆེ་དབང་དགྱེས་བཞིན་སྩལ། ཚེས་༡༥ལ་སྨན་ལྷ་རྗེས་གནང་དང་ལམ་མཆོག་སྒོ་འབྱེད་ཀྱི་བཤད་ལུང་གནང་། ཚེས་༡༠ཉིན་བཤད་སྒྲུབ་གླིང་དུ་ལམ་གཙོ་རྣམ་གསུམ་གྱི་བཤད་ལུང་དང་བཅེ་བཞག་གནང་། བྱ་ལ་མགྲོན་བསྙོད་རབ་ཀྱིས་ཚོགས་དབུས་ཞུས་ཏེ་འདུས་ཚོགས་ཡོངས་ལ་བདེ་སྨོན་དང་ཤམ་ཆྭའི་སྨོན་ལམ་གྱི་ལྷུགས་ལུང་སྩལ། ཚེས་༡༥ལ་རོང་པོའི་རྙིང་སྣལ་ལྡན་རྒྱ་མཚོས་ཚོགས་དབུ་ཞུ་ཏེ་བླ་མཆོད་ཀྱི་ལྷུགས་ལུང་གནང་། ཧོར་ཟླ་༨ཚེས་༥ཉིན་བཟང་པོར་ལྷ་ཁང་ཆེན་མོ་བྱམས་ཁང་། རྗེ་ཁང་སོགས་ལྷ་ཁང་སོ་སོ་དང་གྲྭ་ཚང་སོ་སོ་ལ་མཆོད་མཇལ་རྒྱས་པ་མཛད་དེ་ཁྲུས་གསོལ་དང་རབ་གནས་གནང་ཞིང་བྱིན་གྱིས་རླབས། ཚེས་༡༥ལ་གསེར་ཁོག་ཏུ་ཚིབས་བསྒྱུར་གནང་ནས་ཕྱོགས་དེའི་དོན་ཆེན་མཛད། ཧོར་ཟླ་ཚེས་༢༥ལ་སྣར་འདི་ཀ་ར་ཞབས་སྐྱེས་བཀོད། ཚེས་༡༧ལ་ཀྱི་རྗེ་ཚང་གི་ཚོགས་དུས་ཞུས་ཏེ་ལམ་རིམ་བསྡུས་དོན་དང་ཤམ་ལྷའི་སྨོན་ལམ་དང་ཉིད་ཀྱི་ཞབས་བརྟན་གསོལ་འདེབས་ཀྱི་ལྷུང་ལུང་སྩལ། ཚེས་༡༥ཉིན་དམ་བཅའི་སྙིང་དུ་རྣ་ཕྱག་བཞི་དང་། ཚེས་ལ་གྲུང་གསུམ་དང་ཤིང་རྟ་བཅས་ཀྱི་བདག་རྐྱེན་སྩལ། དམ་བཅའ་ལ་ཕེབས་ཏེ་འཛིན་གྲྭའི་གཟིགས་རྟོག་གནང་སྟེ་འཆད་ཉན་འཕེལ་རྒྱས་ཆེན་འབྲེལ་མཛད། ཧོར་ཟླ་༡ཚེས་༥ལ་ཡར་ནང་ཆོས་གྲྭར་དུས་འཁོར་དབང་ཆེན་གྱི་སྔ་མཆོག་དང་ཟླ་མ་ལྷ་བཅུ་པའི་བཤད་ལུང་སྐྱོན་མ་ཐེམས་འཛིན་བཅས་གནང་། ཚེས་༡༧ལ་ལྷ་ཁང་ཆེན་མོར་རབ་གནས་དང་དབང་གི་སྣ་གོན་མཛད། ཚེས་༡༩ལ་བྱིས་པ་ལྟར་འདུག་པའི་དབང་བདུན། བཅོ་ལྔ་ལ་མཚམས་གནང་ནས་བཅུ་དྲུག་ལ་དབང་གོང་མ་གོང་ཆེན་རྡོ་རྗེ་སློབ་དཔོན་བདག་པོ་ཆེན་པོའི་དབང་རྫོགས་པར་གནང་།

ཚེས་༡༧ལ་ཚོགས་མཆོད་རྒྱས་པ་མཛད་ཅིང་དུས་འཁོར་ལ་བརྟེན་པའི་བླ་མའི་རྣལ་འབྱོར་དང་ཞམ་ལྷའི་སྨོན་ལམ་རིགས་ལྡན་རྗེས་འཛིན་སྨོན་ཚིག་བཅས་ཀྱི་ལྷུགས་ལུང་སྩལ། དགེ་འདུན་མང་པ་ལ་ཕྱག་དབང་གནང་། ཚེས་༡༨ཉིན་ཕྱོགས་ཕྱོགས་ཀྱི་མཇལ་བ་ཡོངས་ལ་ཕྱག་དབང་སྩལ། ཤཱཀྱ་སར་མཆོག་ནས་ཐོས་སྐུ་གསར་བཞེངས་ཀྱི་ཆེད་དངུལ་ཡོར་མོ་ཁྲི་དང་ཆོས་སྐུ་ཚོགས་ཀྱི་མཛད་ཐོས་བཟང་པོ་ཁ་ཤིས་བརྒྱ་གྱ་དྲུག་དང་བྱེད་བཅས་བཀའ་དྲིན་དུ་སྩལ་ཞིང་རྒྱལ་བ་སེངྒེའི་ང་རོའི་ཐོས་སྐུ་ཆེན་མོ་གསར་བཞེངས་དགོས་པའི་བཀའ་ཕྲུལ་སྩལ་བ་ལྟར་གསར་བཞེངས་གྲུབ་ཟླ་༧ཚེས་༣ལ་ཐོས་སྐུ་ཐང་དུ་ཐོས་སྐུ་གསར་རྙིང་བཅས་ལ་རབ་གནས་དང་དགའ་སྟོན་མཛད། ཐོས་སྐུ་ལ་ཐོས་ཤེས་པོའི་གདུགས་རིམ་པ་གསུམ། གསེར་ཏོག་བཅས་སྩལ། མཁན་པོ་གཅིག་བླ་སྤྲུལ་རྣམས་ལ་ཐོས་བཏགས་དང་ཚོགས་འདུས་ལྡན་རྒྱས། ཐོས་སྐུའི་ཁ་འགོ །ལྷ་བཟོ་སོགས་ལ་ཐོས་ཕྱུགས་སོགས་ཀྱི་གནང་སྦྱིན་སྣམ་མཐོག །དགེ་འདུན་མང་ལ་དངུལ་སྲང་༥༠༠རེ་བཅུ། མཛོ་གཡག་༡༠ལ་བཏགས་བཅས་གནང་། ལྷ་ཁང་ཆེན་མོར་ཆེན་རྩེ་གསར་རྒྱག་ཕྱིར་གསེར་ཏོག་༡༠༠༠༠ཚོན་སྣམ་གཅིག་བཅས་སྩལ། ཟླ་༧ཚེས་༡༢ལ་གསེར་སྟོང་ཆེན་མོར་སྟོང་མཆོད་རྒྱས་པ་མཛད་ཅིང་དུས་འཁོར་གསུང་། སྨོན་ཚིག་བྲིས་པའི་ལྟ་དར་ཤཱཀྱའི་ཕྱག་ཏུ་ཕུལ། རིན་ཆེན་གཉིས་པའི་མཚོད་རྟེན་བཀྲ་ཤིས་རྫས

རྟགས་བརྒྱད་ཀྱི་རི་མོ་ཅན་དཔངས་ལ་སོར་བཅུ་ཁ་ཞེང་ལ་སོར་བྱེད་དང་བརྒྱད་རེ་ཡོད་པ་དངུལ་སྲང་བཅུ་གཉིས་དང་ཞོ་ལྔ་ལས་སྒྲུབ་པ་བཟོ་བཟོད་ལེགས་པ་ཆ་འཕྲིག་བཅོ་ལྔ། རྒྱན་མཚོད་ཀྱི་ཐེབས་སུ་དངུལ་ཡོར་མོ་༡༠༠༠གནང་ཞིང་མཚོད་རྟེན་བདུན་ཆག་མེད་གཏན་ཆགས་སུ་འབུལ་དགོས་གསུང་། སྦྱི་སོའི་ཞིན་ཀང་ལ་བཀའ་ཤོག་ཀྱང་སྩལ། ཟླ་༡༠ཚེས་༡༥ཉིན་ལྷ་ཁང་ཆེན་མོར་སྟོང་མཆོད་རྒྱས་པ་ཕུལ་མཐས་ཏེ་འཇིགས་བྱེད་ཡོངས་རྫོགས་དང་བདག་འཇུག་བསྐང་གསོ་བཅས་གསུང་ནས་ཕྱག་སྒྲོན་གནང་། ཟླ་༡༡ཚེས་༡༡ལ་ཡར་ནང་ཆོས་གྲྭ་དགའ་སྟོན་སྟོན་ཏེ་ཚོགས་མཆོད་དང་བླ་སྤྱུལ་འདུས་ཚོགས་བཅས་ལ་ཕྱག་དབང་གནང་། དགེ་འདུན་མང་ལ་དོང་ཚེ་རེའི་སྐུ་འགྲེད་སྩལ། ལྷ་ཁང་ཆེན་མོར་སྟོང་མཆོད་ཕུལ། ཟླ་༡༢ཚེས་༤ཉིན་ཨ་གྲུ་རིན་པོ་ཆེའི་གླིང་བཀོད་དམ་བཅར་ཕབས་ནས་གཟིགས་རྟོགས་མཛད་དེ་ཨ་གྲུ་རིན་པོ་ཆེར་བདག་རྐྱེན་སྨམ་མཐོང་སྩལ། ཚེས་ཉིན་དགུ་ཚོགས་གཙོས་བླ་སྤྱུལ་ཆེ་ཁག དཔོན་སློབ་རྣམ་གསུམ། ཚོགས་འདུས་གྲྭ་ཚན་བཅས་ནས་མཎྜལ་རྟེན་གསུམ་ཕུལ་ཏེ་གདན་ས་འདི་ཁྲིར་མངའ་མཛད་པའི་སྙན་གསན་ཞུ་ཤོག་ཕུལ་བར་ཞལ་བཞེས་བཟང་པོ་གནང་། འཛིན་བྱེད་མེ་བྱི་ལོའི་ཟླ་༡ཚེས་༡ཉིན་ཡར་ནང་ཆོས་གྲྭར་ལོ་གསར་གྱི་དགའ་སྟོན་གནང་། ཚེས་༡༠ཉིན་བཟང་པོར་སྨོན་ལམ་སྲེར་སྦྱིན་བཅས་ལྷ་ཁང་ཆེན་མོར་ཕེབས། ཕྱག་སྟོན་མཆོད་སྦྱིན་གནང་ནས་འདུས་པ་རྒྱ་མཚོའི་མགོན་དུ་གདན་ས་བཞི་ཁྲིར་དགྱེས་བཞིན་མངའ་དབང་བསྒྱུར་ཏེ་འདུས་ཚོགས་ཡོངས་ལ་ལམ་རིམ་བསྡུས་དོན་གྱི་བཤད་ལུང་ཞིབ་རྒྱས་གནང་། དགེ་འདུན་མང་ལ་ཕྱི་སྟོན་གྱི་ཚན་བྲེ་དུག་རེ། རིན་འཁོར་རེའི་སྐུ་འགྲེད། མང་ཕྱག་བཅས་ཀྱི་བདག་རྐྱེན་གནང་། འདུ་ཁང་གི་བཞུགས་ཁྲི་གསུམ་གྱི་འབོལ་གདན། གོས་ཀྱི་བཞུགས་གདན་རྒྱབ་ཡོལ་ཆ་གསུམ། གོས་བཟང་གི་རྒྱལ་མཚན་ཆུང་བ་ཆ་གཅིག ཀ་འཕན་ཆུང་བ་ཆ་གཅིག ཕྱོགས་གཉིས་ཀྱི་འཕན་ཆུང་བ་ཆ་གཅིག ཚམ་པ་ཀའི་རྒྱལ་མཚན་ཆུང་བ་ཆ་གཅིག སྣ་འཕྱོར་ཏོག་ཏུ་མང་ཞུག་གི་བླ་བྲེ་ཕམ་བུ་ཅན། འབྲུམ་རའི་ཤམ་བུ། སྣ་མོ་ཆེའི་ཤམ་བུ། རབ་གསལ་གྱི་ཤམ་བུ། དར་མོ་ཆེའི་སྟེང་གི་རྒྱལ་མཚན་ཆ་བཅས་སྤྱོར་འཛུགས་མཛད། ཁྲི་སྟོན་པོ་རེ་བཅོ་སྐབས་སུ་སྙན་སྟེང་དུ་ནོར་བུ་དགའ་གྱིས་རང་ཕྲིན་བབས་པ་སྐྱེན་ལམ་དུ་ཕབས་པར། ཞལ་ཕྱག་མཛད་དེ་སྔ་འདིར་ཕུན་ཚོགས་འབྱུང་བའི་ལུང་བསྟན་མཛད། ཚེས༡

ཉིན་ལ་འབྲུགས་སྐོར་གྱི་དགའ་སྟོན་ཡར་ནང་ཆོས་གྲྭར་གནང་། ཚོགས་མཆོད་རྒྱས་པ་མཛད། ལྷ་ཁང་ཆེན་མོར་སྟོང་མཆོད་དང་ཚོགས་ཡོངས་ལ་མང་ཇའི་བདག་རྐྱེན་གནང་། ཚེས་༡༦ཉིན་བླ་བྲང་རྩེར་དགེ་འདུན་མང་ལ་ལོ་གསར་མཇལ་ཁ་སྩལ། ཚེས་ཉིན་བཟང་པོར་ལྷ་ཁང་ཆེན་མོར་སྟོང་མཆོད་དང་ཚོགས་ཡོངས་ལ་མང་ཇའི་བསྙེན་བཀུར་མཛད། ཚ་རིང་མ་གྲོལ་རྗེས་གསོ་སྦྱོང་ལ་ཕེབས་ཏེ་མདོ་གསུང་། གསོ་སྦྱོང་གྲོལ་ནས་ལྷ་ཁང་ཆེན་མོར་ཁྲུས་གསོལ་དང་བརྟན་ཤིས་རྒྱས་པ་གནང་། དེ་ནས་ཡར་ནང་ཆོས་གྲྭར་གསུང་ཆོས་ལ་སྩོན་ཏེ་སྐྱེས་རབས་ཀྱི་དུ་བ་ཆོས་ཁྲབ་གཅིག་གི་གསུང་བཤད་ཞིབ་རྒྱས་གནང་། ཕྱི་དྲོ་མཚོད་གཟིགས་ཞིབ་ཏུ་མཛད་ཅིང་ཁྲུས་གསོལ་གནང་།

ཧོར་ཟླ་༢ཚེས་༡༥ཉིན་འདུས་སྡེའི་རྟེན་སྐལ་དུ་རྒྱ་གར་ལི་མའི་རྗེ་སྐུ་ཐིན་ཅན། གཞན་ཡི་དངུལ་གྱི་སྐུ་ཆེ་ཆུང་མང་པོ། གསེར་ཐིག་བརྒྱད་སྟོང་པ། ལམ་རིམ་ཆེན་མོ་སོགས། གསེར་དངུལ་བསྒྲུབས་པའི་མཆོད་རྟེན་ཆེ་ཆུང་སུམ་ཅུ་བཅས་སྐུ་གསུང་ཐུགས་རྟེན་མི་ཤུང་བས་མཚོན། རྗེ་རང་ཉིད་ཀྱི་སྐུ་པར། ཕྱུགས་ཀྱི་བཞུགས་གདིང་། ཕྱག་ཕྱིས་ཀྱི་གོས་བཏགས། ལྷགས་ཀྱི་ཁྲོགས་ཁྲི་སེར་པོ་བཅས་དགྱེས་བཞིན་སྩལ། ཚེས་༡༥ཉིན་ཚོགས་

དབུས་ཞུས་ཏེ་དགའ་ལྡན་དམིགས་བརྩེ་མའི་ལྷུགས་ལུང་། བསྟན་པ་རྒྱས་པའི་སྨོན་ལམ་གྱི་བཤད་ལུང་སྩལ། ཚོགས་ཡོངས་ལ་མང་ཇ་གསུམ་དང་དོང་ཚེ་རེའི་སྐུ་འགྲེད་དང་ཕྱག་དབང་གི་བཀའ་དྲིན་བསྐྱངས། ལྷ་ཁང་ཆེན་མོར་སྟོང་མཆོད་གནང་། དབུ་ཆོས་རིམ་ཚན་ལ་བརྟེན་ནོ་ནོར་དང་ཡི་བཀའ་ཤོག་དངུལ་ཐམ་ཀྱུ་གོང་། ཚོགས་ཆེན་ཞབས་ངོ་མཚོན་བླ་སྤྱི་གྲྭ་ཚང་དགེ་བསྐོས་ཚེ་དུག་ཆན་པ་བཅས་ཡངས་ཆེ་ལོ་ཅན་གྱི་བཀའ་ཤོག་གཞིངས་བསྐོ་དང་། བླ་སྤྱུལ་ཆེ་ཁག ཚོགས་འདུས་ལས་བྱེད་ཡོངས་ལ་ཕོས་ཕྱུགས་སོར་གྱི་བདག་རྐྱེན་སྩལ། བགོལ་ཟླ་༢ཚེས་༡༥ཉིན་བླ་སྤྱུལ་ཚོགས་འདུས་དགེ་འདུན་མང་བཅས་ལ་རྗེ་བླ་བྲང་ནས་ཕྱག་དབང་གནང་། ཚེས་ཉིན་གསེར་སྟོང་ཆེན་མོར་སྟོང་མཆོད་རྒྱས་པ། དར་སྣ་ལྔའི་སྣན་ཤལ། བཙན་ཁང་ཆེན་མོར་འཕྲིན་ལས་རྒྱལ་པོར་རྗེ་འཁོར། པང་ཁེབས་སོགས་སྩལ། གནས་བདག་ལེའུ་ཆེར་ཡང་ཞལ་ཁེབས་གཞུམ་བུ་སོགས་གསར་འཛུགས་པས་ཕྱུགས་སྨོན་རྒྱ་ཆེར་མཛད།

དེ་ནས་སེར་སྤྱིང་ཟ་ཐབས་བཅས་ཚིབས་བསྒྱུར་གནང་ཞིང་དགུ་ཆོས་གཙོས་བླ་སྤྱུལ་སྣར་ཁག་སོགས་ཀྱི་བཀྲ་ཤིས་འཕྲིལ་གྱི་བར་ཉེ་རང་བར་མའི་ཚིབས་སྐྱེལ་ཞུས། བླ་བྲང་བཀྲ་ཤིས་ཁང་གསར་དུ་ཡི་སྐྱ། ཞལ་ཐང་། ཕྱག་དཔེ་སྣ་ཚོགས་རྡོ་རྡེབ་ཐུམ་སྒོར་སོགས་ཆེན་སྐལ་དུ་སྩལ་ཏེ་བཞག བཀྲ་ཤིས་འཕྲིལ་ནས་དངུལ་རྒྱ་སྤྱུལ་བའི་སྐུ་ཚེད་མངགས་མཛད་དེ་ཚོགས་ཡོངས་ལ་ཉིན་དུག་གི་མང་ཐེབས་དངུལ་ཡོར་༡༡བསྐྱུར་གནང་མཛད། རྒྱ་རྒྱུད་བཞུགས་སྐབས་ཞལ་དཀར་ཚང་གཙོས་བླ་སྤྱི་སྣར་ཁག་བཅས་མཚམས་ཞུར་སོང་གཏོང་ལ་འཕང་ཐེབས་དངུལ་ཡོར་མོ་བརྒྱ། མཁན་བརྒྱུད་ཁ་སྐོང་བཅས་སྐུལ་ཏེ་ཀུན་བརྩེ་ཆེན་ཕྱུགས་ཀྱི་དཔལ་ལེའུར་བཅིང་བའི་མཛད་འཕྲིན་མཁའ་ཁྱབ་ཏུ་རྒྱུན་མི་འཆད་དུ་འདུག་པ་ལགས། དེ་ལྟར་ཆོས་སྲིད་གང་ཐད་ནས་ཀྱང་ཆེ་ཆེར་བསྐྱངས་པའི་བཀའ་དྲིན་ནི་ཐབས་མ་བརྗོད་ལས་འདས་ཀྱང་ཆ་ཙམ་ཞིག་དྲན་པའི་གསོས་སུ་ཡིག་ལམ་དུ་སྤེལ་བ་རེ་ཞིག་འདི་ཙམ་མོ། །

འདིར་འབད་དགེ་ཚོགས་ཀུན་ལྟར་དཀར་གཅིག་ཏུ་བསྡུས་ལས་ཐུབ་བསྟན་ནགས་ཀྱང་དར་དུག་དུས་ན་དགེ་འདུན་རིང་ལུགས་ས་མཆོག་སྤྱོན་དབང་རྩ་བ་རབ་བརྟན་འཕགས་ཚོགས་མཁས་མང་སྤྱོ་ལྡང་ལོ་འདབ་པར་ཕྱུང་དུད་པའི་རྩེ་མོར་བསྟན་འཛིན་འབྲས་བཟང་བྱུར་བུར་གདམས་པའི་གྲིབ་བསིལ་སྐྱུམ་པོར་ཡིད་ཅན་མཐའ་དག་ཕྱུག་འབྲས་ཆ་གདུང་དྲུད་ནས་བཅིལ་ཞིང་གཏན་བདེའི་ངལ་གསོ་ཅི་དགར་སྤྱོད་པའི་སྐལ་བཟང་འདོད་རྒྱུར་འགྱུབ་འགྱུར་ཅིག

【提要】

石碑 1 通。藏文石刻碑文。佚名抄刻。碑文记载九世班禅大师在 1935 年 5 月至 1936 年 4 月驻锡塔尔寺时的各项活动。

碑今在青海省湟中县塔尔寺弥勒殿北侧。碑面 190 厘米 ×80 厘米，碑文 57 行，藏文，楷书。保存完好。碑文收入陈庆英、马林编著《中国西北文献丛书》第十二卷，兰州古籍出版社 1990 年版。

【碑文】

༄༅། །ཨོཾ་སྭ་སྟི། དཔལ་ལྡན་སྟོབས་བཅུ་ཡོངས་རྫོགས་མི་འགྱུར་བདེ་ཆེན་ལྷུན་གྲུབ་རྫོགས་སངས་རྒྱས། ཀུན་རྟོགས་སྤྲོས་པའི་འཆིང་བ་ལ་ཆོས་དབྱིངས་རོ་གཅིག་འགོག་ལམ་དམ་པའི་ཆོས། ཞི་སྣོ་གཉིས་མེད་ཐར་བའི་ལམ་སྟོན་བསྒུག་པའི་མཛོད་འཛིན་དགེ་འདུན་སྡེ། སྐྱབས་གསུམ་ཡིད་བཞིན་ནོར་བུ་འཇིག་རྟེན་གསུམ་ན་རྣམ་ཀུན་རྒྱལ་གྱུར་ཅིག རྒྱལ་ཀུན་མཁྱེན་པའི་རང་མདངས་བླ་གཞོན་མཁས་བཟང་གདུལ་བྱའི་མཚོ་དྭངས་ངོས། རབ་མཛེས་ཅུར་སྒྲིག་འཛོ་སྙིག་འགོག་མེད་ཅིར་ཡང་ངོམས་པའི་རྩེ་དགའ་རྒྱས། ཟབ་རྒྱས་གསུང་གསུང་སྣན་པའི་ང་རོའི་དཀྱིལ་འཁོར་སྲིད་གསུམ་འགེབས་མཛད་པ། འཛམ་མགོན་སྐུ་བཞིའི་བདག་ཉིད་ས་གསུམ་སྐྱེ་དགུའི་གཙུག་ན་མཛེས་གྱུར་ཅིག །བློ་ཆེན་མཁྱེན་པའི་ཨ་ད་ར་ཡངས་དབྱིངས་སུ་བསྐལ་བཟང་སྟོང་གི་ཐུགས་བཅུད་གདམས་པའི་རི་མོ་འབུམ། མ་འདྲེས་གསལ་རྫོགས་ཆེས་བཀྲ་ཐུབ་བསྟན་གྱོན་ཀུན་ལུང་རྟོགས་ཆོས་ཀྱི་སྣང་བས་ཁྱབ་མཛད་གཟིགས་མོ་ལ། བགྲང་ཡས་རྒྱལ་སྲས་ཚོགས་ཀྱང་ངོ་མཚར་བསྟགས་བརྗོད་ཟད་མི་ཤེས་པའི་ཉི་མ་འབུམ་གྱི་གདེངས་འགྱེད་འཁོར་འདས་དགེ་ལེགས་ཀུན་གྱི་འབྱུང་གནས་ཕྱོགས་ལས་རྣམ་རྒྱལ་མགོན་དེ་ལུས་ཅན་བདོད་ནམས་ཞིང་དུ་འཕགས། མགོན་ཁྱོད་རང་གོམས་ཐུགས་བསྐྱེད་ལས་འོངས་པའི། གཞན་ཕན་མཛད་འཕྲིན་ལས་གསུམ་འབབ་པའི་རྒྱུན། བདག་ཅག་བགོ་སྐལ་ལྷ་ཆེན་རལ་གླིང་དུ། ཉེར་སིམ་ངང་ཚུལ་ཆ་ཤས་ཟླ་མོ་འདིའི། དཔག་བསམ་ལྗོན་པའི་འབྲས་བཟང་ལྷན་སྐྱེས་གཞུག་སེམས་ཧྲི་མའི་གྲོང་ཁྱེར་དུ། ཉེ་བར་ལྷུང་བྱས་དོན་ལྡན་གཏམ་བཟང་འཛམ་བུའི་གསེར་གྱི་རྒྱལ་མཚན་འདི། ལུས་ཅན་སྲིད་ཞིའི་རྒུད་པའི་འབུལ་བ་ཞི་ཞིང་གཏན་བདེར་ལོངས་སྤྱོད་ཕྱིར། དད་པའི་གསོས་སྨན་མཆོག་གྲི་གསྐྱོལ་རྩེར་མཛེས་པའི་རྒྱན་དུ་བསྒྲེང་། ཞེས་ཤེས་པ་བརྗོད་པའི་ཚིག་གི་མེ་ཏོག་འཐོར་བ་སྔོན་དུ་འགྲོ་བས་སྐབས་དོན་ཙུང་ཟད་སྤྲོ་བར་བྱ་བ་ནི། དེ་ཡང་ལྷར་བཅས་འགྲོ་བའི་འདྲེན་མཆོག་གོང་ས་པཎ་ཆེན་ཐམས་ཅད་མཁྱེན་གཟིགས་ཉིད། ངེས་པའི་དོན་དུ་ན་བགྲང་ཡས་བསྐལ་བ་རྒྱ་མཚོའི་སྔོན་ནས་བླ་མེད་བྱང་ཆུབ་ཀྱི་བདུད་རྩི་མཛད་དེ་སྐུ་གསུམ་གྱི་ངོ་བོར་སངས་རྒྱས་སུ་ཟིན་མོ་ཀྱང་། སྣར་ཡང་སྤྲུལ་པའི་བཀོད་པ་སྒྲ་བརྗོད་ཀྱི་ངག་ལས་འདས་ཤིང་སིལ་ལྡན་རི་བོའི་འཕྲེང་བ་མཚར་དུ་དངར་བའི་ལྗོངས་འདིར་ཡང་རྒྱལ་བ་དབེན་ས་བ་སོགས་ངོ་མཚར་སྐུ་འཕྲེང་རིམ་བྱོན་གྱིས་

བསྟན་འགྲོའི་དོན་ཆེན་མཛད་པའི་ཤྲ་དབྱངས་སྲིད་རྩེའི་ལོངས་ལས་བཀྲལ་ཞིང་། ལྷག་པར་སྣང་མཐའ་སྤྲུལ་
འཕྲུལ་པཎ་ཆེན་དཔལ་ལྡན་ཡེ་ཤེས་འདི་བྱང་ཕྱོགས་ཀྱི་བསྟན་འགྲོའི་དོན་ལ་དགོངས་ཏེ་སྐུ་འབུམ་གདན་
ས་འདིར་ཞབས་པད་མངོན་པར་བཀོད་ནས་ཆོས་སྲིད་ཀྱི་བཀའ་དྲིན་རྒྱ་ཆེར་བསྐྱངས༑པཎ་ཆེན་ཆོས་
རྒྱན་ནས་བཟང་བའི་ད་ལྟའི་སྐུ་འཕྲེང་དྲུག་པ་ཐམས་ཅད་མཁྱེན་གཟིགས་ཆེན་པོ་དོན་གྱི་སྣད་དུ་མཚན་
ནས་སྨོས་ཏེ། ༑བློ་བཟང་ཐུབ་བསྟན་ཆོས་ཀྱི་ཉི་མ་དགེ་ལེགས་རྣམ་རྒྱལ་དཔལ་བཟང་བའི་ཞལ་སྔ་ནས་
ཀྱང་རིང་གོམས་ཐུགས་བསྐྱེད་དུས་སུ་སྨིན་པ་ན། རབ་ཆེས་ཁྲག་སྐྱུག་ཆུ་ཕག་ལོར་དཔལ་གྱི་སྡེ་ཆེན་བཀྲ་
ཤིས་ལྷུན་པོ་ནས་སྣར་ཆེན་བདེ་གས་ནས་བྱང་ལམ་རིམ་བརྒྱུད་ཀྱིས་མཚོ་སྔོན་ཧོ་ཤོ་དང་ཨན་ཤི་ཤྲུས་གྲུའུ་
སོགས་ཞབས་བཅགས་བྱིན་གྱིས་བརླབས། དེ་ནས་་མིག་དམར་ཤིང་བྱི་ལོར་ཧོར་ཟླ་བཞི་པའི་ཚེས༡༧ཉིན་
ལ་གདན་སའི་མཁན་ཟུར་པ་གྲོ་ཚང་བྲག་དང་མི་ཉག་སྤྲུལ་བའི་སྐུ་སོགས་ཀྱིས་ཆིབས་བསུ་ཞུས་ཤིང་མཇལ་
རྟེན་གསུམ་བཅས་ཕུལ་ནས་ཕྱག་དབང་དང་འདོད་ཆོས་ཐོག་ཐར་སྩལ། ལན་གྲུའུ་སོགས་རྒྱ་ལམ་རིམ་
བརྒྱུད་ཀྱིས་ཕོ་བྲང་ཆེན་པོ་པེ་ཅིང་དུ་ཆིབས་བསྒྱུར་མཛད། ཁྲོ་བོ་ཤིང་གླང་ལོའི་ཟླ༡༣ཚེས༡༩ལ་གོང་སའི་
ཞབས་བརྟན་སྒྲུབ་ཡོན་ལ་དངུལ་སྲང་བརྒྱ་འབྱོར་ཞིང་། ཡང་ཟད་པ་མེ་སྟག་ལོའི་ཟླ་ཆེས་ལའང་ཞབས་
བརྟན་སྒྲུབ་ཡོན་ལ་དངུལ་སྲང་གཉིས་བརྒྱ་དང་ལྔ་བཅུ་འབྱོར། གོང་ས་མཆོག་ནས་ཀྱང་གཞུང་ས་ལ་དངུལ་
སྲང་ལྔ་བཅུ་དང་གོས་ཡུག་བཅས་ཀྱི་བདག་རྐྱེན་བསྐྱུར་གནང་མཛད། ལན་གྲུའུ་ཞབས་སྐབས་གཟིམས་
ཚས་མཁན་པོ་གདན་ས་འདིར་ཆེད་མངགས་མཛད་དེ་ལྷ་ཁང་ཆེན་མོར་གསེར་སྲང་བཅུ་དགུ་དང་ཞོ་ལྔ་
ལས་སྒྲུབ་པའི་གསེར་ཁྲོང་བུམ་པའི་སྟེང་དུ་རྡོ་རྗེ་ཕ་ལམ། མ་རྒྱད། པད་མ་རག གཡུ་དྲུག་དཀར་ཅས་ཕྲ
སྣ་བཞིས་སྤྲས་པ་དཔངས་ལ་སོར་བཅུ། ཁ་ཞིང་སོར་དྲུག་དང་ཕྱེད་ཅན་བཟོ་བཀོད་གྱི་ནོམ་པ་སྦྱོར་འཛུགས་
མཛད་ཅིང་། ཚོགས་ལོངས་ལ་དངོ་ཆེ་ལྔ་བརྒྱ་རེའི་སྐྱ་འགྱེད་མང་ཇ་བཅས་སྩལ། རབ་བྱུང་བཅུ་དྲུག
པ་ནི་ཆོད་ལྡན་ཤིང་ཕག་ལོའི་ཟླ༩ཚེས༨ཉིན༑གོང་ས་ཐམས་ཅད་མཁྱེན་གཟིགས་ཉིད་ཟི་ལིང་དུ་ཆིབས་
བསྒྱུར་གནང་། ཚེས༢༠ལ་གདན་སའི་མཁན་རིན་པོ་ཆེས་དབུ་མཛད་སྤྲུལ་སྐུ་ཆེ་ཁག་སོགས་ལ་ཕྱག་དབང་
སྩལ། ཚེས༡༣ལ་ཇ་ཐབ་སེར་སྦྲེང་བཅས་ཆོས་སྡེ་འདིར་ཞབས་པད་མངོན་པར་བཀོད་དེ་གསེར་སྡོང་ཆེན་
མོར་སྟོང་མཆོད་བཅས་པ་གནང་ཞིང་ཁྲུས་གསོལ་བརྟན་ཤིས་བཅས་མཛད་དེ་བླ་བྲང་གཟིམས་ཁང་བཀྲ་
ཤིས་ཁང་སར་དུ་ཕྱག་ཕེབས། གདན་སའི་མཁན་པོས་དབུ་མཛད་བླ་སྤྲུལ་ཆེ་ཆུང་ལས་སྣེ་པ་བཅས་ལ་ཕྱག་
དབང་གནང་། ཚེས༡༩ཉིན་ལ་འཆམ་གཟིགས་མཛད། ཆོས་དུས་ཆེན་གསུམ་འཛོམས་ཀྱི་ཉིན་དགེ་བར་
ཚོགས་ཕོངས་ལ་རིན་འཁོར་རེའི་སྐྱ་འགྱེད་དང་མང་ཇའི་བདག་རྐྱེན་སྩལ། ལྷ་ཁང་ཆེན་མོར་ཞལ་གསེར་
དང་སྟོང་མཆོད་རྒྱས་པ་གནང་། གསོ་སྦྱོང་ལ་ཕེབས་ཏེ་མདོ་གསུང་ཞིང་གཞི་གསུམ་ཕྱག་བཞེས་མ་ཉམས
གོང་འཕེལ་དུ་བཞུགས་པའི་ཐུགས་སྨོན་མཚམས་སྦྱོར་ཡང་དག་པ་མཛད། གསོ་སྦྱོང་གྲོལ་ནས་གོས་སྐུ་ཐང་
དུ་ཕེབས། གོས་སྐུ་ཆེན་མོར་ཁ་བཏགས་དང་ཆོས་སྦྱོང་ལ་སྟན་ཤལ་གནང་། དེ་ནས་ཚ་རྟེང་མོའི་ཚོགས
ཏེ་ཚོགས་དབུས་སུ་གདན་དྲངས་པ་ལྟར་འདུས་པ་རྒྱ་མཚོའི་མགོན་དུ་མི་འཇིགས་སེང་ཁྲིར་མངའ་དབང་

བསྐྱུར། འདུས་ཚོགས་ཡོངས་ལ་དགའ་ལྡན་ལྷ་བརྒྱ་མའི་བཤད་ལུང་རྒྱས་པ་མཛད་ཅིང་ཕྱག་དབང་སྩལ། ཆོས་བཅུ་དྲུག་ལ་སྨོན་ལམ་དུ་ཕེབས་བསྔོ་སྨོན་བསྟན་འབར་མ་བདེ་སྨོན་བཅས་གསུང་ནས་ཐུགས་སྨོན་རླབས་པོ་ཆེ་རྒྱས་པར་མཛད། ཟླ༥ཚེས༥ལ་དགེ་འདུན་འདུས་ཚོགས་ཡོངས་ལ་ཚེ་དབང་དགྱེས་བཞིན་སྩལ། ཚེས༡༥ལ་སྨན་ལྷ་རྗེས་གནང་དང་ལམ་མཆོག་སྒོ་འབྱེད་ཀྱི་བཤད་ལུང་གནང་། ཚེས༢༠ཉིན་བཤད་སྒྲུབ་གླིང་དུ་ལམ་གཙོ་རྣམ་གསུམ་གྱི་བཤད་ལུང་དང་བརྩེ་བཞག་གནང་། བུལ་མགྲོན་བསོད་རབ་ཀྱིས་ཚོགས་དབུས་ཞུས་ཏེ་འདུས་ཚོགས་ཡོངས་ལ་བདེ་སྨོན་དང་ཤམ་བྷའི་སྨོན་ལམ་གྱི་ལྗགས་ལུང་སྩལ། ཚེས༢༥ལ་རོང་པོ་ཤར་སྐལ་ལྡན་རྒྱ་མཚོས་ཚོགས་དབུ་ཞུ་ཏེ་བླ་མཆོད་ཀྱི་ལྗགས་ལུང་གནང་། ཧོར་ཟླ༦ཚེས༩ཉིན་བཟང་པོར་ལྷ་ཁང་ཆེན་མོ། བྱམས་ཁང་། རྗེ་ཁང་སོགས་ལྷ་ཁང་སོ་སོ་དང་གྲྭ་ཚང་སོ་སོ་ལ་མཆོད་མཇལ་རྒྱས་པ་མཛད་དེ་ཁྲུས་གསོལ་དང་རབ་གནས་གནང་ཞིང་བྱིན་གྱིས་རླབས། ཚེས༡༩ལ་གསེར་ཁོག་ཏུ་ཆིབས་བསྒྱུར་གནང་ནས་ཕྱོགས་དེའི་དོན་ཆེན་མཛད། ཧོར་ཟླ་ཚེས༡༥ལ་སླར་འདི་ཀར་ཞབས་སྐྱེས་བཀོད། ཚེས༡༨ལ་ཀི་རྟེ་ཚང་གི་ཚོགས་དབུས་ཞུས་ཏེ་ལམ་རིམ་བསྡུས་དོན་དང་ཤམ་བྷ་ལའི་སྨོན་ལམ་དང་ཉིད་ཀྱི་ཞབས་བརྟན་གསོལ་འདེབས་ཀྱི་ལྗགས་ལུང་སྩལ། ཚེས༢༥ཉིན་དམ་བཅའི་སྙིང་དུ་ཛ་ཐུག་བཞི་དང་། ཆོས་ལ་གྲང་གསུམ་དང་ཤིང་ཏོག་བཅས་ཀྱི་བདག་རྐྱེན་སྩལ། དམ་བཅའ་ལ་ཕེབས་ཏེ་འཛིན་གྲྭའི་གཟིགས་རྟོག་གནང་སྟེ་འཆད་ཉན་འཕེལ་རྒྱས་རྟེན་འབྲེལ་མཛད། ཧོར་ཟླ༨ཚེས༩ལ་ཡར་ནང་ཆོས་གྲྭར་དུས་འཁོར་དབང་ཆེན་གྱི་ས་མཆོག་དང་བླ་མ་ལྔ་བཅུ་པའི་བཤད་ལུང་སློབ་མ་རྗེས་འཛིན་བཅས་གནང་། ཚེས༡༣ལ་ལྷ་ཁང་ཆེན་མོར་རབ་གནས་དང་དབང་གི་སྟ་གོན་མཛད། ཚེས༡༩ལ་བྱིས་པ་ལྷར་འཇུག་པའི་དབང་བདུན། བཅོ་ལྔ་ལ་མཚམས་གནང་ནས་བཅུ་དྲུག་ལ་དབང་གོང་མ་གོང་ཆེན་རྡོ་རྗེ་སློབ་དཔོན་བདག་པོ་ཆེན་པོའི་དབང་རྫོགས་པར་གནང་། ཚེས༡༧ལ་ཚོགས་མཆོད་རྒྱས་པ་མཛད་ཅིང་དུས་འཁོར་ལ་བརྟེན་པའི་བླ་མའི་རྣལ་འབྱོར་དང་ཤམ་བྷ་ལའི་སྨོན་ལམ་རིགས་ལྡན་རྗེས་འཛིན་སྨོན་ཚིག་བཅས་ཀྱི་ལྗགས་ལུང་སྩལ། དགེ་འདུན་མང་བ་ལ་ཕྱག་དབང་གནང་། ཚེས༡༨ཉིན་ཕྱོགས་ཕྱོགས་ཀྱི་མཇལ་བ་ཡོངས་ལ་ཕྱག་དབང་སྩལ། ༧གོང་ས་མཆོག་ནས་གོས་སྐུ་གསར་བཞེངས་ཀྱི་ཆེད་དངུལ་གོར་མོ་ཁྲི་དང་ཆོས་སྣ་ཚོགས་ཀྱི་མཛད་གོས་བཟང་པོ་ཁ་ཉིས་བརྒྱ་གྱ་དྲུག་དང་ཕྱེད་བཅས་བཀའ་དྲིན་དུ་སྩལ་ཞིང་རྒྱལ་བ་སེངྒེའི་ང་རོའི་གོས་སྐུ་ཆེན་མོ་གསར་བཞེངས་དགོས་པའི་བཀའ་ཁྱབ་སྩལ་བ་ལྟར་གསར་བཞེངས་གྲུབ། ཟླ༩ཚེས༧ལ་གོས་སྐུ་ཐང་དུ་གོས་སྐུ་གསར་རྙིང་བཅས་ལ་རབ་གནས་དང་དགའ་སྟོན་མཛད། གོས་སྐུ་ལ་གོས་སེར་པོའི་གདུགས་རིམ་པ་གསུམ། གསེར་ཏོག་བཅས་སྩལ། མཁན་པོ་གཙོས་བླ་སྤྲུལ་རྣམས་ལ་གོས་བཏགས་དང་ཚོགས་འདུས་ལྡན་རྒྱས། གོས་སྐུའི་ཁ་འགོ། ལྷ་བཟོ་སོགས་ལ་གོས་ཕྱུགས་སོགས་ཀྱི་གནང་སྦྱིན་སྣམ་མཐོ་བ། དགེ་འདུན་མང་ལ་དངུལ་སྒོར༥༠༠རྟ་བཅུ། མཛོ་གཡག༥༠ཁ་བཏགས་བཅས་གནང་། ལྷ་ཁང་ཆེན་མོར་ཆོན་རྩེ་གསར་རྒྱག་ཕྱིར་གསེར་ཤོག༡༠༠༠༠ཚོན་སྣམ་གཅིག་བཅས་སྩལ། ཟླ༩ཚེས༢༢ལ་གསེར་སྟོང་ཆེན་མོར་སྟོང་མཆོད་རྒྱས་པ་མཛད་ཅིང་དུས་འཁོར་གསུང་། སྨོན་ཚིག་བྲིས་པའི་ལྷ་དར་༧རྗེའི་ཕྱག་ཏུ་

ཕུལ། རིན་ཆེན་གཉིས་པའི་མཆོད་རྐོང་བཀྲ་ཤིས་རྫས་རྟགས་བརྒྱད་ཀྱི་རི་མོ་ཅན་དཔངས་ལ་སོར་བཅུ་ཁ་ཞེང་ལ་སོར་ཕྱེད་དང་བརྒྱད་རེ་ཡོད་པ་དངུལ་སྲང་བཅུ་གཉིས་དང་ཉོ་ལྡེ་ལས་སྒྲུབ་པ་བཟོ་བཟོད་ལེགས་པ་ཆ་འགྲིག་བཅོ་ལྔ། རྒྱུན་མཆོད་ཀྱི་ཐེབས་སུ་དངུལ་གོར་མོ་༡༠༠༠གནང་ཞིང་མཆོད་རྐོང་བདུན་ཆག་མེད་གཏན་ཆགས་སུ་འབུལ་དགོས་གསུང་། སྤྱི་སོའི་ཐེན་ཀྱང་ལ་བཀའ་ཤོག་ཀྱང་སྩལ། ཟླ་༡༠ཚེས༢༥ཉིན་ལྷ་ཁང་ཆེན་མོར་སྟོང་མཆོད་རྒྱས་པ་བཤམས་ཏེ་འཛིགས་བྱེད་ཡོངས་རྫོགས་དང་བདག་འཇུག་བསྐང་གསོ་བཅས་གསུང་ནས་ཕྱུགས་སྨོན་གནང་། ཟླ་༡༡ཚེས་༡༡ལ་ཡར་ནང་ཚོས་གྲྭ་དགའ་སྟོན་སྒྲོས་ཏེ་ཚོགས་མཆོད་དང་བླ་སྤྱོལ་འདུས་ཚོགས་བཅས་ལ་ཕྱག་དབང་གནང་། དགེ་འདུན་མང་ལ་དོང་ཚོན་རེའི་སྐུ་འགྱེད་སྩལ། ལྷ་ཁང་ཆེན་མོར་སྟོང་མཆོད་ཕུལ། ཟླ་༡༢ཚེས༨ཉིན་ཨ་ཀྱཱ་རིན་པོ་ཆེའི་གླིང་བསེ་དམ་བཅར་ཕེབས་ནས་གཟིགས་རྟོགས་མཛད་དེ་ཨ་ཀྱཱ་རིན་པོ་ཆེར་བདག་རྐྱེན་སྨམ་མཐོ་བ་སྩལ། ཚེས་ཉིན་དབུ་ཚོས་གཙོས་བླ་སྤྱོལ་ཆེ་ཁག དཔོན་སློབ་རྣམ་གསུམ། ཚོགས་འདུས་གྲྭ་རྒན་བཅས་ནས་མཇལ་རྟེན་གསུམ་ཕུལ་ཏེ་གདན་སའི་ཁྲིར་མངའ་མཛད་པའི་སྣན་གསན་ཞུ་ཤོག་ཕུལ་བར་ཞལ་བཞེས་བཟང་པོ་གནང་། འཛིན་བྱེད་མེ་བྱི་ལོའི་ཟླ༡ཚེས༡ཉིན་ཡར་ནང་ཚོས་གྲྭར་ལོ་གསར་གྱི་དགའ་སྟོན་གནང་། ཚེས༡༠ཉིན་བཟང་པོར་སྒྲོས་སྣ་སེར་སྤྲིང་བཅས་ལྷ་ཁང་ཆེན་མོར་ཕེབས། ཕྱུགས་སྨོན་མཆོད་སྤྲིན་གནང་ནས་འདུས་པ་རྒྱ་མཚོའི་མགོན་དུ་གདན་སའི་ཁྲིར་དགྱེས་བཞིན་མངའ་དབང་བསྒྱུར་ཏེ་འདུས་ཚོགས་ཡོངས་ལ་ལམ་རིམ་བསྡུས་དོན་གྱི་བཤད་ལུང་ཞིབ་རྒྱས་གནང་། དགེ་འདུན་མང་ལ་ཁྲི་སྟོན་གྱི་ཚབ་བྲེ་དྲུག་རེ། རིན་འཁོར་རེའི་སྐུ་འགྱེད། མང་ཕྱུག་བཅས་ཀྱི་བདག་རྐྱེན་གནང་། འདུ་ཁང་གི་བཞུགས་ཁྲི་གསུམ་གྱི་འབོལ་གདན། གོས་ཀྱི་བཞུགས་གདན་རྒྱབ་ཡོལ་ཆ་གསུམ། གོས་བཟང་གི་རྒྱལ་མཚན་ཆུང་བ་ཆ་གཅིག ཀ་འཕན་ཆུང་བ་ཆ་གཅིག ཕྱོགས་གཉིས་ཀྱི་འཕན་ཆུང་བ་ཆ་གཅིག ཙམ་པ་ཀའི་རྒྱལ་མཚན་ཆུང་བ་ཆ་གཅིག སྒོ་འགྲོར་འོག་ཏུ་མང་ཞུག་གི་བླ་བྲེལ་ཤམ་བུ་ཅན། འཁྲམས་རའི་ཤམ་བུ། སྒོ་མོ་ཆེའི་ཤམ་བུ། རབ་གསལ་གྱི་ཤམ་བུ། དར་མོ་ཆེའི་སྟེང་གི་རྒྱལ་མཚན་ཆ་བཅས་སྦྱོར་འཛུགས་མཛད། ཁྲི་སྟོན་གོ་རེ་བཅོ་སྐབས་ཕྱི་ཊོན་སྟེང་དུ་ནོར་བུ་དགའ་ཀྱིས་རང་བྱོན་བབས་པ་སྤྱན་ལམ་དུ་ཕེབས་པར། ཞལ་ སྔགས་མཛད་དེ་སྔེ་འདིར་ཕུན་ཚོགས་འབྱུང་བའི་ལུང་བསྟན་མཛད། ཚེས༡༢ཉིན་ལ་འཁྲུངས་སྐར་གྱི་དགའ་སྟོན་ཡར་ནང་ཚོས་གྲྭར་གནང་། ཚོགས་མཆོད་རྒྱས་པ་མཛད། ལྷ་ཁང་ཆེན་མོར་སྟོང་མཆོད་དང་ཚོགས་ཡོངས་ལ་མང་ཇའི་བདག་རྐྱེན་གནང་། ཚེས༡༩ཉིན་བླ་བྲང་རྩེར་དགེ་འདུན་མང་ལ་ལོ་གསར་མཇལ་ཁ་སྩལ། ཚེས་ཉིན་བཟང་པོར་ལྷ་ཁང་ཆེན་མོར་སྟོང་མཆོད་དང་ཚོགས་ཡོངས་ལ་མང་ཇའི་བསྙེན་བཀུར་མཛད། ཚ་རིང་མ་གྲོལ་རྗེས་གསོ་སྦྱོང་ལ་ཕེབས་ཏེ་མདོ་གསུང་། གསོ་སྦྱོང་གྲོལ་ནས་ལྷ་ཁང་ཆེན་མོར་ཁྲུས་གསོལ་དང་བརྟན་ཤིས་རྒྱས་པ་གནང་། དེ་ནས་ཡར་ནང་ཚོས་གྲྭར་གསུང་ཚོས་ལ་བྱོན་ཏེ་སྐྱེས་རབས་ཀྱི་དབུ་ནས་ཚོས་ཕྲུན་གཅིག་གི་གསུང་བཤད་ཞིབ་རྒྱས་གནང་། ཕྱི་ནྡྲ་མཆོད་གཟིགས་ཞིབ་ཏུ་མཛད་ཅིང་ཁྲུས་གསོལ་གནང་། རྟོར་ཟླ༢ཚེས༡༥ཉིན་འདུས་སྡེའི་རྟེན་སྐལ་དུ་རྒྱ་གར་ལི་མའི་རྗེ་སྐུ་བྱིན་

ཅན། གཞན་ཡི་དངུལ་གྱི་སྐུ་ཆེ་ཆུང་མང་པོ། གསེར་བྲིས་བརྒྱད་སྟོང་པ། ལམ་རིམ་ཆེན་མོ་སོགས། གསེར་དངུལ་བསྒྲུབས་པའི་མཆོད་རྟེན་ཆེ་ཆུང་སུམ་ཅུ་བཅས་སྐུ་གསུང་ཐུགས་རྟེན་མི་ཉུང་བས་མཚོན། རྗེ་རང་ཉིད་ཀྱི་སྐུ་པེར། ཕྱུགས་ཀྱི་བཞུགས་གདིང་། ཕྱག་ཕྱིས་ཀྱི་གོས་བཏགས། ལྷུགས་ཀྱི་ཕྱོགས་ཁྲི་སེར་པོ་བཅས་དགྱེས་བཞིན་སྩལ། ཆོས་༡༥ཉིན་ཚོགས་དབུས་ཞུས་ཏེ་དགའ་ལྡན་དམིགས་བརྩེ་མའི་ལྷུགས་ལུང་། བསྟན་པ་རྒྱས་པའི་སྨོན་ལམ་གྱི་བཤད་ལུང་སྩལ། ཚོགས་ཡོངས་ལ་མང་ཇ་གསུམ་དང་དོང་ཚོན་རེའི་སྐུ་འགྱེད་དང་ཕྱག་དབང་གི་བཀའ་དྲིན་བསྐྱངས། ལྷ་ཁང་ཆེན་མོ་དུ་སྟོང་མཆོད་གནང་། དབུ་ཆོས་རིམ་བྱོན་ལ་པཎྜི་ཏ་ནོ་མོན་ཧང་གི་བཀའ་ཤོག་དངུལ་ཐམ་གྲུ་གྲོང་། ཚོགས་ཆེན་ཞབས་ངོ་གཙོས་བླ་སྤྱི་གྲྭ་ཚང་དགེ་བསྐོས་ཚོ་དྲུག་རྒན་པ་བཅས་ལའང་ཚོ་ལོ་ཅན་གྱི་བཀའ་ཤོག་གཟེངས་བསྟོད་དང་། བླ་སྤྲུལ་ཆེ་ཁག ཚོགས་འདུས་ལས་བྱེད་ཡོངས་ལ་གོས་ཕྱུགས་སོར་གྱི་བདག་རྐྱེན་སྩལ། བཤོལ་ཟླ༡ཚེས༡༥ཉིན་བླ་སྤྲུལ་ཚོགས་འདུས་དགེ་འདུན་མང་བཅས་ལ་རྩེ་བླ་བྲང་ནས་ཕྱག་དབང་གནང་། ཆོས་ཉིན་གསེར་སྟོང་ཆེན་མོར་སྟོང་མཆོད་རྒྱས་པ། དར་སྣ་ལྔའི་སྙན་ཤལ། བཙན་ཁང་ཆེན་མོར་འཕྲིན་ལས་རྒྱལ་པོར་རྐྱེ་འཁོར། པང་ཁེབས་སོགས་སྩལ། གནས་བདག་ལེའུ་ཆེར་ཡང་ཞལ་ཁེབས་གཤམ་བུ་སོགས་གསར་འཛུགས་པས་ཐུགས་སྨོན་རྒྱ་ཆེར་མཛད། དེ་ནས་སེར་ཕྲེང་ཇ་ཐབས་བཅས་ཅིབས་བསྐྱོད་གནང་ཞིང་དབུ་ཆོས་གཙོས་བླ་སྤྲུལ་སྐར་ཁག་སོགས་ཀྱི་བཀྲ་ཤིས་འཁྱིལ་གྱི་བར་ཉེ་རང་བར་མའི་ཆིབས་བསྐྱིལ་ཞུས། བླ་བྲང་བཀྲ་ཤིས་ཁང་གསར་དུ་ལི་སྐུ། ཞལ་ཐང་། ཕྱག་དཔེ་སྣ་ཚོགས་རྫ་ཁྲིལ་བུམ་ཐོད་སོགས་རྟེན་སྐལ་དུ་སྩལ་ཏེ་བཞག བཀྲ་ཤིས་འཁྱིལ་ནས་དངུལ་ཆུ་སྤྲུལ་པའི་སྐུ་ཆེད་མངགས་མཛད་དེ་ཚོགས་ཡོངས་ལ་ཉིན་དྲུག་གི་མང་ཐེབས་དངུལ་གོར‹‹བསྐུར་གནང་མཛད། ར་རྒྱར་བཞུགས་སྐབས་ཞལ་དཀར་ཚང་གཙོས་བླ་སྤྱི་སྐར་ཁག་བཅས་མཚམས་ཞུར་སོང་གདོང་ལའང་ཐེབས་དངུལ་གོར་མོ་བརྒྱ། མཁན་བརྒྱུད་ཁ་སྐོང་བཅས་སྩལ་ཏེ་ཀུན་བརྩེ་ཆེན་ཐུགས་ཀྱི་དཔལ་བེའུར་བཅིང་བའི་མཛད་འཕྲིན་མཁའ་ཁྱབ་ཏུ་རྒྱུན་མི་འཆད་དུ་འཇུག པ་ལགས། དེ་ལྟར་ཆོས་སྲིད་གང་ཐད་ནས་ཀྱང་ཆེ་ཆེར་བསྐྱངས་བའི་བཀའ་དྲིན་ནི་བསམ་བརྗོད་ལས་འདས་ཀྱང་ཆ་ཙམ་ཞིག་དད་པའི་གསོས་སུ་ཡིག་ལམ་དུ་སྤེལ་བ་རེ་ཞིག་འདི་ཙམ་མོ། །འདིར་འབད་དགེ་ཚོགས་ཀུནྡ་ལྟར་དཀར་གཅིག་ཏུ་བསྡུས་ལས་ཐུབ་བསྟན་ནགས་ཀླུང་དར་དྲུག་དབུས་ན་དགེ་འདུན་རིང་ལུགས་ས་མཆོག་ལྗོན་དབང་རྩ་བ་རབ་བརྟན་འཕགས་ཚོགས་མཁས་མང་སྤོ་ལྗོང་ལོ་འདབ་པར་ཕུང་དུད་པའི་རྩེ་མོར་བསྟན་འཛིན་འབྲས་བཟང་བྱུར་བུར་གཏམས་པའི་གྲིབ་བསིལ་སྟུམ་པོར་ཡིད་ཅན་མཐའ་དག་སྟུག་འབྲས་ཚ་གདུང་དྲུད་ནས་བཅིལ་ཤིང་གཏན་བདེའི་ངལ་གསོ་ཅི་དགར་སྤྱོད་པའི་སྐལ་བཟང་འདོད་རྒྱུར་འགྱུབ་འགྱུར་ཅིག

【译文】

祝愿吉祥！
具足不变而自成吉祥十力之佛陀，
用正识法音破除戏论枷锁之佛法，
以自身指示唯一解脱法门之僧伽，
愿三救护如意宝在三界战胜一切！

通晓一切之光芒如海中映出新月，
光艳美妙的黄袈裟随处增长欢欣，
深奥的教诫如妙音坛城覆盖三界，
愿你这佛尊之四身成为众生之顶饰！

你智慧明镜映出贤劫千佛的教诫，
使人看分明佛法包容一切的妙景，
无数佛子赞叹你无尽的宝贵施舍，
你出世间的善根在福界显现尊胜！

从众生怙主你的誓愿德来，
三种利他功业如江河长流，
我们每人份内的涓涓细水，
都汇入你恒河般的洪流之中。

我们追随你，像如意树果落入喜马城，
你的宝贵教诲像世界上的黄金宝幢，
为使众生解除贫苦享受富贵的安乐，
为拯救信仰竖立在甘波宝刀的刀尖上。

以上为本文发端之赞颂诗，以下叙及本文之内容。

众生之引导，遍识一切班禅大师在真实意义中已于历无数劫时广布菩提甘露，得证佛陀三身。复以难以尽述之化身显现之法于雪山环绕之品降生温萨巴等，作无数利益教法及众生之功业。尤其有无边量光佛幻现之班禅贝丹意希，为利益北方之教法与众生，亲临塔尔寺之法座，对政教俱以大恩德护持。自班禅却坚算起，现今之第六辈转世遍识一切圣者罗桑图丹却吉尼玛格勒南杰贝桑布，亦因教化远方众生之誓愿，于第十五饶迴水猪年从具吉祥大寺札什伦布经纳塘取道向北，依次亲履及加持青海和硕、西安、肃州等地。木鼠年四月十三日，本寺卸任堪布卓仓扎及米纳活佛等前往迎接并献曼遮等礼品，班禅大师为彼等摩顶传法。此后，大师经兰州等汉地道路前往都城北京。木牛年十二月十八日，大师赠给本寺为他诵长寿经之供养银一百两，又于火龙年二月十五日再次赐给本寺为他诵长寿经之供养银二百五十两，大师复又寄赐本寺僧众银五十两及绸缎等。大师在兰州时，又特派森本堪布来本寺，赠给本寺大经堂一盏用十九两五钱黄金打成的金灯，上面镶嵌金刚钻石、祖母绿、莲花宝石、白璁玉等四种宝饰，高十指，宽六指半，做工精巧富丽。还给僧众每人五百铜元布施，供“茫加”一次。夏至十六饶迥木猪年四月九日，大师抵达西宁，十日，为本寺堪布为首的各大活佛等摩顶赐福。大师率随从抵达本寺，在大金瓦殿陈列千供，祈请沐浴并祝赞，然后住进大拉让扎西康萨寝宫，并为本寺堪布为首的大小活佛及执事僧人摩顶。十四日，大师观看跳欠。三节会聚之日，大师为法会僧众献布施并供“茫加”，向大经堂献礼并献千供。大师参加布萨仪式并诵经及讲解以三种布萨发息灾增善之愿心。布萨仪式结束后，大师到缎制佛像唐卡前，向缎制大佛像敬献哈达，并向护法神献哈达。此后，晌午时分，大师应邀至僧众大会作为僧众之依怙登上无畏狮子宝座，为僧众说兜率上师瑜珈修法，并为僧众摩顶赐福。十六日，大师至祈愿法会，诵回发愿、教法增盛平安发愿经文、广发大誓愿。

五月二日，大师为全寺僧众授长寿灌顶，十五日，大师开许药师佛修法并讲说圣道入门之法。大师在雪珠林讲说三主尊修习法及应遵守之法，并应知宾索南饶杰之请求在法会上为僧众诵平安发愿及转生香跋拉发愿文。二十二日，大师应隆务夏日•格丹嘉措之请求，至法会为僧众讲授应供喇嘛经文。

六月四日吉日，大师礼拜本寺大经堂、弥勒殿、觉卧寺等佛殿及各扎仓经堂，祈请沐浴并开光加持。十日，大师前往广惠寺，利乐彼土众生。

七月十五日，大师返回本寺。十九日，大师应格底仓之请求至法会讲菩提道次第要义，并诵经转生香跋拉愿文及长寿愿文。二十五日，大师为立宗辩经法会供茶、粥等四种饮食，二十六日，大师又赐冷食及水果等，大师至辩经会上看视学经僧人，祝贺讲经听法兴盛。

八月九日，大师在大经堂为大时轮金刚灌顶之净土及五十上师和弟子传承之经论开光，并为传授灌顶作准备。十四日，授童子七部灌顶。十五日，大师静修。十六日，大师授完贡玛贡钦金刚上师灌顶。十七日，举行大会供法会，诵时轮瑜珈上师及香跋拉祈愿经文，为僧众摩顶赐福。十八日，大师为各地前来朝拜者摩顶祝福。大师又为新造缎制佛像之故捐资一万元，并为包裹经籍恩赐上等绸缎二百八十六方半，并口头指示应新造一幅狮子吼佛缎制大像。按此指示造成后，九月七日大师为新旧缎制佛像开光，并设宴庆贺。大师向缎制佛像献三层黄缎伞盖及金顶，向墩布为首的喇嘛活佛等赠送缎制哈达，并在僧众大会上向制造缎制佛像之工头、工匠等赠送大批绸缎，向僧众赠银五百两、马十匹、犏牛牦牛五十头及哈达等物。又为重新粉饰大经堂献金箔一万张、颜料一箱。九月二十二日，大师在大金瓦殿设千供，诵时轮经并将写有祈愿文的哈达献到宗喀巴大师像的手上，并献每盏由十二两五钱银子制成的供灯十五对，灯高十指、宽七指半，刻有八吉祥徽图案，还献了常供之银钱，指示供灯要长明不断，不可减少。大师还向吉索的僧纲颁赠了文书。

十月二十二日，大师在大经堂广设千供，诵全部大畏德金刚经文及自人坛坊酬补仪轨经文，并发誓愿。

十一月十一日，大师参加经院庆贺会供，并为喇嘛、活佛及僧众摩顶，给每名僧人一个铜元的布施，在大经堂献千供。

十二月八日，大师参加阿嘉活佛考取林塞学位的答辩会，并向阿嘉活佛赠送礼品。十四日，本寺引经师和掌戒师为首的各大活佛、三位经师及僧伽执事等人向大师献曼遮，献恭请大师主持本寺法座之文书，大师欣然接受。

火鼠年正月一日，大师在雅朗法园举行庆祝新年宴会。十日吉日，僧众列队焚香，大师至大经堂发愿献供，作为僧众依循登上本寺大法座，为僧众细述解脱菩提道次第要义，并向僧众发放升法座布施，每人粮食六升，银元一元，并出资为僧众熬茶供粥，大师还出资向大经堂三个法座献厚垫、绸缎坐垫三套，上等绸缎制成的小经幢一套、小柱套一副、两侧柱间帷幕、殿门处有流苏的华盖、回廊的帷幕、大门上的帷幕、向阳窗上的帷幕、旗杆上的幡幢。在蒸升法座宴会的馒头时，湿面团上自然显现珍宝，大师为此诵咒，并预言这是本寺吉祥美满的预兆。十二日，大师在雅朗法园举行生日庆宴，设大会供，在大经堂设千供，并出资为全寺僧众熬茶供饭。十四日，大师在大拉让接受僧众新年朝拜。十五日吉日大师在大经堂献千供，并出资为僧众熬“茫加”。晌午法会结束后，大师又至布萨法会讲经。布萨法会结束后，大师在大经堂祈请沐浴并祝赞，然后又到南朗法园讲经，以佛本生经开头详细讲说经文一段。下午，大师奉献供养并祈请沐浴。

三月十五日，大师赠给僧众印度响铜觉卧佛像，其他铜、银大小佛像多尊，金汁书写的《般若八千颂》《菩提道次第广论》，用金银制成的大小佛塔三十座，大师还将自己的大氅、氆氇坐垫、缎手巾、铁制黄色轿子等物赐给本寺。二十五日，大师应邀至法会上颂欢乐天神赞颂经文，祈愿佛法增盛，大师向僧众赐三次“茫加”及每人一枚铜元的布施，并摩顶赐福。大师在大经堂陈列千供，赐给磋钦执敖、各拉吉、扎仓的格贵、六族千巴等人写有名号的封文，还赐给各大活佛、僧众执事人员绸缎、氆氇等物品。三月二十五日，大师又在大拉让为各位活佛及僧众摩顶赐福。二十八日，大师在大金瓦殿广设千供，向佛像献五色绸缎哈达，在大护法殿向事业王献颈饰、围裙，向土地神刘七献画幔、横帘等，并发大誓愿。然后大师率随从等离开本寺启程，以法台为首的各活佛执事等请求在本寺至拉卜楞寺之间送行一段。大师临行时赠给大拉让扎西康萨铜佛像、画像、书籍、手铃、净瓶等。大师至拉卜楞寺后特派欧曲活佛前来本寺赠银八十八锭，作为僧众六天茶粥之资，大师驻锡拉加寺时，以夏格仓为首的拉吉和噶尔哇代表前去问候，大师又赐银一百两用于写寺志之用。大师时刻关怀本寺之事迹，遍于一切时空。大师从政教各方面护持吾等之恩德，实难尽述，一时仅就记忆所及，写录如上。

在此僧众为佛法而汇聚之处，在佛法繁茂之山林中，僧众犹如根基牢固之白栴檀宝树，贤哲犹如枝叶顶上的果实，祈愿因其阴蔽使其信仰众生离苦难酷热之苦，享平安休憩之福，请愿满足！

弘化寺碑

【提要】

此碑现藏于今青海省民和回族土族自治县转导乡弘化寺。碑文转录自《民和县志》。

【碑文】

□□□□□民诸色人等：□□□□已久，其教以空寂为本，以慈悲为心，化导众生，觉悟群迷。上以阴翊皇度，下以世之崇奉之者，亦岂有远迩之间哉。弘化、显庆二寺，乃至尊大慈法王塔院所在，地连河州、西宁两界，朝廷给□看守□□□□地亩，为香火之需。东至沙子口沟，南至川城，西至黑石山林，北至买的山止。及拨军余民夫，□□□□□□□□□授妙善广济灌顶大国师，颁降□□，令其在寺提督管事僧人，领众焚修，毋得怠忽。畀□□□□□□□□人耕占侵用，原拨看守人数与僧□□□照例应给。凡彼处官员军民诸色人等，不许□□□□□□□□□其教者，必罪不宥。钦哉。故谕。

（广运）

嘉靖柒年拾贰月初肆日

（之宝）

大明嘉靖叁拾伍年岁次丙辰柒月□日

钦差掌管弘化显庆二寺事妙善广济灌顶大国师藏卜洛竹建立

弘化寺残碑

【提要】

此碑现藏于今青海省民和回族土族自治县转导乡弘化寺，因碑残缺，内容、立碑及年代不清楚，但可断定是明前期。碑文件转录自《民和县志》。民国时期甘肃张思温《积石录》卷二《清·宏化寺断碑》云："乾隆使时在临夏州西北永靖县界，佚。"《宣统·河州续志稿》："宏化寺，见旧志，同治间焚毁，今复建。断碑中有乾隆时诏曰：'此地乃至善大慈法王踏院所在。地连河州、西宁两界，给与喇嘛僧徒五十五名月米，令其看守。赏与山场地亩为香火之费。东至沙子沟，南至川城，西至黑石山，北至买的山。及拨车余民夫六十名预洒扫。兹以丹木巴占锁远来入贡，赐为好善广济灌顶大国师，颁隆护持，命在寺督管事。'以下剥蚀难辨。"《导河县志》仍之。今已不存。按明嘉靖《河州志》："弘化寺，州西北百二十里。正统六年奉敕建。规模壮丽，金碧交辉，有传世系佛子，常住地百余顷，官军五十名守之。内有钦赐銮架。"康熙二十六年《河州志》载此寺在"州西北一百里"。康熙四十六年《河州志》："洪化寺，州北百八十里"，并言"銮架即金印，珍珠伞，孔雀扇。国朝颁赐敕印"云云。所载地里虽有不同，在今永靖县与青海民和县相近处也。

【碑文】

礼部奏：乌□□□□□贡，番僧数多，中间多有长河西等处番僧假托姓名□□□（后面所缺字数不详）执照。日后遇该贡之年，将勘合填写人名、物数来贡。固尔管下番僧□□□（后面所缺字数不详）令沿路谨密，勿令长河西等处人知觉，只□往藏里游方及回还□□□（后面所缺字数不详）检印信，番字奏本回报。所差之人，已命陕西汉中府，给与食茶一千（后面所缺字数不详）。

瞿昙寺匾

【提要】

木匾 1 块。汉文牌匾文。明洪武二十六年（1394 年），朱元璋撰文。正面题有“瞿昙寺”三字，右上角有藏文，108 厘米 ×303 厘米，汉文 1 行，楷体，雕龙凤花边。

匾今在青海省海东市乐都区瞿昙寺，保存完好。匾文收入格桑本主编《瞿昙寺》，四川科技出版社 2000 年版。

隆国殿匾

【提要】

木匾1块。汉文牌匾文。明宣德二年（1427年）佚名撰、立。正面题“隆国殿”三字，匾面267厘米×246厘米，汉文一行，楷体，雕龙花边。

匾现存青海省海东市乐都区瞿昙寺，保存完好。匾文收入格桑本主编《瞿昙寺》，四川科技出版社2000年版。

皇帝万万岁木牌

【提要】

木牌 1 块。藏文、汉文、梵文合璧牌文。明宣德二年（1427 年）二月初九孟继撰、立。正面题有“皇帝万万岁”五字，牌面 240 厘米 ×100 厘米，藏文、汉文、梵文各一行，楷体，雕龙花边。

木牌现存于青海省海东市乐都区瞿昙寺，保存完好。木牌文收入格桑本主编《瞿昙寺》，四川科技出版社 2000 年版。

独尊匾

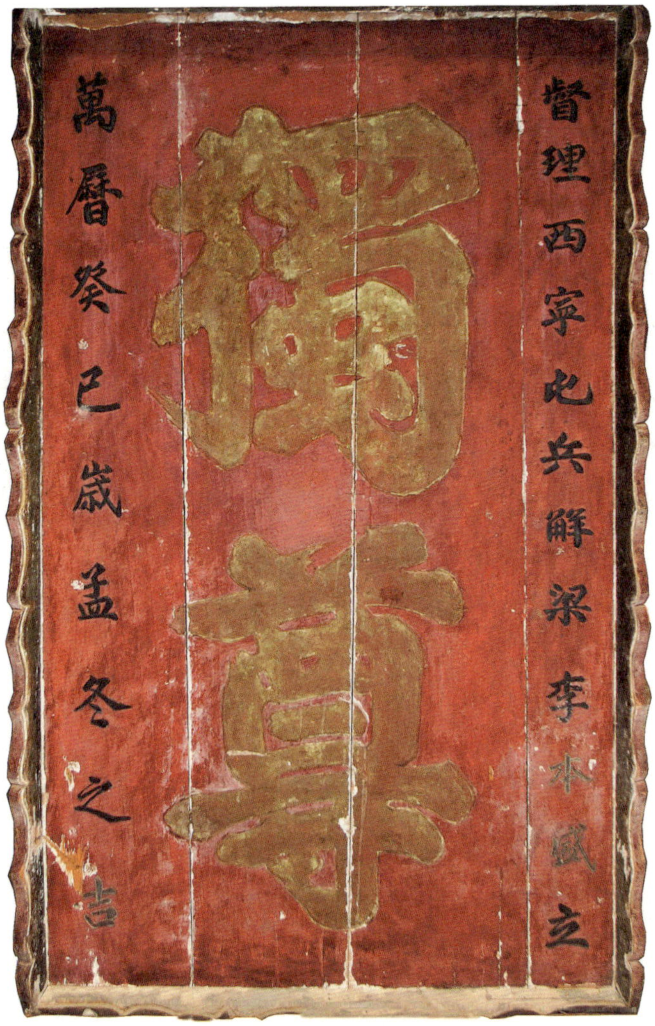

【提要】

木匾1块。汉文牌匾文。明万历二十一年（1593年）刻。督理西宁屯兵解梁李本盛撰。正面题“独尊”二字，匾面250厘米×135厘米，汉文3行，楷体。

匾现存于青海省海东市乐都区瞿昙寺，保存完好。匾文收入格桑本主编《瞿昙寺》，四川科技出版社2000年版。

佛威震虏匾

【提要】

木匾 1 块。汉文牌匾文。明崇祯元年（1628 年）佚名撰、刻。正面题有“佛威震虏”四字，匾面 143 厘米 ×348 厘米，汉文 1 行，楷体。

匾现存于青海省海东市乐都区瞿昙寺，保存完好。匾文收入格桑本主编《瞿昙寺》，四川科技出版社 2000 年版。

西来正觉匾

【提要】

木匾 1 块。汉文牌匾文。明崇祯元年（1628 年）佚名撰、刻。正面题有“西来正觉”四字，匾面 136 厘米 ×372 厘米，汉文，隶书。

匾现存于青海省海东市乐都区瞿昙寺，保存完好。匾文收入格桑本主编《瞿昙寺》，四川科技出版社 2000 年版。

锄邪护正匾

【提要】

木匾 1 块。汉文牌匾文。明崇祯三年（1630 年）佚名撰、刻。正面题“锄邪护正”四字，匾面 80 厘米 ×230 厘米，汉文，楷体。

匾现存于青海省海东市乐都区瞿昙寺，保存完好。匾文收入格桑本主编《瞿昙寺》，四川科技出版社 2000 年版。

慈云殿匾

【提要】

木刻彩匾 1 面。康熙三十四年（1695 年）敕赐“慈云殿”匾一面。汉文，木质方匾，匾面 226 厘米 ×103 厘米，匾面汉文 144 厘米 ×40 厘米，楷书，“云”字上角刻印满、汉合璧印章。匾框龙纹。弘善寺，藏语为“巴州寺”，藏语全称意为“巴州寺佛教讲修兴旺院”，《西宁府新志》作“洪善寺”，长白文孚《青海事宜节略》作“宏善寺”，当地亦称“白家藏寺”或“白家寺”。约顺治二年（1645 年），因高僧金巴嘉措对清朝建国有功而“赖建弘善寺”，颇受清廷重视，享衣单制。该匾对研究清王朝与藏传佛教格鲁派的关系有参考价值。

匾现存于青海省海东市民和回族土族自治县西沟白家藏弘善寺。匾文收入蒲文成《青海佛教史》，青海民族出版社 2003 年。

告往知来匾

【提要】

木匾 1 块。汉文牌匾文。清同治元年（1862 年）佚名撰、刻。正面题“告往知来”四字，匾面 75 厘米 ×185 厘米，汉文 3 行，楷体。

匾现存于青海省海东市乐都区瞿昙寺，保存完好。匾文收入格桑本主编《瞿昙寺》，四川科技出版社 2000 年版。

金丹济世匾

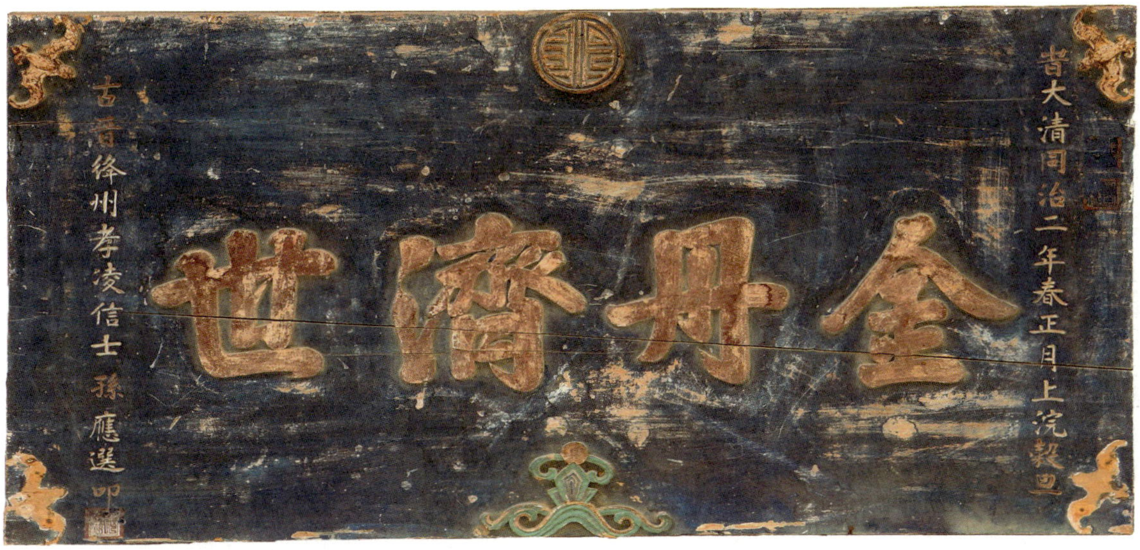

【提要】

木匾 1 块。汉文牌匾文。清同治二年（1863 年）晋绛州孙应选撰、立。正面题“金丹济世”四字，匾面 75 厘米 ×185 厘米，汉文，楷体。

匾现存于青海省海东市乐都区瞿昙寺，保存完好。匾文收入格桑本主编《瞿昙寺》，四川科技出版社 2000 年版。

普护群黎匾

【提要】

木匾1块。汉文牌匾文。清同治三年(1864年),同治皇帝御赐。正面题有“普护群黎”四字,75厘米×185厘米,汉文,楷体。

匾现存于青海省西宁市湟中县塔尔寺阿嘉活佛府邸,保存完好。匾文收入杨贵明、景朝德编著《塔尔寺维修志》,广东人民出版社1996年版。

德被桑梓匾

【提要】

木匾1块。汉文牌匾文。清光绪二十二年（1896年）立。正面题有“德被桑梓”四字，80厘米×185厘米，汉文，楷体。匾文“花翎守备衔署西宁镇标后营把总陕西西河县民籍，信士张玉成率男保存儿谨叩，光绪二十二年菊月朔一日敬”。

匾现存于青海省西宁市湟中县塔尔寺祈寿殿，保存完好。匾文收入杨贵明、景朝德编著《塔尔寺维修志》，广东人民出版社1996年版。

御赐贤能述道禅师匾

【提要】

木匾 1 块。汉文、蒙古文、藏文合璧牌匾文。清同治十二年（1873 年）四月吉日立。正面题“御赐贤能述道禅师”八字，80 厘米 ×195 厘米，汉文楷体，藏文草书。

匾现存于青海省西宁市湟中县塔尔寺阿嘉活佛府邸，保存完好。匾文收入杨贵明编著《塔尔寺》，青海民族出版社 1984 年版。

威镇双林匾

【提要】

木匾 1 块。汉文牌匾文。清光绪五年（1879 年）八月立。正面题有“威镇双林”四字，95 厘米 ×180 厘米，汉文，楷体。匾文“西宁县属塔尔寺僧纲湟中福慧、普云、宏静重建立，光绪五年岁次己卯秋八月仲秋吉”。

匾现存于青海省西宁市湟中县塔尔寺大吉哇，保存完好。匾文收入杨贵明、景朝德编著《塔尔寺维修志》，广东人民出版社 1996 年版。

宣扬胜业匾

【提要】

木匾1块。汉文牌匾文。清光绪五年（1879年）七月立。正面题有“宣扬胜业”四字，80厘米×175厘米，汉文，草体。匾文“恭颂：大法座福慧、普云、宏静老爷梵行”。

匾现存于青海省西宁市湟中县塔尔寺大吉哇，保存完好。匾文收入杨贵明、景朝德编著《塔尔寺维修志》，广东人民出版社1996年版。

保文佑武匾

【提要】

木匾 1 块。汉文牌匾文。清光绪三十三年（1907 年）撰、刻。正面题有“保文佑武”四字，90 厘米 ×185 厘米，汉文，楷体。匾文“钦赐五品蓝翎分省补经历邑贡生丁联奎敬灵，大挑知县新授宁夏府灵州学正辛卯科举人丁耀奎，钦赐花翎游府衔陕西固原提标城守营守备安永，钦赐花翎游府衔陕西固原提标昌武营守备姜永明同敬”。

匾现存于青海省西宁市湟中县塔尔寺祈寿殿，保存完好。匾文收入杨贵明、景朝德编著《塔尔寺维修志》，广东人民出版社 1996 年版。

梵教法幢匾

【提要】

木匾 1 块。汉文牌匾文。乾隆帝御赐，正面题有“梵教法幢”四字，80 厘米 × 185 厘米，汉文，草书。

匾现存于青海省西宁市湟中县塔尔寺大金瓦殿内，保存完好。匾文收入杨贵明编著《塔尔寺》，青海民族出版社 1984 年版。

护国保民匾

【提要】

木匾1块。汉文牌匾文。1934年4月29日，国民政府考试院院长戴传贤来青海考察，赴塔尔寺考察参观时赠献此匾，正面题有“护国保民”四字，85厘米×185厘米，汉文，楷体。

匾现存于青海省西宁市湟中县塔尔寺大金瓦殿，保存完好。匾文收入杨贵明、景朝德编著《塔尔寺维修志》，广东人民出版社1996年版。

光明圣地匾

【提要】

木匾1块。汉文牌匾文。1941年于右任来青海塔尔寺视察时敬献此匾。正面题有“光明重地”四字，75 厘米 ×185 厘米，汉文，草体。

匾现存于青海省西宁市湟中县塔尔寺，保存完好。匾文收入杨贵明、景朝德编著《塔尔寺维修志》，广东人民出版社 1996 年版。

雨花金界匾

【提要】

木匾 1 块。汉文牌匾文。正面题有“雨花金界”四字，右上角文字“钦命总理西海彝番事务散秩臣副都应世袭拜他喇布加一级；钦差办理西海彝番事务刑兵部副都加一级。钦差办理西海彝番事务理藩院笔勒戎加一级，德达吴达大清雍正九年岁次辛亥孟夏吉日立” ，95 厘米 ×175 厘米，汉文，草书。

匾现存于青海省西宁市湟中县塔尔寺九间殿，保存完好。匾文收入杨贵明、景朝德编著《塔尔寺维修志》，广东人民出版社 1996 年版。

无上真禅匾

【提要】

木匾 1 块。汉文牌匾文。正面题有“无上真禅”四字，95 厘米 ×175 厘米，汉文，楷体。

匾现存于青海省西宁市湟中县塔尔寺香萨活佛佛堂，保存完好。匾现存匾文收入杨贵明、景朝德编著《塔尔寺维修志》，广东人民出版社 1996 年版。

威德赫濯匾

【提要】

木匾 1 块。汉文牌匾文。正面题有“威德赫濯”四字，95 厘米 ×185 厘米，汉文，草体。

匾现存于青海省西宁市湟中县塔尔寺小金瓦殿，保存完好。匾文收入杨贵明、景朝德编著《塔尔寺维修志》，广东人民出版社 1996 年版。

青海世居少数民族金石录

回族

百字赞[1]

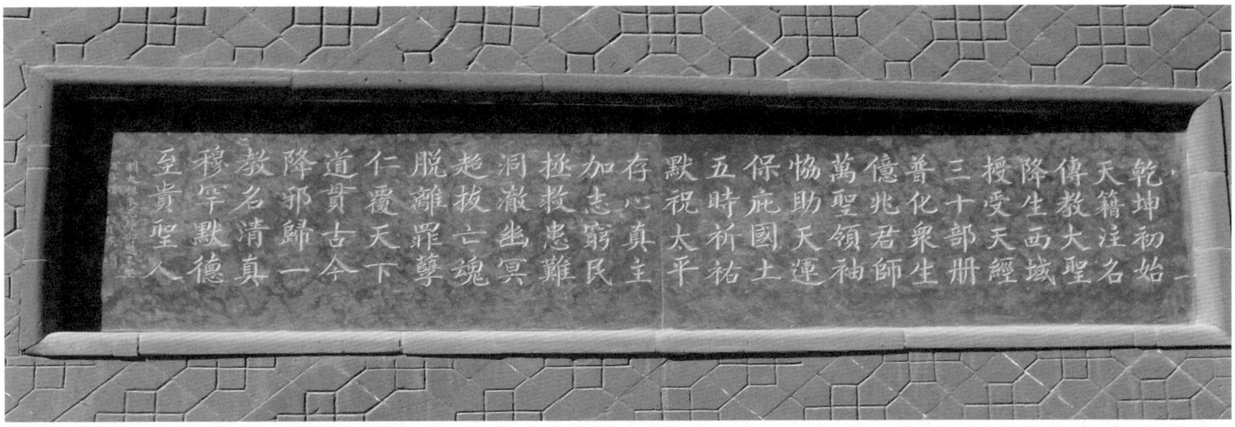
乾坤初始
天籍注名
傳教大聖
降生西域
授受天經
三十部册
普化衆生
億兆君師
萬聖領袖
恊助天運
保庇國土
五時祈祐
默祝太平
存心真主
加志窮民
拯救患難
洞徹幽冥
超拔亡魂
脱離罪孽
仁覆天下
道貫古今
降邪歸一
教名清真
穆罕默德
至貴聖人

乾坤初始
天籍注名
傳教大聖
降生西域
授受天經
三十部册
普化衆生
億兆君師
萬聖領袖
恊助天運
保庇國土
五時祈祐
默祝太平
存心真主
加志窮民
拯救患難
洞徹幽冥
超拔亡魂
脱離罪孽
仁覆天下
道貫古今
降邪歸一
教名清真
穆罕默德
至貴聖人

【提要】

此赞文为明太祖朱元璋撰。朱元璋敕建礼拜寺于金陵并御制至圣百字赞，因赞文整百字，故名《百字赞》。从此在全国各大清真寺中均树碑铭刻。相传西宁东关清真大寺也有碑刻，后毁于清朝，现由西宁回族书法家王维仁、买锦轩各书 1 幅，刻于中五门碑墙左右。碑面高 60 厘米、宽 235 厘米，字幅高 36 厘米、宽 223 厘米。王维仁用楷体，买锦轩用隶体。

【碑文】

乾坤初始，天籍注名。传教大圣，降生西域。授受天经[2]，三十部册，普化众生。亿兆君师，万圣领袖。协助天运，保庇国土[3]。五时祈佑，默祝太平。存心真主，加志穷民。拯救患难，洞彻幽冥。超拔亡魂[4]，脱离罪孽[5]。仁覆天下，道贯古今[6]。降邪归一，教名清真[7]。穆罕默德，至贵圣人。

【注释】

[1]《百字赞》文献版本有二：其一为明代王岱舆所著的《正教真诠》一书之《群书集考》，前加“洪武元年敕建礼拜寺于金陵，御书百字赞，褒美清真，以示优异”。全文见王岱舆著、余振贵点校的《正教真诠·群书集考》，宁夏人民出版社 1987 年 9 月第 1 版第 11 页。其二为清刘智所著的《天方至圣实录》卷二十之《赞颂碑记序说》，前加“明太祖高皇帝敕建礼拜寺于金陵，御制至圣百字赞”，后注“洪武元年”。两书所载与西宁东关清真大寺所刻录的《百字赞》在个别地方有出入，见以下注释。

[2] 王岱舆记录为“受授天经”。

[3] 王岱舆记录为“保庇国王”，刘智记录为“保庇国民”。

[4] 王岱舆、刘智均记录为“超拔灵魂”。

[5] 刘智记录为“脱离罪业”。

[6] 刘智记录为“道冠古今”。

[7] 王岱舆记录为“名清真教”。

明正德阿拉伯文铜香炉

【提要】

佚名撰。明武宗时期，伊斯兰教受到朝廷推崇，精美的宗教用品也随之制作传世，其中正德年间制作的阿拉伯文香炉为其代表。青海省博物馆收藏的正德铜香炉，圆柱形，质为黄铜，底部铸有“大明正德年制”6字，表明制作时间。有3个炉脚。香炉外侧居中以阿拉伯文刻有《古兰经》第7章第56节经文：“真主的慈恩确是临近行善者的。”

【铭文】

إِنَّ رَحْمَتَ اللّٰهِ قَرِيبٌ مِّنَ الْمُحْسِنِينَ [1]

大明正德年[2]制。

【注释】

[1] 汉意为：真主的慈恩确是临近行善者的。（7：56）

[2] 明正德年：正德为明武宗年号，即公元1506～1521年。

暖川子冶将军[1]墓表

暖川子冶将军墓表

嘉靖癸巳予忝陕臬佥宪每按山丹闻□□□守有良将焉问之知为冶□□□也及丙申予叨转中州参藩道□庄浪□□有勇

将焉问之知为冶参戎珍也越己亥予复备员行太仆寺卿驻节甘泉又闻人皆曰甘有廉将焉问之知为冶副总戎珍也□□□□

丁不勇何以致胜不廉何以立身此时此地将亦多矣而人奚取重于公公奚取誉于人哉盖将虽林立然求其何如□□□□□

功罪无淆威法无何削小大众寡无慢者盖鲜矣如公之参庄浪遇大虏拥众犯顺敢追逐百里外夺旋人畜斩获虏首□□□□

总甘泉不通赂贿不事兴贩不渔猎部伍不骚扰乡村者盖又甚鲜矣噫公之良之勇之廉卓不可及如此恶□无□取□□□暖

川子原籍西宁州人其始祖薛都尔丁任元甘肃省佥事洪武四年归附

圣朝高祖也里只以功授所镇抚里只生陕舍陕舍生荣俱随征操节有功赏荣生祥更也为冶屡出征战斩虏首四□升指挥□□□

事于拜羊戎逐番帐于长木硖斩虏首于人头墩退海寇于甘州御回贼于长山湖泉□胡荣所□有功□□□□□□□□□□

十四于荣子□□□于□刺山□□于杨家湖俱中机宜宴然为地方□隘盛名益著及□升参戎莅事□□□□□□□□□□

空公分兵数道或击其首或挠其腹或尾其□往来督战亲冒矢石于□□□斩首十□□□□□□□□□□□□□□□□□

钦赏金币甚丰威名大振遂升左副总戎与镇巡协同谋议公矢心□力□敢时违□□□□□□□□□□□□□□□□□□□□

舆有力焉公素恙衄血未尝废事时祥翁寿八旬有七康健逍遥有弄老风□□□□□□□□□□□□□□□□□□□□□

数日笑语如常忽一日公自外至陡觉心□眩怖顷刻昏厥□弟及子□□□□□□□□□□□□□□□□□□□□□□□

继娶可氏又娶韩氏马生公与玉可生凤与景韩生海与珊共六子今已有十三□□□□□□□□尚同□□□□□□□□□

自幼迄今一言一动未尝少有忤父意者事继母庶母如己母待异母弟如同母弟待□子如己子一门之中□□□□□□□□

以千□□里外触父之心招弟之来面相求诀若鬼神使然也□乎人知公之为将良矣勇矣廉矣而不知本自孝□□□□□□

岂偶然哉公弘治乙卯十一月十五日生嘉靖己亥十一月三十日终享年四十年有四□从之以年则崇功广德其可□□□□

杨义女生二子曰鸾曰鹞一女尚幼又娶参将李俊女生一子曰鸿一女亦幼鸾恂恂□公可敬可爱以予详知□父恳□□□□

其所历所闻所见者以畀焉

嘉靖十八年季冬望日大中大夫甘肃行太仆寺卿前御史□阳张问行撰

【提要】

明嘉靖十八年季冬望日（1540年1月23日）太中大夫、甘肃太仆寺卿前御史张问行撰，为元甘肃行省佥事薛都尔丁后裔第六世土司冶珍的墓表。原存青海省民和回族土族自治县核桃庄乡冶家堡村回民公墓。墓表高210厘米、宽70厘米、厚20厘米，为红砂石制作。因疏于管理，现已毁。碑文共21竖行，每行约50字，全文1200字，残存990字。内容主要记述前数世冶土司传承及冶珍的社会活动情况。在目前已发现的青海回族石刻资料中，它是最早的墓表。

【碑文】

嘉靖癸巳[2]，予忝陕臬佥宪，每按山丹[3]闻□□□守有良将焉，问之知为冶□□□也。及丙申[4]，予叨转中州参藩，道□庄浪[5]，□□有勇将焉，问之知为冶参戎[6]珍也。越己亥[7]，予复备员行太仆寺卿，驻节甘泉[8]，又闻人皆曰甘有廉将焉，问之知为冶副总戎[9]珍也。□□□丁不勇何以致胜，不廉何以立身，此时此地，将亦多矣，而人奚取重于公，公奚取誉于人哉？盖将虽林立，然求其何如□□□□□功罪无淆，威法无何削，小大众寡无慢者，盖鲜矣。如公之参庄浪，遇大虏[10]拥众犯顺，敢追逐百里外，夺旋人畜，斩获虏首□□□□总甘泉，不通赂贿，不事兴贩，不渔猎部伍，不骚扰乡村者，盖又甚鲜矣。噫！公之良之勇之廉，卓不可及，如此恶□无□取□？

□□暖川子原籍西宁州人，其始祖薛都尔丁[11]，任元甘肃省佥事，洪武四年归附圣朝。高祖也里只[12]以功授所镇抚[13]，里只生陕舍[14]，陕舍生荣[15]，俱随征操节有功赏，荣生祥[16]，更也为冶，屡出征战，斩虏首四□升指挥□□□事于拜羊戎[17]，逐番帐于长木硖，斩虏首于人头墩，退海寇于甘州，御回贼于长山湖，泉□胡荣所□，有功□□□□□□□□□□□十四于荣子□□□于□剌山□□于杨家湖，俱中机宜，宴〔偃〕然为地方□隘。盛名益著，及□升参戎，莅事□□□□□□□□□□□□空，公分兵数道，或击其首，或挠其腹，或尾其□，往来督战，亲冒矢石于□□□，斩首十□□□□□□□□□□□□□□□□□□□□□□钦赏金币甚丰，威名大振，遂升左副总戎，与镇巡协同谋议，公矢心□力，□敢时违□□□□□□□□□□□□□□□□□□□□□□□□舆〔与〕有力焉。

公素恙衄血，未尝废事，时祥翁寿八旬有七，康健逍遥有弄老风□□□□□□□□□□□□□□□□□□□□□□□□□数日笑语如常，忽一日公自外至，陡觉心□眩怖，顷刻昏厥，□弟及子□□□□□□□□□□□□□□□□□□□□□□□继娶可氏，又娶韩氏。马生公与玉，可生凤与景，韩生海与珊，共六子，今已有十三□□□□□□□□□尚同□□□□□□□□□自幼迄今，一言一动，未尝少有忤父意者。事继母庶母如己母，待异母弟如同母弟，待□子如己子，一门之中，□□□□□□□□以千□□里外，触父之心，招弟之来，面相求诀，若鬼神使然也。□乎人知公之为将良矣勇矣廉矣，而不知本自孝□□□□□□□，岂偶然哉？公弘治乙卯十一月十五日[18]生，嘉靖己亥十一月三十日[19]终，享年四十年有四，□从之以年则崇功广德，其可□□□□杨义女，生二子，曰鸾[20]，曰鹞，一女尚幼。又娶参将李俊女，生一子，曰鸿，一女亦幼。鸾恂恂[21]□公，可敬可爱，以予详知□父，恳□□□□其所历所闻所见者以畀[22]焉。

嘉靖十八年季冬望日[23]大(太)中大夫[24]甘肃行太仆寺[25]卿前御史□阳张问行[26]撰。

【注释】

[1] 暖川子冶将军：即冶珍（1495 ～ 1540 年），因家居今青海省民和回族土族自治县核桃庄乡冶家堡村，当地人称该地为暖川，故号暖川子。冶珍为冶祥长子，明正德十二年（1512 年）袭指挥佥事。生三子及二女：长子冶鸾，次子冶鹞，三子冶鸿。

[2] 嘉靖癸巳：嘉靖，明世宗年号。嘉靖癸巳，即嘉靖十二年，公元 1533 年。

[3] 山丹：今甘肃省山丹县。

[4] 丙申：即嘉靖十五年，公元 1536 年。

[5] 庄浪：今甘肃省庄浪县。

[6] 参戎：即参将，明代统兵武官，分守各地，位于副总兵之下，无品级，无定员。

[7] 己亥：即嘉靖十八年，公元 1539 年。

[8] 甘泉：在今甘肃省武都县东北。

[9] 副总戎：即副总兵，明清统兵武官。明制，设总兵官、副总兵，无品级，无定员。征战时命将充总兵官，调卫所军领之；战事结束则上交所佩印，官兵各回卫所。

[10] 大虏：明代对进入青海境内元朝蒙古贵族残余武装势力的侮称。

[11] 薛都尔丁：西域缠头回人，元代授甘肃行省佥事。明洪武四年（1371 年）归附明朝，率部驻扎今青海省民和回族土族自治县米拉沟地区，授小旗。为明清时期青海境内回族冶土司的始祖。

[12] 也里只：薛都尔丁之子，明洪熙元年（1425 年）随西宁卫指挥李英征讨曲先、阿端、安定三卫，因功提升为所镇抚。

[13] 所镇抚：明代卫所九等世官之一，所镇抚为从七品，掌刑狱，无狱事，则管军，百户缺，则代之。

[14] 陕舍：也里只之子，明宣德四年（1429 年）袭所镇抚职。

[15] 荣：也陕舍之子，明天顺元年（1457 年）袭所镇抚职。

[16] 祥：也荣之子，生于明景泰四年（1453 年），成化八年（1472 年）袭所镇抚职，并改也姓为冶。弘治八年（1495 年）从甘肃巡抚许进往讨吐鲁番，遂入哈密。次年授百户职，十三年（1500 年）擢副千户。正德六年（1511 年），东蒙古小王子部进兵镇番（今甘肃省民勤县境），冶祥被征抵御，因功迁正千户。正德十二年（1517 年）又征调抵御入掠北川的西番，因功升指挥佥事，不久以年老乞休，由其子冶珍袭职。生六子：冶珍、冶玉、冶凤、冶景、冶海、冶珊。

[17] 拜羊戎：亦作摆羊戎，即巴燕戎，此处指今青海省化隆回族自治县巴燕镇及县属地区。

[18] 弘治乙卯十一月十五日：即明孝宗弘治八年十一月十五日，公元 1495 年 12 月 1 日。

[19] 嘉靖己亥十一月三十日：即明世宗嘉靖十八年十一月三十日，公元 1540 年 1 月 8 日。

[20] 鸾：冶珍之子，明嘉靖二十年（1541 年）袭指挥佥事职，嘉靖三十九年（1560 年）奉命抵御骚扰西宁卫的蒙古族时，与其子冶为钺战死疆场，明朝为表其忠烈，“赠其子百户世袭，家丁升小旗十名”。

[21] 恂恂：恭顺貌。

[22] 畀：音 bì，给以，给。

[23] 嘉靖十八年季冬望日：即公元 1540 年 1 月 23 日。

[24] 太中大夫：明代为加授的从三品官阶。

[25] 行太仆寺：明代分管各地牧政的职官。

[26] 张问行：今河南省内黄县人。

创建定西门记

【提要】

明嘉靖三十年（1551 年）抚治西宁兵备道兵备副使山东历城人范瑟撰。记述了由范瑟主持，在今青海省乐都区冰沟口创修定西门的事迹，其中涉及到青海回族土司冶鸾参与其事的史实，对研究明代青海汉、藏、蒙古、回等民族关系史有一定的参考价值。原碑不存，碑文转引自《西宁府新志》卷三十五《艺文志》。

【碑文】

定西门者，盖冰沟之谷口，西宁之要害云。西宁卫设所有六[1]，而右所别设在碾伯[2]，冰沟乃右所属地，去老鸦城三十里，两山壁立，中通鸟道，泉水自山阴流出，春夏不枯，皆凝为冰，因号曰“冰沟”。其北曰改板坡，其南曰碾线沟。林木蓊郁，山岩巀嶭[3]，番人时潜伏之，以为寇资。故冰沟延袤百三十里，虽旧号通衢，而人踪断绝者五年矣，间有由之者，非丧其躯，则亡其资斧，岌岌乎其殆也！即冰沟驿递之土人，大半逃去，存者无几。庚戌岁[4]，守备唐勇[5]率其卒二千人，合战于坡，虏中流矢而退，千总指挥陈龙、赵威死之，士卒亡者百余人。番虏肆毒，人益远避。其岭背有径路，名曰小冰沟，南通大山，可入古鄯地[6]，贼亦由之以掠巴州[7]。巴州之人患之，无计，乃收人畜，日困城中，因而自毙者，又过半焉。

辛亥岁[8]，予至闻之，召父老而进曰：“我有不可犯之威，严边防是也。能严边防，则天下之险在我，可不战而戢人之兵矣。”父老咸跪泣曰：“善！”因相与步蹙攀岩，历险览胜。至谷口，见诸路之总会焉。两山如门，长河如带，宛若天设。喜而叹曰：“伟乎奇哉！此西宁之险也，可以扼塞矣。”遂呈诸两台，曰:“可。”乃以九月兴工，逾岁告竣。工始于大通之河壖，止于碾线沟之西，百四十里，为墩台者四，为暗门者三，为夫役二千六百有奇。而定西门又视诸门峻且厚焉，墙五十三尺，阔三十尺，缭以女墙，砌以白石，中分为二门，门即疏水道也。门之上为戍楼，楼之南为墩，稍卑，视门不称，欲崇之而未果，增兵守之。兵取之于庄浪者三十人，西宁者三十人。诚所谓一人守隘，万夫莫向者矣。前史氏范瑟登而叹曰:“壮哉丽乎！万世之固也，可以为宝矣。”因题曰“定西门”，言西宁从此无羌戎之患也。

呜呼！天时不如地利，地利不如人和，人和固尚矣。然而天子守在四夷，山川丘陵之险，可少乎哉？是役也，议者，指挥为冶鸾氏、王堂氏、星镇氏；督工者，操守为任堂氏、罗福氏；提兵者，千总为赵芳氏、卢经氏、张承恩氏、谈天锡氏；输夫者，指挥为白昂氏；分工者，千、百户为俞宠氏、周宝氏、钱仁氏、赵莞氏、霍世爵氏、王廷相氏、张威氏。取农于暇日，不敢以病正业；分班以更役，不敢以重民劳；就食于近地，而人无饥色；伐木于邻边，而用自饶裕。欢声遍野，和乐兴工。盖不但得地利矣，喁喁然[9]固上古之民也。美哉其风欤！

【注释】

[1] 西宁卫所六：指西宁卫中、前、后、左、中左、右千户所，前列五千户所治所设在西宁卫城中，右千户所设在碾伯。

[2] 碾伯：此处指碾伯城，即今青海省海东市乐都区碾伯镇。

[3] 巀嶭：山高峻的样子。

[4] 庚戌岁：明嘉靖二十九年，公元 1550 年。

[5] 唐勇：凉州人，明嘉靖年间任西宁分防守备。

[6] 古鄯地：今青海省民和回族土族自治县古鄯镇。

[7] 巴州：今青海省民和回族土族自治县巴州乡。

[8] 辛亥岁：明嘉靖三十年，公元 1551 年。

[9] 喁喁然：比喻众人景仰归向的样子。

湟中破虏碑记

【提要】

明代西宁人张问仁撰。张问仁，字以元，由嘉靖丙辰（1556 年）进士出宰阳城，擢工部主事，又迁员外郎。后又历任山东东衮佥事、直隶昌平兵备参议等。明万历时，他参与了明王朝对青海蒙古族实施的两次军事打击行动，明军取得了南川、西川大捷。该碑记记述了明军取得两次胜利的详细经过，其中涉及参与这次军事行动的明朝回族将领达云、青海回族土司冶为鉴等，对研究明代青海各民族关系及明王朝对青海地区采取的民族政策均有一定的参考价值。原碑不存，碑文引自〔顺治〕《西宁志》校注本卷七《艺文考·碑记》和〔乾隆〕《西宁府新志》卷三十五《艺文志》。

【碑文】

万历二十三年[1]九月，大中丞田公[2]大破海虏永酋[3]于西宁之南川。十月，再破于西川之镇（海）[4]，盖二百年无前之奇捷也。

先是，永酋盘据青海，阳款阴凶，诱杀西宁之副将李魁[5]，戕众二千余，遂诱顺义王扯力艮[6]犯顺，合党与数阑入内地，攻破河、兰兵，放骑大掠，弥月未已，杀掳人民万余。皇上震怒，命少保郑公[7]经略讨之。郑公至皋兰，诸酋复返据青海，秣马将大战。郑公遣兵渡河，先截破套贼吉囊于凉州。力艮归路既绝，穷蹙归命。皇上念将士久征，重元元之扰，赦顺义，令归穴，各酋解散，诏郑公班师还朝。而永酋率残虏劫掠蕃人，与其党仍潜居海上。大兵既还，则又以所掠李副将敝甲数十、牛羊百余头，虚词请罚，窥我虚实，计图复逞。直指以闻，皇上乃命田公自凉、永兵（备）道[8]巡抚甘肃，假便宜以制御之。酋矜凶恃狡，诱远蕃以张势，挟近羌以力和，志在必逞，以要封赏。田公多方密筹[9]，悬重赏鼓蕃潜侦动静以闻，选将治戎，图必馘，而诸酋亦未之觉也。田公会诸将议方略，拟先定青酋[10]，后治永酋。青酋者，青把都，猛而狡，诸将皆难之。田公曰："青酋近窥甘泉，永酋逼穴湟中。我西则青酋东举，我东则永酋西发，首尾牵制，内顾不遑。酋盖以此为长计，以绊我兵，使我疲于奔命耳。青酋恃强无备，今出不意，势可必克。青酋既克，则得专力青海，而永酋可擒也。不入虎穴，焉得虎子？"乃潜师捣青酋，覆其众，青酋单骑走。详在破青酋语中。于是，尽检甘、永、凉、庄骑卒，为三伏以待永酋。密与西宁兵（备）道刘公[11]会计，乃以方略谕参将达君[12]。分布既定，诸蕃密报，永酋已聚众捉马矣。相与计曰："田公适胜于东，必不暇虞我，我可得胜，大可要'顺义'之爵，次不失报青部之仇。且西宁之蕃，可以尽收，五郡可图也。"又曰："九月九日，汉儿重阳，必不知设备。"乃率众突出，伏其千余骑于后，先以千余骑佯呼曰："与我款乎？"盖犹欺我兵弱，恐不敢应，故先以其半诱我，欲其既合而夹乘之，而不知已在我（伏）中[13]也。达君率精甲，短兵直接；镇海游击合诸蕃截其后；蕃兵剌卜尔击其左；隆卜、申中击其右。贼前后受敌，不相救应，死战数十合，遂披靡不支。官军前后斩首七百有奇，其为蕃兵杀伤者，不在其数焉。残兵逃窜，胆堕心惊，巢海余落，皆夜徙海西。羊、牛、家帐，多为诸蕃所获。诸蕃之被虏劫掠者，亦多相率而归。此其初捷，即九月重阳日也。

田公屈指曰："虏多方误我，而为我所算。今永酋虽大创，而火酋[14]独完，真相[15]、纳剌等全部犹盛，齿唇之虑，计所不免。众愤既同，众力必齐，此非诸将之所能辨也。"乃帅中坚，所过检其精健，晨夜赴西宁，而诸蕃谋报已纷至矣。各酋果聚众，永酋空穴而出，纳剌、沙剌卜囊在前，真相、火酋后继，精甲数千，号二万，连络数十里，先图剌卜尔寨。田公曰："贼以忿来，本欲致死于我，而先图孤蕃者，诱我也。"乃募蕃语剌卜曰:"若力能守者，坚守十日，我必破贼。力不能，相机从违，勉图后绩。"围剌卜急，剌卜佯合于贼，诸将欢焉。田公曰："剌卜非心背我者也，我已密约，必左绐贼。且天寒草枯，贼马力已竭。驱剌卜返走，此为上计。而气骄轻我，将必直前。我攻其外，剌卜应于内，破之必矣。"乃合诸营，令达君统之，诸将咸受节度，营于康缠沟，下令曰："明日，破贼时也。"贼又围康缠沟堡以诱我，见我军，乃大哗曰："今日必无汉儿矣！"挥众四面齐攻，矢下如雨。达君鼓众，分其枪炮（弓）弩[16]，更番迭代以应之。从辰至申，百余合，虏人马死伤者，环我垒堑，而犹未肯已也。忿甚，复以骁悍重铠，奋长枪钩杆，单犯西宁兵。西宁兵厚集以待后，故终不能得入。贼于是气竭智穷矣。又见田公战鼓，大惧，乃收营奔回。田公曰："虏创甚，无力再战，且惧我追，必夜走矣。"乃令镇海游击间道先伏于前，令通判龙君[17]帅诸将方阵于后以迫之，田公与刘公自按中道。又谍密呼剌卜尔。剌卜尔收精壮斩虏奔出。镇海兵失期不至，故贼竟得逸去。田公发前锋，追奔数十里，斩首数十余级。然贼死亡伤重于阵，已不下千余。其沿途所弃焚首缺肢者，不可数也。其在〔再〕[18]捷于西川，盖十月廿二日也。

兵将出，田公令曰：“猾虏致死，官军不得离营垒，争首功。虏遁，不得追逐，但取虏不能胜我为奇。敢违者以军法议斩！”以故军阵整肃，敌如撼山，竟不能动。兵既交，田公披甲，帅牙下与刘公、龙君，去大君〔军〕[19]五里而阵，与诸将曰：“我在此与诸君祸福同矣，用命不用命，我亲见之。”又以牛、酒犒士，勉以义勇。是以众皆（踊）跃[20]欢呼，无不一当十者。诸酋东西齐怀，永酋已零散不能成势，真相、火酋骁壮又多为我所歼，其号王子者三人，谋主五六人。而两阵所获甲首，往往虏百金之士，足以大快云。

即今西陲晏然，士歌马腾。虽疆场之事机变不一，即未能犁庭扫穴，以就永清。然前后三捷，杀伤数千，亦足以振国家之威，寒毡裘之胆，起诸边之积弱，雪三军之屡耻。骄虏从是不敢复轻肆而遽垂涎，则亦百世之一时矣。

北虏为患，历代迄今，岂〔讫〕[21]无上策以制。我高皇帝迅扫腥膻之后，虏又以二百年生聚，遂至空〔控〕[22]弦数十万，合其骑众，不减冒顿[23]之强。穆宗皇帝权宜许款羁縻，欲实内以徐图，而将吏奉行失旨，以致暮四朝三，黠〔黠〕[24]虏反操之以愚我，至覆军杀将，寇门庭而无忌。此我皇上所以拒群议而授庙略，以西宁〔事〕[25]专制田公。惟田公忠诚义烈，奇才天授，夫是以受重任而不辞，克成大勋于我项〔俄顷〕[26]也。昔元昊[27]小丑，韩、范[28]举三秦之众以御，乃数为昊挫，仅能以支当，时军中犹侈有“西贼破胆”之谣，谈者伟焉。李牧[29]日击牛飨士，坚壁数岁，不敢与匈奴遇。选车千三百乘，选骑万三千匹，百金之士五万余人，临敌犹先以数千人委之，而后得以大胜焉。以今视之，其声实难易轻重为何如者？是以万众欢呼，愿勒铭以纪。问仁才非班、马[30]，岂足揄扬国家丰功伟烈？辄以陋辞，记其大都，以俟职国史者他日有所考征焉耳。

是役也，兼总文武，分忧定难，则大中丞田公乐；鼓兵布众，慷慨决机，则西宁兵备副宪刘公敏宽；忠愤勇略，使三军乐于用命，则西宁参将达君云；挺身共济，赞画多方，则监督兵饷郡司马龙君膺。分总固殊，忠谋无异，故能量敌虑胜，而计得必成，功得必就也。贾勇挥戈，搴旗斩将，则柴国柱、王汝翼、刘衍祚；监兵，则莫负时；督阵，则田梦松、赵用贤；星夜赴敌，虎驰熊贲，则庄浪参将张君应学、标下游击余君德荣、碾伯郑君恕、古鄯守备邓君荣祖、庄浪协守鲁君光国；警柝巡垣，抚众安内，则监理屯兵郡司马高君第、指挥袁桂、周时相、史守宁、李愈茂、李希梅、祁秉忠、冶为鉴[31]；效谋周旋，不辞劳剧，则经历张荣、教授杨登科；乃若居中制外，网〔纲〕[32]维远迹，则督府李公汶；身御松酋，悉兵西趋，冒艰险以济同舟，则庄浪兵备大参朱公朝聘：威严弹压，营垒安辑，俾田公得专意西征，则镇守甘肃总戎王公赋业；深机远计，伐谋招蕃，卒以得力收功，则前经略少保郑公洛、赞画兵部主事今陕西总宪梁公云龙、陕西佥宪今山西总宪万公世德；至于筑垣塞险，足练兵士，急固内以壮根本，密先图以俟时机，则先西宁兵备总宪石公槚、兵备总宪今中丞刘公光国、副宪调浙江余公良枢。是以离任虽久，而讴歌不忘，有不可得而泯者，故并书焉。

其辞曰：于惟我明，列圣相承，薄海内外，罔不来庭。惟兹犬孽，败亡余熄，乾坤泰大，卵育生息。二百余载，丑类实繁，跳踉叫噪，扰我边关。惟我穆皇，厌其烦狡，曰兹蠢蠢〔尔〕[33]，何足与校？譬彼蛇虺，恩以生存;譬彼鸱枭，怀以好音。抚之摩之，食之货之，厥恩浩荡，冥然罔思。朝而饱肉，暮而决藩，暑得其衣，冬又号寒。适赏于东，旋掠其西，纠凶聚丑，左顺右违。其欲既得，厥诈遂甚，大肆厥毒，边垣孔震。皇帝曰吁！是岂可容？将军虎士，束手何庸？乃下明诏，乃治边臣，克诘戎兵，三令五申。皇帝曰吁！来汝卿乐，授汝斧钺，往治其虐。公拜稽首，天子明圣，敢不对扬，帝之休命。聚米屈指，虏在目中，乃上方略，以达宸聪。皇帝曰吁！惟尔从事，假尔便宜，我不中制。田公稽首，先捣青酋，覆其巢穴，兵行不留。是岁之秋，永瓦乃猖，密合丑众，欲掩不防。阑入我腹，两战皆奔，我武惟扬，霆击雷喧。长戟短刀，截背穿胸，歼厥渠魁，遂及胁从。孰谓虏强？摧枯拉朽，弃甲曳兵，狐骇兔走。孰谓我怯？如熊如貔，投石挥戈，山摇海沸。捷书备具，既达九重，皇帝曰吁！卿乐之功。功懋懋赏，加乃丕绩，峻秩崇阶，宠以三锡。公拜固辞，天子圣神，公卿硕辅，庙算惟员〔灵〕[34]。疆场文武，备策殄丑，臣适宣命，何力之有？皇帝曰吁！汝惟不矜，能谋而断，大勋斯成。昔我高皇，及我文祖，扫彼腥膻，奠厥中土。羁縻之术，暂不可常，惟圣知几，坚冰履霜。从今而往，毋为胶柱，驯可豚畜，犷即犬捕！边氓舞蹈，获心乐意，皇帝聪明，天锡勇智。边氓舞蹈，青衿黄耇，皇帝聪明，皇帝万寿。劈山磨崖，愿勒洪勋，闲住小臣，爰述斯文。

【注释】

[1] 万历二十三年：公元 1595 年。

[2] 田公：指田乐，时任都御史。

[3] 永酋：指俺答汗之侄永邵卜。明万历七年（1579 年），俺答汗西征瓦剌，回师，留永邵卜部居青海。永邵卜遂与松山(今甘肃省天祝藏族自治县境)之宾兔(俺答汗之子)

等屡犯西宁、河西诸卫。万历十六年（1588 年），永邵卜大犯西宁南川，诱杀副总兵李魁，掠去牲畜数以千计。

[4] 镇海：《西宁志》“镇”后脱“海”字，《西宁府新志》作“镇海”。地在今青海省湟中县多巴镇通海村。明嘉靖元年（1522 年）置防守官，万历二十一年（1593 年）改设游击。

[5] 李魁：《明史》作“李奎”，时任西宁副总兵，万历十六年（1588 年）被入犯西宁卫的蒙古部射死。

[6] 扯力良：俺答汗之孙，万历十五年（1587 年）袭封为第三代顺义王。

[7] 郑公：指郑洛，字禹秀，安肃（今河北省徐县）人。明嘉庆三十五年（1556 年）进士。任山西参政时，辅佐王崇古与俺答汗达成和议。万历七年（1579 年），以兵部左侍郎总督宣、大、山西军务，于边防、贡市多所建树。万历十八年（1590 年），因青海蒙古各部屡次攻掠陕西沿边，关中大震，诏郑洛经略七镇。郑洛先令甘肃镇严加戒备，继入青海招抚藏族 8 万余人，进兵青海湖地区，驱逐火洛赤、真相，焚仰华寺，置戍西宁、归德。寻以宣、大军务紧急，召回筹划。后以青海用兵事被弹劾，郑洛谢病隐退，再未起用。传见《明史》卷二百二十二。

[8] 兵（备）道：《西宁志》作“兵道”，《西宁府新志》作“兵备”。明制于各省重要地方设整饬兵备之道员，称为兵备道。

[9] 密筹：《西宁志》作“密筹”，《西宁府新志》作“密计”。

[10] 青酋：指青把都儿，系东蒙古切吉台吉的从子、俺答汗部属昆都力之子，拥有部分兵权，拥兵占据河西，为患颇甚。

[11] 刘公：即刘敏宽，字伯功，山西安邑人。明万历十五年（1587 年）进士，万历二十二年（1594 年）任西宁兵备副使。历任甘肃巡抚、延绥巡抚、陕西三边总督、兵备尚书等职。为人慷慨，有大略。万历二十四年（1596 年）与同知龙膺修成《西宁卫志》。

[12] 达君：即达云，明朝万历年间西北回族名将，出身于凉州卫（今甘肃省武威市）武将世家。其先为西域回回贡使，留河西不归，渐为凉州大族。生卒年不详。万历中承袭世职任指挥佥事，由于他作战勇敢又有智略，不久即由守备升任肃州游击将军。主要在河西一带防御蒙古贵族武装的袭扰，后以功勋升任西宁参将。达云平日治军严明，部下除汉族外，又多蒙古、回回等各族健儿。他对于西宁附近的藏族部落颇著恩信，

藏族人往往愿为其所用，这是他在西北常年征战中的优越条件。万历二十三年在抗击永邵卜的战役中先后取得南川、西川大捷，因功升任副总兵、都督同知，并以总兵官镇守延绥，不久移镇甘肃。万历二十六年（1598 年）甘肃总兵官达云联同三边总督和甘肃巡抚等发动松山战役，驱逐了蒙古贵族丙兔部，收复了松山，达云以功进左都督，不久又加太子太保。大约在万历末年逝世于军中。

[13]《西宁志》脱“伏”字，据《西宁府新志》补。

[14] 火酋：明代移牧青海的蒙古火落赤部，初居青海湖周围，后迁居捏工川。

[15] 真相：明代移牧青海的蒙古真相部，真相为俺答之孙，丙兔之子，其部驻牧青海莽剌川一带。火落赤、真相入据青海事，参见《明史》卷三百三十《西番诸卫传》。

[16]《西宁志》脱“弓”字，据《西宁府新志》补。

[17] 龙君：即龙膺，湖广武陵人。由进士万历年任西宁监收通判，嗣迁同知，后迁西宁监司。殚心吏治，兴社学。万历二十四年（1596 年）与刘敏宽修成《西宁卫志》。

[18]《西宁志》作“在”，据《西宁府新志》改作“再”。

[19]《西宁志》作“君”，据《西宁府新志》改作“军”。

[20]《西宁志》脱“踊”字，据《西宁府新志》补。

[21]《西宁志》作“岂”，据《西宁府新志》改作“讫”。

[22]《西宁志》作“空”，据《西宁府新志》改作“控”。

[23] 冒顿：音莫独，匈奴单于。

[24]《西宁志》作“黯”，据《西宁府新志》改作“黠”。

[25]《西宁志》作“宁”，据《西宁府新志》改作“事”。

[26]《西宁志》作“我项”，据《西宁府新志》改作“俄顷”。

[27] 元昊：亦作李元昊或赵元昊（1003～1048 年），西夏王朝的建立者，在位 11 年。

[28] 韩、范：指宋代韩琦、范仲淹。

[29] 李牧：战国时赵国将领，长于用兵，多次打败匈奴和秦军。

[30] 班、马：班固和司马迁的并称，也称“马、班”，均为汉代大史学家和著名散文家。司马迁是《史记》的作者，班固是《汉书》的作者。

[31] 冶为鉴：明代青海回族土司冶鸾之次子，于明隆庆五年（1571 年）承袭指挥佥事之世职。

[32]《西宁志》作“网”，据《西宁府新志》改作“纲”。

[33]《西宁志》作“蠢蠢”，据《西宁府新志》改作“蠢尔”。

[34]《西宁志》作“员”，据《西宁府新志》改作“灵”。

南川大捷题名碑记

【提要】

明万历年间西宁卫监收通判、湖广武陵（今湖南省常德市）人龙膺撰。龙膺，字君善，一字君御，号朱陵。他与西宁兵备副使刘敏宽等出谋划策，对青海蒙古族实施了两次军事打击行动，取得了南川、西川大捷。事后，以功升为西宁卫监军同知。该碑记记述了明军取得南川胜利的详细经过，其中涉及参与这次军事行动的明朝回族将领达云等，对研究明代青海各民族关系及明王朝对青海地区采取的民族政策均有一定的参考价值。原碑不存，碑文引自〔顺治〕《西宁志》校注本卷七《艺文考·碑记》和〔乾隆〕《西宁府新志》卷三十五《艺文志》。

【碑文】

时万历乙未九月，西宁以戊子[1]中虏蹶上将，覆重师，四塞震惊，九重隆怒，申令罢款，诘戎虏骜无道，潜畜祸心，聚谋内讧。大中丞田公授秘算于监司刘公以暨达将，纂严备之。虏寻拥劲骑千余，阑入南川捏耳朵峡。侦至，达将率西宁营兵二千往檄，北川、镇海诸材官各率其伍，分伏要害。而蕃兵密布峡外，（骁）〔绕〕[2]出虏背。比虏入，达将挺身壮语谯让，虏魁报词甚桀。我师伏突横截，虏衷前后罔属。我兵殊死战，达将手刃其魁，即曩时[3]陨上将者。合围击杀，靡有孑遗，计馘[4]六百八十有奇。峡外残虏，复为番兵所歼，抑夺马畜无算。

夫戊子之后，虏有轻中国心，以强挟市，而我奉之。虏欲无厌，我供不给，是所谓割肉以啖饥狼，狼愈贪而我立毙。岂惟湟中危？虏日内衅[5]，河以西（无）[6]宁日矣。今兹奋起积衰，堕其孕重，一刷宿耻，大振国威，对扬王命。彼即报也，勍于畴昔已耳，我当益肆张皇，誓不与虏两立，则虏亦人耳，犹前日之永、瓦耳，将柰我何？既不惜以其身塞大难之冲，若〔夺〕[7]彼骄謇之气，且永肩厥任，屹为秦陇捍关，非幸一胜而掉臂也。

中丞公烈哉！是役也，督府李公、直指乔公，毕群策，出万全，而监司刘公握其算，达将肩其劳，厥功伟矣！诸将吏（有）[8]勋伐者，悉登名碑阴。

【注释】

[1] 戊子：明万历十六年，公元 1588 年。

[2]《西宁志》作“骁”，据《西宁府新志》改为“绕”。

[3] 曩时：以往，以前。

[4] 馘：音 guó，古代战争中割取敌人的左耳以计数献功。

[5] 畀：音 bī，迫近。

[6]《西宁志》脱“无”字，据《西宁府新志》补。

[7]《西宁志》作“若”，据《西宁府新志》改作“夺”。

[8]《西宁志》脱“有”字，据《西宁府新志》补。

西川大捷题名碑记

【提要】

明万历年间西宁卫监收通判湖广武陵（今湖南省常德市）人龙膺撰。龙膺，字君善，一字君御，号朱陵。他与西宁兵备副使刘敏宽等出谋划策，对青海蒙古族实施了两次军事打击行动，取得了南川、西川大捷。事后，以功升为西宁卫监军同知。该碑记记述了明军取得西川胜利的详细经过，其中涉及参与这次军事行动的明朝回族将领达云等，对研究明代青海各民族关系及明王朝对青海地区采取的民族政策均有一定的参考价值。原碑不存，碑文引自〔顺治〕《西宁志》校注本卷七《艺文考·碑记》和〔乾隆〕《西宁府新志》卷三十五《艺文志》。

【碑文】

时万历乙未十月，南川大捷。大中丞田公策虏必大举复来，亲提幕府一军，并檄庄浪诸路，兵马毕集，严堠增障，粮饬戒，不惮征缮，昼夜焦劳。虏果要结别部名王，空穴以出。十月，入犯西川大康缠沟，顾惩南川之伏，踯躅[1]境外，不轻内蹂，但重围剌卜蕃堡，日诱之降。时蕃势既单，阳为顺虏，以待我军。公命三百孱卒致帅，虏利我寡，拥众突入铁骑万余。我已列营铺墩，四面火器具举，虏众大熸[2]。西宁搫锋，更为肉薄。公志期尽虏，崛以身先。虏退，公蓑宿蓐食，手持糒醪[3]饷诸将，复劳苦诸士卒。昧爽挟膺，提兵退劓，诸将力战，而蕃部溃其中坚，两军相为表里，虏不能支，枭克酋健，号咷[4]震天，焚觜[5]蔽野。虏穷奔，我军传〔傅〕[6]险而反。

夫将受成于公暨监司刘公，主坚壁不主先登，主摧锋不主斩级。虏以铁骑，排山而破卵，我如虎三搏，气盛必衰。我骤搫之，旗靡辙乱，彼脱蹶生，我无幸矣。我兵齐勇若一，屹如崇庸[7]，牢不可撼。虏为跃铁，我为洪炉，孰坚孰瑕？孰劳孰逸？不尚首功之名，而收全胜之实。提衡而论，何减曩勋。且也，公亲临戎，诸将战益力，虏酋再败涂地，创巨痛深，駾喙[8]海陬，敢遑取当？而我师方旦夕摩厉，以须其出。

中丞公烈哉！是役也，督府李公、直指乔公，布昭师武，震叠皇灵。而监司刘公裨〔捭〕阖[9]兵机，达将纵横（将）略[10]，厥功伟矣！诸将吏与有勋伐者，悉登名碑阴。

【注释】

[1] 踯躅：音 zhí zhú，徘徊不进状。

[2] 熸：音 jiān，火灭，引申为军队溃败。

[3] 糒醪：糒，音 bèi，干粮。醪，音 láo，浊酒。糒醪，干粮和酒。

[4] 咷：音 táo，哭。

[5] 焚胔：焚烧尸体。胔，音 zì，腐肉。

[6]《西宁志》作“传”，据《西宁府新志》改为“傅”。傅，通“附”，附着。

[7] 崇庸：崇，高大。庸，通“墉”，城墙。崇庸，高大的城墙。

[8] 駾喙：駾，音 tuì，惊走奔窜。喙，音 huì，疲困。駾喙，狼狈逃窜之状。

[9]《西宁志》作“裨阖”，据《西宁府新志》改作“捭阖”。捭阖，犹言开合，有应变之意。

[10]《西宁志》脱“将”字，据《西宁府新志》补。

封祁连山铭

【提要】

明万历年间西宁兵备副使、山西安邑人刘敏宽撰。刘敏宽，字伯功，明万历十五年（1587 年）进士。万历二十二年（1594 年）任西宁兵备副使，历任甘肃巡抚、延绥巡抚、陕西三边总督、兵备尚书等职。为人慷慨，有大略。万历二十四年（1596 年）与西宁卫监军同知龙膺修成《西宁卫志》。明万历时，他任西宁兵备副使，与西宁卫监收通判龙膺、西宁卫参将达云等，对青海蒙古族实施了两次军事打击行动，取得了南川、西川大捷。该碑记记述了明代西北边防形势及明军取得甘山、南川、西川胜利的大致经过，对研究明代青海各民族关系及明王朝对青海地区采取的民族政策均有一定的参考价值。原碑不存，碑文引自〔顺治〕《西宁志》校注本卷七《艺文考·碑记》和〔乾隆〕《西宁府新志》卷三十七《艺文·考铭》。

【碑文】

国家防御四夷，边徼[1]数万里，而北虏为亟；防御北虏，开府七，督府三，几万里而西塞为亟；防御西虏，开府三，督府一，几四千里而河西为亟。

夫辽左[2]臂神京，距虏最众，则战之难；蓟门[3]、上谷[4]肩神京，距虏最近，则守之难；云中[5]肩臂较远，距虏最强，则款之难；上郡[6]、朔方[7]、河西[8]三阵，距神京卓远，虏众而寖强，是为尤难；而河西一阵，孤悬陡绝，环虏而衷，羯夷不均，叛服靡定，强而且黠，众而且携，此难之难者也。

比年东塞闭关，俺酋[9]互朔方、上郡，内讧甫平，独河西虏旦朝伺隙，肘腋绎骚[10]。主上以田公分陕，久熟西事，特进大中丞镇抚之，秉钺专征，无监无挠，青酋住牧昌宁湖[11]，寖浔内啮，亦既有年，迩已据我泉后山，逼而蹂躏，此其患在藩墙。公命诸将分道夹剿，虏众大崩，计馘六百七十余级，是为甘山[12]之捷。

瓦酋[13]以岁戊子殒我上将，骜然有轻汉心，狡焉启关，要市挟赏，此其患在门庭。密檄达将裹甲以往，于阵手刃虏魁，尽歼群丑，计馘六百八十余级，是为南川之捷。

瓦酋甚毒，要结强援，挟降蕃部，威棱藉甚，此其患在堂涂。公命达将交诸路兵马四面火攻，虏众糜烂，而复亲提大军捣之，蕃部内应，斩馘过[14]，残胔煨烬，不下千余，是为西川之捷。

夫甘山之捷以合围，其勇胜也。南川之捷以掩击，其略雄也。西川之捷始以坚壁，既以长驱，勇略备矣。我无亡矢遗镞之费，偾军蹶将之虞，而虏折北不支，可谓一创百惩，一劳永逸者也。厥功茂哉！枢府递上公功，秩宗诹吉告庙，六月三捷，通计首功一千四百有奇。天子大悦，制诏申进公爵，需以非次，加荫殿尉，仍赉朱提十流，飞鱼绯衣一袭，视初命特隆，锡履分茅，当有后命。

敏宽备兵湟中，伏在节下，式瞻丕绩，远过燕然。敢曰不文，愿同班椽，则以名山崇表河右，莫若祁连，于是请封而铭之曰：

明王有道，不勤远略，守在四夷。蠢兹丑虏[15]，整居荒落，易属羁縻。戎心叵测，左窥右盼，窃发西陲，长蛇封豕，凭淩[16]上国，盱盱睢睢。帝赫斯怒，乃申九伐，乃整六师。爰命西帅，畀兹日羽，歼此月支。桓桓田公，为苴而正，为单而奇。皇皇简书，授以节钺，假以便宜。恶稔青酋，亟须翦灭，而后朝食。兵不留行，出车六月，盛夏赫曦。丑虏分摧，颠崖湮谷，如鲸如鲵。亦粤戊子，永酋遘逆，天讨久稽。公令元戎，敌王所忾，京观其尸。殄厥渠魁，并其群丑，靡有孑遗。公策二酋，难心不戢，毋令遽鬌。躬帅一军，协连诸校，是肆三犁。火烈既扬，公亲逐北，介马而驰。若雷斯轰，若彗斯扫，若电斯飞。腥延红崖，膏浑青海，血赭燕脂。伐鼓吹铎[17]，释冰反旆，薄言旋归。露布献功，稽首再让，臣何敢居。惟帝曰咨，师武臣力，厉其庶而。何锡予之？彤弓旅矢，麟趾犀毗。载命太常，其以勋伐，勒彼鼎彝。砺山带河，爰及苗裔，天禄永绥。微臣扬扢，丰碑高峙，亿万年斯。

公移[18]

【注释】

[1] 边徼：边界。

[2] 辽左：指辽河以东的地区，今辽宁省通称为辽左。

[3] 蓟门：地名，即蓟丘，在今河北省宛平县北，亦名土城关。

[4] 上谷：郡名，战国燕置上谷郡。辖境相当于今河北省张家口、小五台山以东，赤城、北京市延庆县以西及内长城和昌平区以北地区。

[5] 云中：郡名，战国赵武灵王置。辖境相当于今内蒙古自治区土默特右旗以东，

大青山以南，卓资县以西，黄河南岸及长城以北地区。

[6] 上郡：郡名，战国魏文侯置。辖境相当于今陕西省北部及内蒙古自治区乌审旗等地。

[7] 朔方：郡名，西汉置，辖境相当于今内蒙古自治区河套西北部及后套地区。

[8] 河西：古地区名，汉、唐时起指今甘肃省河西走廊和青海省湟水河流域地区。

[9] 俺酋：即俺答汗，又称阿勒坦汗，蒙古鞑靼部首领，阿著之子，吉囊之弟。明嘉靖中势力崛起，东驱察哈尔的小王子，西逼河套的吉囊诸子。其部属东起蓟辽边外，西去甘青迤西，连年侵掠中原，席掩宣、大各边，京师为之震动。后王崇古主持封贡，于明隆庆五年（1571 年）达成和议，明庭封俺答为顺义王，开放陕西、宁夏等地马市。双方关系出现了一段和平安定时期。明万历九年（1581 年）十二月病故，年 75 岁。

[10] 肘腋绎骚：肘腋，比喻切近的地方。绎骚，扰动。指在切近的地方发生扰动。

[11] 昌宁湖：明时有湖，为俺答之属部青把都儿所据，现已枯涸，遗址在今甘肃省民勤县昌宁堡附近。

[12] 甘山：即龙首山，位于今甘肃省山丹县西北 30 里，俗名“北山”，亦称甘浚山。其山西北有昌宁湖，青把都儿先居昌宁湖，渐次移驻于甘浚山。他与青海的永邵卜等遥相呼应，此进彼退，此退彼进，使明军疲于奔波，劳而无获。明万历二十三年（1595 年）五月，甘肃巡抚田乐在此率明军击败青把都儿部，解除了明军对付青海蒙古的后顾之患，史称“甘山之捷”。

[13] 瓦酋：指瓦剌他卜囊，蒙古部落酋长。万历时常拥兵掳掠，万历二十三年（1595 年）十月，他从湟源一带进犯西川，失败后连夜徙居盐池以西。

[14] 此处疑有脱字。

[15]《西宁志》均作“丑虏”，《西宁府新志》均作“丑蛮”，从《西宁志》。

[16]《西宁志》作“凌”，《西宁府新志》作“陵”，从《西宁志》。

[17]《西宁志》作“铎”，《西宁府新志》作“铙”，从《西宁志》。

[18] 移：官府文书之一，行于不相统属的官署间。移文，犹檄文。《西宁府新志》无“公移”二字。

湟中三捷记

【提要】

明万历年间西宁兵备副使、山西安邑人刘敏宽撰。刘敏宽，字伯功，明万历十五年（1587 年）进士。万历二十二年（1594 年）任西宁兵备副使，历任甘肃巡抚、延绥巡抚、陕西三边总督、兵备尚书等职。为人慷慨，有大略。万历二十四年（1596 年）与西宁卫监军同知龙膺修成《西宁卫志》。明万历时，他任西宁兵备副使，与西宁卫监收通判龙膺、西宁卫参将达云等，对青海蒙古族实施了两次军事打击行动，取得了南川、西川大捷。该碑记记述了明代西北边防形势及明军取得甘山、南川、西川胜利的详细经过，对研究明代青海各民族关系及明王朝对青海地区采取的民族政策均有一定的参考价值。原碑不存，碑文引自〔顺治〕《西宁志》校注本卷七《艺文考·碑记》和〔乾隆〕《西宁府新志》卷三十五《艺文志》。

【碑文】

自汉通西羌，置属县，开屯田，始有湟中。其后递失，则孤悬以也。明兴，收辑散亡，设卫治，幅员千余里，羌汉错居，而衅孽不作，彼一时也。

武庙时，北虏亦卜剌窜牧青海，残我四卫，隆、万间，瓦剌他卜囊、永邵卜诸酋越右臂而列部，火落赤继之，三面中虏，狡而且强，榰我肘腋。时（而）[1] 羁縻，时而蹂躏，此一时也。

岁戊子，瓦酋内向，诱副将李魁死之，尽覆我众。天怒斯赫，下诏闭关罢贡，悬爵赏以购酋首，为日远矣，曷容斯须缓斧钺之诛哉？虏众积强，骄謇愈肆，挟我市赏，轻中国甚。在事者，姑示羁縻，许马年款。

乙未六月，余承乏是土，甫至，虏使使挟曰："向约款年，逾马及羊，秋之弗决，汉羌无幸。"其辞之不戢，益又甚矣！余深惟国耻莫泄，节士愤惋。不于此时决策定虑，我受其制，羌畏（其）[2] 强，羌日被〔彼〕[3] 附，我日孤，湟事去矣，则驯致前代之失也。乃上抚剿之宜于督府李公、开府田公，其略曰："西海之虏，瓦、永最张，剿则他虏慑于威，抚则他虏从之靡。顾抚之易，剿之难，图难就易，存乎其人。总之，毋后时养祸也。要挟而失其欲，势必狡然，先发在彼，非计之得。”督府公报曰：“抚剿之间，大善。”开府公报曰：“豺狼难狎，与抚宁剿。”盖以瓦、永二酋久稽天诛，致廑圣虑，不一大创，奚谢国殇？余复旁询诸乡衮，谋亦佥同。遂鼓羌部，训士卒，饬亭障，缮甲兵，一意为树计。

八月，得羌僧西纳锁南列思巴、剌卜尔完卜密告，永、瓦觖望，将甘心于我，曝糒晾骑，期在深秋。既又得羌人所遣侦报：永酋戒兵，阴谋入袭。伊迩塘报：督府、开府暨两御史台悉下方略，申令戒严。余与今副总兵都督同知达云，咸受厥成，监督同知龙膺与赞机宜，同屯兵通判高第，料简军实，亦既审矣。

九月七日丙子，报虏五十余运趋捏尔朵硖。八日丁丑，遂传檄布伏：碾伯守备郑恕将兵一千，壁乞答真，中军李可爱翼之；古鄯守备邓荣祖将兵六百，壁阿峦堡；土兵把总祁秉忠将兵五百，中军百户夏孟明将兵二百五十，夹壁伏羌堡；西纳、剌卜尔、申中诸羌兵五百，集境外以邀奔佚；镇海游击白泽将兵二千，为中应；达将云自将锐兵二千，壁于南川之闇门；北川守备余世威、镇海中军杨桂将兵九百，宵合云营。

约束既定，九日戊寅，日甫出，虏不虞我备，毁障塞，从南川已入强半，伏兵突起，前后邀击，飞丸疾矢，运荡山谷。虏惊，中断，首尾罔属。合围夹剿，自辰至午，获虏骑六百三十有奇。达将手刃其魁，羌僧剌卜识其为把都尔恰，既往害李副将者。障以外者，羌兵伏发，啖声一震，射击如雨，虏周章奔窜，追斩虏级一十有九。捷音既至，余度残孽且黠，窥我重兵在南，乘虚必及镇海。驰报白泽，移兵守隘，并檄邻羌剌撒尔、捨拾[4]协守截之。泽兵预壁思冬湾。

十日己卯，虏果以五百余骑走犯西川，由剌撒西林入。泽督镇海千总邓绍芳统兵蹶起对敌，复馘壮虏二十有九。

十二日辛巳，流虏七十余骑迳趋西石峡，翼掩不备，而得志于羌也。（侦者郑万库传告泽兵，伺之峡傍，虏蹑峡壖，泽出迅击，虏急还，追斩）[5]至黑沟口，馘壮虏三，羌人哈牙辈馘壮虏一。前后总计馘壮虏六百八十有一。捷闻开府公，公曰：“湟中士卒其劳乎！虏必借资诸部，以图大逞，其何以御之？”乃躬率标下游击余德荣及张应学、鲁光国，千总、把总将领十，健（兵）[6]三千，亟来备之。

二十一日庚寅，抵湟中。遂阅南川战垒，积尸交横，膏血俱殷，七尺之躯，莫匪覆车者焉。马惊逸不服乘，公徒步周览，指而叹曰：“京迈〔观〕[7]可筑也。往戊子之变，李将军殒身覆卒于王沟尔硖，距此相望，咫尺而近。是举也，足敌王忾，快群心而瞑诸将卒九原之目。”会西纳羌人侦自虏中，告瓦、永要结纳剌、沙剌诸酋众，以报南川之役。公语诸将曰:“湟境恃隘以居，扼虏境外，则我壁其险，彼处其夷，虏苟入境，则险夷共之,曷翼全胜？”诸将咸以虏众,关隘多,佹[8]入莫测,外御为难。公曰:“不然，虏忿方张，望我而压，出境饵之，还壁拒之，虏可集也。以主待客，集而击之，策乃完善。”

十月十三日壬子，侦虏前骑已薄牙桥，既候虏尘，约万五千余，薄境外，将犯康缠沟。公问计，诸将咸（曰）[9]：“虏锋未可撄，画地分防，拒使弗入。”公曰：“虏势迅急，譬犹狂澜，堤其下流，溃可立待。又分而防之，我力不集，被〔彼〕[10]无大衄，宁遽罢归？”更无善辞，以啖士卒，劝材官，激主将，无〔并〕令歃血[11]，务在一心。诸闻誓者，靡不敢〔感〕奋[12]，愿效死力。公复躬步〔陟〕[13]山颠，督军为台，竟日风霾中，据胡床，进粗粝，检校战守之具，（不）啻[14]备矣。虏惩往失，趑趄境外，第重围剌卜羌堡。堡当山险，我兵不能长驱。剌卜势孤，且降之。虏欲结剌卜欢，藉为向导，为羽翼，不犯秋毫。公闻之曰：“狡虏之情，不轻内蹂，复不肆掠，盖为待重，侵寻啮我也。合兵击之，此其时也。”公授算既毕，且戒将士：“胜毋贪馘，进无乱行，虏前毋却，退虏遽尾。要在饵兵邀其夹〔来〕[15]，潜师遮其后。始以（火）[16]攻，维〔继〕[17]以合击，在歼其众，不在首功。众歼则虏气衰，（气衰）[18]则不遑安处，遁归故穴。青海之澄，四卫之复，藉是举也。”诸将曰：“诺！”二十二日辛酉，陈兵数百尝之，虏利我寡，整众突入。是时主将云已勒大营于康缠（沟）[19]东拘〔杓〕[20]尔湾，西宁营兵九百列其南，而西宁营中军柴国柱，千总王汶翼、刘衍祚，把总彭大胤、刘一正、李荣先、王天泽、达士贤统之；赞理营兵八百暨北川兵五百列其东，守备余世威、甘州标下中军张君恩，千总高科，把总刘承惠、周自新、滑熙皋、秦大川、李承胤统之；庄浪营八百列其北，游击张应学、庄浪千总李希靖、把总孙尚、文光、李秉诚统之;协守营兵六百暨古鄯兵三百列其西，守备邓荣祖、庄浪中军何隆、千总鲁之由、安成化，把总乃天禄、毛林统之。虏环而急攻，将士毋敢后，齐勇若一，射击四出，丸无虚发，矢无亡舍。虏拉死扶伤，络绎如蚁。将士夙奉公命，毋敢离颜行，轻出以俘馘者。虏仇西宁兵甚，又四集而攻其南，自巳至申，旅进旅退，冲突数十合。云、应学然益严号令，身先士卒，兵气百倍，腾跃迎敌，不动如山。虏咋知口〔曰〕[21]：“西宁兵马，胡一旦若铁壁耶？”及虏酋有拥坐纛者，云亲提神炮击伤之。虏众始却，其焚胔积地，血肉狼藉者，益复无算。方两军相接，炮声如雷，响应四达，烟焰弥漫，林壑晦冥，独片云青红，斑驳若一色盖，高悬云营，逮虏却始散，将士莫不目击，咸呼神助云。开府公谂虏独集西陲，犹虑将士不殊死战，慨然曰："不亲灭此虏，何暇寝食？"乃以总四川守应之事属之余，以巡警城垣之事属之高第。公擐甲跃马，命龙膺监余德荣、郑恕、鲁光国、李可爱兵一千二百，偕发赴镇海。余督卫指挥袁桂、中所百户许上仁[22]、左所百户史继祖[23]，给以锐枪、火箭及诸煤炒火具八十余车，从公以行。公至徐家寨，虏望尘退。时天已暝，我兵亦解甲于此，左右叩寨，关不期〔启〕[24]。诸将谒公尘埃中，就憩荒祠，祠特圯陋，道径阻宣，供需失次。公藉地召诸将，手所挟酒脯相劳苦，尽其欢心，夜分，倦已将寝，祠中诸将又踧踖相顾，不自宁。公曰："我上[25]祠下，诸将安之？三军之士又安在耶？"诸将感激泣下。即古名臣与将士同甘苦者，何以加此？初，公计觅剌卜（部）[26]羌剌住子，至是夜，令间入虏营，伪称我师以剌卜遽降，屠其族属，我得脱来归附耳。从中阴约剌卜为应，诸营且淹，以需其会。质明为二十三日壬戌，公令柴国柱将健兵左统〔绕〕乾沟，白泽右统〔绕〕[27]小康缠沟，间道潜出虏后。公偕龙膺将大兵直逼虏营。虏望飞尘四合，大兵将压，亟发夷畜前奔，甲骑殿后。我兵全甲追之，虏踉跄不知所出。剌卜乘乱溃其中坚，前应我兵，又转而合（我）兵[28]，以逐奔虏至境外，远追险厄而还。前驱之士，纷纷叩公马献馘。公愠曰："戒汝曹毋贪馘，所获几何？而残虏游魂幸矣！"我兵暨羌部共馘壮虏六十有一，计所馘，不当死伤什一也。是战也，询于剌卜，得虏中所睹，闻昨者之战，毙于达将神炮者满克王，毙众兵者把汉他卜囊、脱赖舍人，总巨酋十。虏料从而丧者八百有奇，牛马死者十六。今日所丧者亡论已。及视虏拉其死者，特燔其首〔酋〕[29]不为我兵利，其遗骸累累而成丘，谛而计之，与剌卜之言版版不爽。军正指诸将士而进曰："乃者，四千之众，当万有五千之虏，徼皇灵，禀幕算，将士用命，忘躯力战，自朝及夕，九死为邻，幸获全胜。顾军制尚首功，微今日再捷，有什一之馘，岂不泯汤乎昨者血战耶？首被烬矣，累累而叠者具在，安所从来？请明诏破曩制，酬苦战，奋士心，是在掌记也。"公曰："噫嘻！余岂不深念诸将士劳苦而功高哉？九塞之上报战胜而拉死，月有闻也。余弗敢遥臆其若何？苟越制以请，则后以台为口实，其萌滋蔓矣。夫南川之战，刷夙耻也；西川之再战，保前伐也。至令毋贪馘者，余翼（弱虏）[30]而移其巢，抉河以西胸腹之疾也。乃今两有获矣，虏渐弱矣，图之而复其地，厥有绩矣。事成以酬国恩，以绥境土，诸将士千古之大业也，（安）[31]用区区以首功为？不掩美，不掠虚，不越请。闻之天子，异数之及，则庙议在焉。诸将士其安而俟之，以图其大者。"余与在行间，习其始末，而将吏士卒之戮力，开府公肩事之果，料敌之神，与夫廓清西海之任，不可无记，以俟史乘之采，遂备书而为之记。

刘敏宽曰：万历乙未，余承乏来兹，季夏六日至任，仪仗趋出剌仪门，字匾落地，以匾长舒门下近尺耳，令截去之。是岁重九前一日，侦虏南犯，达将军云议，于发兵候道门，未启，司钲鼓者突然俱作，余开门诘之，曰闻道内板声，然实未尝声板。九日，达将军晨起伏羌堡，欲阵南川，有枭一，集于旗杆，将军出，则枭振羽前飞，若导之者。十月，虏大举。十有九日夜，西方白气数道竟天。二十二日，战虏，天竟清明，独片云青红如盖，正覆我营，虏北始散，此异兆之在我者。先是，甲午永、瓦酋营黑风昼晦，大石若羊，奔跃如瓜滚。乙未十月，有狐二尾，环绕永帐，虏获二狐，各带字纸，上书“汉胜七年，虏败七年，敕虏勿抗”数语。虏谓蕃诡为之，蕃谓文可诡为，狐虽焚狩，不易得也，今自驯绕，是可诡为者乎？虏甚恶之。又阖营每夜牛粪晓皆反上，遍视百里莫不皆然。十一月二十二日，雨雪雷电，虏阅《万年书》谓：“主部落离散自去。”蕃虏逃去者数千，是异兆之在虏者。夫稽我之兆，似皆亡胡；稽虏之兆，似皆自亡。然则兴亡，岂偶然哉！[32]

【注释】

[1]《西宁志》脱“而”字，据《西宁府新志》补。

[2]《西宁志》脱“其”字，据《西宁府新志》补。

[3]《西宁志》作“被”字，据《西宁府新志》改为“彼”。

[4]《西宁志》作“捨拾”，《西宁府新志》作“舍舍尔”。

[5]《西宁志》脱 26 字，据《西宁府新志》补。

[6]《西宁志》脱“兵”字，据《西宁府新志》补。

[7]《西宁志》作“京迈”字，据《西宁府新志》改为“京观”。京观：古代战争中，胜利者为了炫耀武功，收集敌人的尸首，封土成高冢，称为京观。

[8] 佹：音 guǐ，乖戾，奇异。

[9]《西宁志》脱“曰”字，据《西宁府新志》补。

[10]《西宁志》作“被”字，据《西宁府新志》改为“彼”。

[11]《西宁志》作“无”字，据《西宁府新志》改为“并”。歃血：古代举行盟会时，嘴唇涂上牲畜的血，表示诚意。

[12]《西宁志》作“敢”字，据《西宁府新志》改为“感”。

[13]《西宁志》作“步”字，据《西宁府新志》改为“陟”。陟：登。

[14]《西宁志》脱“不”字，据《西宁府新志》补。不啻：不仅，不止。

[15]《西宁志》作“夹”字，据《西宁府新志》改为“来”。

[16]《西宁志》脱“火”字，据《西宁府新志》补。

[17]《西宁志》作“维”字，据《西宁府新志》改为“继”。

[18]《西宁志》脱“气衰”二字，据《西宁府新志》补。

[19]《西宁志》脱“沟”字，据《西宁府新志》补。

[20]《西宁志》作“拘”字，据《西宁府新志》改为“杓”。

[21]《西宁志》作“口”字，据《西宁府新志》改为“曰”。

[22]《西宁志》作“许上仁”，《西宁府新志》作“许尚仁”。

[23]《西宁志》作“史继祖”，《西宁府新志》作“始继祖”。

[24]《西宁志》作“期”字，据《西宁府新志》改为“启”。

[25]《西宁志》作“上”字，据《西宁府新志》改为“尚”。

[26]《西宁志》脱“部”字，据《西宁府新志》补。

[27]《西宁志》均作“统”字，据《西宁府新志》均改为“绕”。

[28]《西宁志》脱“我”字，据《西宁府新志》补。

[29]《西宁志》作“首”字，据《西宁府新志》改为“酋”。

[30]《西宁志》脱“弱虏”二字，据《西宁府新志》补。

[31]《西宁志》脱“安”字，据《西宁府新志》补。

[32]最后一段，即从“刘敏宽曰”到“岂偶然哉”，《西宁府新志》不载，据《西宁志》补。

孟公祠碑记

【提要】

清乾隆年间西宁府知府杨应琚撰。记陕甘总督孟乔芳生平事迹，其中涉及平定清初丁国栋、米喇印领导的回民反清起义事。今碑已佚，碑文转引自《西宁府新志》卷十四。

【碑文】

夫功之所积者大，则上之所报者隆；德之所施者深，则下之所感者久。鼓之应桴，景之表形，无二致也。

我朝定鼎之初，孟公以重臣而仔肩总督秦蜀要任，时闯贼根株窜伏，随斩随蔓，而巴蜀献贼犹在。凡吊伐之师，必由山南一线而往。公以戡定之奇才，遇拨乱之圣主，计从言听。遂并贺珍，败张献忠。以奇兵平龙安，以正兵复固原、兴安诸州，以胜兵破蒲、解、运城之晋贼，以余兵除延庆、保安之逋寇。然后积粟厉兵，选擢才俊，以为规取全蜀之策。其有功于国家甚大。斯时两河转运，城多空虚，而逆回乘隙，犯我五郡。上遣劲旅，公虑小民供亿维艰，密疏止之，而身当其冲，不二年荡平。兵灾后，两河故田荒芜不治，公发骑就草，设官督耕，结茅而居，内有亡费之利，外有守御之备。夫然后徐图招徕，则哀鸿渐集，生齿日多。他如省冗兵以舒民困，裁田赋以益民生，其有德于百姓甚深，岂特湟中一郡哉？

公没，谥“忠毅”，褒恤甚优，又崇祀京师贤良祠，春秋血食。是上之所以报之者隆矣。公生祠遍雍、凉，今未百年，多陊剥废坠，且为豪强侵据，表忠扬善之谓何？此皆有司之过也。公湟中旧祠亦芜没，余与太守申君梦玺、宁邑张令渡清厘其基址，建堂三楹，周以缭垣，肖公之象祠之，从民志也。始于乾隆乙丑季秋，因湟中苦寒，冬春辍工，明年丙寅仲夏，与太守刘君洪绪、宁邑陈令铦共落成之。

公讳乔芳，字心亭，奉天汉军。其机智明决，气量绝人，识者方之唐李懿公、宋张忠定公云。

马来迟传教拐杖铭文

【提要】

清代伊斯兰教虎非耶花寺门宦创始人马来迟（1681～1766年）撰。清乾隆二十一年（1756年）他在青海化隆卡力岗传教，使这一带原信奉藏传佛教的藏族群众皈依了伊斯兰教，这部分改信了伊斯兰教的藏族群众如今已演变为回族。今青海省化隆回族自治县德恒隆清真寺还收藏着马来迟当年传教时所用的一根拐杖。拐杖直径3.2厘米，长155.8厘米，上端包有黄铜套筒，两侧有铜环，下端包有黄铜矛头。铭文刻在上端铜套下方。

【铭文】

[1] الشيخ أبو الفتوح شاه غزم بر فقير الصين

【注释】

[1] 汉文大意为：中国穷人的爱护者和教门的引领者。

原任甘肃西宁镇总兵官高天喜[1]碑文

原任甘肃西宁镇总兵官高天喜碑文

朕惟毅能致果聿昭挞伐之才骞以匪躬式著忠贞之谊炳丹忱于绝域绩在旗常沛渥泽于中朝名垂琬琰嘉兹伟节锡以褒纶尔原任甘肃西宁镇总兵官高天喜敬官有素勤事不渝初长千夫即负过人之誉嗣迁上郡爰分居守之符洊擢参戎日宣劳于部曲载膺副阃弥戮力于塞垣属巨镇之需材乃高牙以受任日者远人咸格小丑干诛用申钟鼓之师益作熊罴之气横雕戈而直入飒爽风生拔赤帜以先登纵横电扫龙沙远度指挥而众丑披靡虎穴深探顿荡而群酋慑伏身先士卒克扬玉塞之威志遂疆场忽掩金方之色生能授命群觇气壮山河死亦为灵常觉心悬日月朕念兹勋伐悯乃忠诚赙给千金俾展饰终之典秩崇一品迭加赐恤之荣维任子之攸宜亦延赏而弗替仪曹分命荐殷礼于馨香册府载稽易嘉名曰果毅呜呼被鸿施于十赉螭碑之纶綍常新铭武烈于千秋马鬣之松楸有耀钦予懋典贻尔后昆

乾隆二十三年十二月十一日

【提要】

清乾隆二十三年十二月十一日（1759 年 1 月 19 日）御制。记高天喜从征新疆，为平定和卓之乱而英勇捐躯的事迹。原碑立于西宁城古北口高天喜墓前，今碑已佚，碑文收入《西宁府续志·艺文志》。碑文拓片现存青海省图书馆地方文献中心。

【碑文】

朕惟毅能致果，聿昭挞伐之才；骞以匪躬，式著忠贞之谊。炳丹忱于绝域，绩在旗常；沛渥泽于中朝，名垂琬琰。嘉兹伟节，锡以褒纶。尔原任甘肃西宁镇总兵官高天喜，敬官有素，勤事不渝。初长千夫，即负过人之誉；嗣迁上郡，爰分居守之符。洊擢参戎，日宣劳于部曲；载膺副阃，弥戮力于寨垣。属巨镇之需材，乃高牙以受任。日者远人咸格，小丑干诛，用申钟鼓之师，益作熊罴之气。横雕戈而直入，飒爽风生；拔赤帜以先登，纵横电扫。龙沙远度，指挥而众丑披靡；虎穴深探，顿荡而群酋慑伏。身先士卒，克扬玉塞之威；志遂疆场，忽掩金方之色。生能授命，群觇气壮山河；死亦为灵，常觉心悬日月。朕念兹勋伐，悯乃忠诚。赙给千金，俾展饰终之典；秩崇一品，迭加赐恤之荣。维任子之攸宜，亦延赏而弗替。仪曹分命，荐殷礼于馨香；册府载稽，易嘉名曰果毅。呜呼！被鸿施于十赉，螭碑之纶綍常新；铭武烈于千秋，马鬣之松楸有耀。钦予懋典，贻尔后昆。

【注释】

[1] 高天喜（1720～1758 年），清朝回族将领，今青海省西宁人，从军由行伍拔授把总。乾隆二十一年（1756 年），从征新疆阿穆尔撒纳，升任守备。次年随参将迈斯汉援助被围在伊犁的副将军兆惠，迈斯汉怯懦不前，高天喜独自往返瀚海，探明兆惠所在地。巴里坤办事大臣雅尔哈善奏以天喜代迈斯汉职，旋任金塔协副将。二十三年（1758 年）三月，从征南疆大小和卓，以功升西宁镇总兵、领队大臣。十月，随大将军兆惠进军叶尔羌。在一次战斗中督修黑水桥，兆惠被围，高天喜冲入鏖战而阵亡。诏令以一品大臣例葬，谥果毅，配祀昭忠祠。二十五年（1760 年），紫光阁绘五十功臣像，列第二十二位。赠骑都尉，又云骑尉世职。乾隆在颁发《原任甘肃西宁镇总兵官高天喜碑文》的同时，又有《谕祭原任甘肃西宁镇总兵官高天喜祭文》一篇，全文亦收入《西宁府续志·艺文志》，兹转引如下："宣威外阃，昭大义于匪躬；锡命中朝，沛鸿恩于赐恤。惟忠贞之克悯，

生握丹诚；斯褒予之重申，没承渥泽。尔高天喜才堪致果，性本知方。戮力西陲，初授百夫之长;擢才上郡，旋膺专任之符。生平则素习豹韬，乃晋参夫戎幕;师出则群推虎将，俾上副夫旌麾。河湟旧号，雄疆总镇，式资伟略，属从大军之帅，远掣小丑之庭。卷旆而前，叱咤风云之表；绝流而渡，飞腾矢石之间。大气平吞，期剪灭而朝食；重坚力破，摧枯朽于秋霜。渺彼游魂，卒皆落胆。虽龙堆极目，待清绝域之氛；而马革有怀，忽返华星之位。奋身不顾，已标劲节于一朝；余勇常留，并摄声威于万里。封章甫奏，轸恻为殷，赐以隆施，奖其勤事。施殊恩更及其子，式焕新纶;命大吏常恤其家，重颁遗惠。秩均一品，祀饬初筵。呜呼！英名永播于旗常，芳生雕俎;精爽常昭于竹帛，光映龙章。用妥〔绥〕尔灵，懋昭予典。”

侯家岭拱北铁锅铭文

【提要】

清乾隆四十一年（1776 年）五月，在今青海省民和回族土族自治县西沟乡侯家岭拱北铸成铁锅一口，铭文在铁锅外侧，字幅高 3.2 厘米，宽 13 厘米，为汉文楷体，共 6 行 18 字。铁锅至今保存完好。

【铭文】

大清乾隆四十一年五月吉日成功，吉祥如意！

邑佐侯陶太爷穿井碑记

【提要】

清乾隆四十九年（1784年）丹噶尔厅首事人马麟等撰。甘肃石峰堡回民不堪清政府的残酷压迫，在田伍阿訇的领导下又掀起继苏四十三起义后的一场反清起义。起义后清政府一方面调兵镇压，一方面让各地进行防范。这篇碑文记丹噶尔地区的防范情况。原碑已佚，碑文转引自《丹噶尔厅志》卷七《艺文志》。

【碑文】

盖闻卫民首重乎防御，养生莫先于水火。甲辰夏，海城等处逆寇叛，凡州县城池，莫不严加防守。而丹城地处极边，毗连青海诸番，尤为扼守之区。蒙我邑佐侯与胡总府策画，运石于城，严为防范。复念城中旧有各井俱塞，以此为虑，遂传客商老民筹计，宜未雨而绸缪，毋临渴而掘井。并谕务在官基，慎勿有碍民地，亦勿在营中地基穿井，众善其言，即本在方募化，无不踊跃乐从，慷慨好施。于是遴选好义急公笃行者数人，专任其事。乃于城内西南角，穿旧有大井一眼，又在南大什字东，穿小井一眼。我邑佐侯上切保赤之念，下输子来之忱，朝夕督催，未几而次第成工。仰荷上苍灵佑，竟掘井而得泉，水势湍流，其味且甘。军民客商，欢欣同声，岂非神之妥佑而能然欤？工竣后，我邑佐侯一秉至公，命将费用逐一开明，令人人知。又将缘由禀明郡伯，亦嘉其善而奖之。我邑佐侯睿虑深远，恐各井年久不无坍塌，饬令公选诚实二人，各守一井，汲水挑卖，其所获之利，除日用外，余资以作补修斯井之费。我邑佐侯复恐日后守井之人罔利争夺，并饬该年红练经营。于戏，善哉！既作于今，复计于后，伊谁之力，胡可忘欤？爰缀数语，以志不朽云。

乾隆四十九年秋七月，首事人马麟等。

创建义学碑记

【提要】

清嘉庆元年（1796 年）丹噶尔主簿刘之芳撰。刘之芳，安徽无为人，清乾隆五十九年到嘉庆五年任丹噶尔主薄。所撰碑记中反映了清乾隆五十年汉族、回族人士吴自荣、王得梦捐修义学两座的史实，对研究青海回族教育史有一定的参考价值。原碑已佚，碑文转引自《丹噶尔厅志》卷七《艺文志》。

【碑文】

盖闻读书所以明理、明体，即以达用。人不读书，则罔知礼义，其不荡捡逾闲者几希。故欲移易风俗，变化气质，莫先于读书。而读书之始，尤莫要于小学。《易》曰："蒙以养正，圣功也。"党庠术序之不可以稍忽也。

丹噶尔地处边末，人不知书。自归附内地后，得圣天子之化雨仁风，渐亦欣欣向上。以故士立身艺林，身列胶庠者，实繁有人。乾隆五十年，经汉、回民人吴自荣、王得梦董理劝捐，于城南及东隅，建设义学两座，小子以及成人咸就学焉。延师膏火及岁修学舍，添备器具，均系地方公捐。

乾隆甲寅岁，予莅兹上，查所存生息银两，仅止八十六金。权其子母，除甲寅、乙卯两岁致送两学束修之六十金外，止余银二十七两一钱，实不足以供一岁之需。因劝谕城内外铺商、居民，量力捐助，以成义举。而地方商民，亦欣然慕义，共捐助九八平元丝银二百三十一两二钱五分，纹银十九两，加之前存元丝银二十七两一钱，元丝申换纹银，通共九八平纹银二百五十九两二钱六分。除九两二钱六分为刻碑及当年修补义学之用，其二百五十两，存丹城内外各当铺。本年止收息银四十两，为两义学修金。往后每年支取息金四十五两，内送两学修金各二十两；余银五两，以作修理学舍及添置器具之需，如不动用其银，积存当铺，不于利上加利。设立印簿一本，将现存银数乃每年应得息银支用各数，随时登填，以备稽查。印簿随当年行头经管，以免推诿。官吏及商民等不得经手分文。倘有不肖之徒私向当铺支取侵用，许地方商民勒令当铺照数赔出，以杜浸渔。尔居民等各有子弟，务各努力上进，黾勉从学。将见小子有造，成人之德，弹丸之地，文教昌明，士习礼义，人敦孝弟，义学之功，岂浅鲜哉！爰勒碑记，以照义举，并垂不朽云。

嘉庆元年。

新政碑

【提要】

清嘉庆十五年（1810年）丹噶尔厅廪生马述撰。原碑已佚，碑文转引自《丹噶尔厅志》卷七《艺文志》。

【碑文】

我朝以仁孝治天下，务使道一风同，咸归朴茂，以臻上理，治无不遍也。而山陬海陉，不渐《诗》《礼》之泽，时有顽劣以逞其奸。岂俗果不可更欤？抑操刀者未尽善欤？湟丹地逼近青海，路通西藏，客汉、番、回，交易其中，盖人之杂也。以故罔利之徒，尤多强悍肆横，以疲斯民，如设肆典物，名曰小当者，盖三十余家，其法课，日渔利凡百钱，月计利六十分有奇。居民朴愿，宛转子母间，而生计绌，而礼义废，而廉耻亦因之丧。噫，甚矣其惫也！

岁己巳，我又溪周公，以江左名儒，初莅斯任，内敦本行而外以简以宽，匪民易视之，罔有悛心。阅月，公廉得情，深恶之曰："此稂莠也，不去无以植嘉禾。"爰酌其人之诈虞险恶，量其事之轻重大小，或齐以礼，或绳以法，甚则使归其籍，毋扰耕凿以安良善。顽梗悉化，而良秀亦振。弦诵声不辍，政清民和，百废具举矣。斯时思进马公闻之甚喜，谓："小押之害，不惟庶民被其愚哄，营兵亦受剥蚀，今一禁而人皆鼓舞，岂仅庶民之福哉，吾营兵亦有厚幸焉，当共图之。"于是文武共偾，协相禁绝。公曰："能如是，是吾志也。然一时之法，非渐变其俗不可经久。"乃诏父老而告之曰："居家明孝友，文昌化书，开孝友之源也。新例，府州县奉孝友文昌帝君祠，载在祀典，以彰风化。职是故也，二三子其有意乎？"众领悟，相与帖然欣然，知敬神即所以敦伦，亲亲长长之义即在是矣。于是输诚义乐施，兴工庀材，不日工竣，皆公捐俸董率，获成巨典，居民岁时荐馨，礼意交虔，仰瞻庙貌，静验身心，无作好，无作恶，俾吾侪子孝孙贤，皆我公之赐也，岂泛泛创建例哉？

又丹土瘠硗，柴价腾沸，公相原隰，开煤矿，惨淡经营，欲薄利无疆。行见地不爱宝，异时必有益于民生，而保抱之诚，奕叶又将见其衷。乃知错枉扶直，感化者神；因地制宜，被泽者远。其诸树德务滋，除恶务本者欤！其诸君子体人足以长人者欤！准是能爱能恶之。公体国家雅化作人之意，推而广之，屏藩硕辅，裕如也。异日者，寇君之借，例不敢请，而领郡开府，湟人尤可大蒙其泽也。谨祝公于万代不朽云！

嘉庆十五年。

凤山书院碑记

【提要】

清道光二十一年（1841 年）碾伯县知县冯熾撰。冯熾，江苏通州人，清道光二十一年至二十三年任碾伯县知县。碑文记道光二十一年冯熾主持重修凤山书院的经过，对研究今青海省乐都、民和等地的教育史有一定的参考价值。原碑已佚，碑文转引自《西宁府续志》卷九《艺文志》。

【碑文】

碾伯旧有义学，曰“乐都书院”，在城内西偏，乾隆二十四年，前宰何君泽著所创建，其后重修于唐君以增，更数十年复坏。道光七、八年间，邑人士谋与学宫并修，推傅孝廉为倡首，募捐金钱于四乡，得先以修学宫，并取书院旧材为学宫用，于是，院废为圃。别购民地于城东厢文昌宫侧，议重建者数年，绌于用，弗克成。道光二十一年，熾奉檄知县事，与学中诸生议：书院者，国家培材之地，学宫胶庠，碾邑固边圉，幸前宰为士人计，先后有成功，修之不及，顾废之数载不彻新。所以承何、唐两君遗意者谓何？且畏事之难而安之，更数年则此更卜之地又将为圃。成学宫而废书院，非尽善也。人且有以借口，是使髦秀弟子无所适以亲师友、广闻见，是使愚民悍俗无向慕也。前愿输钱登诸籍而未纳者具在，盍取之，且广斯意而劝之？余且为之倡。是年冬，诸首事者杨明经春荣、曹明经世蕃、书院主讲董明经培谆、崔茂才逾龙、董茂才希仲，偕学中诸生，复劝于四乡。逾年，马生书奎愿捐其市楼五楹，移以为院楼。而诸好义之士，亦续输钱以助工。于是，鸠工庀材，建门室五重，前为讲堂，曰“振秀”，北为楼，曰“奎拱”，左右为连簃，东为别院，曰“息游别馆”，前为厅舍。登楼以望南山，笔架五峰与楹平。其下古树荫翳，花竹丛植，后为圃，榆杏交柯。当是时，诸在事者皆自裹粮督工，昕夕风雨无所间。以故，费用省而工完且速，春始冬竣。颜其临衢之门曰“凤山书院”，以重创，故新其名，取其地背倚凤凰山也。初，何君即建义学，更置学田六十亩，唐君亦集捐钱授诸商，岁收田之所入与钱所得息，以供膏火用。今之讲师修脯，盖取于此。但田蚀于湟水，存者得息粮才一石余，生徒肄业膏火之用无所助。今年春，余益与首事者谋，劝邑中右族续输钱。适以青海番贼滋事，大府率请剿捕，碾邑往来通途，供亿纷沓，无暇旁及。秋初凯撤，且得稔岁。好义之士，喜于从事，醵得钱若干缗，仿唐君法授商，而劝之。以学中食饩生前列者为斋长，司其事，课取息，授诸肄业生，延讲师，益其修脯。自邑人士最先倡议，以迄于今，十有余年，废而复兴。及余之身与为谋者亦三稔矣。赖诸子力，不失何、唐两君遗意。盖碾邑本古湟中地，汉、土、番、回杂居，土瘠而民贫，往时盖戎马之场，罕识文教。我朝改所谓县，始置令长等官，兴学励农，休养生息。二百年来，边圉静谧，恩泽之及民，至深且厚。虽山陬瘠土，而民俗故俭，负苦力田，足以资生。诚以时敦勉弟子习诗书、亲师友、励名节。化其忿争乐讼、负气行险之习，俾异趋者向风慕义，则收效固有在矣。是书院者，国家培材之地，抑亦宰是邑者敦俗化民之事也。后之君子，体而行之，增益今之所不足，其所成就，更当进于此。事既成，诸在事者请纪其颠末，勒诸石，余不敢以不才辞，备述之，以志诸在事者之勤劳，与好义者之慷慨，不使历久而湮没弗彰也。

蔡姑太墓志

蔡姑太墓誌
姑太陝西涇陽人也自幼講西經好道學時有西
來道香在清真寺講經論道有實學也　姑太乞明性
命之道拜認為師晝夜相近厥後道香雖去而論言肆
起姑太坐靜功夫日有進益每聞論言加紙糊於腹
人見其腹大矣則疑香且肆致其父不能忍萬不得已
而送官究治縣主升堂傳案見　姑太履白雲三尺離
然而至縣主即回請回當申錫其父　姑太旋聞於三
月三日歸真其父始知其腹大是紙糊千層也次日出
殯大發異香通邑皆知是真人也為國土補輿師
增日大清咸豐二年歲次壬子孟春月藍熙子義代著天方正學

蔡姑太墓志

姑太陕西泾阳人也自幼诵西经好道学时有西来道者在清真寺讲经论道有实学也　姑太乞明性命之道拜认为师昼夜相近厥后道者邑去而谤言肆起　姑太坐静功夫日有进益每闻谤言加纸糊于腹人见其腹大矣则谤者益肆致其父不能忍万不得已而送官究治县主升堂传案见　姑太履白云三尺飘然而至县主即曰请回当申饬其父　姑太旋阁于三月三日归真其父始知其腹大是纸糊千层也次日出殡大发异香通邑皆知是真人也为固土补奥师

择日大清咸丰二年岁次壬子孟春月蓝煦子义代著天方正学

【提要】

清咸丰二年（1852 年）蓝煦撰。碑现存青海省民和回族土族自治县马场垣乡清静堂拱北，碑面高 220 厘米，宽 81 厘米，厚 10 厘米。碑额阴刻有篆体“道气犹存”四字。碑文 11 行，阴刻隶体。碑身为青砂石制作。碑文择自蓝煦译著《天方正学》卷七，记述中国伊斯兰教嘎迪林耶第四辈蔡姑太的生平事迹。

【碑文】

姑太，陕西泾阳人也。自幼诵西经，好道学。时有西来道者在清真寺讲经论道，有实学也。姑太乞明性命之道，拜认为师，昼夜相近。厥后道者虽去，而谤言肆起。姑太坐静，功夫日有进益，每闻谤言加纸糊于腹。人见其腹大矣，则谤者益肆。致其父不能忍，万不得已，而送官究治，县主升堂传案，见姑太履白云三尺飘然而至，县主即曰请回，当申饬其父。姑太旋阁，于三月三日归真，其父始知其腹大是纸糊千层也。次日出殡，大发异香，通邑皆知是真人也。为固土补奥师。

择日[1]大清咸丰二年岁次壬子孟春月蓝煦子义代著《天方正学》[2]

【注释】

[1] 择日：应为“择自”。

[2]《天方正学》：中国伊斯兰教译著。清代咸丰二年（1852 年）蓝煦在武昌将其由阿拉伯文译成汉文。全书共分七卷：卷一为十幅图说；卷二为对天方字母的研究探讨；卷三为真经一章、经传二十八章；卷四为性命发明十八章；卷五为真一发微二十四章；卷六为真诠要旨三十八篇；卷七为各种墓志五十二道。该书从浩繁的经典中“译其紧要，人所不可不知者，撰著简易，便于诵读，并会通儒书，详明注释”，以“经文为纲，注文为目”，层次十分清晰，对中国伊斯兰教门宦教派有一定影响。

河州庄马进忠墓碑

【提要】

清咸丰三年（1853 年）仲秋，马明德等儿孙为清故河州庄掌教先考马进忠立墓拱。拱子分六层，顶圆拱形。中层北边汉文记述墓主人生前德性，归真年月及立碑人姓名。东西两边各雕刻“八宝”图案。顶层南北两端刻阿拉伯文清真言及《古兰经》章节。是碑对研究大通回族历史有参考价值。

墓碑在今青海省大通回族土族自治县塔尔镇河州庄回民公墓。碑面高 20 厘米，宽 41.5 厘米。汉文为楷体，阿拉伯文为三一体，保存完好。

【碑文】

为人忠厚恬静，卒于道光十二年正月初六日亥时

清故河州庄掌教先考马进忠之墓

大清咸丰三年仲秋，男明才、明德、明玉，孙燕周、燕图、燕羲、燕穆、燕骧立

河州庄马明（才）墓碑

【提要】

马明德等弟侄为清故河州庄掌教先考马明（才）立墓拱。此碑疑为马明才之墓碑，从无卒年时间、碑文类同于马进忠墓碑以及无立碑时间和立碑人署名来看，墓主应为马进忠长子马明才。估计碑文依马进忠墓碑内容照刻，故出现“先考”这样的字样，明显与立碑人的身份不符。拱子分六层，顶圆拱形。中层北边汉文记述墓主人生前德性，立碑人姓名。顶层南北两端刻阿拉伯文清真言及《古兰经》章节。是碑对研究大通回族历史有参考价值。

墓碑在今青海省大通回族土族自治县塔尔镇河州庄回民公墓。碑面高 22 厘米，宽 36 厘米。汉文为楷体，阿拉伯文为三一体，保存完好。

【碑文】

为人忠厚恬静，卒于

清故河州庄掌教先考马明（才）之墓

胞弟明德、明玉，男燕周、燕图，侄燕羲、燕穆、燕骥立

修栅掘井记

【提要】

佚名撰，记载了清末咸丰、同治年间西宁回族、撒拉族起义后，丹噶尔城官兵筹资加强城防事宜。原碑已佚，碑文转引自《丹噶尔厅志》卷七《艺文志》。

【碑文】

咸丰九年四月，巴燕戎格撒、回告警，筹拟坚固城郭，以资保卫。案内查丹城修理城垣、城楼、角楼、垛口、炮台，并东关各口创建哨门十处、文昌阁一处，城内掘井三眼，共需大钱八百一十二千零九十文。署丹噶尔达昌捐大钱一百千文，丹噶尔合属人民共捐大钱一百一十二千文，动用马云贵原捐备急大钱六百千文。

下治泉马明福墓碑

【提要】

清咸丰十年(1860 年)马朝清等撰。碑面两边刻有对联:“鹤归华表月,鲲振液池云”,横批为:“千秋流芳”。碑高 115 厘米，宽 58 厘米，汉文 5 行，楷体阴刻记有墓主马明福夫妇生前职衔及归真时间，对研究青海省大通回族历史有参考价值。

碑在今青海省大通回族土族自治县良教乡下治泉回民公墓。

【碑文】

终于咸丰十年正月初八日申时

皇清荣授农政马公讳明福、母顾慈之墓碑

不孝男朝云、朝雨、朝清、朝□、朝□

孙存仁、存义、存礼、存智

重修大通县城垣、衙署、庙宇、书院、义学碑记

【提要】

清同治十二年（1872年）大通县知县黄仁治撰，记清同治年间西宁地区回族反清起义及重修大通城垣等情况。原碑已佚，碑文转引自《西宁府续志》卷九《艺文志》。

【碑文】

余尝旷观于盛衰兴废之故，固有出乎天运之自然，而非人力所可致者，上下千古，大抵如斯。通邑自乾隆二十六年改卫为县，创建垣城、文武衙署，并文武圣庙、文昌宫、文昌阁、奎星楼、马王庙、福神祠、大雅书院，巨典煌煌，有举莫废，亦盛矣哉！

洎乎同治二年，郡城兵起，其党蔓延四出，而县城沦陷。向之有举莫废者，至是悉化为荒烟蔓草，断瓦颓垣。往哲之精神，倏焉澌灭。嘻！可慨也。同治十一年壬申秋，陕甘总督部堂左乘甚胜之军威，檄刘京卿毅斋率湘军击破小峡口，直捣郡城。明年春，合果军进攻县属之向阳堡，克之。前山西按察使陈公舫仙以楚师出河州，克巴燕戎城，擒渠魁，而湟中底定。

是役也，督师者佥曰："歼厥渠魁，胁从罔治。"时余以单骑来治斯土，余匪率众稽首马前，欣欣向化。余亦开诚布公，晓以咸与维新之义。该回众恳将城垣文武衙署一律修复，以赎前愆。其各庙宇，余乃设法筹款，派绅董候选教谕梅魁、贡生张锦文、附生张海鲤等次第举修。偕训导杨潮曾、典史李元琳督劝殷实，集资万金，度大雅书院旧址，重构崇山书院。复于县城东、西关及东峡、衙门庄、永安堡之北川营城、红山堡之大通营城建义学五处。幸天不遗斯民，赐以雨畅，时若人和年丰，俾一切可相与从容展布。盖自是而庶、富、教三者，举而措之不难矣。

呜呼！十载干戈，甫经勘定，不期月而百废俱兴。视畴昔之忽忽兴废，俱不可以人力争者，殆同一辙。矧余以半生迂拙，不能求合于世，宜乎一事无成，而乃得假一日之斧柯，使克稍尽人事，为凋敝地方，力图兴复，此固盛衰兴废之理，有其自然，而亦数之适然者，夫岂非天运哉？工既竣，谨书其略如此。后之君子，亦将有感于斯云。

刘公毅斋功德碑记

【提要】

清同治十三年（1873年）至光绪三年（1877年）西宁县知县山东历城人贾元涛撰。对镇压青海回族反清起义的刘锦棠进行歌功颂德，对研究清代西北回族反清起义有一定的参考价值。原碑已佚，碑文转引自《西宁府续志》卷九《艺文志》。

【碑文】

吾湟为汉番各族杂处之区，渥沐圣泽，含糗茹粝，百姓亲睦，不睹兵革者近二百年矣。同治初元，中原多故，此地蓄异谋以煽惑愚者，因之大胁异己，服从日众，因与汉番仇，杀掠无虚日。当是时，秦中大乱，三辅、陇右、朔方各地，起而应者，所在皆是。破郡邑，杀将吏，汉民死者不可以亿万计。千里萧条，中外道梗，湟中党徒，势愈张不可制。八年己巳，大军定关中，秦匪既败，余党数十万西窜，蔓延诸郡县。岁庚午，扰我湟中，与湟中党人合结，日肆杀掠，攻城垣、营堡，蹂躏殆遍，汉番民死者相枕籍。我观察匡侯郭公以大军远隔，兵羸食乏，危城岌岌，非静镇而羁縻之，无以救阖郡民命，因宣布督帅招抚之意，缓其攻扑。阴饬兵民协力严防，以待援师。

越二年，壬申八月，京卿刘公督平定灵武胜军六千进讨，声威播越碾邑，党人望风首降。十月，迭破贼垒，近逼小峡。匪首惧罪，首鼠两端，遂嗾其党合众扼险以拒。坚垒棋布，凭高俯瞰，炮声昼夜不绝。游骑旁出，邀截运道。公前后策应，斩擒无数，短衣匹马，躬冒锋镝，仰攻侧击，常日夜数战，匪尸填川谷。先夺其高垒，继破诸屯。十九日，长驱入峡，匪鸟兽散，郡城解严，巨魁潜遁巴燕戎。公入东关，约束严明，秋毫无犯。军民士女，抚老携幼，伏迎道左，欢呼踊跃。公抚慰唏嘘，分军食，赈灾黎。令曰："尔众俱系胁从，一律准其罔治，自兹毋与汉番为仇，其各安坐业，毋自取祻戾。予奉天子命莅兹土，以安尔众，悯尔蚩蚩，罔识利害，其共体予意。"时惟马寿尚怙恶据向阳堡，公督师弛攻，癸酉人日破斩之，歼匪二千余，收复大通。二月，以巨魁伏匿巴燕戎城，遂移师会河州军平之。旋又分军四出，搜斩余匪，还军郡东，秦匪降者三万余人，收其马械，悉远徙之。遂禁各族毋得更蓄大马利器，违者斩。民无田具、耕牛、粮种者给予之。施饘粥、棉衣，以恤饥寒，全活者甚众。悯郡中久乱，士多废学，捐资入书院为膏火费。四境安堵，全湟悉平。

于戏！吾湟民苦强暴久矣，内匪披猖，外匪踵至，狼奔豕突，凶焰弥天。虔刘黔黎，郡无完土，遂使二百余年生齿之繁，如草木之零落。非公以节制之师，剪除群丑，抚我遗黎，其能有今日耶？公之功德，深于再造，岂惟吾侪身受已哉！抑且子孙世食其福，而谓能一日忘之耶？方冀公之永抚吾湟也，乃甫再期，将以省亲归湘南，舍吾民而去。既不得为寇君之借，谨缕述公之丰功盛德，勒诸石碑，垂之永久焉。

旌忠、旌节祠碑记

【提要】

清同治十三年（1874 年）西宁知府龙锡庆撰。龙锡庆，湖南安化人，清同治十一年至十三年任西宁府知府。记清同治年间西宁回族反清起义的史实，对研究清代西北回族反清斗争史有一定的参考价值。原碑已佚，碑文转引自《西宁府续志》卷九《艺文志》。

【碑文】

岁在壬申，锡庆奉大学士督宪左伯檄，率所部绥定营来西宁，随湘军统帅刘京卿攻小峡，解城围，越七旬余乃克之。其时，指挥军事，抚绥乱民，京卿功甚伟。事既定，锡庆旋奉命守是邦，目击凋残，勉为补救。从公之暇，与道宪郭公论及兵兴以来与难臣民及殉节妇女，恒相与魄动而心惊。先是道宪郭公力守孤城，与匪相持日久，凡郡属男女之死于匪者，知之最详，言之最惨。因是各有司更为搜访，自贵德承丞而下，孤忠尽节，得万数千余人。遂为筹经费，创祠宇，并请于上台达于朝，永颁祀典。斯举也，主之者京卿刘公，道宪郭公；佐之者县令喻某及锡庆；而终其事者，则为今太守邓公，县令贾某。锡庆期年守土，未克有成，抚此灾黎，徒钦往烈。谨志其颠末，庶后之人有考征焉。

重建西宁社仓碑记

【提要】

清同治十三年（1874 年）西宁府知府龙锡庆撰。碑文记龙锡庆在镇压西宁回族反清起义后，以办理善后为名，把西宁回族人民的财产充为叛绝产，变价出售，设立“社仓”的史实，从中反映了清王朝对回族人民进行民族压迫和剥削的酷烈。原碑已佚，碑文引自《西宁府续志》卷九《艺文志》。

【碑文】

原夫社仓之设，乃古人为民虑患防灾之深计，实百世不易良法也。后人踵而行之，而卒不能收其成效者，岂经始之人未能善师古人之法欤？盖善师者，虽有其人，而善继者恒少焉，是故年深日久，侵渔移易之弊，渐积而生。及至积储已虚，遂谓古人立法之未善，不亦过乎？

西宁城乡旧有社仓数处，自同治元年以后，兵燹屡起，城乡社仓为贼焚掠，迄今盖无一存矣。幸蒙平章左老宪台经略西土，遣三品卿衔刘锦棠督师勘定湟中，凡乱前所毁学校、书院、义塾等举，均已次第重建，惟社仓尚未议行。甲戌春，予衔命来守此邦，其时宰宁者为山左贾松埏明府，因与办理善后，清查田赋，见各处叛绝产甚多。适际是秋，宁邑岁获丰收。遂商同将各处叛产变价出售，分成提郡，先购市石粮一千五百石，在于郡城适中之地建廒一十八间以储之，颜之曰“社仓”。西宁一县乡民春耕无籽者贷与之，秋收后酌取微息输还。并令城乡各举公正绅耆，逐年轮流司其出纳，权其子母，约计十年之后，即可得息粮数千石。设遇荒歉之岁，则尽数授之而免其息，盖虚患防灾之计也。

昔宋时朱文公常行社仓之法，而当时有议其不便者。今予也贤不及文公万一，何敢谬作是举？抑以西宁兵燹之后，民贫食乏，苟或岁有歉收，则民将饿莩，而司牧者无所措手矣。爰仿前人遗意，重建社仓，且议章程十条，以刊于石，冀后来君子善继之而勿替，斯予之所深幸也。

是为记。

西宁小峡河新筑南北两关记

【提要】

清恪靖侯、陕甘总督左宗棠撰。记清军镇压西北回族反清起义时，在今青海省境内湟水河流域小峡一带遇到起义军的顽强抵抗，起义军失败后，清军在小峡湟水南北新筑武定、德安两关的情况，对研究清代西北回族反清斗争史有一定的参考价值。原碑佚，碑文转引自《西宁府续志》卷九《艺文志》。

【碑文】

西宁城东，悬崖陡壁，对立千仞，湟水中流，霆惊箭激，山径狭隘，车不方轮，马不并辔者凡三十里。东曰小峡口，西曰四望峡。河西有事，守者得人，以一当百。攻者逾此而入，则西宁不可复守，兵法所谓穴中之斗也。同治二年，匪徒据城倡乱，久不平。至十一年冬，余命令西宁道刘君锦棠讨之。匪守峡口，苦战累月，迨官军破峡口，匪弃西宁，兵事乃平。又五年，为光绪三年，青海办事大臣豫师公于峡河南北筑两关扼之，屹然相向，形势险固。既成，权西宁道张君宗翰以书来乞名，南关曰武定之关，志兵威也：北关曰德安之关，饬吏治也。并记其事而系以铭。铭曰："青海西抱，黄河东来，壮哉边郡，崇墉崔巍。惟天设险，卫此边郡，岩壁对开，巉巉雄峻。下有湟水，其流汤汤，入洼而洑，出隘而泷，凿山取道，蜿蜒偪仄。孱守可凭，猛攻难得。严关双峙，万夫仰观，畔以武定，伏以德安。谁此兴筑？曰青海公。继宋绥远，万指之功，险要之区，不资凶桀。匪首灭亡，吁嗟复辙！告我邦吏，戎羌是宁。关门夜启，荡荡太平。"

西宁昭忠祠碑记

【提要】

清光绪元年（1875 年）青海办事大臣豫师撰。豫师，满洲镶黄旗人，清同知九年至光绪四年任青海办事大臣。记清政府在镇压西北回族反清起义中，为阵亡的刘松山等清军将士修建昭忠祠的情况，对研究清代西北回族反清起义史有一定的参考价值。原碑已佚，碑文转引自《西宁府续志》卷九《艺文志》。

【碑文】

文文山有言："孔曰成仁，孟曰取义，而今而后，庶几无愧。"文山所为仁义，即国家之所为忠也。夫两间正气，在地为河岳，在天为日星，在人为忠义。故志士仁人，临难殉节，其忠魂义魄，懔懔天壤，历万古而不敝，岂第光史册，荫子孙，荣俎豆而已哉！同治初元，陇上兵起，湟为匪巢，匪凡数十万人。壬申秋，毅斋京卿率湘军十余部讨平之，得朝旨封拜有差。人咸为毅斋贺，毅斋独泫然流涕曰："此将士血战之力也，忠骨不归，何以为情？"乃为义地，立石碣，志其姓名、里居甚悉。其明年，相郡城北隅遗迹为昭忠祠。毅斋捐廉倡始，全军闻风，咸踊跃集成巨款，因而诹吉兴作，旅楹廊庑，共百二十间，历二十五月而落成，费金钱二千八百九十万有奇。规模宏丽，藻绘焕然。奉刘忠壮公主于中楹，以诸将领配之，末弁走卒，悉得与祀。

呜呼！奉忠壮公以追慕乎功烈之所出，孝也；死事诸士祀及弁卒，义也。昭国典，励忠节，君子谓于是乎有礼。乙亥孟秋，毅斋奉牲束帛，举肸蠁礼，宁郡宾僚咸在，其乡闾父老，莫不扶杖携稚，瞻礼太息，而不忍去。噫嘻！此忠义为生人所自有，而功德之有以入乎人心者深乎？祠既成，谋勒碑石，毅斋嘱师为文，不获辞。愿质言其颠末，征实也；兼及乎忠义不朽之说，阐微也。所谓无美不彰，有盛必纪者非欤！乃为之铭曰："河岳其苍，日月其光，懔懔大节，地久天长。"

修理河阴书院碑记

【提要】

清光绪元年（1875 年）贵德同知湖南湘阴人甘时化撰。记清同治年间回族起义波及贵德地区和修建河阴书院的情况，对研究清政府推行儒学教育有一定的参考价值。原碑佚，碑文转引于《西宁府新志》卷九《艺文志》。

【碑文】

从来欲厚风俗，必端士习;欲端士习，必兴文教。书院之设，所以育人才，培风俗，即民心所视为转移也。贵德僻处边荒，曾有河阴书院，延师课士，文教一新。同治六年，陡遭焚毁。西宁府龙锡庆前曾捐资草创，尚未完善。乙亥冬，余抚此土，据情禀请陕甘总督左公，奉批“现应如何设法修补及另筹膏火之处，妥议”核示。随与绅董等商酌，除将城关铺面所收租钱二十二串零仍归书院外，又拨官产园落、房屋、水磨等处，另佃收租每年得钱七十八串文；又拨官地拾石五斗，每年收租一十五石五斗，以作束修、膏火、奖赏之资。详请批准，遂得规复旧制。未几，左公肃清关陇，奏准分闱并购书籍，分给各处书院、义塾，欲使为士者有饩以养其身，有书以陶其心，朝渐夕摩，有以变化其气质。更择品学优长、专严训课之山长，为之模范，示以法程，讲明诚意正心，修齐治平之道，与夫忠孝廉节之义。行见文教日兴，士习日端，即民风亦日厚，岂不休欤！至所拨产租收支数目，并议规条，详细另镌木板，张挂书院。并书印簿二本，一存署，一交首士，俾可垂久，永远作章程，则幸甚矣。

招复民兵原额碑记

【提要】

清光绪元年（1875 年）贵德同知甘时化撰。记贵德招复民兵原额的情况，对研究清王朝在青海贵德地区加强军事力量，防备少数民族群众反清斗争有一定的参考价值。原碑已佚，碑文转引自《西宁府续志》卷九《艺文志》和《贵德县志稿》。

【碑文】

民兵之制，仿古者寓兵于农之意，无事安其耕作，农隙讲武；有事荷戈临阵，以壮军威。法良意美，历久可行者也。

贵德系古羌地，环山带河，回番杂处，镇抚不易。自明设有民兵四十八户，熙朝因之。乾隆四年，西宁道杨应琚以其生齿日繁，拣选得一千二百九十四名，免其税粮，责以守城。详请出奏立案，有碑记，规画美善，率由久矣。然盛衰，理也；兴败，时也。同治六年，城陷而民兵之制忽废。历任各官，有志未逮。光绪纪元，余来抚此土，下车之始，士民肫肫，以规复原额为请。旷观今古情形，横览边荒险隘，番多汉少，民兵诚关紧要。旋即妥议章程，照数招足，仍免赋税，详请陕甘总督左公批准存案，恩至渥矣。我国家圣圣相继，教养二百余年，践土食毛，莫不摅忠效命，而民兵被泽尤深，敢不踊跃从事，共相守卫者哉！如不遵约束，由地方官更换，惩刁抗也。现谕贡生童蓉镜、千总许谟等相地肥硗，以均甘苦。除去水冲沙压，减兵一百九十八名；拔归书院地亩，减兵三十亩外，合新旧一千六十六名，分为中、左、右三哨，设千总三名，把总六名，外委十二名，分管十八队，以专责成，更设一千总以统辖之。每届秋冬时，操演阵式，以备不虞。《礼》曰：“有其举之，莫敢废也。”所冀后之有心斯世者，遵循旧制，勤加训练，日久不生懈心，自足弭边患于未荫。是则余所厚望也夫！

社仓碑记

【提要】

清光绪三年（1877年）丹噶尔厅同知杜世勋撰。原碑已佚，碑文转引自《丹噶尔厅志》卷七《艺文志》。对社仓的沿革，《丹噶尔厅志》卷三《地理志》有一段记载："丹城南，计房三十间，光绪十九年（1893年）置。察社仓始于乾隆十一年（1746年）佥事杨应琚、西宁县知县刘洪绪设立。后十数年遂废。道光十六年（1836年）丹噶尔同知图勒炳阿劝捐粮一百二十石。同治二年（1863年）回匪叛乱遂废。光绪二年（1876年）西宁府知府邓承伟、丹噶尔同知蒋顺章在本地叛产内，拨给变价粮三百余石。至今粮数倍蓰于前，有市粮一千零六十七石五斗零合，仓粮至四千二百七十石之多。然每年接收亏空，不能一律完齐。均系无力贫民拖欠，或人户逃亡无从根究。经前任同知饶守谦援请豁之，未蒙允准。每年至此，民间病之，义仓不义之说，有自来矣。"

【碑文】

昔朱子设社仓以备荒，法至善也。自后世行之不善，名为便民，实以饱胥吏豪奸之溪壑。追追逋过竣，甚且祸及子孙、亲属，而终莫之能偿。始之号为"善政"者，终且贻害无穷。是果法之不善哉？抑在奉行者之兢兢然杜其弊而防其渐耳？宁属城乡，旧有社仓数处，自同治二年逆回马本源兄弟倡乱，焚毁抢掠，无一存者。岁壬申，伯相左持节关陇，遣刘京卿毅斋督师平之，凡庙宇、学校、义塾之废堕者，次第兴复，惟社仓一举，则未暇及也。甲戌春，太守邓公厚斋来守斯邦，不忍残黎之复沦于饥饿，乃饬各属在于叛绝产内，变价酌提社仓经费，并议借放生息十年，以为久远备荒之计。厅属社仓，计得本利豆、麦、青稞共仓斗一千七百五十八石三斗六升八合。前任蒋刺史瓛卿经理，将次就绪，而又调署西宁，未遑蒇事。予代庖斯土，观察使张公介〔价〕卿、太守邓公，虑其久而侵蚀焉，乃为详定章程，用纪于石，以志执政者之德义于不朽云尔。光绪三年。

一、现存社仓三色市石粮四百三十九石五斗九升二合。各乡农民每年借领籽粮，定于清明半月内为期；秋收归还，定于仲秋后一月内为期。按期收放，不得任意先后。至归还之时，每斗加息粮一升八合，以一升五合添储仓内，以三合作为各项经费，亦不得有所增减，今每斗加息一升三合，一升归仓，三合作为各项经费。

一、丹城所属各乡，公举公正绅耆二名，作为社仓正、副，公雇斗级二名、书识一名、经管什物仓夫一名。每遇春耕出借、秋收归还，绅耆督同斗级人等，公平出入收放，登记帐目，不得稍有偏抑遗漏。

一、每年乡民借籽及归还之时，由绅耆先期公禀厅主批准后，始行开仓收放。事毕关锁，厅加贴封条，钥匙交在仓正。如不待厅主批准，不赴厅请钥加封，有一于此，均不得行。

一、所属乡民，缺乏籽粮，借用社仓，无论多寡，均须取具绅耆及商富人等连环保结，并令书立借券，由绅耆造册汇交厅署存案，再行开仓，照数盘结；秋后加息归清，仍将交存结券抽还收销。倘有拖欠及逾期不交，著落保人赔补。

一、每年收放粮石，绅耆二名，每名准口食粮七斗五升；书识一名，准口食粮六斗；斗级二名，每名准口食粮六斗；仓夫一名，准口食粮一石；催差一名，准口食粮六斗，均在三合余粮项下动用。如仓廒渗漏潮朽，责成仓夫随时报明绅耆，禀官修理。

一、经理社仓绅耆及书识、斗级、仓夫，均以一年为限，另行举充接替。每年四月初间，绅民借籽以后，新旧绅耆在于城隍庙清算帐目，逐一交代。如有短少，随时禀官追赔，不得徇情隐饰。并在庙献牲敬神，以尽报赛之忱。一切经费，均在三合余粮内开销。如再有赢余，并交清新管绅耆收存。每一年所交息粮内，除以三合留备经费外，其余并储仓内，次年搭入本粮，一并出借，以防潮变。其各乡所借之粮，总不过三百石之数，以免空虚，而防接济。如遇地方旱涝等灾，准以本息一并出借，仍著秋收归还，但不得收取息粮，以示体恤。

一、社仓本息粮石，专为备荒而设。如遇地方公事以及官绅因公需用，无论如何紧急，概不准动用颗粒。倘经管绅耆私自通融，先令照数赔还，再行议罚，以免紊章而杜亏短。

新建碾伯考棚并筹五峰、凤山书院聘金膏火记

【提要】

清光绪三年（1877 年）西宁府碾伯县知县湖南湘乡人张先镕撰。记清王朝镇压了西北回族起义后，用回族人民的财产兴修书院的情况，对研究清代西北回族反清斗争史有一定的参考价值。原碑佚，碑文转引自《西宁府续志》卷九《艺文志》。

【碑文】

岁丁丑仲春，余捧檄斯土。下车之日，进诸生询及学校、考试诸大端，闻旧有凤山书院，自军兴以来，诸生无暇投戈而讲艺，院中久鞠为茂草焉。向来考试，由近城十余堡供支差事，临期于县堂东西搭盖考棚，设立坐号，而胥吏等借办考差，民间供应日繁，徒饱私橐，所支考棚，率潦草塞而已。遇风雨骤至，诸童喧哗失次，移避廊檐下，不克完卷。至场中应用桌凳，则仍取之近城各户，或出费资领还，或致损败，终莫偿其主。每届县试，实不胜其烦。余故知其弊，又以考试期促，未敢遽事更张。试毕，乃急商儒学张君子常、右堂吴君静安，并传集邑绅等董其事，按堡均输，得钱四百五十缗。相地于城东之文昌宫前，修建考棚二楹。墙宇峻整，非敢云有裨士类，亦庶几体朝廷郑重制科之意，谨关防而杜胥吏之需索也。

时观察张宗翰、太守邓承伟增建湟中、五峰书院，谆谆然以振兴文教谕饬各属，适委前任刺史童公永基会办碾邑善后。童公任碾十载，亦深念碾民之以乱离废学日久矣，乃相与协力同心，于叛绝产内筹银若干两，解郡为五峰书院膏火之资。又筹银若干两，为凤山书院长聘金伙食。其诸生膏伙银，现在设法筹划，俟有成数，拟再禀请定额。当此戎马仓皇之后，士生其间，犹得再睹升平，彬彬然一堂坐诵，谓非深幸欤？他日贤令尹式廓规模，俾尔多士敦诗书而说礼乐，于以蜚声庠序，上副天子棫朴作人之化，是则余为碾之民所厚望矣。

重修学宫碑记

【提要】

清贵德同知甘时化撰。记清光绪初年甘时化在贵德兴修学宫的情况，从中曲折地反映出了清王朝自同治六年（1867 年）贵德回族起义后，在这一地区推行旨在奴化人民的教化政策的情况。原碑已佚，碑文转引自《西宁府续志》卷九《艺文志》。

【碑文】

从来天下之风俗，系乎人心，天下之人心，系乎教化。学宫为教化之首，所以正人心而惟风俗也。贵德系古羌地，历代命名不一。乾隆年间改所为县丞，复改为厅。嘉庆元年，别驾稽承裕详请创修学宫，规模阔大，美矣盛矣。生斯土者，沐圣圣相继之雅化，亦知悦诗书而讲礼让，不意同治六年兵燹焚毁。历任俱以工程浩大，经费维艰，未能修复。乙亥冬，余抚此土，目击心伤，不忍坐视，拟将官产租价，设法催收重建。禀请督宪左公，奉批府厅州县皆立学宫，所以祀先圣，明统纪也。贵德虽居戎索，回番杂处，圣教不可不明，修葺学宫，是本古者立学之意。准照办。随即检校颓垣，规复旧址，督工伐木，购办铁木砖瓦等物，于丙子春鸠工庀材，几费经营。幸同寅绅董，汉番士民，皆踊跃从事，丁丑三月，全功告成。行见仰宫墙之美富，互相砥砺琢磨，人文鹊起，科甲蝉联。人心风俗，于以日淳。并将学宫更加润色，益臻完善，皆于是有厚望焉。

修浩门河渡船记

【提要】

清光绪七年（1881 年）由今青海省门源回族自治县浩门镇南关回族乡绅、清道光年间补附生金宝德撰。原碑已佚，碑文转引自《门源县志》，甘肃人民出版社 1993 年 6 月第 1 版，第 742 页。

【碑文】

水有舟，陆有车，天下两大利也，而二利之中，舟尤其甚者，是以春江夜潮，艨艟藉其便；巨波险岸，篷棹以为归，甚至中外通商，潮海如陆，莫不藉船是利，是船之所资于人者，大矣哉。

如我大通河者，为南北要渡，甘凉通济，青海连脉，一望恍如天上来。浩门取名，万夫之勇，莫可渝没，或远方行人，早投夜至，望之浩叹，莫知所之。穷途饬饿莩，急奔他乡，误入迷津，随波逐浪。是以前钦差大臣左文襄公，查知其故，饬令地方官，提倡修船，并拨公款银三百两，发当生息，为每年修船之备。

再大通、永安、白塔等，经各拨兵饷一二名，为船夫水师口食之助，济渡有年，浅深无虑，仁人一言，宜资万世矣。

光绪七年立。

慈善碑

道光二十六年上阴田众姓为来教训子弟达四十余年阿洪
德信为良教亲清正因众等不敢不报今应善终并无所报
众信募化钱粮立此石碑略吾师之德亦与众姓之感也
阿洪为教门之师月积年累之劳苦书于此碑显阿洪之厚
德亦敬众姓之寸心（以下并列两列小字记募化钱粮数目右书阿文碑文26行均略）
清光绪十二年夏日上阴田开学阿洪马良德等同立
张德华撰书
仲吉魁刻文

【提要】

清光绪十二年（1853 年）今青海省门源回族自治县上阴田开学阿訇马良德等立碑，纪念马其财阿訇从道光二十六年（1846 年）请到上阴田清真寺开学 40 多年，主持教务，教训子弟等事迹。

碑在今青海省门源回族自治县上阴田乡。碑高 125 厘米，宽 60 厘米，碑额呈半圆形，上书阿拉伯文清真言，居中刻“慈善”二字。正文部分左半部分用汉文，共 6 行；右半部分用阿拉伯文，共 26 行。碑用青砖砌一圈保护层，左右刻有对联一副：“立拜主一心无二，敬圣教清净为先”，在“立拜主一心无二”内侧刻有小字一行：“十一年五月初九日善终”，为马其财阿訇归真时间。

【碑文】

道光二十六年，上阴田众姓为来教训子弟达四十余年阿洪，德信为良，教亲清正，因众等不敢不报，今应善终，并无所报，众信募化钱粮，立此石碑，略（表）吾师之德亦与众姓之感也。

阿洪为教门之师，月积年累之劳苦，书于此碑，显阿洪之厚德，亦敬众姓之寸心。（以下并列两列小字记募化钱粮数目，右书阿文碑文 26 行，均略。）

清光绪十二年夏日上阴田开学阿洪马良德等同立，张德华撰书，仲吉魁刻文。

十二扇围屏

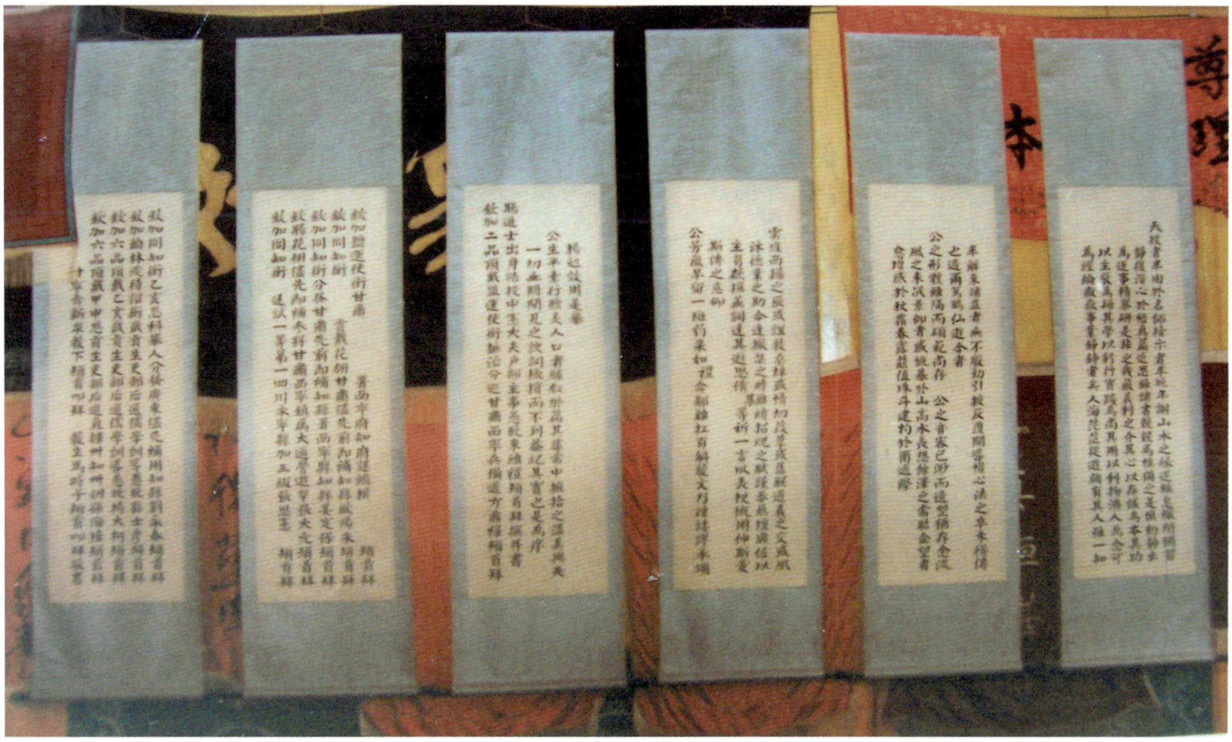

光绪拾五年岁次屠维赤奋若壮月中浣谷旦恭述
钦赐四品顶戴善堂杨老夫子老大人遗型
从来积大德于生前必贻令名与殁后历观古今大抵皆然也
若夫一意孤行不同流俗不合污世视富贵如浮云等轩冕于
朝露窥其外迹无异泉癖石隐者流与民物无争与人道无益

一旦群丑蠢动人心汹汹独立不惧与世无争不为利诱不为
乱惑以只身而庇亿万百姓之生命片言而解数百家之危险
溺犹己溺饥犹己饥挽狂澜于既倒登残黎于衽席大难荡平
力竭愿毕红尘撒手返朴归真其孰如我
善堂杨公乎　　　　公籍隶固原州杨建堡

其先祖由武庠服官西宁遂家焉为西宁人
公钟庸述湟狭之奇气生而颖悟长更英敏不多言语不妄交游
性喜读书日诵四书五经潜玩熟思深得奥旨窃见世之肄习
者夸知识之多以饰其伪矜记诵之广以长其傲恃闻见之博
以肆其辩侈辞章之富以涂泽时人之耳目遂慨然曰读书原

期体诸身见诸行充之为天德达之为王道有体有用有补于
世也今诵读且勤阐发且精而入耳出口假途以干誉盗名以
欺世于世道无关于人心无补夫岂圣贤立言之初心
国家期望之本意耶于是感慨救弊深心起衰讲求经传之旨趣更证

以子史之精粹详究身心性命之旨斗室静坐寒暑不辍多历
年所盖程功国己专至而晰理渐臻精密犹恐师心自用拘于
见识误其趋向遂弃尘务抛却一切负笈访师始由甘赴陕入
西蜀黔省滇南以及粤东继往新疆南北各路所过名山大川
如陕之太华太白蜀之峨嵋锦江黔之天台乌江滇之大鼎金
沙　峨粤之柱山铜柱乌孙之葱岭和阗诸胜境往返数万里

遨游数十载无不周至至则搜奇追幽无不备览以故眼界阔
阔胸襟豁爽立身如乔岳泰山高不可及发论如长江万里滔
滔不绝
公之通理判事扶质立干公之谨小慎微虎尾春冰
公之待人接物光风霁月公之持身行己言坊行表由于

天授者半由于名师指示者亦半晚年谢山水之缘还辕息辙闭关习
静复潜心于悟真篇近思录诸书兢兢焉惟独之是慎动静云
为逐事精察研是非之机严义利之介其心以存诚为本其功
以主敬为归其学以躬行实践为尚其用以利物济人为念可
为经论岳岳事业铮铮者矣人海茫茫从游颇有其人虽一知

半解来请益者无不殷勤引掖反复开导惜心法之卒来得传
也遽尔驾鹤仙游今者
公之形骸虽隔而硕范尚　存公之音容已渺而遗型犹在念流
风之未泯景仰者咸慨慕于山高水长想余泽之常昭企望者
愈增感于秋霜春露兹值珠斗建杓于酉适际
云旌归西之辰或谊敦桑梓或情切葭莩或旧联道义之交或夙
沐德业之助今逢撤瑟之时难续招魂之赋谨恭　檀鼎佐以
生刍欲撰燕词达其遐思倩某等祈一言以表梗概用伸斯爱
斯传之意仰　公芳薇早留一斑豹采如礼　鄙难扛百斛龙
文乃諈诿谬承颂扬勉效用是举

公生平素行脍炙人口者胪叙于篇其寻常中摭拾之溢美与夫
一切无关闻见之谀词概摈而不列盖纪其实也是为序
赐进士出　身诰授中宪大夫户部主事愚晚来维礼顿首拜撰并书
钦加二品顶戴盐运使衔抚治分巡甘肃西宁兵备道方鼎禄顿首拜
钦加盐运使衔甘肃尽先前即补知府署西宁府知府谌端模顿首拜

钦加同知衔　　赏戴花翎留甘肃尽先前即补知县欧阳永顿首拜
钦加同知衔　分发甘肃先前即补知县署西宁县知县姜定保顿首拜
钦赐花翎尽先即补参将　甘肃西宁镇属大通营游击张大元顿首拜
钦加同知衔　　廷试一等第一前四川永宁县加三级张思宪顿首拜
钦加同知衔乙亥恩科举人　分发广东尽先补用知县刘永椿顿首拜

钦加翰林院待诏衔岁贡生吏部侯选儒学训导愚晚孙士彦顿首拜
钦加六品顶戴　　乙亥岁贡生吏部侯选训导愚晚杨大柯顿首拜
钦加六品顶戴甲申恩贡生吏部侯选直隶州州判姻孙海桂顿首拜
甘肃省政府谘议任用县知事甲辰贡生士后学丁裕谦恭楷原书

【提要】

清光绪癸未科进士、签分户部主事来维礼等12位官员撰。记中国伊斯兰教嘎底林耶杨门第七辈道祖杨保元生平事迹，由来维礼主笔撰文并书丹，分刻12通石碑，立于今青海省大通回族土族自治县后子河杨道祖拱北，故名《十二扇围屏》。现碑毁文存，在今重新修建的后子河杨道祖拱北八卦亭内，悬挂有毕业于青海省师范学校、曾任西宁市小学校长的张进忠先生依照原碑格式用隶书重录的十二轴碑文。

【碑文】

光绪拾五年岁次[1]屠维[2]赤奋若[3]壮月[4]中浣[5]谷旦[6]恭述：

钦赐四品顶戴善堂杨老夫子[7]老大人遗型。

从来积大德于生前，必贻令名与殁后，历观古今大抵皆然也。若夫一意孤行，不同流俗，不合污世，视富贵如浮云，等轩冕[8]于朝露。窥其外迹，无异泉癖石隐者流，似与民物无争，与人道无益。一旦群丑蠢动，人心汹汹，独立不惧，与世无争，不为利诱，不为乱惑，且以只身而庇亿万百姓之生命，片言而解数百家之危险。溺犹己溺，饥犹己饥，挽狂澜于既倒，登残黎于衽席，大难荡平，力竭愿毕，红尘撒手，返朴归真，其孰如我善堂杨公乎？

公籍隶固原州杨建堡，其先祖由武庠服官西宁，遂家焉。为西宁人公钟唐述湟狭之奇气，生而颖悟，长更英敏，不多言语，不妄交游，性喜读书，日诵四书五经，潜玩熟思，深得奥旨。窃见世之肆习者，夸知识之多以饰其伪，矜记诵之广以长其傲，恃闻见之博以肆其辩，侈辞章之富以涂泽时人之耳目，遂慨然曰："读书原期体诸身，见诸行，充之为天德，达之为王道，有体、有用、有补于世也。今诵读虽勤，阐发虽精，而入耳出口，假途以干誉，盗名以欺世，于世道无关，于人心无补，夫岂圣贤立言之初心，国家期望之本意耶？"于是感慨救弊，深心起衰，讲求经传之旨趣，更证以子史之精粹，详究身心性命之旨，斗室静坐，寒暑不辍，多历年所。盖程功固己专至，而晰理渐臻精密，犹恐师心自用拘于见识，误其趋向，遂弃尘务，抛却一切，负笈访师。始由甘赴陕，入西蜀、黔省、滇南以及粤东，继往新疆南北各路，所过名山大川，如陕之太华、太白，蜀之峨嵋、锦江，黔之天台、乌江，滇之大鼎、金沙、峨粤之柱山、铜柱，乌孙之葱岭、和阗诸胜境，往返数万里，遨游数十载，无不周至，至则搜奇追幽，无不备览，以故眼界闳阔，胸襟豁爽。立身如乔岳泰山，高不可及；发论如长江万里，滔滔不绝。公之通理判事，扶质立干；公之谨小慎微，虎尾春冰；公之待人接物，光风霁月；公之持身行己，言坊行表。由于天授者半，由于名师指示者亦半，晚年谢山水之缘，还辕息辙，闭关习静，复潜心于《悟真篇》《近思录》诸书，兢兢焉，惟独之是，慎动静云为逐事精察，研是非之机，严义利之介，其心以存诚为本，其功以主敬为归，其学以躬行实践为尚，其用以利物济人为念，可为经论岳岳，事业铮铮者矣。人海茫茫，从游颇有其人，虽一知半解来请益者，无不殷勤引掖，反复开导，惜心法之卒来得传也，遽尔驾鹤仙游。

今者公之形骸虽隔而硕范尚存，公之音容已渺而遗型犹在。念流风之未泯，景仰者咸慨慕于山高水长，想余泽之常昭，企望者愈增，感于秋霜春露，兹值珠斗建杓于西，适际云旌归西之辰，或谊敦桑梓，或情切葭莩，或旧联道义之交，或夙沐德业之助，今逢撤瑟之时，难续招魂之赋，谨恭爇檀鼎佐以生刍，欲撰燕词，达其遐思，倩某等祈一言以表梗概，用伸斯爱斯传之意。仰公芳薇，早留一斑豹采，如礼弇鄙[9]难扛百斛龙文，乃謭谚谬承颂扬，勉效用是举。公生平素行脍炙人口者胪叙于篇，其寻常中摭拾之溢美，与夫一切无关闻见之谀词，概摈而不列，盖纪其实也，是为序。

赐进士出身，诰授中宪大夫[10]，户部主事愚晚来维礼[11]顿首拜撰并书。

钦加二品顶戴盐运使衔，抚治分巡甘肃西宁兵备道方鼎禄[12]顿首拜。

钦加盐运使衔，甘肃尽先前即补知府署西宁府知府谌端模[13]顿首拜。

钦加同知衔，赏戴花翎，留甘肃尽先前即补知县欧阳永顿首拜。

钦加同知衔， 分发甘肃先前即补知县，署西宁县知县姜定保[14]顿首拜。

钦赐花翎，尽先即补参将， 甘肃西宁镇属大通营游击张大元[15]顿首拜。

钦加同知衔，廷试一等第一，前四川永宁县加三级张思宪[16]顿首拜。

钦加同知衔，乙亥恩科举人， 分发广东尽先补用知县刘永椿[17]顿首拜。

钦加翰林院待诏衔，岁贡生，吏部侯选儒学训导愚晚孙士彦顿首拜。

钦加六品顶戴，乙亥岁贡生，吏部侯选训导愚晚杨大柯顿首拜。

钦加六品顶戴，甲申恩贡生，吏部侯选直隶州州判姻孙海桂顿首拜。

甘肃省政府谘议任用县知事，甲辰贡生士，后学丁裕谦恭楷原书。

【注释】

[1] 光绪拾五年岁次：即公元 1889 年。

[2] 屠维：十天干中己的别称。

[3] 赤奋若：太岁在丑的岁名。

[4] 壮月：农历八月的别称。

[5] 中浣：农历每月十一日至二十日。

[6] 谷旦：吉利的日子。

[7] 杨老夫子（1784 ～ 1874 年），名保元，字善堂，今青海省大通回族土族自治县良教乡人。他是中国伊斯兰教嘎底林耶杨门第七辈道祖，传世著作有《杨祖纲常》（又称《八十一段纲鉴》）。

[8] 轩冕：古代卿大夫的轩车和冕服，指官位爵禄。

[9] 弇鄙：见识浅陋。

[10] 中宪大夫：正四品官阶。

[11] 来维礼（1853 ～ 1904 年），清末文人，青海西宁人，字敬舆，号椒园。同治年间，在西宁北街创办民团。光绪五年（1879 年），中举人。九年（1883 年），中进士，授户部主事。旋乞假回家，主讲于五峰书院。后进京，分发山西知县。二十一年（1895 年），被董福祥聘为赞襄戎幕。后被保荐为山西候补道，任晋威马步全军营务处。后弃职回家，任五峰书院山长。著有《双鱼草堂诗集》《治家琐言》等，并应西宁府知府邓承伟之聘，参加编修《西宁府续志》。

[12] 方鼎禄：江苏举人。

[13] 谌端模：贵州人，光绪十四年署西宁府知府。

[14] 姜定保：浙江举人。

[15] 张大元：今甘肃省临夏市人。

[16] 张思宪（1828 ～ 1907 年），清末官吏，青海西宁人，字慎斋，号友竹。咸丰十一年（1861 年）举为拔贡，分发四川补知县。同治九年（1870 年）与其兄张思元徒步去候补，先为私塾先生，继为四川学政钟骏声幕僚，后又为私塾先生。同治十三年（1874 年）任永宁县知县，后辞官回家，主讲于西宁凤山、五峰书院。光绪三十三年（1907 年）卒。著有《鸿雪堂诗集》。

[17] 刘永椿（1853 ～ 1903 年），清末官吏，青海西宁人，字荫华，号秋岩。10 余岁应童子试为魁首。同治十二年（1873 年）举拔贡。光绪元年（1875 年）中举人。继在西宁府知府龙锡庆处做幕宾，后主讲于大通泰兴书院。光绪十五年（1889 年）授甘

州府山丹县教谕。次年任广东沙田总局提调兼广州沥厘厂提调。又一年，升任广东龙川县知县。光绪二十四年（1898 年），调任翁远县知县，加同知衔。后又调茂名县知县。任职以廉干著称，著有《岭南杂吟》一卷。

福星马公墓碑

【提要】

马彦春撰。福星马公即伊斯兰教虎夫耶门宦的善马湾太爷，于清同治初年归真，葬于今青海省民和回族土族自治县川口镇沙坡子顶拱北内。到光绪二十年其孙马彦春为其刻立墓碑，此碑可作为研究虎夫耶门宦之依据。碑高144.5厘米，宽68.5厘米，汉文3行，楷书，基本完好。

墓碑今在青海省民和回族土族自治县川口镇沙坡子穆斯林公墓内。

【碑文】

光绪二十年仲秋立

福星马公之墓

期服孙花羽副将马营监游击笃勇巴图鲁马彦春勒石

皇清例赠武德都尉星堂冶府君[1]墓表

皇清例赠武德都尉星堂治府君墓表

大凡生前之名易彰身后之名难著古人称扬先世之美多铭于鼎而贞于珉也我

星翁治老先生大人当仙驭已逝殡葬后其子长龄状其父懿行甚惧年远代遥湮没弗彰亟图伐石勒文垂示久远□□□□□□□我

星翁古湟中人也祖讳镇邦字子安考讳殿臣字翰如继志述事世济其美系出元末薛都尔丁二世祖讳里只明洪武间□□□□□□

右军都督府至正德十二年三世祖讳详荣升指挥佥事延及顺治十七年□□答尔汉等为逆蹂躏米拉沟□□□□□□□□□□

肃因居米拉沟由明迄今世禄名家忠贞世族谱牒俱在彰彰可考固不必论 翁同胞六人讳廷凤承袭指挥府三弟廷贤四弟廷花

六弟廷鹏均为农家者流五弟廷鹤特授靖宁州千总昆季相继宾天 翁 廷鸾字星堂赋质诚朴秉性慷慨□□□□□□

翁元配马孺人继配李孺人当孺人适 翁时二老在堂孺人事 翁姑寝膳不懈处妯娌雅相敬爱戚党称贤内助焉□□□□□□□

翁弃经就商分居川口持躬治家崇尚勤俭待人开诚办公谨慎 翁办理投诚 将军穆□赏戴蓝翎千总 左营军门□□□□□□

翁由巴燕戎采买军粮 翁劳苦不辞取与不苟禀保 左爵帅札饬免补守备议都司补用 赏加花翎游击□□□□□□□□□

翁之德行正未有艾也 翁年近五旬元配马孺人弄瓦者三许字名门而弄璋之庆犹未叶 翁奋然悔过曰己□□□□□□□□□

氏之鬼果馁而矣 翁改过不吝从善如流谱地作寺乡党间排难解纷曲直不讳亲仁善邻豪强不徇□古之遗□□□□□□□□

马孺人举丈夫子一即长龄也信乎有潜德者必发潜之光李孺人虽未生男育女抚前室之男女甚于亲生□教育之□□□□□□

翁年近古稀由少而壮壮而老其一生之德行以视古昔阀阅之家能以世德作求而累仁积功其庶近之自 翁病势日□长龄□□□

弱冠侍汤药未离左右至捐馆总无惰容盖由 翁敬奉 太翁之生事葬祭式礼莫衍者有以致之 翁承先启后以孝悌为之先

子且有义方不轻加怒号其至性纯笃有如此 翁生于道光十六年九月二十二日卯时卒于光绪二十九年三月初五日丑时春秋

七十有一葬 于东郊子山午向新茔长龄每念抚育之恩不禁泣然流涕曰何能补报于万一又惧世远年遥泯其父母□□□□□

所生矣亟图伐石求幽文于余余忝列姻戚虽谫陋不□□ 翁交久而知深固不敢辞纪其实而略表之

西宁府学增生姻愚弟白席珍聘三甫顿首拜撰并书 □

孤子治长龄泣血纳石期服孙治铭□□

光绪三十四年岁在戊申夏五月上浣

【提要】

清光绪三十四年（1908 年）五月，民和川口回族乡绅白席珍撰。为第十七世土司冶廷凤之弟冶廷鸾的墓表。有碑座，碑高 170 厘米，宽 66 厘米，厚 18 厘米，为红砂石制作。碑额正中刻有阿拉伯文“万物非主，唯有真主，穆罕默德是真主使者”的清真言。碑身正面刻有墓表，共 21 竖行，每行约 52 字，全文 902 字，缺 95 字，残存 807 字。

墓碑现存青海省民和回族土族自治县川口镇塔尔口子回民公墓。

【碑文】

皇清例赠武德都尉星堂冶府君墓表

大凡生前之名易彰，身后之名难著，古人称扬先世之美，多铭于鼎而贞于珉也。我星翁冶老先生大人当仙驭已逝，殡葬后其子长龄状其父懿行，甚惧年远代遥，湮没弗彰，亟图伐石勒文，垂示久远，□□□□□□□。

我星翁古湟中人也，祖讳镇邦，字子安[2]。考讳殿臣，字翰如[3]。继志述事，世济其美，系出元末薛都尔丁。二世祖讳里只，明洪武间□□□□□□右军都督府。至正德十二年，三世祖讳详〔祥〕荣升指挥佥事。延及顺治十七年，□□答尔汉[4]等为逆，蹂躏米拉沟，□□□□□□□□□□肃，因居米拉沟。由明迄今，世禄名家，忠贞世族，谱牒俱在，彰彰可考，固不必论。

翁同胞六人，讳廷凤[5]，承袭指挥府[6]；三弟廷贤，四弟廷花，六弟廷鹏，均为农家者流；五弟廷鹤，特授靖宁州千总，昆季[7]相继宾天[8]。翁廷鸾，字星堂，赋质诚朴，秉性慷慨，□□□□□□。翁元配马孺人，继配李孺人，当孺人适翁时二老在堂，孺人事翁姑寝膳不懈，处妯娌雅相敬爱，戚党称贤内助焉。□□□□□□□，翁弃经就商，分居川口[9]，持躬治家，崇尚勤俭，待人开诚，办公谨慎。翁办理投诚，将军穆[10]□赏戴蓝翎千总，左营军门[11]□□□□□□，翁由巴燕戎[12]采买军粮，翁劳苦不辞，取与不苟，禀保左爵帅札饬免补守备议都司补用，赏加花翎游击，□□□□□□□□□□，翁之德行，正未有艾也。

翁年近五旬，元配马孺人弄瓦[13]者三，许字名门，而弄璋[14]之庆犹未叶。翁奋然悔过，曰：“己□□□□□□□□□□氏之鬼，果馁而矣。”翁改过不吝，从善如流，谱地作寺，乡党间排难解纷，曲直不讳，亲仁善邻，豪强不徇，□古之遗□□□□□□□□□，马孺人举丈夫子一，即长龄也，信乎有潜德者必发潜之光。李孺人虽未生男育女，抚前室之男女甚于亲生，□教育之□□□□□□□。翁年近古稀，由少而壮，壮而老，其一生之德行，以视古昔阀阅之家[15]，能以世德作求，而累仁积功，其庶近之。自翁病势日□，长龄□□□弱冠，侍汤药未离左右，至捐馆[16]总无惰容，盖由翁敬奉太翁之生，事葬祭式礼莫衍者，有以致之。翁承先启后，以孝悌为之先，子且有义，方不轻加怒号，其至性纯，笃有如此。

翁生于道光十六年九月二十二日卯时[17]，卒于光绪二十九年三月初五日丑时[18]，春秋七十有一[19]，葬于东郊子山午向新茔。长龄每念抚育之恩，不禁泣然流涕曰："何能补报于万一！"又惧世远年遥，泯其父母□□□□□所生矣。亟图伐石，求幽文于余，余忝列姻戚，虽谫陋不□□翁交久而知深，固不敢辞，纪其实而略表之。

西宁府学增生姻愚弟白席珍[20]聘三甫顿首拜撰并书

孤子冶长龄泣血纳石期服孙冶铭□□

光绪三十四年岁在戊申夏五月上浣[21]

【注释】

[1] 冶府君（1836～1903年），名廷鸾，字星堂，今青海省民和回族土族自治县核桃庄乡五方村人。初居五方村，就近入五方清真寺学经，后分居川口镇，弃经从商。清同治年间，左宗棠督军镇压西北回族起义，冶廷鸾为清军采办军粮，因功赏加花翎游击，例赠武德都尉。

[2] 镇邦：冶进忠之子，道光三年（1823年）袭指挥佥事职。

[3] 殿臣：冶镇邦之子，同治十年（1871年）袭指挥佥事职，光绪五年（1879年）卒。

[4] 答尔汉：《甘肃新通志》作"冶达尔汉"，清顺治十七年（1660年）因反抗冶土司的统治，投靠青海蒙古族王公，并带部分蒙古族返回民和米拉沟进行抢掠，被土司冶鼎捕杀。

[5] 廷凤：冶殿臣之长子，光绪五年（1879年）袭指挥佥事职，光绪二十一年河湟回族反清起义失败后，受株连被捕入狱，后死于西宁狱中。

[6] 指挥府：即指挥佥事衙门，今青海省民和回族土族自治县核桃庄乡五方村尚存指挥府衙门遗址，占地约3亩，围墙用夯土筑成，门楣上方镶有大方砖一块，上刻

阴文正楷“指挥府”三字，现由其后裔分院居住。

［7］昆季：长者为昆，幼者为季，指兄弟。

［8］宾天：对死亡的尊称。

［9］川口：即今青海省民和回族土族自治县川口镇。

［10］将军穆：指随左宗棠镇压同治年间西北回族起义的宁夏将军穆图善。

［11］左营军门：指奉命镇压同治年间西北回族起义的钦差大臣、陕甘总督左宗棠。

［12］巴燕戎：此处指今青海省化隆回族自治县。

［13］弄瓦：古代对生女的称谓。

［14］弄璋：古代对生男的称谓。

［15］阀阅之家：指世家门弟。

［16］捐馆：对死亡的婉称。

［17］道光十六年九月二十二日卯时：即公元 1836 年 10 月 31 日上午 8 时许。

［18］光绪二十九年三月初五日丑时：即公元 1903 年 4 月 2 日晨 2 时许。

［19］此处计算有误，应为“春秋六十有七”。

［20］白席珍（1866 ～ 1941 年）：甘肃省永登县人，字聘三，回族。清嘉庆年间（1796 ～ 1820 年）同祖上经商来到青海民和川口地区。自幼致力学业，清末童试中增生。后一直从事教育工作，倡导回族教育。1914 年同地方绅老马克诚、马佐汉、罗宽等于川口沙坡子先后创办私塾、沙坡子义学、清真小学，并亲自执教。

［21］光绪三十四年夏五月：即公元 1908 年 6 月。上浣：即农历每月初一至初十。

重修洋噶硖一带道路碑记

【提要】

佚名撰。中华民国九年（1920 年）刻立，记捷成洋行执事胥玉书联络各商会捐资补修洋噶硖道路事。此碑记对研究中华民国时期甘青地区各民族工商业有一定的参考价值。原碑佚，碑文转引自《祁连县志》，甘肃人民出版社 1993 年 6 月第 1 版，第 561 ～ 562 页。

【碑文】

自俄岭迤北洋噶道路，旧有因前清光绪二十七年七月内水势大涨，既将历年原修桥已被冲塌，沿途崒崩，其硖内半成河身，而往来之人偶不经意，漂没时闻。又兼山路崎岖，行旅维艰，于民国五年适有捷成洋行执事胥玉书心实不忍，意存善念，联络社首以在各处募化补修，并成大小石碑桥四道，故以此告竣。所需出入银项开列于后，以垂永远不朽云尔。

二等文虎章甘肃全省军门焦，张掖商会会长王、张各助银十二两，张掖商会副（会）长杨助银六两，张掖商会总局仇、孟各助银四两，甘州恒太昌、永泰兴、丰盛公、丰泰兴、万发成、丰盛恒各助银二十四两，兴茂源、丰盛店、大盛昌、聚丰永、天顺义、复兴魁、德兴昶、天福亨、王兴旺、恒丰店、永和兴各助银八两，方守先、万顺隆、万顺成、永同丰、天兴亨、德胜奎、万发兴、合则公各助银六两，义顺源、福兴永、万兴昌、永和福、公义恒、兴盛长、新盛昌、德兴合、孟嘉猷、长兴泰、复兴合各助银四两，西盛永助银五两，天成德、德盛堂各助银三两，以上共入银四百一十七两。本城新泰兴洋行助银二十两，沈瑞骧助银十两，美丰洋行助银四十两，张存安助银二十两，永安泉商号助银二十两，大通泉商号助银四十三两。永固□盛成助银二十六两，潘勤学助银六两，安长盛、秦□各助银四两，本城福兴永助银十二两，冶其全、聂起凤、□盛明、义兴和、积庆源各助银十两，德兴源、乾盛成、泰和成、德盛合、祥顺成、韩国□、马应福、永兴昌各助银四两，何世德、守芳中、盛贵朝、宇得龙各助银二两四钱，罗光玉助银一两二钱，冯汉昌、马俊得各助银一两。永固□德恒、□进贤、沈有仁各助银二两，同益合助银一两，以上通共入银七百六十两八钱。

一出吕桥梁相□脚银一百二十三两六钱，一出口粮银二百一十四两八钱八分，一出人工二百五十九两四钱二分，一出油盐菜疏姜□银二十九两九钱，一出□□□□子铜铁以□银十二两九钱，一出做工道沟出户费用银三十三两，一出□□□及余银二十八两四钱六分，一出甘州平头银九两，一出修路器具银三十六两，内除消耗破损外，下余□器以作碑需。孟嘉猷、刘崇德、李健一、赵起山、张存安、宇得龙、方守先、李兆惠，经□□道以上通共出银七百六十五两一钱六分，□敷银四两三钱六分，□□□□□□□。

中华民国九年岁□次庚申□□上□吉日

重建西宁大寺碑记

重建西宁大寺碑记

世界宗教以天方为最古盖自人祖阿耽首出御世继天立极而回教即权舆焉自是以降经历五千余年数万圣人前驱后武继长增高至穆圣而始集其大成穆圣生文明之古国应五百之恒期位兼君师德隆治教阐扬真理西土咸孚当时自阿拉伯而起东至于波斯阿富汗俾路芝天竺及中国之回部西至于埃及嘉达额及摩鲁等二十余国北至于土耳其犹太巴比伦及俄罗斯藩属南至于南洋群岛纵横万余里间国以百计种以千计莫不以天方为依皈盖圣人之教不枉人以就己而人亦无不乐从有如此者时当隋开皇初天方遣其臣斡葛思苏哈拜自海道来华至于广州建光路及怀圣寺以传教焉此回教行于中国南部之始及安史之乱唐借回纥之力以复两京自是回教益行寺院愈多西安礼拜寺则天宝年间工部官罗天爵奉敕所建有御史王鉷撰记此回教行于中国北部之始自唐迄宋奉行罔替元起朔漠尤崇回教置回回学习亦思替非文字明太祖首用回回历并翻译回书称为乾方先圣之书成祖御制赛典赤碑以表章天房后裔清朝幅员最广西域回部咸隶版图霍集占一役高宗自习回文并御制叶尔羌碑详稽回始平苗功成赐宴群臣以真元生不汉食赐以特羊而京师礼拜寺收养穷苦回民屡蒙颁发天庾之米此可以徵历朝待遇回教之优隆矣民国成立五族一家信教自由载在约法向之挟歧视他教之见者至是始知万物并育而不相害道并行而不相悖而西宁大寺亦于是时落成圣教昌明此其时乎考至前清光绪初年西宁清真寺创自明代毁于兵燹后来屡议兴复卒以不得地基而止自

阁臣镇使拥节是邦布德建威□能迩汉回蒙番各得安其生业儒释道耶各得遂其信仰诈冥悉泯人民大和于是地方绅士以大寺故址相让阁使乃提议重建捐赀为倡军绅商民踊跃捐助二年五月庀材鸠工

阁使军政稍暇辄亲来监作阅年而工竣计造大殿五间唤醒楼三层东厅五间北厅九间南浴室三间寺门三间庖厨浴湢皆备计费银万两有余既而阁使见殿材不佳恐难持久毁而重修购大木聘名匠两易寒暑始落成焉瑰伟壮丽洵为陇上清真寺之冠又费银万两绅民等不忍阁使之重出巨款乃共集赀以偿

阁使不受即用此款置院落田产若干又自捐店房一处并作香火之资

阁使之轻财重义信足砥砺末俗矣每维圣教之在天壤如水之行地中固无往而不在然非有大力者为之奔奏御侮疏附先后则常有淤而不流之患吾教之行于关陇固千余年于兹矣而清真正法至今日而始昌明者则

阁使毅力弘愿崇奉护持之功也绅等睹宫墙之美富喜圣教之复兴特叙缘起勒诸贞珉俾后之人有所考焉

五等嘉禾章特保荐任职甘边宁海镇守使署总务处处长兼理西宁县知事周希武子扬氏撰

甘肃西宁道尹公署秘书贾思复谨书并篆额

中民华国十一年（注：此行立碑时间刻碑背面。）

【提要】

中华民国十一年（1922 年）甘肃天水周希武撰。此碑是研究青海伊斯兰教的重要文物，现保存在西宁东关清真大寺内。碑首刻有国民党政府的党旗和国旗及万年青花篮图案。碑身用红砂石制作，高 250 厘米，宽 90 厘米，厚 20 厘米。碑文共 25 行，每行 47 字，计 1175 字。碑座高 30 厘米，宽 80 厘米，长 120 厘米。碑记对伊斯兰教的创立，传入我国的情况和西宁东关清真大寺重建经过等都有简略的记述，对研究青海地方史和伊斯兰教在青海的传播，具有一定的参考价值。

【碑文】

重建西宁大寺碑记

世界宗教，以天方[1]为最古。盖自人祖阿耽[2]首出御世，继天立极，而回教即权舆[3]焉。自是以降，经历五千余年，数万圣人前驱后武，继长增高，至穆圣[4]而始集其大成。穆圣生文明之古国，应五百之恒期，位兼君师，德隆治教，阐扬真理，西土咸孚。当时自阿拉伯而起，东至于波斯、阿富汗、俾路芝、天竺及中国之回部；西至于埃及、嘉达额及摩鲁等二十余国；北至于土耳其、犹太、巴比伦及俄罗斯藩属；南至于南洋群岛，纵横万余里，间国以百计，种以千计，莫不以天方为依皈。

盖圣人之教，不枉人以就己，而人亦无不乐从，有如此者，时当隋开皇初，天方遣其臣斡葛思苏哈拜[5]自海道来华，至于广州建光路及怀圣寺以传教焉，此回教行于中国南部之始。及安史之乱，唐借回纥之力以复两京，自是回教益行，寺院愈多。西安礼拜寺，则天宝年间工部官罗天爵奉敕所建，有御史王鉷撰记，此回教行于中国北部之始。自唐迄宋，奉行罔替。元起朔漠，尤崇回教，置回回学，习亦思替非文字[6]。明太祖首用回回历[7]，并翻译回书，称为乾方先圣之书。成祖御制赛典赤碑[8]，以表章〔彰〕天房后裔。清朝幅员最广，西域回部，咸隶版图。霍集占一役[9]，高宗自习回文，并御制叶尔羌[10]碑，详稽回始，平苗功成，赐宴群臣，以真元生不汉食，赐以特羊。而京师礼拜寺收养穷苦回民，屡蒙颁发天庾之米，此可以徵历朝待遇回教之优隆矣。民国成立，五族一家，信教自由，载在约法。向之挟歧视他教之见者，至是始知万物并育而不相害，道并行而不相悖。而西宁大寺亦于是时落成，圣教昌明，此其时乎？

考至前清光绪初年，西宁清真寺创自明代，毁于兵燹，后来屡议兴复，卒以不得地基而止。自阎臣[11]镇使，拥节是邦，布德建威，□能迩，汉回蒙番各得安其生业，儒释道耶各得遂其信仰。诈冥悉泯，人民大和。于是地方绅士，以大寺故址相让，阎使乃提议重建，捐赀为倡。军绅商民，踊跃捐助。二年五月，庀材鸠工。阎使军政稍暇，辄亲来监作。阅年而工竣。计造大殿五间，唤醒楼三层，东厅五间，北厅九间，南浴室三间，寺门三间，庖厨浴湢皆备，计费银万两有余。既而阎使见殿材不佳，恐难持久，毁而重修。购大木，聘名匠，两易寒暑，始落成焉。瑰伟壮丽，洵为陇上清真寺之冠。又费银万两，绅民等不忍阎使之重出巨款，乃共集赀以偿，阎使不受，即用此款置院落田产若干，又自捐店房一处，并作香火之资。阎使之轻财重义，信足砥砺末俗矣。每维圣教之在天壤，如水之行地中，固无往而不在，然非有大力者为之奔奏御侮疏附先后，则常有淤而不流之患。吾教之行于关陇，固千余年于兹矣。而清真正法至今日而始昌明者，则阎使毅力弘愿，崇奉护持之功也。绅等睹宫墙之美富，喜圣教之复兴，特叙缘起，勒诸贞珉，俾后之人有所考焉。

五等嘉禾章特保荐任职甘边宁海镇守使署总务处处长兼理西宁县知事周希武子扬氏[12]撰

甘肃西宁道尹公署秘书贾思复[13]谨书并篆额

中华民国十一年

【注释】

[1] 天方：泛指阿拉伯国家，特指今沙特伊斯兰教圣城麦加。

[2] 阿耽：现通译为“阿丹”，伊斯兰教经典《古兰经》中所提二十五位先知之一，是安拉用泥土造化的第一个男人，为人类的始祖。

[3] 权舆：即起始。

[4] 穆圣：即伊斯兰教先知穆罕默德（570 ～ 632 年），今沙特阿拉伯王国麦加人。他作为伊斯兰教的创立者，安拉的使者，宗教领袖兼社会革命家，被穆斯林尊为品秩最高的至圣，并公认他是“封印的圣人”。他所传达的安拉的启示，即《古兰经》，是伊斯兰教世界的最高经典和立法依据；他的言行录被称为“哈底斯”，即《圣训》。

[5] 斡葛思苏哈拜：传说为伊斯兰教至圣穆罕默德派往中国传播伊斯兰教的第一位使者，今广州先贤古墓中有斡葛思苏哈拜墓。

[6] 亦思替非文字：元代对阿拉伯文的称呼。学术界有人认为是波斯文或粟特文，也有人考证是一种古代伊朗人创制，后流行于伊斯兰世界的专用于财务计算的文字。

［7］回回历：即伊斯兰教历，有太阴年（月分年）和太阳年（宫分年）两种历法。太阴年历法是一种纯阴历法，一般专指伊斯兰教历，它主要用于宗教生活和历史纪年。太阳年历法是以太阳经过黄道十二宫的日期来确定的节气的历法，它是目前世界上各种历法中历算精度最先进的一种历法。回回历从宋代传入中国后，元、明、清均设专门回回天文机构观测天象，测算历法，直到清康熙八年（1669 年）被废除。

［8］赛典赤：即元初大臣赛典赤·瞻思丁（1211 ～ 1279 年），一名乌马儿，今乌孜别克布哈拉人。成吉思汗西征时随父苦马鲁丁来中国，参加了蒙古统一中国的战争，至元十一年（1274 年）起任云南行省平章政事，任职 6 年，政绩颇多。病逝后百姓哭巷，元世祖赠咸阳王，谥忠惠。成祖御制赛典赤碑指明成祖文皇帝于永乐二年（1404 年）御制《敕赐元平章政事赛典赤瞻思丁祭文》，其文曰："将专阃外之制，系一方之安危，司万众之性命。有能存之以仁恕，抚之以恩义，惟以平平安辑为事，不嗜杀人，则惠之所及者溥矣。观瞻思丁之安抚云南，诚可尚已。师临城下，再三不忍进兵加戮，士卒有乘城者，辄收缚之。卒至甸长感激出降，一城之命得以全活，阴骘之所施者亦溥矣。昔曹彬下江南，不戮一人，身享富贵，终始荣显。其后保有功名，与宋同休。瞻思丁之用心，岂下于彬哉！是宜诸夷怀德，朝野信服，生享名爵，殁后有褒赠之宠，庆流子孙，奕世绵联。古人云：活人至千，其后必封。讵不信夫！"

［9］霍集占一役：指清乾隆二十四年（1759 年），清军进军南疆，平定维吾尔族封建主博罗尼都和小和卓霍集占叛乱，统一天山南北两路事。

［10］叶尔羌：即今新疆维吾尔自治区莎车县。

［11］阁臣：即马麒（1869 ～ 1931 年），字阁臣，今甘肃省临夏市人。清末以武生随父马海晏在河州镇马队见习，任哨官。后随董福祥平定河湟事变，获六品军功牌。1900 年从征京师，在廊坊等地抵御八国联军。民国元年（1912 年）被北洋政府任命为西宁镇总兵。1915 年改任甘边宁海镇守使，兼青海蒙番宣慰使。后历任甘边宁海护军使、甘肃省政府委员、青海省政府委员兼建设厅长、青海省政府主席等职。1931 年 8 月 5 日在西宁病逝。

［12］周希武（1885 ～ 1928 年），字子扬，甘肃天水人。1906 ～ 1908 年就读于兰州甘肃书院，为湖南名士毛实君所器重。1910 年起，先后任兰州中学教师、武威甘肃四中校长，与黎丹结为挚友。1914 年随甘肃边关道尹、忠武军统领、观察使周务学来青勘查玉树边界，写成《玉树调查记》及《宁海纪行》。旋经黎丹推荐，马麒聘为佐幕，参与军政决策。1917 年任甘边宁海镇守使署总务处处长。1921 年任西宁县知事。之后

任教于西宁各学校，对振兴地方教育出力甚多。1928 年 5 月，与朱绣等在湟水老鸦峡莲花台遇难。

[13] 贾思复（1884 ～ 1960 年），字子兴，号竹阴居人，西宁著名书法家。幼聪明好学，曾中清宣统己酉科拔贡，放四川直州通判。民国初，任西宁道尹公署秘书。历任海东师范、甘肃第四师范、宁海筹边学校国文教员。1927 年任西宁县教育局长，任内河湟地方人文蔚起。1937 年任青海省教育厅秘书。1940 年任省参议，后隐居不出，信佛而终。

重建塔尔湾清真寺德政碑

恭颂

大德望韩祥臣先生大人以独力改作清真礼拜寺　德政序

且天生蒸民有物有则民之秉夷好是懿德则知天之所赋于

州堡属塔尔湾于前清时代有原修礼拜寺一座系我回教明

又逢正教衰弱之秋兹有　祥臣先生者尊号生盛平生为人

而为之故不忍见寺工之凋敝即提倡募化出众独力建修宣

甘边宁海锐威将军阎臣马大　帅来镇是邦首以敬天礼拜为

多惟寺规模日形其狭加以朝拜方位不正我众姓皆有改作

大帅鸿恩　先生直以一身荷钜工之任于本年暮春开工从新

各工自夏徂秋而工竣□虽曰改作亦与创修无所相远耳

匠工工资食用各等项皆先生一人独力功德不计外

住寺学习经典众教生永远添助口食煤碳之需　先生

终者盖寡矣　先生既善始而又善终天岂不以两世

忍愧无报德之门遂勒诸金石可表我　先生

教长　马明德　冶起德　马□　马得仓

工头督工韩生忠韩生宝马进财萧有财马福海海占全

营长　韩生福　安正元　张　祯　马得□

帮办甘边宁海锐威将军公署参谋调补

中　华　民　国　甲

【提要】

中华民国十三年（1924 年）佚名撰。现保存在今青海省大通回族土族自治县塔尔湾清真寺。碑额正中从右到左阴刻有楷书“流芳百世”四字。石碑下半部已毁，残碑高 125 厘米，宽 75 厘米，厚 10 厘米。碑文共 20 竖行，残存 363 字。记中华民国十三年地方绅士韩祥臣独立重修塔尔湾清真寺的情形，对研究青海伊斯兰教史有一定的参考价值。

【碑文】

重建塔尔湾清真寺德政碑

恭颂大德望韩祥臣先生大人以独力改作清真礼拜寺德政序。且天生蒸民，有物有则，民之秉夷，好是懿德，则知天之所赋于……州堡属塔尔湾，于前清时代有原修礼拜寺一座，系我回教明……又逢正教衰弱之秋。兹有祥臣先生者，尊号生盛，平生为人……而为之，故不忍见寺工之凋敝，即提倡募化出众，独力建修宣……甘边宁海锐威将军阁臣马大帅来镇是邦，首以敬天礼拜为……多，惟寺规模日形其狭，加以朝拜方位不正，我众姓皆有改作……大帅鸿恩。先生直以一身荷钜工之任，于本年暮春开工，从新……各工，自夏徂秋，而工竣□。虽曰改作，亦与创修无所相远耳。……匠工工资食用各等项皆先生一人独力功德不计外，……住寺学习经典众教生永远添助口食、煤碳之需，先生……终者盖寡矣。先生既善始，而又善终，天岂不以两世……忍，愧无报德之门，遂勒诸金石，可表我先生……

教长马明德、治起德、马□、马得仓

工头督工韩生忠、韩生宝、马进财、萧有财、马福海、海占全

营长韩生福、安正元、张祯、马得□

帮办甘边宁海锐威将军公署参谋调补……

中华民国甲……

甘肃青海护军使署总务处长周君子扬墓表

【提要】

中华民国二十年（1931 年）五月二十七日青海省建设厅厅长马麒撰。记周希武生平事迹、学术成就诸事宜。原碑已佚，碑文转引自《西宁府续志》卷十《志余》。

【碑文】

周氏为天水望族，其能以刚健树立者，晚近得二人焉：一为周本斋先生，一即周君子扬。本斋以俄事殉阿尔泰，子扬以谋安甘青危局被害中途，皆以义烈显。本斋既归葬天水矣，青人士佥以君为青海死也。请公葬于青海，以永桐乡起冢之思。民国二十年五月二十七日，遂营葬于西宁之西山湾。距君之殁，且三年矣！先兄阁臣以千金饰公葬之仪，行复伐石，将表其墓，而匄文于麟，谊不可辞。

君讳希武，子扬其字。少艰苦励学，每寒夜，贫不能篝灯，炷香读书，往往至晓。年十五为诸生，学使叶菊裳深器之。嗣从任先生文卿游，益博涉群书。尝力治闽、洛之学，既读顾、黄二氏书，倾心向往，于是弃举业，期致用。喜谈当时变法改革，事旧宿咋舌，咸目为大器。时同里张先生育生知陕西渭南县，用经术饰吏治，君橐笔徒行至渭南，从问学。既而育生亦去官，归任自治。凡民国初年天水所行轻弊恤民诸端，多与君所筹画。其教学乡里，则谆谆示以大学端倪，经世致用之方，后起靡然从风。三年，长凉州中学校，数从武威李叔坚先生问朴学，益探讨乾、嘉诸儒学，学益宏肆时。

时陇、蜀互争青海玉树隆庆土司，久不决。甘督张广建请于政府，使本斋先生以大员勘界，以君尝上书万言，痛陈开发青海事，檄使从往。于是载书陟昆仑，探河源，周行玉树土司二十五族。审察舆地，凡山水原委，形势要隘，风土方俗，记载秩然。古今关于青海之作，殆未有比也。而玉树属甘肃事始定。时先兄镇守宁海，耳君文名，久聘任佐幕，由秘书迁总务处长，匡谋翼武，声腾一时。先后平吕光、剿拉卜楞、征果洛，方略筹策，惟周惟详。而十年果洛之役，君正兼长西宁，倥偬兵马，转运烦殷。乃创办民骡，平均徭役，军民以为便。于救荒平粜，散振兴学诸政，与办弗懈。然好学自励，不以仕宦而遂移。

居恒搜缉典籍，网罗旧闻，将自纂《青海志》，札移诗笔，弥不呕心独造，自期树立。于西陲山水、民族、边事，均有湛深研求，而规仿亭林，固其素志也。因名堂曰仪顾。与人讨学，上下古今，抗爽无阿，引掳典册，辄琅琅成诵。尝慨早岁屈滞乡国，足迹未出潼关一步，以为大憾。十四年，乃出陕、豫，南游江、浙，历览名胜。《登匡庐》《溯江》《武汉纪行》诸作，古懋生涩，逼近义宁。至北都，以诗文遍交一时学者。新会梁先生任公钦其博雅，为旁求青海史料，冀成其书，居京师二年，购书万余卷，钻研自熹。军政要领，累聘不就。既归西宁，苦学如故书生。删订旧著，兼治《易》《诗》两经，于清经解中钩沉若干条，细书眉端，目力为眊。旁涉内典，期年中，治书旨趣，又为一变。刻苦愈甚，怀抱有在也。

十七年五月，导河乱作青宁毗邻，汹汹不靖。先兄持镇静，宣明大义，部曲严峻，无敢怀异者。而兰、宁道梗，谣诼繁兴，使君与朱绣、赵从懿如兰州言事。祖道者皆泣望和平，或力阻之曰："途多盗，不可行也。"君慨然曰："吾以寒微书生，不见用于世，独马公遇我厚，此不可负也。桑梓糜烂，又宁忍坐视哉？"麟轻骑送之行。七月二十五日至老鸦城，君等舍车而骑，疾驰峡中，麟饭顷后至，三君竟遇盗，赵苏，君与绣中弹亡。君时年仅四十四。呜呼！天之生才不易，有才亦难尽其用。综君平生，坚苦卓绝，用能以刚健自树，乃赍志以殁，未克致用于什一，至今海、藏多故，边疆事殷，缅想若（君）开发青海之志，实蓄于十余年前，迫切陈词。当时以为书生之谈，而今历历，皆中其言。抚今追昔，伤感曷已！

然君亦不朽矣！君著有《仪顾堂诗文存》《汉书地理志今释》《读通鉴札记》《边事纡筹》《甘肃民族史》《甘肃水道图说》《村治大义》《玉树土司调查记》《湟中随笔》《记室偶存》《榆枋游草》。未成者有《甘肃通志纠谬》《青海志》《经解》等。君祖励政，字勉斋，清贡生，父立纲，字敬三。子四：明武、承武、奋武，君其长。君子三：宜适、卯宁、顺东，读书能嗣君志。君之葬也，黎君雨民为君铭其墓。兹以其学行大端，表于其阡，俾万　知湟中有畸行硕校天水周君子扬之墓在。

青海省政府主席马公阁臣墓表

【提要】

中华民国二十年（1931 年）八月，西宁道尹、青海省第一任秘书长黎丹撰。记马麒经营青海的主要事迹。原碑已佚，碑文转引自《西宁府续志》卷之十《志余》。

【碑文】

民国二十年八月五日，青海省政府主席马公阁臣卒于官。中央议恤有加[1]，公葬于青海西宁之东郊。海内人士，识与不识，皆哀感铭诔，用彰硕德。阅明年癸酉，为公新营墓阙，将树石以昭来兹，众意属文于丹[2]。慨溯廿载边陲，荷公相知之深，垂老感逝，谊无可辞。

公姓马氏，讳麒，字阁臣，甘肃临夏人。封公讳海宴[3]，勇健能治军旅。公生而岐嶷多英，性刚毅笃实，沉默强识，度量深宏。幼随封公从军久，军中事为所素谙。民国成立，公膺西宁总兵之命。时边事已棘，公目击症结所在，毅然以开拓青海，恢复西藏为己任。甘督赵维熙雅知公所志，甚重之。二年，请于政府，任公为蒙番宣慰使。公恩威兼施，尽抚海南、北及黄河上游各镇旗部落而安之，政府藉纾西顾忧。公以青海边局，关系重大，以速收玉树为他日恢复藏、卫之计，力陈当局。而川边尹经略昌衡亦力请以玉树隆庆土司归川。时川人张某[4]护甘督，亦以玉树隶川为便，事久不决。而玉民坚请归甘，就公呼诉者，络绎于道。公谕以川、甘均属国土之义，则求益急。不得已代达民意，而张尼不上闻。比皖人张广建[5]督甘，始以公请达于政府，宣派周务学观察西赴玉树勘查川甘省界[6]。周固廉洁长者，勘界后，深得民心。事竣反命，当局始洞察其隐，乃断然以玉树二十五族之地，仍隶甘边，远人翕服。四年，政府裁青海长官职，任公为宁海镇守使。事权既一，远近佥悦服。乃筹策开拓建设，一反清季羁縻之旧。初玉树请保境之师，护督某不欲也，至是呈设玉防司令，谆戒部属以国家绥柔之意。继于都兰、玉树置理事官，台站、邮政，次第创设。惟时度支万艰，以西宁七县之收入，大部分尚须上输，仅有馀沥。且养兵兴学之不暇，开拓大计，又安所恃？恃竟惨淡为之而不馁者，惟此固圉谋国之血诚耳。

五年，伪忠顺公吕光[7]假皇六子之名，啸聚番众，潜据贵德。北恃大河，南倚群山，将久据以抗。公督队力征。躬冒矢石，不浃旬事平，蒙番胥悦服。

八年，有昆仑争界事，当时最引国人注目。初外部与英使磋商藏界始末，有将昆仑以南、当拉岭以北之地划为内藏，中国不设官，不驻兵，又划德格以西为外藏议。时政府暗于事理，失措特甚。公痛陈疆事[8]，力争当拉岭以北，昆仑以南长二千余里，金沙、雅砻、澜沧诸江之上游，皆衍流其中，气候较青海北部为暖，向隶青海，版图可稽。英人巧设内、外藏之名，艾思敦强执界线问题，已为中、藏交涉之争点。川、藏前车，竟以金沙江为界，江为西岸，如同普、武城、江卡、盐井，均归卫藏；东岸自巴安以南，则归川边。以十三城拱手让人，已丧地千里矣，而英人以兵力不及，尚未越当拉岭一步，遽以甘肃素所管辖，卫、藏兵力未及之地，割以奉之，蹙地千里，辱国已甚。今若以昆仑以南划为内藏，势必撤去玉树驻兵，取销已设之官员，不独堕国家已成之功，且孤番民倚信之忱。而自玉树以北，如果洛、汪什代亥、刚咱族以及循化、贵德迄南之番族，皆将轻视中国，不可复制。缓则剽掠边鄙，急则结队入寇，非惟河、湟无宁日，即西南国际交涉，将更不堪问矣。叠电缕陈必争之由，于海南、（海）北、玉树、都兰遴设理事，增驻重兵，厄险设防，痛晓番族以正义，各族皆景从。英人志不克逞，国人辄以此重公。

果洛诸族，久隶川边，满清嘉、道以还，蒙弱番强，果洛尤悍。民国七八年间，其女酋承父驭众，四部瓦解。初以宽大驭之，浸假而掠台站，褫劫商旅，数年之间，大案累累，公惄焉忧之。九年秋，决计申讨，女酋来降，悍目就缚，乱乃定。玉防既固，吕光既平，果洛既降，公以后顾无忧，藏事大有可为。即请甘督张广建转呈政府，派员赴藏以说达赖亲英之失，遂有朱绣[9]等西藏之行。公爱才贤，有古人风度。延致多士，咸阳李乃棻[10]、天水周希武、湟源朱绣等均为用。朱赴藏谒达赖，延见惟殷，卒未辱命而还。藏事有望，公私心窃喜。乃未几而甘局分崩，张督辞职，政府无暇远略，达赖受亲英派操纵，与班禅失和，内向无期。而达赖犹以重宁海者重政府，信使往还，逊辞厚币，终公之世，青、藏间迄保和平。

民十以来，陇上大驰烟禁，宁海全区，不使见一茎毒卉。盖青海数百万人民，耕少牧多，南迄玉树，北至柴达木，皆恃西宁为粮源，种烟则饥，饥则蒙番铤而走险，乱机一萌，新疆、西藏，实必牵动。英、俄乘之，患贻胡底？疆吏惟利是图，公则顾全大局，义不苟同有如此。

十五年，北伐告成，审知非三民主义，不能救国，于是倾心南向。适冯部来甘[11]，公谦逊让退，镇静自持。比河西变作。危机四伏，公则始终以国民政府命令为依归，决不以一己去留糜烂地方，用能化险为夷。既改省命下孙连仲[12]来就主席，佥为公危。公曰：余半生为国，此心可质天日。与弟麟，子步青[13]、步芳[14]力持和平与服从之旨，毫不为动。孙服其诚笃，事无大小，悉与商决，久而相交愈欢。时临夏匪炽，当局知公昆仲得人心，即畀以辑抚之责，已而果如所期，以此国人士愈重公。未几，孙部东发，公代主席，于是遐迩腾欢，强者敛，亡者归，叛者自新，忻忻然[15]不自知其何为而就范也。

公自奉俭约，而振兴学校无吝色，能纳言，在青二十年，视汉回蒙藏无畛域，抱负甚大。惜以国内不靖，有志未酬。公宿患腿疾，十八年冬渐不支，尚力疾视事。十九年夏六月，以避暑海北中风，兼程晋省，已不治，病中尝以仁爱和平训诸子，从无一语及私。公友于出天性，弟麟沉默类公，今继公主青政。子三人：长步青，驻节河西，治军能得民心；次步芳，安边筹策，海境获安；次步瀛[16]，均能继公之志。呜呼！居今日而公，岂易言哉！康藏构衅，匪朝伊夕，及公之身，未尝波及青海。岁壬申，距公殁才二年，藏人竟称兵犯玉树[17]，幸公之弟若子，绍厥箕裘，克敌致果，不使青海二百万方里土地，有尺寸之失。公之干国栋家者，于兹可见其大。而公亦足不朽矣！

【注释】

[1] 中央议恤有加：指马麒病逝后，国民党政府令考试院从优议恤，该院认为马麒久镇西陲，勋劳懋著，应特予褒恤，给治丧费 3000 元一事。

[2] 丹：即黎丹（1871 ～ 1938 年），字雨民，号无我，湖南湘潭人。清光绪二十三年（1897 年）为副贡生，清末为谭延凯秘书。民国初，游宦西北，为甘肃省都督张广建的幕府，后任西宁镇总兵马麒幕宾。1913 任海东观察使，1915 年任甘边宁海镇守使署总务处处长，1918 年 6 月任西宁道尹。1928 年 9 月任青海省政府委员，次年兼任秘书长。其居青十数年，提倡地方文化，热心地方教育，多有建树。1938 年在长沙病故。

[3] 海宴：即马海宴（1826 ～ 1900 年），字德庵，今甘肃省临夏市人。幼年从商，后致力于伊斯兰教教务活动。同治六年（1867 年）冬，推举马占鳌为统帅起兵反清。十一年（1871 年）六月，在河州太子山会战中击毙左宗棠得力名将、凉州镇总兵傅先宗等，使清军受到重创。次年，投降清军，参与镇压西北回族起义的军事行动。光绪二十六年（1900 年）随董福祥入京抵御八国联军，北京沦陷后，与董福祥率甘军护卫慈禧和

光绪皇帝，路经宣化时病故，慈禧追赠记名总兵职。

[4] 张某：指甘肃护理都督张炳华。

[5] 张广建：字勋伯，安徽合肥人。清光绪年间入淮军聂士成部为军佐，逐步升为山东布政使。1911年任山东巡抚、都督，次年任顺天府尹。1913年任陕甘筹边使。1914年历任北京政府约法会议员、国民参政会参政，将军府靖武将军，甘肃省都督、将军、督军兼民政长、巡按使、省长。1915年袁世凯称帝时，被册封为一等子爵，后继任甘肃省省长兼督理甘肃军务。1917年被任为甘肃巡抚。1921年被免职，后寓居天津。

[6] 宣派周务学观察西赴玉树勘查川甘省界：民国二年（1913年），甘肃护理都督张炳华支持四川经略使尹昌衡力争玉树地区归川管辖，马麒坚决不同意将玉树地区划归四川管辖，遂有陇蜀玉树之争。时北洋政府不察“隆庆”（川边公文用语）与“昂欠”（甘肃公文用语）原为玉树藏族一族族名异译的实情，竟有将“隆庆”划归川边，将“昂欠”划归甘肃的电令。后张广建任甘肃都督，马麒便建议派员前往玉树勘查甘川界务，经张广建报请北洋政府批准，特派忠武军统领周务学为勘查甘川边界委员，以甘肃第四中学校长周希武、肃州征收局长梁耀宗、边关道尹公署科员王致中及测绘员牛载坤等为随员，于1914年10月8日从兰州出发，到青海玉树地区进行勘界，到11月26日勘界结束，查明了“隆庆”与“昂欠”原为一族族名异译的事实，由周务学向北洋政府提交了《查勘玉树界务报告》。民国四年（1915年）3月，北洋政府国务会议据此《报告》批复玉树二十五族仍归甘肃西宁管辖，命令川边经略使尹昌衡将派到玉树的川军全部撤出玉树地区，从而圆满解决了甘川边界纠纷。事详见周希武著《玉树调查记》一书。

[7] 吕光：民国初年阴谋复辟清王朝的前清贵族，宗社党人爱新觉罗·吕光。他于民国五年（1916年）初自称皇六子忠顺公，在甘肃拉卜楞起事失败，后逃到保安地区，在隆务寺活佛和保安十三族昂锁的拥护下，用“承制总督内外勤王忠义马步全军一等忠顺公”的名义，以宣统八年为年号，散发颠覆民国的汉藏广告，并以保安堡都司衙门为王府，武装了保安十三族，自称统绪帝。一时，部分青海蒙古王公、藏族千百户和一些地区的群众受骗参加。到3月，吕光编制马步兵八大营，逞兵循化边都沟。对此，马麒派宁海军予以坚决打击，击溃保安十三族复辟武装，驻军循化。吕光不甘心失败，又在保安堡以汉人白成为将军，以辛凤举为提督，于4月攻占贵德城，委阿勒活佛为护国禅师，并封提督、将军、总兵、游击多人，由白成总督内外事务。5月，马麒派马

麟、马海渊率宁海军马步军袭击吕部，至20日斩杀白成，21日将吕光等复辟集团头目活捉并押解到西宁后处死。

[8] 公痛陈疆事：指马麒“艳电”。辛亥革命后，袁世凯窃据大总统职，但他为复辟帝制，无意御外，各帝国主义列强乘机而入。英帝国主义早已垂涎西藏，通过在西藏上层培植亲英势力作为内应，公开策划西藏独立。1913年10月，由英帝策划的“西姆拉会议”拟定草约提出划中国藏区为“内藏”“外藏”的议案，并将“青海南部地区划入内藏”。后慑于舆论压力，合约未能签字。1919年英国向北洋政府再次催逼西藏问题，北洋政府于9月5日通电（即“歌电”）与西藏毗连各省区，提出“将昆仑山以南，当拉岭以北作为内藏，中国不设官，不驻兵”为答复英方条件征询各省意见。此电发出后，马麒即发出“艳电”，驳斥了英方条件中在地理位置上的严重错误，揭露了英国阴谋，并痛斥了袁世凯的丧权辱国。此电发出后，川、康、滇、甘各省均通电响应，坚决反对北洋政府在西藏问题上对英国的妥协，迫使北洋政府终止与英帝国主义对西藏问题的谈判，英帝国主义的阴谋未能得逞。鉴于“艳电”在当时历史条件下起到了阻止北洋政府签订新的丧权辱国条约的作用，维护了中国国家领土主权的完整，兹转引全文如下，以备参考：“顷奉钧署（指甘肃督署）密令，承准国务院外交部歌电，内开：‘与英使磋商藏界始末中，有将昆仑南、当拉岭北之地作为内藏，中国不设官，不驻兵，德格归外藏’等语。捧读至此，不胜骇异。查当拉岭即唐古特大山，番名当沙马拉，西起新、青、藏之交，东迤至昌都杂楚、鄂穆楚两河之交而止，绵亘千余里，近来舆图多以此为青海、西藏天然之界线。其实青海所辖玉树二十五族中之巴彦囊欠、苏鲁克等土司，其地尚有错出岭南，在鄂穆楚河及索克河各流域者。今以当拉岭为青藏界线，吾国失地已属不少，况云当拉岭以北，未审以何处为止境？至于‘昆仑’二字，尤属含糊。查昆仑老干，即新疆南部之托古兹达坂，由是东迤，横贯青海中部，绵亘二千余里，为江源、河源之分水岭，所谓巴颜哈拉山者，亦有中昆仑之名。‘歌电’所谓‘昆仑’，是否即此？如果即此，而尽为‘内藏’，不驻兵，不设官，是举青海大半部，玉树二十五族，纵横数千里之地，一朝而弃其主权，始虽废为瓯脱，终必被人占领，较之前清时代抛弃黑龙江以北与乌苏里江以东者，其损失之钜大，有过之无不及！且所谓‘德格以西等处划为西藏’云者，其词亦无限制。查德格西北，即邓柯、石渠，自此以西，即青海所辖之玉树二十五族也。该二十五族之境域，正在昆仑以南，当拉岭以北，德格以西，周特派员前勘玉树界务所绘地图，犹可复按。今既议划昆仑南，

当拉岭北为‘内藏’，又议划德格以西为‘外藏’，同一地方，究以何处为‘内藏’？何处为‘外藏’耶？其故总由前袁大总统派员与英使会议时，未尝详细考查青海地理，亦未尝电知甘边征求意见，遂至成此巨谬！若果如此议结，与将青海全部划归西藏之初议，相去几何？此次继续开议，不闻根据地理，与英使明辨力争，以追正前失，乃谓英使大有让步。果系辗转传讹，尚未觉察耶，抑谓青海地势，无关轻重者也！麒忝任边寄，兴亡有责，窃有怵目刿心而不能已于言者！查当拉岭以北，昆仑以南，东西长二千余里，南北千余里，金沙、雅砻、澜沧诸江之上游，皆流衍其中，气候较青海北部为暖；玉树二十五族，耕牧相杂，物产亦称丰饶，实青海菁华所在。自前清收抚青海之初，即将二十五族划归西宁夷情衙门管理，二百年来，此疆尔界，与西藏毫无关系。入民国后，川边欲占玉树二十五族中之巴彦囊欠，川边亦谓为隆庆，与甘争执，连年不决，蒙钧署特派周统领务学，会同川边勘界，始将情形查明入告。四年三月，奉前袁大总统命令，隆庆二十五族，仍旧归甘肃西宁管理，是地理统治上与川边无涉明甚。年来藏人虽攻陷川边十余县，而其兵力尚未能越当拉岭以北，今川边划界，已为奇耻，乃欲并甘肃素所管辖西藏兵力所未及之地，割以奉之，蹙地千里，辱国已甚！此麒所谓怵目刿心而不能已于言者一也。麒自镇守宁海兼辖蒙番以来，适值藏氛日恶，川势日棘，诚恐唇亡齿寒，玉树难保，曾先后电准派马步五营，分驻玉树各处，以期固我边篱，壮川声援，并安设由宁（西宁）到玉（玉树）台站，以利文报而便运输，又设玉树理事员管理民事。数年以来，辛苦经营，略有端绪，番兵与兵吏之感情亦日益洽浃。今若将昆仑以南划为内藏，势必撤去玉树之驻兵，取消已设之官员，不独堕国家已成之功，孤番民倚重之心，而自玉树以北，如果洛、汪什代亥、刚咱诸野番以及循化、贵德迤南番族，皆将轻中国而不可复制，缓则剽掠边鄙，急则结藏入寇，河湟自此无宁日矣，此麒所怵目刿心不能已于言者二也。西藏固中国之领土，今日虽不得已而与之划界，然异日国力发达，仍当进兵拉萨，以恢复原有之主权。而进兵拉萨，其道有二：一曰南道，由川赴藏之路是也；一曰北道，由青赴藏之路是也。前清征服西藏之时，尝两道并进，所以克奏肤功。今日川边失败，形势日非，将来南道进兵，未易造次深入，所持以出奇制胜者，惟青海之北道耳。且昆仑以南，玉树土司为青海之门户，拊西藏之肩背，西宁为赴拉萨必经之要道，将来经营发展，即可倚为制藏之策源地。若割为藏境，则拉萨之藩篱益固，西宁之距拉萨愈远，人攻我易，我攻人难，自顾不暇，焉能制藏！此麒所怵目刿心而不能已于言者三也。尤可骇者，玉树川边唇齿相依，而德格、邓柯等县乃玉、康往来必由之路，年来德、邓、石等县相继为藏兵占据，玉、康形势中断，其往来通信，常雇番商微服腊丸，由玉树之结古间道至川边之甘孜，五日之程，半月始达，犹被藏兵搜检以去。麒顷以中央接济川边之饷械不日到甘，而运道阻塞，日夜焦灼，正拟与陈镇守使密商川军由甘孜，宁军由结古，东西会攻德格、邓柯、石渠等县，以疏通运道，联络声气。今若将德格以西等处划为外藏，则德格等县再无恢复之日，玉、康声气从此永断，中央饷械无路得达，康定将陷于绝地，条约岂可恃哉？此麒所怵目刿心而不能已于言者四也。拟请钧座据情转电中央，请外交部根据新旧图志，坚持力拒，不承认'昆仑南、当拉岭北、德格以西'等字样，不独青藏界线，应请照前清会典旧图为准，即川边与西藏，亦各有定界，岂可轻易变更！总而言之，西藏本中国属土，年来与川边构怨，譬犹兄弟阋墙，自应由兄弟解决，万不能任他人从旁干预。吾国苟有一息生气，所有划界会议，应从根本否认。此约一签，终古难复，大好河山，一笔断送，凡属五族，谁不解体！四川熊督谓：'西藏问题大于青岛十倍。'洵为不刊之论。事关国势存亡，此而不言，将使他族谓中国无人，麒实耻之！麒实愤之！是以披肝露胆，沥血以告。"

[9] 朱绣（1887 ～ 1928 年），字锦屏，青海省湟源县人。出身城市贫民，幼时曾作商店学徒，精通蒙、藏语，自学成才，为当时甘边政治活动家、民族教育家。1919 年秋，甘肃省督军张广建派出以朱绣、李仲莲为首，藏传佛教宁玛派喇嘛古朗仓、格鲁派喇嘛拉卜仓等组成的代表团赴拉萨，争取以十三世达赖喇嘛为代表的西藏上层，粉碎英帝国主义策划的"西藏独立"阴谋。经朱绣等与十三世达赖喇嘛的多次晤面会谈，使朱绣等圆满完成了"釜底抽薪"的任务，于 1920 年 4 月上旬携带达赖亲交的汉藏合璧正式公文和九世班禅派人送来的藏文公文以及他们分别致送的礼物返回甘肃。朱绣自拉萨回来后，致力于汉、藏文化交流，主持青海蒙番学校和筹边学校，培养了一大批服务于民族教育和促进民族团结的人士。1928 年在青海乐都老鸦峡遇难。著有《西藏六十年大事记》《海藏纪行》《拉萨风闻录》等著作。

[10] 李乃棻：字罄斋，陕西咸阳人。辛亥革命前任陕甘总督署的中路巡防马队管带。甘肃光复后，随该队改隶宁海军，历任中路、右路统领，蒙番宣慰使署参赞及甘边宁海镇守使署参谋长。1921 年撤去本兼各职，赴甘肃省代理实业厅厅长、甘肃禁烟总局总办。后回青海，任青海省政府总参赞。1931 年任青海省政府委员兼建设厅厅长。1937 年 5 月在西宁病逝，终年 69 岁。

[11] 冯部来甘：指冯玉祥系国民革命军于1926年进入青海地区事。1928年应冯玉祥的要求，国民政府议决青海建省，同年10月，国民革命军3个师约3万人陆续进驻青海。1930年国民军东调参加冯、蒋中原大战，青海省遂脱离国民军控制。

[12] 孙连仲（1893～1990年），字仿鲁，河北雄县人。起初在冯玉祥所部供职，1927年10月任国民革命军第二集团军第三十一师师长。次年9月，被指定为青海省政府委员、主席。11月，任中央陆军独立第二旅旅长。1929年任新编第十八师、第二十五师、第三十一师师长，第四军第二十七师师长。1930年3月任反蒋联军第二方面军第五路军总指挥。4月冯玉祥在中原大战中失败，蒋介石将孙部改编，奉调参加对中央苏区的第二、三、四、五次“围剿”。1935年任陆军中将，1936年加上将衔。1937年8月后任国民革命军第二集团军副总司令，次年参与指挥鲁南台儿庄战役，战胜日军。5月任战区第三兵团总司令、第二集团军总司令，指挥武汉会战中江北作战。1940年7月任第六、第五、第十一战区司令长官，保定“绥靖”公署主任。1945年9月任河北省政府主席、全省保安司令，代表国民政府在北平接受侵华日军的投降。1947年2月任首都卫戍司令兼北平行辕主任。1948年11月任国民政府总统府战略委员会战略顾问、国民政府军事委员会委员等职。1949年去台湾。1990年在台北市病逝。

[13] 步青（1898～1977年），字子云，今甘肃临夏人。马麒长子，马步芳之兄。1912年在其父组建的宁海军中任右路军统领。1919年任宁海军护卫统领、骑兵第一营营长。1922年后任绥远第五混成旅代理第三团团长、中央陆军第五混成旅骑兵团团长。1926年后任国民联军第二十六师第七十八旅旅长、国民军第二十四军高金唯师第七十五旅旅长、中央陆军第二十二师第六十五旅旅长。1930年后任新编第二军骑兵第一师师长、第五师师长、洛阳警备司令。1936年任青海省政府委员，青海南部边区警备司令部骑兵第五师师长，率部到河西堵截红军西路军。1937年后，任中央陆军骑兵第三军军长、第八战区第十七集团军骑兵第五师师长、骑兵第五军军长。1944年后任第八战区直辖第四十集团军副总司令、蒙藏委员会委员、西北军政长官公署政治委员会委员。1949年去台湾。1977年7月9日在台北病逝。

[14] 步芳（1903～1975年），字子香，今甘肃临夏人，马麒次子。1915年后历任甘边宁海镇守使署参谋、宁海军骑兵第三营营长、步兵第一营和第十五营营长。1929年任国民联军暂编第二十六师第七十六旅旅长、西宁城防司令。次年任国民革命军第二集团军第九混成旅旅长、青海暂编第一师师长。1931年初，任中央陆军新编第九师

师长。次年兼任青海南部边区警备司令部司令、甘肃骑兵第二师师长、青海省政府委员。1934 年后，任中央陆军新编第二军军长兼一〇〇师师长、西北“剿匪”总司令部第一路军第五纵队司令兼第二防守区司令官、青海保安处处长，率部围剿红军西路军于河西地区。1937 年任第八战区第十七集团军第八十二军军长兼一〇〇师师长。1938 年 3 月任青海省政府主席、委员兼全省保安司令。1944 年后任第八战区直辖第四十集团军总司令，第十一战区副司令长官、西北行营副主任、西北行辕副主任、西北“剿匪”总司令部副总司令、西北军政长官公署副长官。1949 年任西北行辕代主任、主任，西北军政长官公署代长官、长官。8 月加陆军上将衔。兰州战役结束前逃离青海，移居埃及。1957 ～ 1961 年曾任台湾国民党政府驻沙特阿拉伯大使。1975 年在沙特阿拉伯病故。

[15] 忻忻然：欣喜得意的样子。

[16] 步瀛（? ～ 1950 年），字子洲，今甘肃临夏人，马步芳的异母弟。1920 年任宁海军骑兵九营营长，后任团长、旅长及西宁城防司令、青海省参议副议长等职。1938 年被马步芳排挤出军政界，在西宁东关经营德兴商栈。1949 年 8 月逃往国外，1950 年在沙特阿拉伯病故。

[17] 藏人竟称兵犯玉树：1913 ～ 1914 年间，英帝国主义在其一手制造的西姆拉会议上，曾把西藏、西康及昆仑山以南、当拉岭以北，包括玉树、果洛在内的广大地区称为“外藏”，企图迫使北洋政府承认。并把昆仑山以北的青海、新疆南部、四川北部和云南西北部地区称为“内藏”，作为进一步侵略的目标。1919 年英驻华公使向北京政府交涉，提出重开中英藏会议，胁迫中国政府承认内外藏的划界，马麒通电坚决反对，川、滇、新也极力反对。1931 年日寇侵占我国东北后，英帝国主义认为有机可乘，策动西藏地方政府军向青海玉树进攻，企图把上年康藏之间的内战扩大为青藏战争，妄图使非法的西姆拉条款成为事实。英派驻哲孟雄行政官噶乃木魏阿尔和藏方会谈后，藏方宣布委派仲泽钦摩（秘书长）欧西娃、图丹贡丹到青海玉树主持军政大计。这以前，还在青藏毗连处设立税卡，征收货物税。1932 年 3 月，藏军以“尕旦寺事件”为由，调兵 4000 余人，以克米色代本为前敌总指挥，突然进攻玉树县大小苏尔莽，继而包围结古，切断玉树通往西宁的交通线。6 月，马驯任玉树宣慰使后，派员向藏军交涉而被拒绝，并增兵至 6000 余人进攻结古。时青海省主席马麟派青海骑兵马禄旅、喇平福团到玉树，国民政府军政部拨放步枪千支、手枪百支、子弹 10 余万发及通讯器材等。7 月 14 日，经歇武、通天河之战，将北路藏军驱逐出境。8 月 2 日，击溃包围结古的

藏军，解结古之围。此后集中兵力，向大小苏尔莽反攻，收复失地，将侵入玉树的藏军全部逐出玉树，并乘机攻入川北，迫使藏方求和。1933 年 4 月，十三世达赖喇嘛派出藏北总管代表索康·旺钦次丹为签字人，到直擦寺签订《青藏巴大塘协定》。至此，由英帝国主义策动的青藏战争，以西藏地方政府军的惨败而结束，再次粉碎了英帝国主义及西藏亲英势力图谋分裂中国的阴谋。

良教堡上治泉清真寺竣工碑记

窃自民国十六年荷蒙
前任主席阁臣马公提倡建修良教堡上治泉庄　清真大寺以来中因
地方虽生风潮工尚未中止其间皆仰赖全县汉回民众感情融洽始终比
助互相维持之所致至廿年始功完竣克竟全功兹恐年远湮蔑所以刊立
碑记遂将督工及工头并汉回众绅本庄善士出力人员姓名书立于左用
彰芳绩至于捐助香粮田地钱文各数目分载碑后永垂纪念是序
前任青海省政府主席马阁臣　大通县政府第二科主任孙维藩
现　　　　　　　　　勋　　　　　　　　　　　　李毓棠　同撰
前任青海大通县县长王嘉乐　大通农会长建修本寺总督工马永昌
马德昌　赵连奎　马呈瑛　马荣　田种德　包彦教
督工冶成全　田秉华　马生林　张启才　马柏龄　杨文成
韩生福　马永泰　马迎仓　马恩　田□□　张玉柱
大中华民国二十四年岁次乙亥闰五月上浣谷旦　敬立

【提要】

中华民国二十四年（1935 年）闰五月大通县政府第二科主任孙维藩、李毓棠同撰。碑质为花岗岩，碑高 173 厘米，宽 92 厘米，厚 19 厘米。两面有字，碑正面凿深约 5 厘米，文面高 120 厘米，宽 70 厘米。计 12 行，每行 29 字，碑文基本完整。正面额首呈扇形，阴刻“流光百世”4 字，左右各阴刻一联，左联为“道显无微冠万古”，右联为“功垂不息永千秋”。背面刻有捐助香粮田地银钱数目，计 12 行，首行为“计开谨将本寺先今善士捐助香粮田地及银钱数目登刻于左”，末行为“大中华民国二十四年农历乙亥重阳前三日立，石工匠刘永禄（全）敬刻”，倒数第二行为“以上银钱数目已呈报县政府及教育局立案合并注明”。额首呈扇形阴刻“善同金珉”四字，中间 9 行残损严重，无法辨认。碑座长 130 厘米，宽 46 厘米，高 25 厘米。石碑今在青海省大通回族土族自治县良教乡上治泉清真寺。该寺始建于清同治十三年（1874 年），1927 年重新修复，后被拆除，1980 年经大通县宗教局批准开放后重建。

【碑文】

良教堡上治泉清真寺竣工碑记

窃自民国十六年，荷蒙前任主席阁臣马公提倡建修良教堡上治泉庄清真大寺以来，中因地方虽生风潮，工尚未中止，其间皆仰赖全县汉回民众感情融洽，始终比助，互相维持之所致，至廿年始功完竣，克竟全功。兹恐年远湮蔑，所以刊立碑记，遂将督工及工头并汉回众绅、本庄善士、出力人员姓名书立于左，用彰芳绩。至于捐助香粮、田地、钱文各数目，分载碑后，永垂纪念，是序。

前、现任青海省政府主席马阁臣、马勋臣[1]，大通县政府第二科主任孙维藩、李毓棠同撰

前任青海大通县县长王嘉乐，大通农会长建修本寺总督工马永昌

督工马德昌、赵连奎、马呈瑛、马荣、田种德、包彦敖、冶成全、田秉华、马生林、张启才、马柏龄、杨文成、韩生福、马永泰、马迎仓、马恩、田□□、张玉柱

大中华民国二十四年岁次乙亥闰五月上浣谷旦敬立

【注释】

[1] 马勋臣：即马麟（1876～1945年），字勋臣，今甘肃省临夏市人。幼年在临夏读私塾，后随父得军籍。1913年任宁海巡防马步全军右营统领，兼第二营管带。后历任河州宣慰副使、青海省政府建设厅厅长、甘肃省剿匪司令、甘肃全省保安总司令兼甘肃暂编骑兵第一师师长。1931年8月代理青海省政府主席。1936年赴麦加朝觐，未几交卸省政，归里闲居，1945年在家乡病故。

苦芦湾陈管营[1]两处原有回民远祖坟茔纪念碑

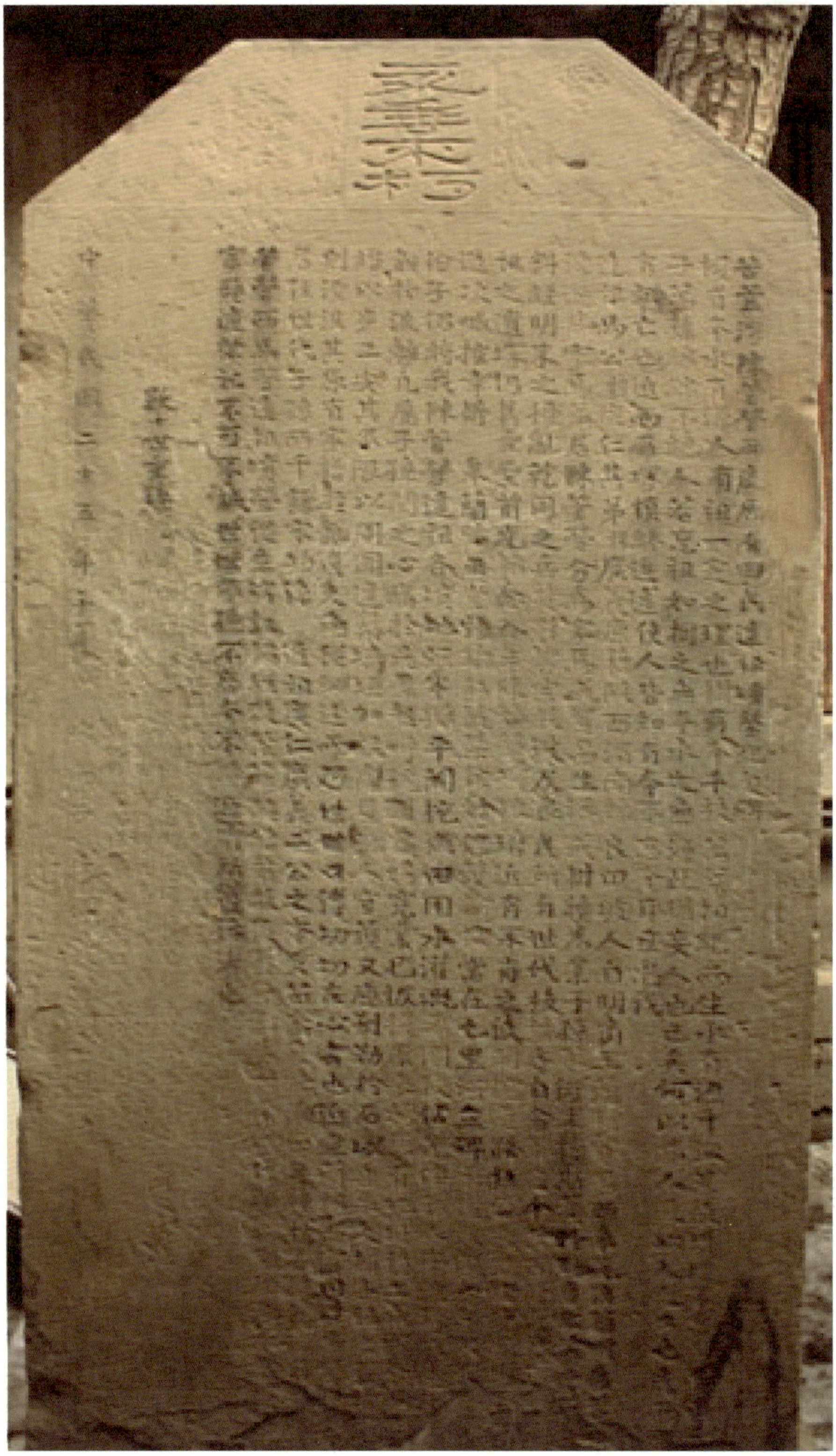

苦芦湾陈管营两处原有回民远祖坟茔纪念碑

树有本水有源人有祖一定之理也树有本千枝万叶相继而生水有源千派万渠川流不息人有祖千子万孙绵绵不绝人若忘祖如树之无本水之无源此犹妄人也已矣何以为人是以人之生也远而有祖亡也近而有坟慎终追远使人皆知有本不忘本耳且思我

远祖马公讳广仁其弟讳广义原籍陕西渭南县良田坡人自明肃王藩时贸易西来见依兰州居苦芦湾遂为家焉弟居陈管营分为家焉或贸易生活或耕读为业子孙蕃衍生于斯葬于斯居家族于斯孰料经明末之扰乱乾同之兵燹影响宗教波及良民所有世代枝叶各自分离迄今数百余载然两处远祖之遗冢仍旧累累前光绪念八年陈管营坟地附近有不肖之徒开挖道路牲畜践踏经绅耆马玉林迭次喊控幸荷皋兰县正堂张谕饬严禁发给保护谕文当在七里河立碑为证民国念年又有不良分子仍将我陈管营远祖各坟地强半摊平开挖成田用水灌溉希图侵占充作私人膏腴致我远祖遗骸于流离凡属子孙闻之心痛于是群起呼号到处鸣冤业已恢复原来将原有地址积土成冢分为丝络以步工安其界限以周围建设墙垣加设房屋派人守护又应刊勒于石以垂永久刻各祖之名讳久则湮没其原有家谱经乱遗失无从细述而乃世世口传切切在心者也近查兰州西宁川口马营现今居住世代子孙两千余家均系　远祖广仁广义二公之本支苗裔时值丙子年仲秋各携祀礼前往陈管营西马营远祖坟茔从立碑记诵经致祭希能继前启后每数年为一祭代代相传勿庸紊乱当忆祖宗虽远祭祀不可不诚世世子孙不忘本不绝源惟祈遵循者也

数十世重孙

马全雄	马守真	马禄臣	马学雄	马学林	马化雄	马化忠	马化林
马　文	马万有	马化禄	马永龙	马永禄	马万全	马万格	马万裕
马雄才	马荣元	马　雄	马克礼	马全苍	马有禄	马福成	马占龙
马万成	马雄福	马雄民	马得海	马成财	马全禄	马全铁	

等率同众孙跪立

中华民国二十五年十月岁次丙子年仲秋月上浣吉日

苦芦湾各坟茔及小寺沟拱北地段周围步数列右

堡子门坟地周围三百六十步

沙沟口坟地周围四十步

金洞滩大坟地周围八百六十步约十八亩

金洞滩西段坟地周围八十步

拱北湾坟地周围五百□十步

后庄台台上坟地周围□□四十步

新庄西段小坟地周围四十步

歇鸽滩上□礼拜寺前后坟地四□步

大小□□坟地周围计二十□步

小寺沟拱北一处

陈管营坟地一处周围□□□□□

□□小坟地一处周围□□□□

水□□□坟地一处周围□□□

沟后根坟地周围八十步

□□城墙根坟地周围四十五步

□□东段坟地周围一百四十步

金洞滩大路南段坟地周围一百六步

河沿拱北坟地周围二十四步

□□□大坟地周围三十三步

□□□坟地一处周围一百六十步

□□□坟地周围八十步

□□□坟地一处

□□□坟地一处

□□□坟地一处周围四十步

□子□坟地一处周围二十四步

当年原有寺台子坟地两处

【提要】

中华民国二十五年（1936 年）十月刻立。该碑现存甘肃省兰州市西固区陈坪乡陈官营马金良家。碑身为红砂石材质，因风雨浸蚀，碑文已经残缺不全。本纪念碑照片由冶生福先生于 2012 年拍摄，碑文辨认抄录由马登魁、冶生福先生先后于 1988 年和 2012 年完成。因碑文明确记述了青海回族来源中“苦芦湾人”的远祖即马广仁、马广义兄弟两人，故收录以存史。

【碑文】

苦芦湾陈管营两处原有回民远祖坟茔纪念碑

正面文字：

树有本，水有源，人有祖，一定之理也。树有本，千枝万叶，相继而生；水有源，千派万渠，川流不息；人有祖，千子万孙，绵绵不绝。人若忘祖，如树之无本，水之无源，此犹妄人也已矣，何以为人？是以人之生也，远而有祖；亡也，近而有坟。慎终追远，使人皆知有本不忘本耳。

且思我远祖马公讳广仁，其弟讳广义，原籍陕西渭南县良田坡人。自明肃王藩时贸易西来，兄依兰州居苦芦湾，遂为家焉。弟居陈管营，分为家焉。或贸易生活，或耕读为业，子孙蕃衍。生于斯，葬于斯，居家族于斯。孰料经明末之扰乱，乾、同之兵燹，影响宗教，波及良民，所有世代枝叶，各自分离，迄今数百余载。

然两处远祖之遗塚，仍旧壘壘。前光绪念〔廿〕八年，陈管营坟地附近有不肖之徒开挖道路，牲畜践踏，经绅耆马玉林迭次喊控，幸荷皋兰县正堂张谕饬严禁，发给保护谕文，当在七里河立碑为证。

民国念〔廿〕年，又有不良分子仍将我陈管营远祖各坟地，强半摊平，开挖成田，用水灌溉，希图侵占，充作私人膏腴，致我远祖遗骸于流离。凡属子孙，闻之心痛，于是群起呼号，到处鸣冤，业已恢复原来。将原有地址积土成塚，分为丝绺，以步工安其界限，以周围建设墙垣，加设房屋，派人守护，又应刊勒于石，以垂永久，矧各祖之名讳久则湮没。其原有家谱经乱遗失，无从细述，而乃世世口传，切切在心者也。

近查兰州、西宁、川口、马营，现今居住世代子孙两千余家，均系远祖广仁、广义二公之本支苗裔。时值丙子年仲秋，各携祀礼前往陈管营、西马营远祖坟茔，从立碑记，诵经敛祭，希能继前启后，每数年为一祭，代代相传，勿庸紊乱。当忆祖宗虽远，祭祀不可不诚，世世子孙，不忘本，不绝源，惟祈遵循者也。

数十世重孙马全德、马守真、马禄臣、马学德、马学林、马化德、马化忠、马化林、马义、马万有、马化禄、马永彪、马永禄、马万全、马万格、马万裕、马德才、马荣元、马德、马克礼、马全苍、马有禄、马福成、马占彪、马万成、马德福、马德民、马得海、马成财、马全禄、马全终等率同众孙跪立

中华民国二十五年十月岁次丙子年仲秋月上浣吉日

背面文字：

苦芦湾各坟茔及小寺沟拱北地段周围步数列右：

堡子门坟地周围三百六十步

沙沟口坟地周围四十步

金洞滩大坟地周围八百六十步约十八亩

金洞滩西段坟地周围八十步

拱北湾坟地周围五百□十步

后庄台台上坟地周围□□四十步

新庄西段小坟地周围四十步

歇鸽滩上□礼拜寺前后坟地四□步

大小□□坟地周围计二十□步

小寺沟拱北一处

陈管营坟地一处周围□□□□□

□□小坟地一处周围□□□□

水□□□坟地一处周围□□□

沟后根坟地周围八十步

□□城墙根坟地周围四十五步

□□东段坟地周围一百四十步

金洞滩大路南段坟地周围一百六步

河沿拱北坟地周围二十四步

□□□大坟地周围三十三步

□□□□坟地一处周围一百六十步

□□□□坟地周围八十步

□□□坟地一处

□□□坟地一处

□□□坟地一处周围四十步

□子□坟地一处周围二十四步

当年原有寺台子坟地两处

【注释】

[1] 陈管营，即陈官营，地处甘肃省兰州市西固区西固东路中段，东与深沟堡接壤，西与瞿家营毗邻，南至广家坪、小平山，北靠黄河。明代设兵卫于各行省，兰州肃王府于黄河沿线建兵营七十二数，陈官营就是其一。明洪武二十四年（1391 年），明朝千户长陈超在兰州府城西 30 里的地方安营扎寨，后人便以姓为名，把这座营盘称为“陈管营”，由于处于军事要塞、交通要道的重要位置，陈官营遂渐成聚落村镇。

抗日阵亡将士纪念碑

【提要】

中华民国二十七年（1938 年）大通县抗战建国纪念大会筹备会撰文，佚名刻文。为纪念在抗日战争中牺牲的将士而立的碑，是大通各族各界为纪念“七七”抗战一周年所勒石，有史料价值。

碑在今青海省大通回族土族自治县烈士陵园。碑面高 131 厘米，宽 63 厘米。一面有字，文面高 105 厘米，宽 44 厘米，汉文 3 行，楷书。碑额刻有青天白日图案，保存基本完好。此碑收入大通回族土族自治县志编纂委员会编《大通县志·文化·文物》，陕西人民出版社 1993 年版。

【碑文】

中华民国二十七年七月七日

抗日阵亡将士纪念碑

大通县抗战建国纪念大会筹备会立

修达坂山汽车公路记

修达坂山汽车公路记

盖闻四达舟车古称善政万邦遮户今树嘉模况乎地属边隅时当今日国防要冲尤重交通省府

改组

香公主青就职布政之初首谋交通之便念本省为甘宁襟带川康屏藩关系西北西南国防极为重要于是尽关青省各公路凡三千五百公里有奇就中由西宁达甘肃属张掖之汽车路一段不第为甘青两省之交通而关系于西北国防者更为重要此路长约七百里中经达坂山山壁立峻峭积雪在涂雪盛夏而横飞石熊蹲而虎负

公以此路不修交通终滞乃命旅长马步銮马忠义孟团长全禄互助县马县长寿昌大通县王县长立中门源县葛县长钺一百司令部副官处马处长绍武督率各旅团队及各县民夫馔山焚棘烘雪融冰石之大者碎之小者筑涂之峻者峭之凹者填之开渠以泻积水造桥以利熙攘官绅军民日夕经营始于本年四月迄五月而已藏是后也军士之力居六民众之力亦十三四用民力未资民财巩国防而维因以铲除交通阻碍其利无穷昔之崎岖羊肠今皆康庄大道例以金石宜有记载路既成西宁互助大通门源各绅耆窃附李翁耿勋修路竣工民众摩崖纪功之义合辞记之虽然翁勋之事一郡邑之交通耳今兹大事香公功在国防人民自可垂诸万载即彼官吏兵民承命劳苦计其力之大小并非翁勋所可相提而并论者是为纪

代理互助县长马寿昌

代理大通县长王立中

代理门源县长葛　钺

中华民国二十七年八月

【提要】

中华民国二十七年（1938 年）八月互助、大通、门源三县县长马寿昌、王立中、葛钺撰刻。石碑在今青海省门源回族自治县浩门镇南关清真寺。碑质为青砂石，高 120 厘米，宽 65.5 厘米，厚 25 厘米。文面高 95.5 厘米，宽 60.5 厘米，汉文 19 行，阴刻楷体，额首竖刻“永垂不朽”四字，基本完好。

【碑文】

修达坂山汽车公路记

盖闻四达舟车，古称善政，万邦遮户今树嘉模，况乎地属边隅，时当今日国防要冲，尤重交通。省府改组，香公主青就职布政之初，首谋交通之便。念本省为甘宁襟带，川康屏藩，关系西北、西南国防，极为重要，于是尽关青省各公路凡三千五百公里有奇，就中由西宁达甘肃属张掖之汽车路一段，不第为甘青两省之交通，而关系于西北国防者更为重要。此路长约七百里，中经达坂山，山壁立峻峭，积雪在涂，雪盛夏而横飞，石熊蹲而虎负。

公以此路不修，交通终滞，乃命旅长马步銮、马忠义，孟团长全禄，互助县马县长寿昌，大通县王县长立中，门源县葛县长钺，一百司令部副官处马处长绍武，督率各旅团部队及各县民夫，馔山焚棘，烘雪融冰，石之大者碎之，小者筑涂之，峻者峭之，凹者填之，开渠以泻积水，造桥以利熙攘，官绅军民日夕经营，始于本年四月，迄五月而已，藏是后也。军士之力居六，民众之力亦十三四，用民力未资民财，巩国防而维因，以铲除交通阻碍，其利无穷，昔之崎岖羊肠今皆康庄大道，例以金石宜有记载，路既成，西宁、互助、大通、门源各绅耆窃附李翁耿勋修路竣工，民众摩崖纪功之义，合辞记之。虽然翁勋之事一郡邑之交通耳，今兹大事，香公功在国防，人民自可垂诸万载，即彼官吏兵民承命劳苦，计其力之大小，并非翁勋所可相提而并论者，是为纪。

代理互助县长：马寿昌

代理大通县长：王立中

代理门源县长：葛钺

中华民国二十七年八月

清故善堂杨老太翁先生墓志

【提要】

中华民国三十五年（1946 年）冬，为陕、蜀、甘、宁、青、新的信徒谨立。为中国伊斯兰教嘎底林耶门宦杨门创始人杨保元的墓志，较详尽地记载了杨道祖的生平事迹。墓志原存青海省大通回族土族自治县后子河乡后子河拱北，为青砂石制作，现已毁坏。志文分别收入杨门学者马守荣搜集的《嘎地勒耶（杨门）历代道祖简历》一书和《青海民族学会学术论文集》第 2 辑由马福海先生搜集整理的《杨道祖墓志》一文中。此处以马守荣先生和马福海先生抄录件为据，重新加以整理而成。

【碑文】

清故善堂杨老太翁先生墓志

盖闻世界各民族所奉宗教，虽有不同，而其利己渡人，博爱为怀，劝率善类一也。回教之入中国，隋唐以来盖千有余年，其教以清真为宗，以归一为本，其所行之道为三乘：礼乘、道乘、真乘也。课立五功：即念、礼、斋、课、朝是也。其宗派之繁衍，而经典之洞彻，终备性命探源握本为一体。圣道虽行于天方，未能大昭于东土。溯自蟠龙渊源者，至圣归真，将至道传于配贤阿里[1]，相传道脉接踵不绝。考之世系，明末清初，蟠龙始祖，讳华者·阿布都·东拉西[2]，由西域属巴格达到中国四川省保宁府蟠龙山，阐扬圣道，指引哲智，道脉相继传于云南藺翁[3]，河州祁翁静一[4]，巩昌周翁[5]，长安广德门马翁[6]，西安疙瘩山冯翁[7]、西安北极塬安翁裕和[8]，七传古湟杨翁。

先生讳保元，字善堂，原籍甘肃省固原县杨建堡人，祖前清列武庠职，游宦西宁，父遂家焉。先生生于古湟，天赋异禀，颖迈群伦，幼失怙恃，次行居四，伯仲季胥力田服穑，先生游心道艺，渊源于身心义理，尘垢其富贵功名。气体清逸，操守廉洁，难危不辞，劳怨不避，游学访道，由湟赴陕、蜀，至云、贵以及粤东，所过名山胜境，访求高明，慨之真实功名之士也。不暇于性名谈理之徒，未获光根纂，恐致圣贤之名脉几息。于嘉庆十九年[9]，因慕四川保宁府蟠龙山（华）者始祖明道之粤，躯躬谒名胜，亲受辉光，究性悟真，复返彬州。探源溯源于刘翁[10]，道悟三彻，知周八极，往而谒之。翁睹先生天一浑化，慷慨轩昂，气宇非凡，任重道器，但圣贤之心法，必须真师指准，册之北极塬蟠龙嫡脉六传安翁，投刺门下，剖析道学之精微，转嘱刘翁伴行游历，同往西域。冰海雪岭之胜游，自得月窟天根之妙悟，负籍数载，先生仍返彬州。安翁言天人之奥，穷性命之微，究理道之旨，谈修身之功，相继道脉，安翁复命归真，先生出世，即从事于性命哲学，发造化之玄机，明生人之道理，普渡众生于苦海，诚迷途之慧炬，道岸之慈航也。先生居住肃河城，盐茶一带信徒慕众。适逢同治初年，群雄割据，陕甘大乱，左文襄公大军渡陇、盐、固，闻先生贤名远震，奏保四品官衔。先生身品清高，不恋功名。当时河湟军威降临，兵灾大难，生灵涂炭。先生念蝼蚁有性命之忧，脱险来湟，隐居西宁北川后子河马家堡，剖身世之真幻，评圣贤之往事，赖天经圣典，以续薪传一脉耳。十一年，刘爵帅[11]兵进湟中，先生倡率万众，拯救湟中之灾民。爵帅承其先生大同道德，一贯天人，特表朝廷，施加征聘，师以几先之哲，复活然而归矣。先生归真于同治十三年正月廿五日寅时[12]，生于乾隆四十九年八月十五日[13]，享年九十有三。而爵帅暨全湟人民亦极荣哀备至，懋功追赏，接其过继孙杨迎春[14]千总之职，以为穆民忠孝，国家矜式，茔葬于后子河四沟口山之北。

呜呼！哲人既往，福寿双全，归瞬千古于一息，敦品立德，其名流传于百世。先生施德不望恩报，我盐、固、河湟人等，近忆功德，永矢弗缓，光绪八年[15]冬，建修境庭，罄香春秋，略表至诚，迫至乙未之劫[16]，兵戈满地，烽燹连天，以致荆棘不堪。迄今六十余载，我陕、甘、青、宁、新之信徒，诚惶诚恐，湮没不闻，欣然捐资，以公同志，选择良材，大启栋宇，重修境庭，迤数年之功程，成永远之善举。先生之墓前建立侧石，以志功德不朽云耳！

陕、蜀、甘、宁、青、新之各省各县，所属绅商，各界民众人等，谨立镌石，永垂不朽！

【注释】

[1] 阿里（600 ～ 661 年），四大正统哈里发之一，伊斯兰教史上第四任哈里发，其后什叶派尊奉为第一代伊玛目和从不犯错误的“超人”。今沙特阿拉伯麦加人，阿布·塔里布之子，先知穆罕默德的堂弟和女婿。小时由先知抚养，10 岁信奉伊斯兰教，是最早的信奉者之一。曾参加过穆罕默德的传教活动和白德尔、伍侯德等战役，以勇猛著称。后与穆罕默德之女法图麦结婚，生哈桑和侯赛因。继奥斯曼任第四代哈里发期间（656 ～ 661 年），伊斯兰教内部权势斗争激化。657 年在“隋芬之战”中与穆阿维叶妥协，什叶派内部发生分裂，不满阿里的人另组“哈瓦利吉派”。661 年阿里被哈瓦利吉派信徒刺杀，葬于库法。

[2] 华者·阿布都·东拉西：一译华哲·阿布都·董拉希。据清康熙年间四川保宁

府巴巴寺《先贤碑记》《师祖上人碑记》，陕西西乡县《鹿龄寺碑记》和清同治年间甘肃河州《清真根源》以及民国时期《大拱北先贤史略》等资料记载：华哲·阿布都·董拉希（1579～1689年），是第29代圣裔，出生于圣地麦地那艾因地方。青年时曾留学埃及、巴格达、德黑兰和耶路撒冷等地，攻读伊斯兰教义学、哲学、医学、天文学等，后来曾先后在巴格达和麦加的嘎底林耶道堂任职，传授嘎底林耶学理。他于清康熙十二年（1673年）正月初七日从麦加起程，历时三月到达广州，次及三江、两湖、云贵等地，进行传教活动，被中国穆斯林尊为中国嘎底林耶学理的始传人和第一辈道祖。他在中国传播嘎底林耶教理时，先后收祁静一、云南马、鲜美珍三人为徒，尽传其道，后祁静一和云南马分别传承中国嘎底林耶大拱北和杨门两大系统。康熙二十八年（1689年）三月二十五日，华哲·阿布都·董拉希在四川保宁府铁塔寺静地隐光，葬于蟠龙山之阳，故又有“蟠龙山道祖”之称。

[3] 云南蔺翁：中国嘎底林耶杨门第二辈道祖，道号“努绒地尼·索非云拉西”，系云南省碧江县白头崖蔺马庄人。清康熙年间拜华哲·阿布都·董拉希为师，接受了嘎底林耶学理，然后遵师命入山修真，以至后人不知其真实姓名，就以出生地称为“蔺道祖”“马道祖”“云南马”“马上人”等。传世著述有《卖尔树格》。

[4] 祁翁静一（1656～1719年），中国伊斯兰教嘎底林耶学理大拱北门宦创始人。经名西俩里，道号西俩龙的尼（月亮之光），今甘肃临夏八坊人。幼年入清真寺攻读伊斯兰教经典，后从华哲·阿布都·董拉希学习嘎底林耶学理达16年，尽得其“天人之奥，性命之微，理道之旨，静修之功”真传。师殁后遵命在川、陕、甘传播嘎底林耶学理，发展信众，为使道统传承不乱，亲拟前十辈取名次序：“一清峰云月，道传永世芳。”据传有不少著述，惜历经战乱，仅保存下一段自述。归真后，初葬鹿龄寺，后迁葬今临夏大拱北。

[5] 巩昌周翁（1681～1747年），中国伊斯兰教嘎底林耶杨门第三辈道祖。讳良隽，字默斋，道号伯哈文地尼·乃格什板丁耶，今甘肃武都县上丹村人。幼年就学于清真寺，由于受到良好的经堂教育，他精通阿拉伯文和波斯文。为了寻求伊斯兰教的真谛，他到处求学访师，后闻知云南蔺道祖教道高深，就求教于蔺道祖门下，得到亲口传授。周道祖得到真传后，先后在云南、四川、湖南等地静修，并收徒传教。后于清乾隆十二年（1747年）农历八月十五隐光，葬于甘肃陇西县巩昌北山，故周道祖又称“北山道祖”。遗著有《代来为士》。

[6] 长安广德门马翁：中国伊斯兰教嘎底林耶杨门第四辈道祖。讳吉安，道号社目孙吉尼•洒亥本奴本外提，西安广大门马家湾人。因受周三祖的教诲，醒悟人生哲理，弃尘缘，勤五功，教导众信徒，其功德修养深受远近人士的赞誉。马道祖生于清康熙年间，隐光于清乾隆六十年（1795 年）农历正月二十五日。初葬于西安广大门，后于 1984 年 4 月迁葬到青海省化隆回族自治县二塘乡龙泉拱北。

[7] 西安疙瘩山冯翁（1736～1819 年），中国伊斯兰教嘎底林耶杨门第五辈道祖。道号白哈文吉尼•努隆黑伟也提，西安南疙瘩山人，是第四辈马道祖族侄。因嘎底林耶教规有“传贤不传子”的规定，故在马姓上加了两点（意取阴阳之义），从此改为冯姓。冯道祖接受了四辈马道祖的口传心授后，进行艰苦的功修，终成正果。并以自己的亲身体会撰写了《黑白案》《性命集解》《游长安》《调养内五行》等汉文著作，因其语言简炼通俗，故广传四方。冯道祖于清嘉庆二十四年农历九月初九隐光后，先安葬于西安广大门，后于 1928 年迁葬到宁夏回族自治区固原县九彩坪拱北。

[8] 安翁裕和（1736～1817 年），中国伊斯兰教嘎底林耶杨门第六辈道祖。讳裕和，道号格买引吉尼•刷哈本则麻尼，陕西彬县北吉原人。他自接受道统后，周游天下，广泛传教，其门生主要有杨保元（七辈道祖）、刘太爷（陕西彬县人）、顾太爷（新疆巴里坤人），后有“顾刘杨三结义，立了《纲常》八十一段”之说。安道祖著有《宝明认己》一书，隐光后初葬北吉原拱北，后迁葬甘肃省兰州市小西湖莲花池宁静堂拱北。

[9] 嘉庆十九年：即公元 1815 年。

[10] 刘翁：陕西彬县人，名讳不详，时人称刘彬州，与杨道祖同为安道祖门生，曾伴随杨道祖于 1800 年赴麦加朝觐，并游历了西域各国。1861 年后，参与了杨道祖《纲常》的编著。

[11] 刘爵帅：即刘锦棠（1844～1894 年），字毅斋，湖南湘乡人。同治年间和光绪年间曾随左宗棠先后参加镇压西北回族起义和平定新疆阿古柏叛乱，收复新疆的军事行动。新疆建省后，以功授兵部侍郎、新疆巡抚，加太子太保，晋一等男爵。卒谥襄勤。

[12] 同治十三年正月廿五日寅时：即公元 1874 年 3 月 13 日凌晨 4 时许。另据有关文献资料记载，杨道祖归真时间为清同治十二年正月廿五日，即公元 1873 年 2 月 22 日。

[13] 乾隆四十九年八月十五日：即公元 1784 年 9 月 29 日。另据有关文献资料

记载，杨道祖的生辰时间为清乾隆四十五年八月十五日寅时，即公元1780年9月13日凌晨4时。

[14] 杨迎春：杨道祖过继孙，杨门认为是杨道祖侄孙。同治十三年刘锦棠署西宁府知府时，保荐其任千总职。光绪二十一年河湟回族、撒拉族起义后，清朝派董福祥前来镇压，清兵进入大通后焚毁了后子河拱北，并将杨迎春“诬良为叛”，杨迎春即殉难。

[15] 光绪八年：即公元1882年。

[16] 乙未之劫：清光绪二十一年（1895年）二月，伊斯兰教的一种新教派传入青海循化撒拉族地区，与老教发生冲突。陕甘总督杨昌浚派西宁道陈嘉绩处理教案，陈到循化后即捕杀老教群众10余人，老教首领韩努力等召集千余人包围了循化城。清廷派大军进行征剿，由于采取“不分新老教，一律剿办”的政策，使整个河湟地区的回族、撒拉族分别在马永琳、闵伏英、韩文秀、冶主麻、马大头的领导下，在河州、洮西、狄道、西宁、碾伯、丹噶尔等地掀起反清起义的浪潮，事态迅速扩大。清廷急派董福祥率军镇压，同时派陕甘总督魏光焘、新疆总督陶模入甘合剿。九月，董福祥抵甘，利用回族降将马安良、马海晏等抚平河州，后又进兵西宁。同年十一月至次年正月在小峡、南川、后子河、多巴、上五庄等处击败起义军，韩文秀等被杀，回族、撒拉族人民的反清斗争失败，回汉人民的生命财产遭受重大损失，故称乙未之劫。

蟠龙嫡派七传善堂杨老道祖归真七十年纪念碑

蟠龙嫡派七传善堂杨老道祖归真七十年纪念碑

万国道德大同之理时时见于五教天人一贯之书然而未若蟠龙嫡派善堂道祖所传之纲常俗言至理深切而著明者也　盖善堂道祖虽探源于可兰天经而实泝
流于老子道德释家华严基督新约及其至也尤惟深潜于羲文周孔之易所以纲常一书谈性命叙彝伦阐阴阳洞生死洋洋乎集五教之大成开万国之妙境挽劫运
而起贞元两世吉庆之正路也道祖甘肃固原州杨建堡杨姓讳士元善堂其字　前清湘军总统刘毅斋易名保元取其保燮元元之意亦可想见其为人矣　祖前清
列武庠官武职游宦西宁父遂家焉　道祖之生也天赋异秉颖迈群伦幼失怙恃次行居四伯仲季力田服穑　道祖不事家人生产诵读耻为括帖词章渊源于身心
义理尘垢其富贵功名弃家访道纵游陕川云贵临眺名山大川以抒其野鹤海鸥之气概嘉庆十九年因慕保宁府蟠龙山穆海印地呢始祖成道之奥区躬谒名胜亲
炙辉光久之若有所得而无由就正其浅深或谓邠州有刘老人名彻四闻蜀谒诸老人反复究诘乃大欢喜曰子诚任重道器我之所学固不足以化汝州之北极塬蟠
龙六传安上人受道于长安广大门之马马又受道于巩昌之周周又受道于云南之马马又受道于蟠龙山道祖欣然告门执礼座下安上人目击道存知能大受诏刘
老人曰精神磨练而愈出学问阅历而有成汝其善为调养同往西域冰海雪岭之胜游自得月窟天根之妙悟负笈数载仍返邠原上人曰孺子之可教也吾无隐乎尔
道以心合气与天通道祖言下了悟喟然叹曰天方之语言中华之文字地相去数万而遥事相后数千之远名教纲常返终原始字字从同先后圣人若合符节回耶释
道其于天人之际以一贯之矣万国道德之基其在此乎　乃述纲常发明道德君为臣纲父为子纲夫为妻纲三者三才建立之根本君臣有义父子有仁夫妻有礼兄
弟有智朋友有信五者五行流形之菁英　道祖上窥三界悉生成造化之原下视五洲明得失存亡之数事求是而必实理信真而不迷举五教所秘密隐微忌讳不敢
笔之书者一皆明目张胆大声而疾呼闻者以为惊世骇俗识者乃知悲天悯人修之于己不入迷途悔之于人同归先岸适同治初元陕甘大乱　道祖居硝河城以纲
常道德天经地义盐茶一带教徒翕然奉从扩枭时欲加害　道祖先事预防就夷脱险左文襄大军渡陇盐固首先受抚统领傅军门稔　道祖名奏保四品头衔当是
时河湟阻兵　道祖潜住西宁小北川后子河晓以神圣威灵君臣名分十一年总统刘爵帅鏖战小峡　道祖倡率万众投诚爵帅敬重其大同道德一贯天人特表朝
廷旋加徵聘无奈　道祖行满而功圆明年正月二十五日谒辞总统告别大众西向归真计生乾隆四十九年八月望日享年九十有二可谓寿福全归而总统暨全省
人民亦极荣哀备致懋功追赏授其过继孙迎春千总军职以为穆民忠孝国家之矜式是年茔葬于庄南山之兆呜呼　道祖生顺死安瞬千古于一息百世闻其风为
之宽敦廉立光绪八年重修邱葬初建阙庭享献春秋馨香式荐迄今又阅六十余载慨陵谷之变迁山河之破碎三霸联盟五强协约兵戈满地烽燹连天而无知识之
徒反谓三纲五常已缺一而不复成立安得起　道祖于九泉俾万国之人知三纲坠坏五常沦夷千五百年世界之末日将至倘欲挽此末日之浩劫必也三纲以楮柱
天地五常以陶铸人民万方更新一元复始宇宙神祇灾不殃物金木水火害不伤人保持天人一贯之精神发展万国大同之道德胥系于纲常之一书兹值七十年之
纪念蟠龙信徒求文于余余虽不敏义不容辞爰缀庸言以泐贞石

陆军第十七集团军上将总司令宁夏省政府主席马鸿逵熏沐敬立

陆军第十军军长高桂滋熏沐敬立

清授上大夫四川道尹甘肃财政司长喇世俊敬撰

中华民国三十五年仲秋月上浣日

【提要】

中华民国三十五年（1946 年）清授上大夫四川道尹、陕甘财政司长喇世俊[1]撰。碑立于宁夏固原县九彩坪忠和堂拱北。碑高 202 厘米，宽 77 厘米。

【碑文】

蟠龙嫡派七传善堂杨老道祖归真七十年纪念碑

万国道德大同之理，时时见于五教天人一贯之书，然而未若蟠龙嫡派善堂道祖，所传之《纲常》，俗言至理，深切而著明者也。盖善堂道祖，虽探源于《可兰天经》，而实泝流于老子《道德》、释家《华严》、基督《新约》。及其至也，尤惟深潜于羲、文、周、孔之《易》。所以，《纲常》一书，谈性命、叙彝伦、阐阴阳、洞生死，洋洋乎集五教之大成，开万国之妙境，挽劫运而起贞元，两世吉庆之正路也。

道祖，甘肃固原州杨建堡[2]杨姓，讳士元。善堂，其字，前清湘军总统刘毅斋易名保元，取其保燮元元[3]之意，亦可想见其为人矣。祖前清列武庠，官武职，游宦西宁，父遂家焉。道祖之生也，天赋异秉，颖迈群伦。幼失怙恃，次行居四。伯、仲、季力田服穑，道祖不事家人生产，诵读耻为括帖词章，渊源于身心义理，尘垢其富贵功名，弃家访道，纵游陕、川、云、贵，临眺名山大川，以抒其野鹤海鸥之气概。嘉庆十九年，因慕保宁府蟠龙山穆海印地呢[4]始祖成道之奥，区躬谒名胜，亲炙辉光，久之，若有所得，而无由就正其浅深，或谓："邠州有刘老人，名彻四闻，曷谒诸？"老人反复究诘，乃大欢喜，曰："子诚任重道器。我之所学，固不足以化汝。州之北极塬，蟠龙六传安上人，受道于长安广大门之马，马又受道于巩昌之周，周又受道于云南之马，马又受道于蟠龙山。"道祖欣然告门，执礼座下。安上人目击道存[5]，知能大受。诏刘老人曰："精神磨练而愈出，学问阅历而有成，汝其善为调养。"同往西域冰海雪岭之胜游，自得月窟天根之妙悟。负笈数载，仍返邠原，上人曰："孺子之可教也，吾无隐乎！尔道以心合，气与天通。"道祖言下了悟，喟然叹曰："天方之语言，中华之文字，地相去数万而遥，事相后数千之远，名教纲常，返终原始，字字从同，先后圣人，若合符节[6]，回、耶、释、道，其于天人之际，以一贯之矣。万国道德之基，其在此乎？"乃述《纲常》，发明道德：君为臣纲，父为子纲，夫为妻纲，三者，三才建立之根本。君臣有义，父子有仁，夫妻有礼，兄弟有智，朋友有信，五者，五行流形之菁英。道祖上窥三界，悉生成造化之原；

下视五洲，明得失存亡之数。事求是而必实，理信真而不迷。举五教所秘密隐微忌讳不敢笔之书者，一皆明目张胆，大声而疾呼。闻者以为惊世骇俗，识者乃知悲天悯人。修之于己，不入迷途；悔之于人，同归先岸。

适同治初元，陕甘大乱，道祖居硝河城[7]，以纲常道德，天经地义。盐茶一带教徒翕然奉从，扩枭时欲加害，道祖先事预防，就夷脱险。左文襄大军渡陇，盐固首先受抚。统领傅军门稔道祖名，奏保四品头衔。当是时，河湟阻兵，道祖潜住西宁小北川后子河，晓以神圣威灵，君臣名分，十一年[8]，总统刘爵帅鏖战小峡，道祖倡率万众投诚。爵帅敬重其大同道德，一贯天人，特表朝廷，旋加徵聘。无奈道祖行满而功圆。明年[9]正月二十五日，谒辞总统，告别大众，西向归真。计生乾隆四十九年八月望日，享年九十有二，可谓寿福全归。而总统暨全省人民亦极荣哀[10]备致，懋功[11]追赏，授其过继孙迎春千总军职，以为穆民忠孝国家之矜式[12]。是年，茔葬于庄南山之兆[13]。

呜呼！道祖生顺死安，瞬千古于一息，百世闻其风，为之宽敦廉立。光绪八年，重修邱[14]葬，初建阙庭，享献春秋，馨香式荐，迄今又阅六十余载，慨陵谷之变迁，山河之破碎，三霸联盟，五强协约，兵戈满地，烽燹连天，而无知识之徒，反谓三纲五常已缺一而不复成立。安得起道祖于九泉，俾万国之人知三纲坠坏，五常沦夷，千五百年世界之末日将至。倘欲挽此末日之浩劫，必也！三纲以楮柱天地，五常以陶铸人民。万方更新，一元复始。宇宙神祇，灾不殃物；金木水火，害不伤人。保持天人一贯之精神，发展万国大同之道德，胥[15]系于《纲常》之一书。兹值七十年之纪念，蟠龙信徒求文于余。余虽不敏，义不容辞。爰缀庸言，以泐贞石。

陆军第十七集团军上将总司令宁夏省政府主席马鸿逵熏沐敬立

陆军第十七军军长高桂滋熏沐敬立

清授上大夫四川道尹甘肃财政司长喇世俊敬撰

中华民国三十五年仲秋月上浣日

【注释】

[1] 喇世俊（1865 ～ 1946 年），甘肃临夏人。字秀珊，回族。幼年读私塾，习《四书》《五经》。1893 年中恩科举人，1895 年入京应试，曾参与全国在京应试举人为请废《中日马关条约》而发起的联名上书（史称“公车上书”）。中举后，曾在甘军马国仁部任军务秘书。后赴四川，任东乡县知事，旋调任灌县知事，政绩颇佳。不久，调任成都

造币厂总督。辛亥革命爆发后，辞职返里，任甘肃省临时议会议员。1914 年后先后任甘肃实业司司长、财政司司长。马仲英部俘虏。河州事变后积极参加救灾委员会，筹集救灾款项，自捐白银 400 多两，施粥救济灾民。1923 年前往沙特朝觐。1929 ～ 1936 年，任甘肃省建设厅厅长、印花处处长、富陇银行董事长等职，主持甘肃实业及建设工作。后因年迈去职，返里闲居。重视地方民族教育，早年曾设私塾，延请教师课业回族子弟，后倡办大拱北小学，招收回族儿童就读，能文善诗，著有《榆泉书屋日记》《榆泉书屋读集》，后散佚，今不存。

[2] 杨建堡：今宁夏回族自治区固原市黄铎堡乡。

[3] 保燮元元：燮，调和，和谐。元元，即黎元，百姓。

[4] 穆海印地呢：即华哲・阿卜都・董拉西。

[5] 目击道存：也作“道存目击”，语出《庄子・田子方》。谓一眼便可看出其修道有素。

[6] 若合符节：谓完全一致。

[7] 硝河城：亦称“硝河堡”，在今宁夏回族自治区固原市西吉县硝河乡。

[8] 十一年：当为清同治十一年（1872 年）。

[9] 明年：当为清光绪二年（1876 年）。

[10] 荣哀：语出《论语・子张》，指表彰、哀悼死者。

[11] 懋功：大功。

[12] 矜式：典型，榜样。

[13] 兆：墓地。

[14] 邱：坟墓。

[15] 胥：通“须”。

湟中凤凰山天方后裔墓志

盖闻世界各民族所奉宗教虽有不同，而其利己渡人，博爱为怀。天方回教，虽自开辟万教，人祖阿丹圣人奉命立教，数千年来，圣圣相承，道统不绝，迨至穆圣，道集大成，教普全球。回教之入中国，自隋唐迄今，千有余年，其教以清真为宗，以归一为本，道全三乘，课备五功，为世界宗教之一，乃人类之正道。湟中郡城，西南有山，其山落凤，即名凤凰山，为湟中胜境之冠。北望万重土楼，南对松拥文峰，前有禅寺佛殿，后即天方圣裔爸爸墓焉。道祖者，乃天方穆圣孙先贤呼赛尼之裔也，道祖讳古土布兰巴尼·尔布都来海麻尼，系西域拜盖之人氏。道祖者，元太祖成吉思汗率兵西征，有别庵伯尔圣裔赡思丁，波斯、阿拉伯、布花喇诸国人族，贤哲、学者四十余人，已随元军，佐元灭金，匡济华夏，立纲陈纪，救济斯民。道祖至元十年正月，到中国滇南。计数万里之程途，其间餐霜吸露，不知几寒暑；栉风沐雨，不知几劳苦。梯山航海，不避险阻，广游名区胜境，足迹遍天下，四海闻贤声，隐于湟郡，归真骨栖，凤台留迹。西宁王索来蛮敕建清真寺，修筑墓殿。栋宇逼青云，楼台出银汉，金碧辉煌，风景幽雅，即为湟中寺墓之始也。自明洪武十二年，征西将军沐英采材集工，大起栋宇，重修寺殿，建崇楼，立经阁，内壁绘成西域三十六国志谱，宋祥兴柏八株，擎天奇观。明洪武御制碑二座，述文源流，凤台造极，麟河环门，博览山川之雄秀，广泛人群之造就。迨清乾隆二十一年，栋宇年远渐朽，重修道祖志碑，追溯天方正宗，记述甚详：出中原之日，正月朔旬；归真之期，六月初一日。道光二十年，湟郡屡劫大灾，感应军民均沾。全湟军民等，诚恐年湮代没，诸说纷纭，口碑有错，湟中邑人苏绍武谨将元明匾额、历来述碑，叙书元至清末数百年胜境之古迹。同治兵燹劫焚毁，当时坍塌不堪，道德堕落，民生艰险，圣裔贤哲，古迹湮没，以致至今。民国三十六年，教末等遵奉省府钧谕，保护圣裔古迹，军民发起些之资财，首筑四周之墙垣，西建清真寺殿五间，东配宁静厅五间，外院厢房三面，浴堂一处，将原有四周境界地北永作回教之公墓，备案立据，永垂不朽。此志之成，全赖湟中述古老叟马忠孝笔记历代实迹，以作后者之纪念。因年代久远，圣裔墓被破坏，党的十一届三中全会以后凤凰山拱北落实宗教信仰自由政策，依国务院宗教局176号文件、省委119号文件、市委44号文件，批准维修，明确保护历史文物古迹，以广大信徒努力，将拱北修成一座宏伟壮观的古建筑群，成为西宁独特的一座人文景观，永留圣迹，实甚感焉。

大圣生西域教普全球

贤哲殁中国道德一贯

二零一五年七月十六日（农历六月初一）

【提要】

中华民国三十六年（1947 年）马忠孝撰。该墓志屡立屡毁，先是元代来青海传播伊斯兰教的先哲古土布兰巴尼·尔布都来海麻尼在西宁归真，当时由西宁王索来蛮修筑墓殿，立碑纪念。到明代，“明洪武御制碑二座，述文源流”；“迨清乾隆二十一年，栋宇年远渐朽，重修道祖志碑”。相传乾隆碑有二通，皆为红砂石制作，上有残文：“先贤呼赛尼之裔古土布兰巴尼·尔布都来海麻尼，巴格达人。宋末元初，继往开来……”；道光二十年，“全湟军民等，诚恐年湮代没，诸说纷纭，口碑有错，湟中邑人苏绍谨将元明匾额、历来述碑，叙书元至清末数百年胜境之古迹”。相传道光碑也是二通，均为青砂石制作，上有康熙御题匾文“极乐贵人”和乾隆御题匾文“道德吾师”“天房正宗”；民国三十六年，西宁穆斯林为保护圣裔古迹，重修拱北，并由湟中述古老叟马忠孝笔记历代实迹，成就此志并附有对联一副：“大圣生西域教普全球，贤哲殁中国道德一贯”。原碑已佚，碑文转引自马燕《天方先哲留迹南山，中阿友谊源远流长——话说西宁凤凰山拱北》一文，见《青海民族学院学报》，1988 年第 3 期，第 41 ～ 45 页。2015 年 7 月 16 日，凤凰山拱北重新刻立此碑，碑身为青砂石，用花岗岩雕刻二龙戏珠包边，全碑高 300 厘米，宽 145 厘米，厚 50 厘米。刻文碑面高 200 厘米，宽 95 厘米，厚 30 厘米。碑座长 195 厘米，宽 90 厘米，高 70 厘米。碑文阴刻仿宋体。

【碑文】

湟中凤凰山天方后裔墓志

盖闻世界各民族所奉宗教虽有不同，而其利己渡人，博爱为怀。天方回教，肇自开辟万教，人祖阿丹圣人奉命立教，数千年来，圣圣相承，道统不绝，迨至穆圣，道集大成，教普全球。回教之入中国，自隋唐迄今，千有余年，其教以清真为宗，以归一为本，道全三乘，课备五功，为世界宗教之一，乃人类之正道。

湟中郡城，西南有山，其山落凤，即名凤凰山，为湟中胜境之冠。北望万重土楼，南对松拥文峰，前有禅寺佛殿，后即天方圣裔爸爸墓焉。

道祖者，乃天方穆圣孙先贤呼赛尼之裔也，道祖讳古土布兰巴尼·尔布都来海麻尼[1]，系西域拜盖之人氏。道祖者，元太祖成吉思汗率兵西征，有别庵伯尔圣裔赡思丁，波斯、阿拉伯、布花喇诸国人族、贤哲、学者四十余人，已随元军，匡济华夏，佐元灭金，立纲陈纪，救济斯民。

道祖至元十年正月，到中国滇南。计数万里之程途，其间餐霜吸露，不知几寒暑；栉风沐雨，不知几劳苦。梯山航海，不避险阻，广游名区胜境，足迹遍天下，四海闻贤声，隐于湟郡，归真骨栖，凤台留迹。

西宁王索来蛮[2]敕建清真寺，修筑墓殿。栋宇逼青云，楼台出银汉，金碧辉煌，风景幽雅，即为湟中寺墓之始也。

自明洪武十二年，征西将军沐英[3]采材集工，大起栋宇，重修寺殿，建崇楼，立经阁，内壁绘成西域三十六国志谱，宋祥兴柏八株，掣天奇观。明洪武御制碑二座，述文源流，凤台造极，麟河环门，博览山川之雄秀，广泛人群之造就。

迨清乾隆二十一年，栋宇年远渐朽，重修道祖志碑，追溯天方正宗，记述甚详：出中原之日，正月朔旬；归真之期，六月初一日。道光二十年，湟郡屡劫大灾，感应军民均沾。全湟军民等，诚恐年湮代没，诸说纷纭，口碑有错，湟中邑人苏绍武谨将元明匾额、历来述碑，叙书元至清末数百年胜境之古迹。同治兵燹劫焚毁，当时坍塌不堪，道德堕落，民生艰险，圣裔贤哲，古迹湮没，以致至今。

民国三十六年，教末等遵奉省府钧谕，保护圣裔古迹，军民发起些之资财，首筑四周之墙垣，西建清真寺殿五间，东配宁静厅五间，外院厢房三面，浴堂一处，将原有四周境界地北永作回教之公墓，备案立据，永垂不朽。

此志之成，全赖湟中述古老叟马忠孝笔记历代实迹，以作后者之纪念。

因年代久远[4]，圣裔墓被破坏，党的十一届三中全会以后凤凰山拱北落实宗教信仰自由政策，依国务院宗教局 176 号文件、省委 119 号文件、市委 44 号文件，批准维修，明确保护历史文物古迹，以广大信徒努力，将拱北修成一座宏伟壮观的古建筑群，成为西宁独特的一座人文景观，永留圣迹，实甚感焉。

大圣生西域教普全球，贤哲殁中国道德一贯

二零一五年七月十六日（农历六月初一）

【注释】

[1] 古土布兰巴尼・尔布都来海麻尼：一名为古土布・哈什目・阿卜杜拉赫曼。成吉思汗时来华传播伊斯兰教的先贤。相传为穆罕默德之孙侯赛因的后裔，今伊拉克巴格达人。成吉思汗率兵西征时，与阿拉伯、波斯的先哲 40 人东来中国，传播苏非派教理，后与弟子阿卜杜剌买智丁至西宁数年，在该地逝世。西宁王速来蛮在西宁南山

为其修建陵寝，并树碑勒铭以志纪念。历代穆斯林多次为其修建拱北，树碑立传。每逢农历正月初一（生辰）和六月初一（忌辰），青、甘、宁、新等地有关穆斯林来拱北进行大规模的颂经纪念活动。

[2] 索来蛮：汉文史籍中亦写作苏莱曼、速来蛮等。元天历二年（1329 年）受封西宁王，元至正十一年（1351 年）去世，管辖今青海海东、海北、海西和甘肃与青海相邻地区的蒙古军、探马赤军、回回军户、宣政院辖区各卫、积石州元帅府、曲先答林元帅府、各军站驿站等。由于他镇守有方，不仅在开发青海，维护社会稳定，巩固元王朝的统一做出了重大贡献，而且关心、支持伊斯兰教事业的发展，使青海地区成为众多穆斯林民族形成、聚居的地区。

[3] 沐英（1345 ～ 1392 年），明初回族将领，字文英，今安徽定远人。少孤，被朱元璋和孝慈皇后收为义子。随朱元璋南征北战，建立明王朝。明洪武三年（1370 年），授镇国将军，寻迁大都督府佥事，次年进大都督府同知，掌兵马。洪武十年（1377 年），充征西副将军，从卫国公邓愈讨伐吐蕃，因功封开国辅运推诚宣力武臣、荣禄大夫、柱国、西平侯。洪武十一年（1378 年）八月，拜征西将军，讨西番，拓地数千里。洪武十四年（1381 年）至洪武二十五年（1392 年），奉命平定、治理云南。卒于任，追封为黔宁王，谥昭靖。

[4]“因年代久远”到篇末落款日期，为刻立碑文时新增文字。

重建西宁大寺碑记

重建西宁大寺碑记

按此碑立于民国三年五月嗣因雨淋日炙碑石剥落字迹模糊乃依原文重为书丹刊石

世界宗教以天方为最古盖自人祖阿丹首出御世继天立极而回教即权舆焉自是以降经历五千余年数万圣人之前驱后武继长增高至穆圣而始集其大成穆圣生文明之古国应五百之恒期位兼君师德隆治教阐扬真理西土咸孚当时自阿剌伯而起东至于波斯阿富汗俾路芝天竺及中国之回部西至于埃及嘉达额及摩鲁等二十余国北至于土耳其犹太巴比伦及俄罗斯蕃属南至于南洋群岛纵横万余里间国以百计种以千计莫不以天方为依皈盖圣人之教不枉人以从己而人亦无不乐从有如此者当隋开皇初天方遣其臣斡葛思苏哈拜自海道来华至于广州建光路及怀圣寺以传教焉此回教行于中国之南部之始及安史之乱唐借回纥之力以复两京自是回教益行寺院愈多西安礼拜寺则天宝年间工部官罗天爵奉敕所建有御史王鉷撰记此回教行于中国北部之始自唐迄宋奉行罔替元起朔漠尤崇回教置回回学习亦思替非文字明太祖首用回回历并翻译回书称为乾方先圣之书成祖御制赛典赤碑以表章天房后裔清朝幅员最广西域回部咸隶版图霍集占一役高宗自习回文并御制叶尔羌碑详载始末平苗功成赐宴群臣以真元生不汉食赐以特羊而京师礼拜寺收养穷苦回民屡蒙颁发天庾之米此可以徵历朝待遇回教之优隆矣民国成立五族一家信教自由载在约法向之抉歧视他教见者至是始知万物并育而不相害道并行而不相悖而西宁大寺亦于是时落成圣教昌明此其时乎考至前清初年西宁清真寺创自明代毁于兵燹后来屡议兴复卒以不得地基而止自

阁臣镇使拥节是邦布德建威用能遐迩咸熙汉回蒙番各得安其生业儒释道耶各得遂其信仰诈冥悉泯人民大和于是地方绅士以大寺故地相让阁使乃提议重建捐资为倡军绅商民踊跃捐助二年五月庀材鸠　工阁使军政稍暇亲来监作阅年而　工竣计造大殿五间唤醒楼三层东厅五间北厅九间南厅浴室三间寺门三间庖厨浴　湢皆备计费银万两有余既而　阁使见殿材不佳恐难持久毁而重修购大木聘名匠两易寒暑始落成焉瑰伟壮丽洵为陇上清真寺之冠又费银万两绅民等不忍　阁使重出巨款乃共集赀以偿　阁使不受即用此款置院落田产若干又自捐店房一处并作香火之资　阁使之轻财重义信足砥砺末俗矣每维圣教之在天壤如水行地中固无往而不在然非有大力者为之奔奏御侮疏附先后则常有淤而不流之患回教之行于关陇已千余年于兹矣而清真正法至今日而始昌明者则

阁使毅力弘愿崇奉护持之功也绅等睹宫墙之美富喜圣教之复兴特叙缘起勒诸贞珉俾后之人有所考焉甘边宁海镇守使署总务处处长兼理西宁县知事周希武子扬氏撰甘肃西宁道道尹公署秘书贾思复谨书并篆额民国三年五月立

简派青海省参议会秘书长姚　钧敬录　西宁东关绅者　马步祥　马肇业　沈临翰　马　升　等公立

中华民国三十七年农历八月　刊石

【提要】

“重建西宁大寺碑”现作为青海伊斯兰教的重要文物保存在西宁东关清真大寺内。原碑立于中华民国十一年（1922年），由甘肃天水周希武撰。中华民国三十七年（1948年）八月刊立《重建西宁东关大寺碑记》时，以原碑“因雨淋日炙，碑石剥落，字迹模糊”为由，由原青海省参议会秘书长姚钧依照原文重录立石，西宁李德渊书丹。该碑碑首刻有国民党政府的党旗和国旗及万年青花篮图案，用青砂石制作，碑身高220厘米，宽90厘米，厚10厘米。碑文共23竖行，每行56字，计1288字。碑座长100厘米，宽45厘米，高30厘米。该碑重录时与原碑有许多文字和时间上的出入，故同时收入本书，以存史料。该碑最明显的错误是将原碑刊立时间提前到中华民国三年五月，这是与史不符的。但该碑正文部分与原碑的文字出入很多，而且考虑到该碑也属解放前文物古迹，它对伊斯兰教的创立和传入我国的情况以及西宁东关清真大寺重建经过等都有简略的记述，对研究青海地方史和伊斯兰教在青海的传播，具有一定的参考价值，故与原碑分作两碑同时收入，请读者引用时注意鉴别。

【碑文】

重建西宁大寺碑记

按此碑立于民国三年五月[1]，嗣因雨淋日炙，碑石剥落，字迹模糊，乃依原文，重为书丹刊石。

世界宗教，以天方为最古。盖自人祖阿丹首出御世，继天立极，而回教即权舆焉。自是以降，经历五千余年，数万圣人之前驱后武，继长增高，至穆圣而始集其大成。穆圣生文明之古国，应五百之恒期，位兼君师，德隆治教，阐扬真理，西土咸孚。当时自阿剌伯而起，东至于波斯、阿富汗、俾路芝、天竺及中国之回部，西至于埃及、嘉达额及摩鲁等二十余国，北至于土耳其、犹太、巴比伦及俄罗斯蕃属，南至于南洋群岛，纵横万余里，间国以百计，种以千计，莫不以天方为依皈。

盖圣人之教，不枉人以从己，而人亦无不乐从，有如此者，时当隋开皇初，天方遣其臣斡葛思苏哈拜自海道来华，于广州建光路及怀圣寺以传教焉，此回教行于中国之南部之始。及安史之乱，唐借回纥之力以复两京，自是回教益行，寺院愈多。西安礼拜寺，则天宝年间工部官罗天爵奉敕所建，有御史王鉷撰记，此回教行于中国北部之始。自唐迄宋，奉行罔替。元起朔漠，尤崇回教，置回回学，习亦思替非文字。明太祖首用回回历，并翻译回书，称为乾方先圣之书。成祖御制赛典赤碑，以表章天房后裔。清朝幅员最广，西域回部，咸隶版图。霍集占一役，高宗自习回文，并御制叶尔羌碑，详载始末，平苗功成，赐宴群臣，以真元生不汉食，赐以特羊。而京师礼拜寺收养穷苦回民，屡蒙颁发天庾之米，此可以徵历朝待遇回教之优隆矣。民国成立，五族一家，信教自由，载在约法。向之挟歧视他教见者，至是始知万物并育而不相害，道并行而不相悖。而西宁大寺亦于是时落成，圣教昌明，此其时乎？

考至前清初年，西宁清真寺创自明代，毁于兵燹，后来屡议兴复，卒以不得地基而止。自阁臣镇使，拥节是邦，布德建威，用能遐迩咸熙，汉回蒙番各得安其生业，儒释道耶各得遂其信仰。诈冥悉泯，人民大和。于是地方绅士，以大寺故地相让，阁使乃提议重建，捐资为倡。军绅商民，踊跃捐助。二年五月，庀材鸠工。阁使军政稍暇，亲来监作，阅年而工竣。计造大殿五间，唤醒楼三层，东厅五间，北厅九间，南厅浴室三间，寺门三间，庖厨浴湢皆备，计费银万两有余。既而阁使见殿材不佳，恐难持久，毁而重修。购大木，聘名匠，两易寒暑，始落成焉。瑰伟壮丽，洵为陇上清真寺之冠。又费银万两，绅民等不忍阁使重出巨款，乃共集赀以偿，阁使不受，即用此款置院落田产若干，又自捐店房一处，并作香火之资。阁使之轻财重义，信足砥砺末俗矣。每维圣教之在天壤，如水行地中，固无往而不在，然非有大力者为之奔奏御侮疏附先后，则常有淤而不流之患。回教之行于关陇，已千余年于兹矣。而清真正法至今日而始昌明者，则阁使毅力弘愿，崇奉护持之功也。绅等睹宫墙之美富，喜圣教之复兴，特叙缘起，勒诸贞珉，俾后之人有所考焉。

甘边宁海镇守使署总务处处长兼理西宁县知事周希武子扬氏撰

甘肃西宁道道尹公署秘书贾思复谨书并篆额

民国三年五月立

简派青海省参议会秘书长姚钧[2]敬录

西宁东关绅耆马步祥、马肇业、沈临翰、马升等公立

中华民国三十七年农历八月刊石

【注释】

[1] 民国三年五月：即公元 1914 年 4 月。此项时间与史不符，理由有三：民国三

年五月，周希武在凉州任甘肃第四中学校长，在西宁无任何职务。1914 年秋他随周务学勘查川甘边界来西宁，同年 11 月赴玉树勘界调查，著有《玉树调查记》。1917 年任甘边宁海镇守使署总务处处长，1921 年兼任西宁县知事。由此可知此项时间与作者任职时间相去甚远，此其一；西宁东关大寺重建于民国二年五月，次年竣工，后因“殿材不佳，恐难持久，毁而重修”，此次重修“两易寒暑，始落成焉”。据此碑文时间连续推算，也至少到民国五年；另据姚钧自撰的《重建西宁东关大寺碑记》记载：此次重修时间为“复于民国五年捐资扩修大殿”，由此可知此项时间与碑文内容自相矛盾，不可能该碑文作者在民国三年五月杜撰出一篇记载民国三年以后修建情况的碑文，此其二；马麒于民国三年至五年重建西宁东关大寺后，碑文虽有因“殿材不佳，恐难持久，毁而重修”的记载，但这只是重修的一个重要原因。据有关研究资料表明，马麒为充分利用伊斯兰教为自己的政治服务，于民国七年（1918 年）初将中国伊斯兰教伊赫瓦尼派创始人马万福（又称“果园哈吉”）截获到西宁，主持青海伊斯兰教教务。当时相传马万福看到民国二年修建的西宁东关大寺礼拜大殿方位不正，没有面向卡尔白，故建议马麒拆除重建。马麒采纳后，即下令拆除重建，据此史实和当时时间及原碑所刻立碑时间“中华民国十一年”相推测，马麒重修大殿的时间是民国八年，经“两易寒暑”，于民国十年竣工，民国十一年任甘边宁海镇守使署总务处处长兼西宁县知事周希武撰文纪马麒修建东关大寺经过，则顺理成章，此其三。

[2] 姚钧（1886 ～ 1968 年），字衡甫，甘肃天水人。1916 年前后来青海，历任甘边宁海镇守使署、护军使署教育科长、烟酒局长。1929 年任贵德县县长，后任中央陆军新编第九师秘书长。1932 ～ 1938 年任青海省政府委员。1936 年兼民政厅厅长。1939 年、1945 年分任青海省临时参议会参议、秘书长。青海省解放后居家，1954 年被聘为省文史馆馆员。曾编纂《贵德县志稿》，撰写有《我所知道的马麒》等文史资料。

重建西宁东关大寺碑记

重建西宁东关大寺碑记

道者弥纶宇宙贯彻古今为须臾不可离者也有
圣人者出为天地立心为生民立命探索真理发扬妙谛使含生之伦皆有以复其固有之天性推博爱于人群此世界宗教之所同也
回教之始肇自阿丹其后圣圣相承发扬光大而道日益明教日益倡暨
至圣穆罕默德于一千三百六十七年前应运而诞生于阿拉伯之麦加继天立极集群圣之大成为万国所宗仰以天经三十部立教
传授徒众于是东至波斯阿富汗西至埃及嘉达额北至土耳其南至南洋群岛莫不口诵心唯信受奉行其博大精微福利于人类者
可谓至矣天经者古兰经也其教以归信真主归信天仙归信经卷归信圣人归信后世归信复活归信定然七信为纲领而尤以致力
于念礼斋课朝五功为笃行实践之奥旨其传入中国也则始于隋开皇间唐天宝时敕建清真寺于长安其后遍及于各省而朝拜讽
经之典讲肄净修之仪始大备焉西宁清真大寺创自明代屡经兵燹其地遂废民国二年
阁公先主席镇守甘边倡议重建时经一载大功告竣复于民国五年捐资扩修大殿十五年改修南北两楼寺之规模大具
香公主席秉政以来勘平匪乱安定西陲而政治修明人民安居乐业全省无匕鬯之警尤于儒释道耶各教维护备至各族倾心鉴于
东关大寺年久失修且地当省会为四方人士观瞻所在爰商同地方绅耆谋所以恢扩寺址改建新宇以宏
圣教乃庀材鸠工并饬邑绅马君步祥马君肇业沈君临翰马君升等监督建筑工程所需一切大宗经费皆由
香公主席慷慨乐捐计建修南北楼两座唤醒楼两座水塘一座饭厅宿舍等八十余间铺面三间半西式大门重门各一座并捐献基
金银洋五万元以经商所得用供寺内之需自民国三十五年五月开工迄三十六年四月始告落成金碧辉煌肃穆伟丽洵为庄严之
圣地是役也上以成
先主席未竟之遗志下以慰教胞殷切之希望而我
香公主席之继述盛德后先辉映非偶然也特叙其颠末用镌贞珉使后之人有所矜式焉

简派青海省参议会秘书长天水姚　钧谨撰　邑人李德渊书丹

西宁东关绅耆
马步祥　沈临翰　马世俊　苏翰文　马　云　何永祥　高文汇　苗生春
马肇业　马　升　古铭瑞　者生德　马登云　冶存礼　林得新　米丰受
等敬立

中华民国三十七年农历八月刊石

【提要】

中华民国三十七年（1948 年）八月原青海省参议会秘书长姚钧撰，西宁李德渊书丹。为青海伊斯兰教的重要文物，碑在西宁东关清真大寺内。碑首刻有国民党政府的党旗和国旗及万年青花篮图案。碑身用青砂石制作，高 220 厘米，宽 90 厘米，厚 11 厘米，四边均刻有饰纹。碑座长 96 厘米，宽 52 厘米，高 20 厘米。碑文共 22 竖行，每行 52 字，共计 1092 字。碑记追述了伊斯兰教的历史，扼要介绍了伊斯兰教教义，记载了马步芳主持修建大寺南北厢楼、宣礼塔等建筑物的过程，对研究青海地方史和伊斯兰教在青海的传播，具有一定的参考价值。

【碑文】

重建西宁东关大寺碑记

道者弥纶宇宙，贯彻古今，为须臾不可离者也。有圣人者出，为天地立心，为生民立命，探索真理，发扬妙谛，使含生之伦皆有以复其固有之天性，推博爱于人群，此世界宗教之所同也。

回教之始，肇自阿丹，其后圣圣相承，发扬光大。而道日益明，教日益倡。暨至圣穆罕默德于一千三百六十七年前应运而诞生于阿拉伯之麦加，继天立极，集群圣之大成，为万国所宗仰，以天经三十部立教，传授徒众，于是东至波斯、阿富汉〔汗〕，西至埃及、嘉达额，北至土耳其，南至南洋群岛，莫不口诵心唯，信受奉行。其博大精微，福利于人类者，可谓至矣。天经者，《古兰经》也。其教以归信真主、归信天仙、归信经卷、归信圣人、归信后世、归信复活、归信定然七信为纲领，而尤以致力于念、礼、斋、课、朝五功为笃行实践之奥旨。其传入中国也，则始于隋开皇间。唐天宝时敕建清真寺于长安，其后遍及于各省，而朝拜讽经之典，讲肄净修之仪，始大备焉。

西宁清真大寺创自明代，屡经兵燹，其地遂废。民国二年阁公先主席镇守甘边，倡议重建，时经一载，大功告竣。复于民国五年[1]捐资扩修大殿，十五年改修南北两楼，寺之规模大具。香公主席[2]秉政以来，勘平匪乱，安定西陲，而政治修明，人民安居乐业，全省无匕鬯之警[3]，尤于儒释道耶各教，维护备至，各族倾心。鉴于东关大寺年久失修，且地当省会，为四方人士观瞻所在，爰商同地方绅耆，谋所以恢扩寺址，改建新宇，以宏圣教。乃庀材鸠工，并饬邑绅马君步祥、马君肇业、沈君临翰、马君升等监督建筑，工程所需一切大宗经费，皆由香公主席慷慨乐捐。计建修南北楼两座，唤醒楼两座，水塘一座，饭厅、宿舍等八十余间，铺面三间半，西式大门、重门各一座，并捐献基金银洋五万元，以经商所得，用供寺内之需。自民国三十五年五月开工，迄三十六年四月始告落成。金碧辉煌，肃穆伟丽，洵为庄严之圣地。是役也，上以成先主席未竟之遗志，下以慰教胞殷切之希望，而我香公主席之继述盛德，后先辉映，非偶然也。特叙其颠末，用镌贞珉，使后之人，有所矜式焉。

简派青海省参议会秘书长天水姚钧谨撰

邑人李德渊[4]书丹

西宁东关绅耆马肇业、马升、古铭瑞、者生德、马登云、冶存礼、林得新、米丰受、马步祥、沈临翰、马世俊、苏翰文、马云、何永祥、高文汇、苗生春等敬立。

中华民国三十七年农历八月刊石

【注释】

[1] 民国五年：此时间有误，应为民国八年。

[2] 香公主席：指青海省政府主席马步芳。

[3] 匕鬯之警：匕鬯，音 bì　chàng。匕，指羹匙；鬯，用黍酿的香酒。《易・震》：“震惊百里，不丧匕鬯。”后用“匕鬯不惊”形容军纪严明，无所惊扰。

[4] 李德渊（1898 ～ 1959 年），青海著名书法家，号髯陀。1919 年毕业于甘肃省第四师范学校。1929 年后历任青海省立第一师范学校、昆仑中学、西宁中学、民和师范学校校长、省教育厅秘书，并任巴燕戎（化隆）、民和县县长。1942 年任青海省临时参议会参政员。青海省解放后，任西宁市人民政府副市长、省人大代表、省政协委员、民盟青海省委委员兼宣传部长。从小爱好书法，自创“李德渊体”，其墨迹流传甚多。1959 年 2 月 21 日在西宁病逝。

盘龙山真脉四传蔡姑太太拱北纪念碑

盘龙山真脉四传蔡姑太太拱北纪念碑志文

盖闻木有本水有源理有宗而道有统系者也溯自蔡姑太太系盘龙山穆乎始祖传至广大门四辈道祖马老仙师同光阴　太太以幼童女贞具大智慧大根气修养性命而得道了全真耳　其籍陕西景阳县人自幼诵经典而好道学者矣时有西域来有道德之上人住在清真寺讲经论道有实学也太太往见之乞明性命之道而拜上人为师昼夜侍奉详叩身心性命之奥理领授克己复理之玄功厥后上人虽去而谤言四起　太太日居静室修炼性命久之功夫大进养其无象守其无体故象常存而体全真纯纯全全合乎大道真体无方高等无伦天地万物皆我准持一灵独觉深通玄妙归根复命天人浑化无间隔矣每闻谤言加纸糊于腹人见其腹大则谤者益肆是以其父不能忍事不得已而鸣官究治县主升堂提询见　太太履白云三尺飘然而至县主大骇叩请即回申饬其父　太太旋阁后于三月三日归真父始知其腹大者是纸糊千层次日出殡大发异香而腹纸皆化为白鸽飞满乾坤而去通邑皆知其成真也为固土补之奥师有道之全真也而信仰之教徒感修坟墓谓之拱北当此时大显感应谒墓诵经祈祷者不绝香火极甚因此间教下民众虔移金骨来此大修拱北以为四方信徒朝谒祈福而望今后两世之平顺吉庆也其事载吾教清真大学之书但略而不详久恐湮没历史不明梗概是所以碑志之由来矣爰笔而述以垂不朽其文不恭不论也是记

时在民国戊子年花潮月上浣吉日勒石

青海民和县马场塬清静堂拱北

【提要】

中华民国三十七年（1948年）10月清静堂拱北撰刻。碑面高167厘米、宽80厘米，厚12厘米。碑身为青砂石，断裂后修补加固，现存放于青海省民和回族土族自治县马场塬清静堂拱北。

【碑文】

盘龙山真脉四传蔡姑太太拱北纪念碑

盖闻木有本，水有源，理有宗，而道有统系者也。溯自蔡姑太太系盘龙山穆乎始祖传至广大门四辈道祖马老仙师同光阴，太太以幼童女贞，具大智慧，大根气，修养性命，而得道了全真耳。其籍陕西景阳县人，自幼诵经典，而好道学者矣。时有西域来有道德之上人，住在清真寺讲经论道，有实学也。太太往见之，乞明性命之道，而拜上人为师，昼夜侍奉，详叩身心性命之奥理，领授克己复理之玄功，厥后上人虽去，而谤言四起。太太日居静室，修炼性命，久之功夫大进，养其无象，守其无体，故象常存，而体全真，纯纯全全，合乎大道，真体无方，高等无伦，天地万物，皆我准持，一灵独觉，深通玄妙，归根复命，天人浑化，无间隔矣。每闻谤言，加纸糊于腹，人见其腹大，则谤者益肆。是以其父不能忍，事不得已，而鸣官究治。县主升堂提询，见太太履白云三尺，飘然而至，县主大骇，叩请即回，申饬其父。太太旋阁后，于三月三日归真。父始知其腹大者，是纸糊千层。次日出殡，大发异香，而腹纸皆化为白鸽，飞满乾坤而去，通邑皆知其成真也，为固土补之奥师。有道之全真也，而信仰之教徒，感修坟墓，谓之拱北，当此时大显感应，谒墓诵经祈祷者不绝，香火极甚，因此间教下民众虔移金骨来此，大修拱北以为四方信徒朝谒祈福，而望今后两世之平顺吉庆也。其事载吾教《清真大学》之书，但略而不详，久恐湮没历史，不明梗概，是所以碑志之由来矣。爰笔而述以垂不朽，其文不恭不论也。是记。

时在民国戊子年花潮月上浣吉日勒石

青海民和县马场塬清静堂拱北

指挥府砖雕

【提要】

有字砖 1 块，佚名撰刻。原物镶嵌在青海省民和回族土族自治县核桃庄乡五方村三社治土司住宅大门额头，从右到左刻有“指挥府”3 个大字，周边还有一些毛笔字，均系吉祥话语，即上边为“四季平安”，下边为“福寿两全”，“安门大吉”四字分排于两边，右为“安门”，左为“大吉”。该砖雕对研究民和回族史有一定的参考价值。砖面宽 59 厘米，高 38 厘米；文面宽 43 厘米，高 22 厘米，汉文 1 行，正楷阴刻，基本完好。

冶土司官方印

【提要】

墨绿色长方形石印1枚，佚名撰刻。原物由青海省民和回族土族自治县核桃庄乡五方村三社冶土司后裔冶占彪收藏，印柄已佚，背面留方形楔孔，正面从右到左分两行刻有“西宁世袭土司指挥佥使冶官方”13字。该印对研究民和回族史有一定的参考价值。印料面长9厘米，宽5厘米，高1厘米；文面长7.5厘米，宽3.7厘米，汉文2行，篆体阳刻，基本完好。

冶镇邦钤记印

【提要】

长方形印章 1 枚，佚名撰刻。原件已佚，印文为“西宁府属碾伯县世袭土司指挥佥事冶镇邦钤记”，共 20 字，竖刻 4 行，每行 5 字，篆体阳刻，由青海省民和回族土族自治县核桃庄乡五方村冶土司后裔冶玉林提供。该印对研究民和回族史有一定的参考价值。

冶土司词章印

【提要】

长方形鸡血石印章 1 枚，佚名撰刻。原物由青海省民和回族土族自治县核桃庄乡五方村三社冶土司后裔冶占彪收藏，正面从上到下刻有“为善最乐”4 字。该印对研究民和回族史有一定的参考价值。印料面长 4 厘米，宽 1 厘米，高 9 厘米；文面长 3.5 厘米，宽 0.7 厘米，汉文 1 行，篆体阳刻，基本完好。

克昌厥后

【提要】

木匾 1 块，清光绪十七年（1891 年）陕甘总督部堂兼官巡抚事杨昌睿撰文，由陕甘尽先补用副将笃男巴图鲁、虎夫耶门宦信徒马彦春等人呈献给该门宦新辈太爷马朝真，是研究民族、宗教的珍贵资料。匾面宽 132 厘米，高 73 厘米；文面宽 120 厘米，高 61 厘米，红底描金楷体，基本完好。匾首上角有篆刻“一片冰心”字样。原物在今青海省民和回族土族自治县川口镇南庄子村马兴真家。

教贯古今

【提要】

有字砖 1 块，佚名题。砖面宽 80 厘米，高 50 厘米；文面宽 70 厘米，高 40 厘米，1 行，楷体，保存完好。刻字砖今存于青海省湟中县大才乡下后沟清真寺山门前照壁。

精一

【提要】

木匾1块，阴刻。清光绪年间著名书法家、西宁回族苏绍武题写，佚名刻，此匾对研究中国伊斯兰教的传播有一定价值。原匾在今青海省西宁市东关清真大寺，现已佚。匾文收入《西宁东关清真大寺志》，甘肃文化出版社2004年第1版，第99页。

功德之道

【提要】

木匾1块。中华民国年间陈立夫撰，佚名刻。此匾对研究中国伊斯兰教的传播有一定价值。原匾已佚。匾文收入《西宁东关清真大寺志》，甘肃文化出版社2004年第1版，第99页。

最初无称

【提要】

木匾1块。中华民国年间马英甲撰，佚名刻。此匾对研究中国伊斯兰教的传播有一定价值。原匾已佚。匾文收入《西宁东关清真大寺志》，甘肃文化出版社2004年第1版，第99页。

会昌建福

【提要】

木匾1块。中华民国年间居正撰，佚名刻。此匾对研究中国伊斯兰教的传播有一定价值。原匾已佚。匾文收入《西宁东关清真大寺志》，甘肃文化出版社2004年第1版，第99页。

教阐天方

【提要】

木匾 1 块，阴刻。中华民国四年（1915 年）2 月甘肃总督张广建撰，佚名刻。此匾对研究中国伊斯兰教的传播有一定价值。原匾已佚，现匾为复制品。匾在今青海省西宁市东关清真大寺，匾面高 130 厘米，宽 220 厘米，汉文 1 行 4 字，楷书，红底描金，保存完好。匾文收入《西宁东关清真大寺志》，甘肃文化出版社 2004 年第 1 版，第 99 页。

惟精唯一

【提要】

木匾 1 块，阴刻。中华民国六年（1917 年）12 月宁夏护军使马福祥撰，佚名刻。此匾对研究中国伊斯兰教的传播有一定价值。原匾已佚，现匾为复制品。匾在今青海省西宁市东关清真大寺。匾面高 130 厘米，宽 205 厘米，汉文 1 行 4 字，楷书，蓝底描金，保存完好。匾文收入《西宁东关清真大寺志》，甘肃文化出版社 2004 年第 1 版，第 99 页。

真宰无方

【提要】

木匾 1 块，阴刻。中华民国六年（1917 年）12 月马麒撰，佚名刻。此匾对研究中国伊斯兰教的传播有一定价值。原匾已佚，现匾为复制品。匾在今青海省西宁市东关清真大寺。匾面高 130 厘米，宽 220 厘米，汉文 1 行 4 字，行楷书，黑底描金，保存完好。匾文收入《西宁东关清真大寺志》，甘肃文化出版社 2004 年第 1 版，第 99 页。

造化真元

【提要】

木匾 1 块。中华民国七年（1918 年） 6 月吉日，赛赤呼图克图为青海省湟中县鲁沙尔清真寺题。匾面宽 150 厘米，高 120 厘米；文面宽 130 厘米，高 80 厘米。1 行，楷体。原匾已佚，匾文存于青海省湟中县档案馆。

清修真行

【提要】

木匾 1 块。中华民国十年（1921 年）黎丹撰。马麒、黎丹、马麟、马寿、祁昌寿为中庄清真寺落成赠匾。黑底描金楷书，落款书刻五人官职、军衔、姓名、年、月、日。五人系当时青海军政大员、地方绅士，因而此匾有一定的历史研究价值。匾在今青海省平安县石灰窑乡唐隆台中庄清真寺。匾面宽 271 厘米，高 106 厘米，保存完好。

阐扬真理

【提要】

木匾 1 块，阴刻。中华民国十八年（1929 年）10 月青海省国民政府主席孙连仲撰，佚名刻。此匾对研究中国伊斯兰教的传播有一定价值。原匾已佚，现匾为复制品。匾在今青海省西宁市东关清真大寺。匾面高 130 厘米，宽 205 厘米。汉文 1 行 4 字，行楷书，蓝底描金，保存完好。匾文收入《西宁东关清真大寺志》，甘肃文化出版社 2004 年第 1 版，第 99 页。

天生好德

【提要】

木匾1块，阴刻。中华民国二十二年（1933年）3月戴传贤撰，佚名刻。此匾对研究中国伊斯兰教的传播有一定价值。原匾已佚，现匾为复制品。匾在今青海省西宁市东关清真大寺。匾面高130厘米，宽220厘米。汉文1行4字，楷书，黑底描金，保存完好。匾文收入《西宁东关清真大寺志》，甘肃文化出版社2004年第1版，第99页。

敦崇教育

【提要】

木匾 1 块，阴刻。中华民国二十六年（1937 年）8 月林森撰，佚名刻。此匾对研究中国伊斯兰教的传播有一定价值。原匾已佚，现匾为复制品。匾在今青海省西宁市东关清真大寺。匾面高 130 厘米，宽 220 厘米。汉文 1 行 4 字，楷书，绛底描金，保存完好。匾文收入《西宁东关清真大寺志》，甘肃文化出版社 2004 年第 1 版，第 98 页。

兴教建国

【提要】

木匾 1 块，阴刻。中华民国二十九年（1940 年）元旦白崇禧撰，佚名刻。此匾对研究中国伊斯兰教的传播有一定价值。原匾已佚，现匾为复制品。匾在今青海省西宁市东关清真大寺。匾面高 130 厘米，宽 220 厘米。汉文 1 行 4 字，楷书，黑底描金，保存完好。匾文收入《西宁东关清真大寺志》，甘肃文化出版社 2004 年第 1 版，第 99 页。

大宰真主

【提要】

木匾 1 块。中华民国三十年（1941 年）国民党元老、国民政府监察院院长于右任为青海省湟中县上五庄邦巴清真大寺题。匾面宽 230 厘米，高 130 厘米；文面宽 200 厘米，高 100 厘米，1 行，草书。原匾佚，匾文存于青海省湟中县档案馆。

开天古教

【提要】

木匾 1 块。1941 年 10 月中央监察院院长、中国著名书法家于右任为民和县川口清真大寺题，是一件十分珍贵的文物。原匾已毁，回族群众中尚有照片保存。汉文 3 行，楷书。

以教勖忠

【提要】

木匾 1 块，阴刻。中华民国三十一年（1942 年）8 月 26 日蒋中正撰，佚名刻。此匾对研究中国伊斯兰教的传播有一定价值。原匾已佚，现匾为复制品。匾在今青海省西宁市东关清真大寺。匾面高 130 厘米，宽 220 厘米。汉文 1 行 4 字，楷书，绛底描金，保存完好。匾文收入《西宁东关清真大寺志》，甘肃文化出版社 2004 年第 1 版，第 98 页。

至仁极慈

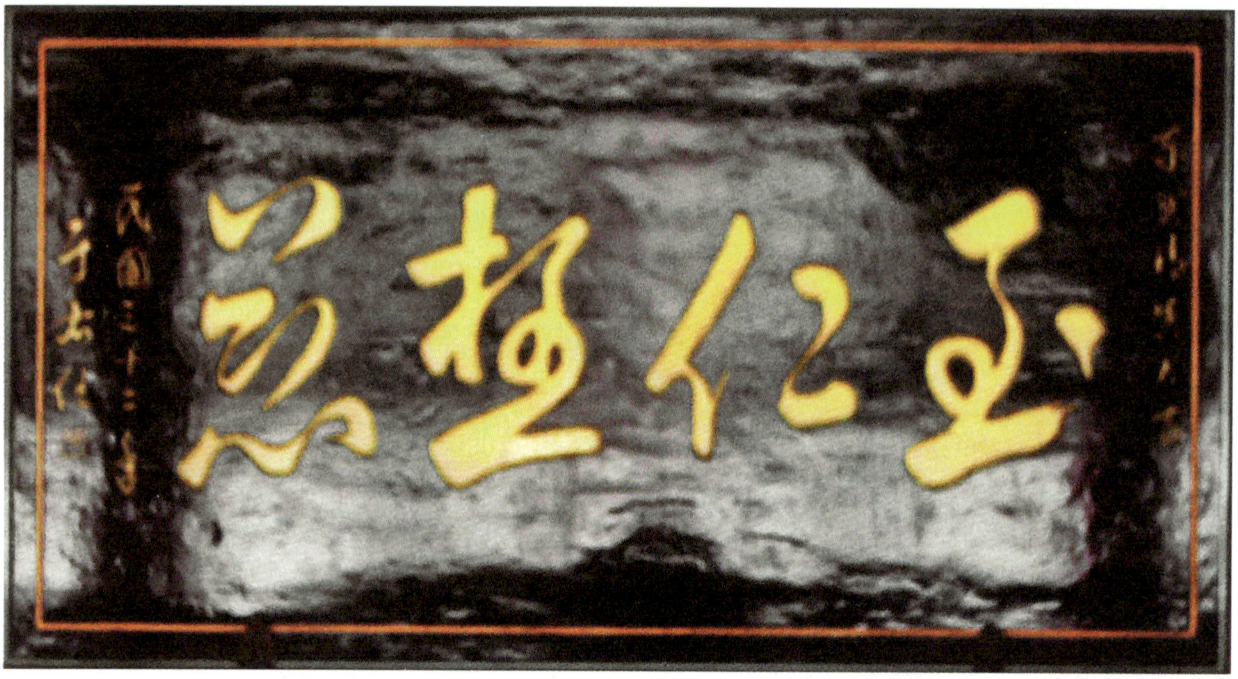

【提要】

木匾 1 块，阴刻。中华民国三十二年（1943 年）于右任撰，佚名刻。此匾对研究中国伊斯兰教的传播有一定价值。原匾已佚，现匾为复制品。匾在今青海省西宁市东关清真大寺。匾面高 130 厘米，宽 210 厘米。汉文 1 行 4 字，草书，黑底描金，保存完好。匾文收入《西宁东关清真大寺志》，甘肃文化出版社 2004 年第 1 版，第 98 页。

玉理精神

【提要】

木匾1块。中华民国三十四年（1945年）湟中县政府为上五庄邦巴清真大寺题。匾面宽180厘米，高130厘米；文面宽150厘米，高100厘米，1行，楷体。原匾已佚，文存于青海省湟中县档案馆。

乘鸾蕊珠飞净土，化鹤远度归清宫 餐霞碧落

【提要】

楹联一副。清嘉庆佚名撰。为中国伊斯兰教虎非耶花寺门宦第三、第五代传人鲜氏墓院照壁雕联，对研究当地伊斯兰教派史有参考价值。雕联在今青海省平安县巴藏沟乡上马家拱北。雕联高110厘米，宽17厘米，青砖雕刻汉文楷字，保存完好。

教授五命此间既是天方，道遵三程何必远求西域

【提要】

楹联一副。中华民国八年（1919年）韩绍良撰，佚名刻。楹联由20字组成，是劝勉信教者脚踏实地刻苦功修的警语。遵行五功（念、礼、斋、课、朝）和实践三程（礼程、道程、真程）贵在虔诚和实干，不必舍近而求远。作者为清光绪年间回族秀才。楹联在今青海省大通回族土族自治县城关镇寺嘴清真寺。联面高310厘米，宽30厘米。汉文2行，楷体。原物已毁，现为复制品。

清净明心义通释旨，真实进德理合儒宗

【提要】

楹联一副，阴刻。中华民国三年（1914年）张广建撰，佚名刻。此联对研究中国伊斯兰教的传播有一定价值。原联在今青海省西宁市东关清真大寺，现佚。楹联收入《西宁东关清真大寺志》，甘肃文化出版社2004年第1版，第98页。

有无天地权衡内，
生灭人神掌握中

【提要】

楹联一副，阴刻。中华民国六年（1917 年）马福祥撰，佚名刻。此联对研究中国伊斯兰教的传播有一定价值。原联已佚，现为复制品。联在今青海省西宁市东关清真大寺。正面有字，联面高 310 厘米，宽 43 厘米，汉文 1 行 7 字，楷书，绛底描金，保存完好。楹联收入《西宁东关清真大寺志》，甘肃文化出版社 2004 年第 1 版，第 98 页。

日非真不耀月非真不明至教非真不能万古，
天得一以清地得一以真圣人得一以参三才

【提要】

楹联一副，阴刻。中华民国年间黎丹撰，佚名刻。此联对研究中国伊斯兰教的传播有一定价值。原联在今青海省西宁市东关清真大寺，现佚。楹联收入《西宁东关清真大寺志》，甘肃文化出版社 2004 年第 1 版，第 98 页。

仰大化之玄妙乃生生生，参主宰之精宏能有有有

【提要】

楹联一副，阴刻。中华民国年间黎丹撰，佚名刻。此联对研究中国伊斯兰教的传播有一定价值。原联已佚，现为复制品。联在今青海省西宁市东关清真大寺。正面有字，联面高 310 厘米，宽 43 厘米，汉文 1 行 10 字，楷书，黑底描绿，保存完好。楹联收入《西宁东关清真大寺志》，甘肃文化出版社 2004 年第 1 版，第 98 页。

大道本无歧要从这个门来，至诚原不二莫向别处路走

【提要】

楹联一副，阴刻。中华民国年间黎丹撰，佚名刻。此联对研究中国伊斯兰教的传播有一定价值。原联在今青海省西宁市东关清真大寺，现佚。楹联收入《西宁东关清真大寺志》，甘肃文化出版社 2004 年第 1 版，第 98 页。

青海世居少数民族金石录

撒拉族

建（循化）城记

【提要】

清雍正年间循化营游击胡琏撰。胡琏，四川人，清雍正八年以四川会盐营游击调任循化营游击。此碑文记述了建立循化城的缘由及建城始末。清代循化城的修建，是清王朝对这一地区各民族加强控制的重要措施。本文对研究循化地区历史上的回、撒拉、藏、汉等民族关系及清政府在这一地区实施的民族政策有一定的参考价值。原碑立在循化城参将署，现已佚，碑文转引自《循化志》卷二《城池》。

【碑文】

雍正九年岁在辛亥，以河湟关外撒喇〔拉〕地方新设营汛，特奉简命，估修城池告竣。于是阖营属员、兵丁，请余勒石以记之。

余惟经国之模，莫大于防边；而守边之道，莫要于建城。番性难制，我进则彼退，我去则彼来。以无定之行踪，而与之骋逐沙漠，虽制胜于一时，非计之得者也。钦惟我皇上御极十年，化治中外，间有边寇窃发，则出师征讨，旋发帑建城以严保障。谓番人水草为宅，出没无常，城池一建，则土地渐辟，彼无所恃之利，自将潜踪敛迹，所谓裒旅截所，不战而屈者也。

撒喇〔拉〕僻处河州西界，番回杂处，土俗骄悍。保安堡虽设守备弹压，而营堡守兵仍属番族部落，以致土千户王喇夫旦得挟其所恃，渐肆猖獗。我皇上特允少保公岳题请，遣河协副将冒为统帅，大通参将马为截杀，镇标左营游击李为监军，分兵进剿，直抵巢穴，生擒土千户王喇夫旦，而境以清。又念保安弹丸蕞尔，不足以树威边塞。更议内地募卒，去其番卒，增其式廓。适原任翰林左春坊左中允张，自以世受国恩，欲图报效，详请捐修。奉旨以其事付之大中丞，择僚才能者三人，俾襄其事。时则有若洮岷道吴、署河协张、巩粮厅方，相率协力，而工匠夫役亦皆趋事。甫一载，百堵皆兴，而凡官弁衙署、兵民营舍，俱以落成大部，奏请钦赐佳名“循化”。特设游击一员，千总一员，把总二员，马步兵八百名，镇抚其地。一时声灵所布，顽梗归心，德化所孚，祯祥毕至。自积石至插汉打思，河清百里，一洗撒喇〔拉〕浊秽。河州牧顾目睹瑞兆，申请各宪疏闻，命于城北建立龙神庙宇，以应天休。而撒喇〔拉〕之役，遂垂不朽之宏功焉。

余以西蜀武弁，谬为制宪器使，由四川署副将管建昌镇会盐营游击事，调补兹土，自愧谫劣无能，翊赞高深，幸勒贞珉，聊述一二，是为记。

时大清雍正十年岁在壬子仲秋桂月谷旦。

新设循化营记

【提要】

清雍正年间循化营游击胡琏撰。原碑在参将署，现已佚。碑文转引自《循化志》卷三《营汛》。

【碑文】

我国家文德覃敷，武功遐畅，声教四讫，无远弗届。乃以撒喇〔拉〕一带番回，隶在边外，未免鞭长莫及。川陕总督世袭公岳，题请安营设汛，以资弹压。皇上谕允，于雍正八年撒喇〔拉〕草滩坝相土度宜，建筑三里一分城一座，设游击一员，千总一员，把总二员，马二，步八，兵八百名，诚盛举也。余不敏，谬叨总督查、甘肃提督宋、巡抚许、西宁镇冯会题，调兹新营。自任事以来，夙夜竞惕，时深蚊负，今已三载。窃幸番回谅予之诚，而兵丁亦乐予之拙，始得筹夫治边安番之道，与夫操防训练步伐止齐之宜，治具粗张，诸务渐举矣。以撒喇〔拉〕化外之区，而得与内地共享升平之福者，皆仰赖皇上锡予佳名“循化”之至意。后之君子亦循序而润色焉，乃余之厚望也，是为记。

时大清雍正十年岁在壬子仲秋桂月谷旦。

草滩坝工水渠记

【提要】

清乾隆三十四年（1769年）循化厅同知张春芳撰。张春芳，浙江归安人。清乾隆三十二年十二月到三十三年二月任循化厅同知，乾隆三十三年七月回任，四十一年十月升任云南大理府知府。任循化厅同知期间，有开草滩坝工水渠德政，八工利之。原碑已佚，碑文转引自《循化志》卷七《水利》。

【碑文】

循城之东有草滩数十顷，平坦旷野，属于撒喇〔拉〕之草滩坝工，盖由是得名也。

戊子春，余甫莅兹土，睹斯地之荒芜，窃谓山岭之区，鲜得此既溥且长者，乃委弃与石田等，何惰农之自安也？既思循化雨泽素鲜，每借渠水之利，独是河水难通，又无溪涧，何以资其灌溉？爰谋之乡老，思浚一渠。据称："曩者亦曾开沟，限于水低不到，若何？"余亦旋权巩纂，不及为计。

己丑春复来，度形势之高下，聚百姓而亲历指示。由西之街子工土〔上〕游开浚，历锭匠至石头坡，盘旋山麓，越旧渠而至西沟，转折于沙坡岭脚，至乙先哈喇庄，及城之南，转东之达土门山下大路，计二十里，而屈曲一通渠，长倍之。择吉季春七日兴工。斯民咸踊跃，争先从事，越五日而成。丈得地约二十万弓，计亩则三十余顷。按股受地，四时之水不竭，不特向之荒芜者顿成沃壤，即渠下所历田亩亦无旱干之虞。至渠口所伤水磨及开损处，量偿其直。余虽疲心力，而视民之乐于从事，因为之记。俾后时之民知所修浚，则享其利也溥矣。

乾隆三十四年岁次己丑孟夏立。

小积石斋述略记

【提要】

清嘉庆二十五年（1820 年）至道光六年（1826 年）循化厅学训导、泾州人杨薰撰。内容引据故实，指陈风土，对研究青海地方民族史有一定的参考价值。原碑已佚，碑文转引自《西宁府续志》卷九《艺文志》。

【碑文】

奥稽汉使穷河，传记于阗之地；唐僧赴藏，经谈释迦之区。凡称异域之奇观，尚列中华之信史，矧属禹甸，共戴尧天，籍既隶乎舆图，文曷缺夫记载。余浮生泾汭，浪迹都门，偃蹇棘闱，栖栖槐市，业需次于广文，旋备员于襄武。采蕨首阳，怀孤竹之清圣；飘蓬陇右，缅五季之逸才。距西倾兮三百里，而遥居南安者五六年之久。

乃者捧檄忽迁于徼外，秉铎又附于湟中，蹑鸟鼠而探渭之源，瞻岷嶓而辨江之始。过椒山之遗署，时正悲秋；经枹罕之旧城，俗犹用夏。于焉问前路，恋故人石岩而易车为马，茅店而当酒以茶。揭鞭双城之堡，下塌千户之衙，花盈涧而究鲜知名，药满崖而何曾识性。历精之墙垣颓圮，露骨之岭岫崚嶒。考古军于索磨川，寻幽壑于捏刚洞，雾迷于盘坡顶上，冰结于起台沟前。由老鸦关右，攒程至野雀峡东税驾，则见寨纵横其如棋，城藐小而若斗。分野在鹑首之次，占星当狼弧之间。近郭则黄河作枕，遥空而白石为屏，详水道于雍州，导河入土〔吐〕谷浑界；译方言以唐述，接壤连摆羊戎厅。懿夫玉塞新区，金城故郡，统员弁而一归青海，增甲兵而三置绿营，讲武既塘汛筑于前，修文复胶庠设于后。昔日山城，原河、兰之保障；今兹土宇，乃鄯、廓之藩篱。圣藻答安澜之贶，羌戎获即叙之休。洵靖远之宏谟，亦筹边之懋绩。当其编四屯于保安，全通草地；阅八工之撒拉，半住花村。途吟塞曲，廿四关似解弦歌；寺诵天经，七十族俨知学问。歇家举里，掌教题坊。番判生熟以为常，回分旧新而滋变。惟盛朝威德之并施，故荒服讵虞之悉泯。

若夫天时则风衍于雨，地利则水决为渠，泉存而土许成盐，县废而川仍为米，谷如菽麦，菜如芥椒，果如枣梨，花如葵菊。烹鲜讵少魴鲤，走险恒多鹿獐，披黑羊以御寒，驾犏牛而致远。柳之质坚成材，石之品清造器，土棚以充大厦，木洼以当扁舟。杯盘皆膻肉酪浆，服饬尽韦鞲毳幙。农圃原宜于春夏，樵牧罔间乎秋冬，苟随地制宜而各从其愿，将因材施教而咸革其心。睹其循风，惭无化雨，羊肠久寄，马齿徒加。幸版章之堪览，惜文献之无征，质诸故老之传闻，汇以前贤之案牍，翰墨夙芜，难补志乘之修；蒭荛备询，愿人輶轩之采。罔恤出辞之不文，聊且摅实而作记。

积石关护林碑

甘肃尽先侯补直隶府兰州府河州正堂童
钦命提督军门河州挂印总镇喀尔莽阿巴图鲁沈
补用知府实授甘肃西宁府循化厅抚番府潘
出示严禁事照得积石一关建置已久关内为河州境地关外□□□□□□
分明关内河州属之上下前川旷宇天开素称沃壤关外循化厅属之孟达工山
岭重叠地土无多该工居民尽属撒回藉山内柴禾养生从前□□□□□□
薪彼此争斗叠经上控□经
前督宪饬委河循文武并领封洮州厅会同勘验令关内汉回民人不得越境砍
伐以免滋生事端等因孟达工民人缴呈咸丰年间告示一纸尚可查考近因年
久禁驰仍有因砍伐柴薪滋事者呈经随事了清相安无事然不□□□□□
禁□彼此均无遵守仍恐不无争竞应饬关内汉回民人仍遵旧案□□□□
伐关门为必经之路并责成该关汛并随时查案遇有出关采柴民人立即阻拦
毋得瞻循即有无知之人偷越出关砍伐准孟达工民人指名禀控不准□□斗
殴合行出示晓谕为此示仰两属汉回民人永远遵照毋违特示

右仰通知

光绪八年八月□日

【提要】

清光绪八年（1882 年）八月由兰州府河州正堂、河州挂印总镇和西宁府循化厅抚番府官员撰。碑文为严禁积石关内河州一带汉、回越境至孟达工砍伐木材的官方告示。此碑现存于青海省循化撒拉族自治县孟达乡木厂清真寺。碑文收入《循化撒拉族自治县志》，中华书局 2001 年 9 月第 1 版，第 886 页。

【碑文】

甘肃尽先侯补直隶府兰州府河州正堂童、钦命提督军门河州挂印总镇喀尔莽阿巴图鲁沈、补用知府实授甘肃西宁府循化厅抚番府潘出示严禁事，照得积石一关，建置已久，关内为河州境地，关外□□□□□，□□分明。关内河州属之上下前川，旷宇天开，素称沃壤。关外循化厅属之孟达工山岭重叠，地土无多，该工居民尽属撒回，藉山内柴禾养生。从前□□□□□□□□□薪，彼此争斗，叠经上控，□经前督宪饬委河循文武，并领封洮州厅会同勘验，令关内汉、回民人不得越境砍伐，以免滋生事端等因，孟达工民人缴呈咸丰年间告示一纸，尚可查考。近因年久禁驰，仍有因砍伐柴薪滋事者，呈经随事了清，相安无事。然不□□，□□□□禁□，彼此均无遵守，仍恐不无争竟，应饬关内汉、回民人仍遵旧案，□□□□□伐。关门为必经之路，并责成该关汛并随时查案，遇有出关采柴民人，立即阻拦毋得瞻循。即有无知之人偷越出关砍伐，准孟达工民人指名禀控，不准□□斗殴。合行出示晓谕。为此，示仰两属汉、回民人，永远遵照毋违。特示。

右仰通知

光绪八年八月□日

水利章程碑

【提要】

水利章程碑原立于青海省循化撒拉族自治县积石镇，高200厘米，宽100厘米，1958年搬迁到青海省化隆回族自治县烈士陵园，现已倒毁。碑文转引自芈一之、朱刚《循化光绪十二年水案的重要史证》一文，载《青海民族学院学报》，1982年第2期第46～47页。该碑记载了清光绪十二年春，因循化天旱，街子河上游查家工堵渠灌溉，下游街子工等为争水灌溉，引发械斗事件。时任循化厅同知的长赟呈报西宁办事大臣李慎和河州镇总兵李清吾后，李慎和李清吾及时处理这起争水案的情况。当时西宁知府倭什铿额奉命前往循化，河州镇也派兵入循化弹压。倭什铿额到循化后即“传调八工头目，议定轮放渠水章程”，即该碑所记的水利章程四条。据《李星使论办河南番务复函》的记载，“查家工案，临以虎威，施以鸿略”，“于四月二十五日会禀拟结”。历史上，聚居在黄河南岸的撒拉族、回族以积石镇为中心，其西依街子河自南而北形成查家、街子、草滩坝、查汉大寺四个村庄，时称上四工；其东依清水河自南而北形成崖慢、张嘎、清水、孟达四个村庄，时称下四工。街子河和清水河自南而北均注入黄河，沿河而居的各村皆得灌溉之利。自清乾隆以后，街子工渠有七道，草滩坝渠有二道，灌溉数千亩。该渠之水引自上游边都沟，即碑文所说:“皆自柴清、顺义、中库三沟而出。”《循化志·水利》记载：“合于查家工，统曰边都沟”，“因泉力微，夏月常苦旱”。尽管黄河从循化穿境而过，但农田灌溉多依靠街子河和清水河，因此由于水源不足而引发的争水案件不时发生，这篇碑文对研究循化地区水利管理有一定的参考价值。

【碑文】

清水工韩老大等爰议水利章程四条，详列碑阴，俾永远遵守。

□□章□□□水分□功照旧章。从立夏前十五日起，由草滩坝相〔始〕浇灌，计草滩坝、瓦家〔匠〕庄各庄共四昼夜，托坝、线尕拉共四昼夜，□□、□□各庄共两昼夜，尕别列、上下托隆都、乙麻木牙慢出乎各庄共五昼夜，街子六门〔工〕各庄共六昼夜，古节烈庄一昼夜，查家七头各庄□□□□，□三十昼夜。一轮周而复始，按期挨放。

该两工大小各庄，均已画押遵议，日后永无变更。

□□□□渠水之源，皆自柴清、顺义、中库三沟而出，而街子各渠下游之水即系三沟源头之水，必须经查家河滩上游经过。□□□□内，且渠头尽在查家河沿，一取一塞之间，动辄滋斗。此次议定查家七头水分八昼夜，较上年丈量地亩之数甚觉过多。□□□□易涸，街子以下各庄均愿相让，此后即可再无阻塞渠头渠水之事。倘再违议，不独街子以下大小各庄共当鸣官究治，□□工各庄人众亦应会同禀明，群起问论，以惩刁恶。

□渠之水，本系各庄共同取用之，并非一家私有之物。倘一渠不公，则各庄之人受害；一家有私，则一庄之人受累。此即互起争端之由。经此次议定之后，凡查家、街子大小各庄固不得再以水分不敷藉端滋事，即各庄到期应放之水，亦应早为摊派均匀。各庄本庄头人老民，先定妥章，开单呈案，免致临期滋闹，又生枝节。

街子、查家各工自收抚以来[1]，均极恬静，惟遇夏间疏渠放水之际，不免稍滋事端，尚无大恶。此次掷石中伤官弁勇丁，虽系查家年少狂徒一时任性妄为，其实则由该工各庄大小头目人等平日疏于约束之所致。自今以后，各庄人众，皆归各庄头人即时会商本工头人呈明地方官，层层折服，严治其不法之罪，庶善者知所观感，恶者知所戒惧焉。

循化各工头人军功

崖慢工头人韩五七　　马七十五

街子工头人韩奴力[2] 马来迟

清水工头人韩老大　　韩户长

苏只工头人韩阿力　　韩主麻

张哈工头人韩且令　　马老三

查汉大寺工头人马五十六　　何三三

孟打工头人马寒木则　　马阿自尕

查家工头人韩木洒[3]　　韩乙麻木　　韩木素

【注释】

[1] 自收抚以来：指清同治年间西北回民反清起义失败后，循化厅城于同治十二年四月上旬被清军攻占一事。左宗棠为此于同年六月十一日写有“收复循化厅城折”。

［2］韩奴力：清光绪二十一年（1895 年）三月因与“新教回目韩老四以夙嫌互控”（见《甘肃新通志·兵防志》及《西宁军务节略》），引起教派斗争后转成河湟地区回族、撒拉族反清起义的“老教回目”，于光绪二十二年（1896 年）被清军杀害。

［3］韩木洒：相传清光绪时从新疆把嘎底林耶门宦传到循化的人。

循化县城东门肉丘坟碑文

【提要】

佚名撰。简记清光绪二十一年（1895 年）五月十五日夜，循化撒拉族、回族起义群众偷袭驻黄河北加入村的西宁驰援循化的官兵，重创清军的经过及循化县城解围的时间。清军将此役中战死的官兵移葬在循化县城东门外路南，称肉丘坟，并凿石立碑，立碑时间为清光绪二十一年。该碑文有助于了解清光绪二十一年河湟事变中这起战役的具体情况。原碑佚，碑文转引自《循化撒拉族自治县志》，中华书局 2001 年 9 月第 1 版，第 888 页。

【碑文】

十五日，西宁马队来援，抵河北加入番庄。夜半贼袭力战，十六日巳刻竭退，多殁于阵。旋蒙陕甘总制上湘杨太保石泉奏调各提镇，领番土合援，五月二十一日围解。

大理院水章判案碑

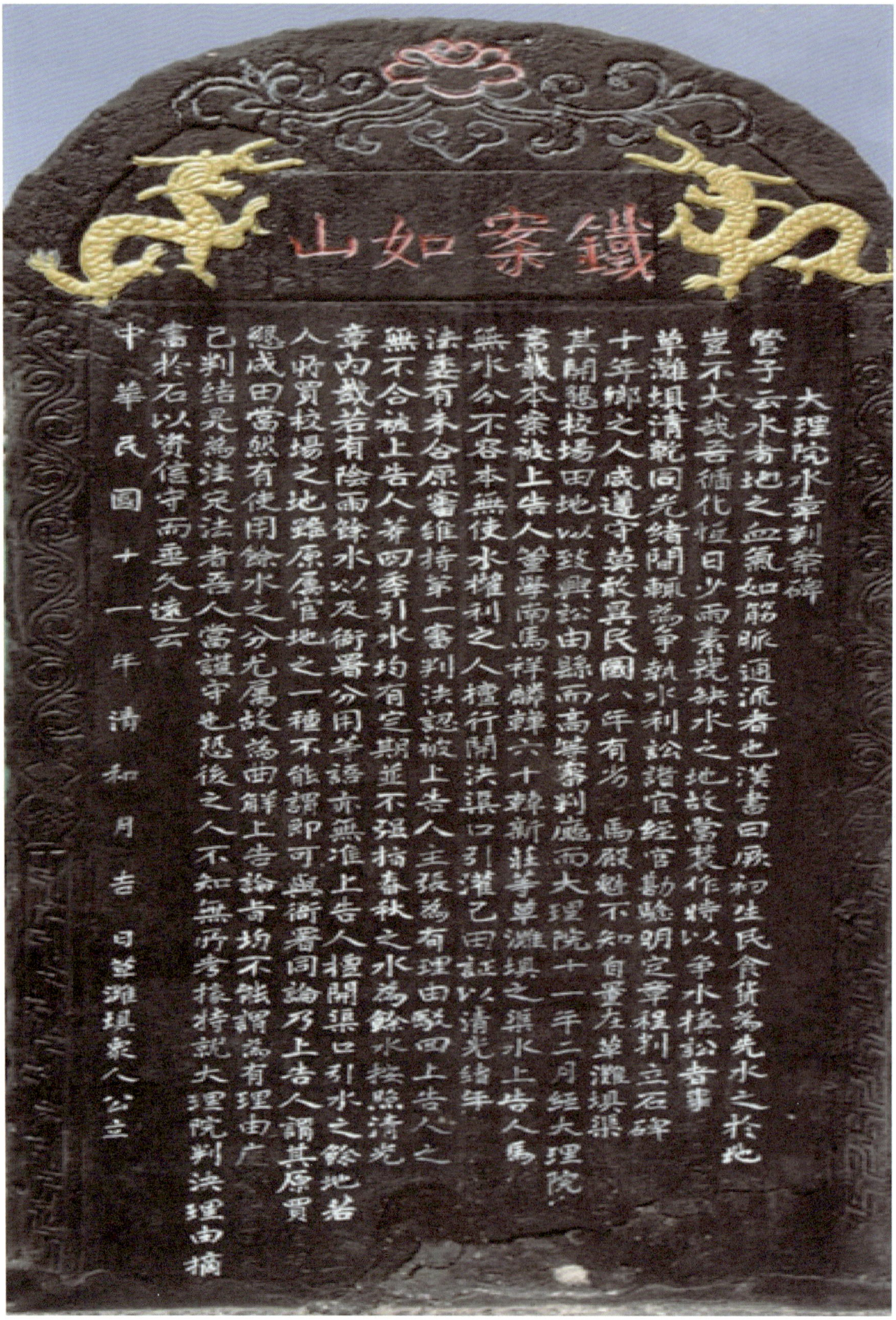
鐵案如山
大理院水章判案碑
管子云水者地之血氣如筋脈通流者也漢書曰厥初生民食貨為先水之於地
豈不大哉吾循化恒日少雨素號缺水之地故當製作時以爭水控訟者事
華灘堤清乾同光緒間輒為爭執水利訟諸官經官勘驗明定章程判立石碑
十年鄉之人咸遵守莫敢異民國八年有劣 馬殿魁不知自量左華灘堤渠
其開墾校場田地以致興訟由縣而高等審判廳而大理院十一年二月經大理院
審載本案被上告人董學南馬祥麟韓六十韓新莊等華灘堤之渠水上告人馬
無水分不容本無使水權利之人擅行開決渠口引灌乙田鈺以清光緒年
法盖有未合原審維持第一審判決認被上告人主張為有理由駁回上告人之
無不合被上告人等四季引水均有定期並不强指春秋之水為餘水按照清光
章內載若有陰雨餘水以及衙署分用等語亦無准上告人擅開渠口引水之餘地若
人所買校場之地雖原屬官地之一種不能謂即可與衙署同論乃上告人謂其原買
懇成田當然有使用餘水之分尤屬故為曲解上告論旨均不能謂為有理由广
已判結是為法定法者吾人當謹守也恐後之人不知無所考據特就大理院判決理由摘
書於石以資信守而垂久遠云
中華民國十一年清和月吉日華灘堤衆人公立

大理院水章判案碑

管子云水者地之血气如筋脉通流者也汉书曰厥初生民食货为先水之于地食□□□□岂不大哉吾循化恒日少雨素号缺水之地故当农作时以争水构讼者事恒见焉草滩坝清乾同光绪间辄为争执水利讼诸官经官勘明定章程刻立石碑以期□□□十年乡之人咸遵守莫敢异民国八年有劣衿马殿魁不知自量在草滩坝渠边开口引水灌其开垦校场田地以致兴讼由县而高等审判厅而大理院十一年二月经大理院审理判决书载本案被上告人董学南马祥麟韩六十韩新庄等草滩坝之渠水上告人马殿魁对之□无水□不容本无使水权利之人擅行开决渠口引灌已田证以清光绪年争水成案规章□法委有未合原审维持第一审判决认被上告人主张为有理由驳回上告人之控诉于法□无不合被上告人等四季引水均有定期并不经指春秋之水为余水按照清光绪年所定水章内载若有阴雨余水以及衙署分用等语亦无准上告人擅开渠口引水之余地若夫上告人所买校场之地虽原属官地之一种不能谓即可与衙署同论乃上告人谓其原买官荒开垦成田当然有使用余水之分尤属故为曲解上告论旨均不能谓为有理由应予驳回夫案已判结是为法定法者吾人当谨守也恐后之人不知无所考据特就大理院判决理由摘要书于后以资信守而垂久远云

中华民国十一年清和月吉日　草滩坝众人公立

【提要】

中华民国十一年（1922年）农历四月草滩坝众人公立。该碑是青海省循化撒拉族自治县草滩坝水渠依法受到保护的重要文物，现保存在今青海省循化撒拉族自治县草滩坝清真大寺内，立于大殿前右侧。碑首左右刻有两条相对而立的青龙，碑额正中从右到左阴刻有繁体楷书“铁案如山”四字。碑身高167厘米，宽75厘米，厚23厘米。碑文共16竖行，每行计36字，共507字。碑座长100厘米，宽50厘米，高32厘米。碑文记载了中华民国八年到十一年二月间上告人马殿魁擅自开决草滩坝渠水，浇灌自开之地，引起争讼，上诉到大理院，经审理后被驳回的情况。此碑文对研究青海地方史有一定的参考价值。

【碑文】

《管子》云：“水者，地之血气，如筋脉通流者也。”《汉书》曰：“厥初生民，食货为〔惟〕先。”水之于地，食□□□□，岂不大哉！

吾循化恒日少雨，素号缺水之地，故当农作时，以争水构讼者，事恒见焉。草滩坝，清乾、同、光绪间，辄为争执水利，讼诸官，经官勘明，定《章程》刻立石碑，以期□□，□□十年，乡之人咸遵守莫敢异。

民国八年，有劣衿马殿魁，不知自量，在草滩坝渠边开口引水，灌其开垦校场田地，以致兴讼，由县而高等审判厅，而大理院。十一年二月，经大理院审理，判决书载：

本案被上告人董学南、马祥麟、韩六十、韩新庄等草滩坝之渠水，上告人马殿魁对之□无水□，不容本无使水权利之人，擅行开决渠口，引灌己田。证以清光绪年争水成案[1]规章[2]，□法委有未合原审，维持第一审判决，认被上告人主张为有理由，驳回上告人之控诉于法□无不合。被上告人等四季引水，均有定期，并不经指春秋之水为余水，按照清光绪年所定□水章内载“若有阴雨余水，以及衙署分用”等语，亦无准上告人擅开渠口，引水之余地，若夫上告人□所买校场之地，虽原属官地之一种，不能谓即可与衙署同论。乃上告人谓：“其原买官荒，开垦成田，当然有使用余水之分。”尤属故为曲解，上告论旨均不能谓为有理由，应予驳回。

夫□案已判结，是为法定。法者，吾人当谨守也。恐后之人不知无所考据，特就大理院判决理由，摘□要书于后，以资信守，而垂久远云。

中华民国十一年清和月[3]吉日

草滩坝众人公立

【注释】

[1] 清光绪年争水成案：即指前文《水利章程碑》所载清光绪十二年循化查家工与街子工争水案。

[2] 规章：即指前文《水利章程碑》所载水利章程四条。

[3] 清和月：农历四月的别称。

金牌信符

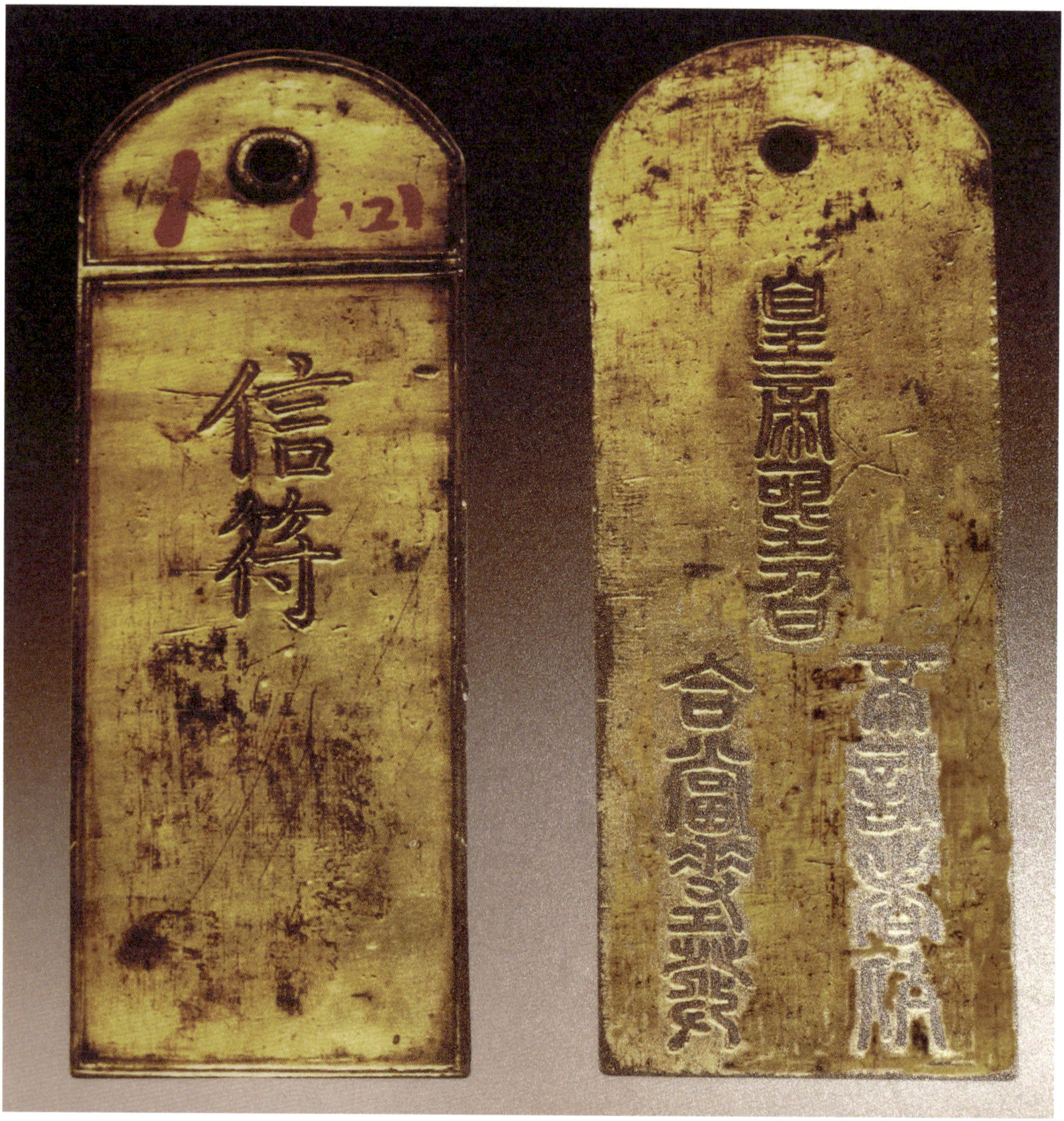

【提要】

金牌 1 面。明洪武二十六年（1393 年）颁发给撒拉族土官用来征调土兵、中易茶马的凭证。正面刻有汉文“信符”2 字，背面刻有汉文“皇帝圣旨，合当差发，不信者死”12 字。金牌今收藏于青海省博物馆，事载龚景瀚编《循化志》卷五《土司》。

清真无染

【提要】

匾额1面。清光绪八年（1882年）春张绍先撰刻。“清真无染”，反映了伊斯兰教哲学思想。匾额在今青海省循化撒拉族自治县奄古鹿拱北。木制黑底，匾面高49厘米，宽98厘米。“清真无染”4字横写一行，阴刻，行楷，描金。落款“大清光绪岁次壬午新春谷旦”和“钦赐花翎留甘尽先补用游击帮带河镇□马队张绍先敬”，楷体描金，分2行竖写于匾左右端。

尽性立命

【提要】

匾额 1 面。清光绪十八年（1892 年）清和月马兴等撰刻。“尽性立命”，反映了伊斯兰教哲学思想，现存于青海省循化撒拉族自治县奄古鹿拱北。木制黑底，匾面高 46 厘米，宽 96 厘米。“尽性立命”4 字横写一行，阴刻，行楷，描金。上方居中阴刻有一方朱印，下方居中刻有“信士马兴、马宣、马若品、喇世伦”4 人姓名。落款“大清光绪拾捌年清和月谷旦”和“钦加知府衔调署肃州直隶州河州正堂加五级卓异加三级记录十次俞为”，楷体描金，分 2 行竖写于匾左右端。

明心见性

【提要】

匾额1面。中华民国二十四年（1935）佚名撰刻。“明心见性”，反映了伊斯兰教哲学思想。匾额在今青海省循化撒拉族自治县奄古鹿拱北。木制绿底，匾面高41厘米，宽68厘米。“明心见性”4字横写1行，阴刻，隶书，描金。落款“中华民国贰拾叁年岁次乙亥寅月”，楷体墨书，分2行竖写于匾左右端。

青海世居少数民族金石录

蒙古族

阿巴嘎、阿巴哈纳尔、喀尔喀僧人布施银两碑

དགེ་སློང་ཨ་ཧྥ་གར། ཨ་ཧྥ་ཧ་ནར། ཁར་ཁར་རྣམས་ནས་རྒྱུ་འགྲོ་གཏོང་བའི་རྡོ་རིང་།

སྟོབས་བཅུའི་ཡོན་ཏན་དཔལ་ལྡན་རྫོགས་སངས་རྒྱས། ཉོན་མོངས་རིམས་ནད་དུང་འབྱིན་དམ་པའི་ཆོས། རིག་གྲོལ་ཡོན་ཏན་མཛོད་འཛིན་དགེ་འདུན་ཏེ། སྐྱབས་མཆོག་རིན་ཆེན་གསུམ་གྱིས་ཤིས་པ་སྩོལ། དེ་ཡང་ཕྱོགས་ཐམས་ཅད་

ལས་རྣམ་པར་རྒྱལ་བའི་ཆོས་སྡེ་ཆེན་པོ་སྐུ་འབུམ་བྱམས་པ་གླིང་གི །གདན་སའི་མཁན་པོ། ཚོགས་ཆེན་ཞལ་ངོ་། བླ་བྲང་ཕྱག་མཛོད། སྤྱི་སོའི་སྡེ་པ་རྣམ་གསུམ། ཚོ་དྲུག་རྒན་པ་བཅས་འདུས་སྤྱི་ལྡན་འཛོམས་ཀྱི་ཡི་གེ །ཨ་ཧཱུཾ་

ཅང་ཙྲུན་ཏུ་ཕང་རཏྣ་ཨབྷ་སིདྡྷི་ནི་ཧོ་ཐོའི་དད་ཀུས་འགྱུར་བ་མེད་པའི་སྦྱིན་བདག་སྨན་རམས་པ་དགེ་སློང་རྣམ་དག་རྒྱ་མཚོ་དང་། ཨ་ཧྲ་ཏ་གར་པེའི་ལའི་ཧོ་ཐོའི་ཐོ་ཡོན་དགེ་སློང་བློ་བཟང་བསམ་གཏན་དང་དེའི་བུ་པོ་ཐོ་ཡོན་ཆོས་རྗེས་དགེ་སློང་བློ་གྲོས་བཟང་པོ་རྣམས་ནས་རྒྱ་འགྲོ་གཏོང་ཆེ་བའི་ཁྱུར་

ལེར་གཙོ་བོར་བྱས་ཤིང་། དེ་མཚུངས་དད་འབུམ་གྱི་བསྟན་པའི་སྦྱིན་བདག་ཆེན་པོ་ཏ་ལ་ཏ་ཆི་ཆེན་ཏང་ནང་ཨས་མགུ་ཛ་སག་འཛིགས་མེད་རྡོ་རྗེའི་ཧོ་ཐོའི་ཡོ་ག་ཙ་རི་ཨ་ཆི་ཐུ་ཨེ་རྗེ་ནི་མེ་རྒན་ཆི་ཆེན་མཁན་པོ་ཧོ་ཐོག་ཐུ་ཧོ་ཕེ་ལ་གན་བློ་བཟང་བསྟན་འཛིན་

རྣམ་རྒྱལ། ཆོས་རྗེ་དྷ་རྨ་དགེ་འདུན་རབ་བརྟན། ཐོ་ཡོན་དགེ་སློང་བློ་བཟང་དར་རྒྱས། དད་ལྡན་བསྟན་པའི་སྦྱིན་བདག་ཨ་ཧྲ་ཏ་ནར་པེའི་ལེ་ཐུབ་ཚོགས་བཟང་པོ། མ་ཡུམ་ཨུ་ལ་ནུས་དྷ་ར་ལྷང་སྐྱ་རིན་པོ་ཆེའི་ལྷ་སྡེ་ཨེར་ཁེ་ཆོས་རྗེ་ངག་དབང་བརྩོན་འགྲུས།

ལྷམ་སྲོང་བཅས་དང་། ཀུ་ཤྲཱི་བློ་བཟང་། དགེ་བསྐོས་དཔལ་ལྡན། དགེ་སློང་མཆོག་ལྡན། ཐོན་ཡོན་བསྟན་པ། ཐོན་ཡོན་དགེ་འདུན། དགེ་སློང་ལེགས་ལྡན། ཇ་ལང་མགོན་པོ་ཏིང་གི་བུ་ཡར་ཕྱུ་སོགས། སེར་སྐྱ་མཆོག་དམར་དུ་མ་ནས། ལྷག་བསམ་རྣམ་པར་དག་པས་ཀུན་ནས་

བསླངས་ཏེ། ཐུབ་བསྟན་སྙིང་པོ་བློ་བཟང་རྒྱལ་བ་གཉིས་པའི་བསྟན་པ་རིན་པོ་ཆེ་དང་། དེ་འཛིན་གྱི་སྐྱེས་ཆེན་དམ་པ། དགེ་འདུན་གྱི་སྡེ་དང་བཅས་པའི་ཞབས་པད་བརྟན་ཅིང་། མཛད་འཕྲིན་རྒྱས་པ། མཁའ་མཉམ་འགྲོ་བའི་བདེ་སྐྱིད་དབྱར་མཚོ་ལྟར་འཕེལ་ཞིང་། རང་ཉིད་ལྡོས་བཅས་འབྲེལ་བ་

ཐོག་ཚད་དང་བཅས་པའི་འདི་ཕྱིའི་ལེགས་ཚོགས་རྒྱས་པ་སོགས་རྣམ་དཀར་གྱི་སྨོན་དུ་མར་དམིགས་ནས། རྒྱལ་བ་གཉིས་པའི་འཁྲུངས་གནས་ཆོས་སྡེ་ཆེན་པོ་སྐུ་འབུམ་དགེ་ལྡན་བྱམས་པ་གླིང་དུ་རྒྱལ་ བསྟན་ནམ་གནས་ཀྱི་བར་ལོ་ལྟར་བཞིན་ཚོ་འཕྲུལ་ཟླ་བའི་ཆོས་བཞི་ནས་

ཆོས་བཅུའི་བར་ཉིན་བདུན་ཕྲག་གཅིག་གི་རིང་ལ་ཚོགས་ཆེན་དུ་དགའ་ལྡན་རིལ་སྒྲུབ་འཛུགས་རྟེན་དུ་དངུལ་སྲང་སྟོང་ཕྲག་གཅིག་དང་། དེ་མཚུངས་ལྷ་ཁང་ཆེན་མོའི་ནང་དུ་རྒྱུན་པར་གྱི་མཆོད་རྟེན་ཚོགས་པ་རྣམས་ཀྱིས་ཉིན་ལྟར་དམིགས་བརྩེ་མའི་རིལ་སྒྲུབ་གསུང་རྟེན་དུ་དངུལ་སྲང་བརྒྱ་ཐམ་པ་བཅས་དེ་ལྟ་བུའི་རྣམ་དཀར་རླབས་ཆེན་བསྒྲུབས་སོང་བས། བླ་མ་དགེ་འདུན་ཆོས་སྲུང་བཅས་ནས་གོང་གསལ་སྦྱིན་བདག་རྣམས་ཀྱི་གནས་སྐབས་མི་འདོད་པའི་ཉེར་འཚེ་ཞི་ཞིང་། ཚེ་བསོད་སྟོབས་འབྱོར་མངའ་ཐང་སོགས་ལེགས་ཚོགས་ཐམས་ཅད་ཡར་ཟླ་ལྟར་གོང་འཕེལ་དུ་རྒྱས་པ། མཐར་ཕྱུག་བླ་མེད་བྱང་ཆེན་མྱུར་དུ་ཐོབ་པ་སོགས་ཀྱི་སྐབས་འདུག་རྒྱུན་བསྔོས་བྱེད་རྒྱུ་དང་། ཕྱིན་ཆད་བླ་མ་ལས་སྡེ་རིམ་ནས་ཀྱང་ཆོས་སྡེ་ཆེན་པོའི་ལ་རྒྱ་

སེམས་ལ་བཟུང་སྟེ། གོང་གསལ་སྦྱིན་བདག་རྣམས་ཀྱི་འདོད་མོས་ལྟར་ཚོ་འཕྲུལ་གྱི་དུས་དང་རྒྱུན་པའི་རིལ་སྒྲུབ་སོགས་སྐབས་གང་དུ་ཡང་། དགེ་འདུན་གྱི་གཏོང་སྒོ་མཐའ་དག་ཉམས་ཆག་མེད་ངེས། གོང་འཕེལ་དུ་གཏོང་བའི་ཐབས་ལ་འབད་དགོས་ཤིང་སྐད་ནས་བསྟན་པ་

ནམ་གནས་ཀྱི་བར་འགྱུར་མེད་ཡོང་ཆེད། གོང་མ་སྲིད་གསལ་ཁྲིར་བཞུགས་གནམ་ལོ་བཅུ་དྲུག་པ་མེ་ཕོ་སྤྲེལ་ལོར་གདན་སའི་མཁན་རིན་པོ་ཆེ། ཚོགས་ཆེན་ཞལ་ངོ་། བླ་བྲང་ཕྱག་མཛོད། སྤྱི་སོ་ཆེན་མོའི་སྡེ་པ་རྣམ་གསུམ་ཚོ་དྲུག་རྒན་པ་བཅས་

ལས་སྡེ་ཐུན་མོང་ནས། བླ་ཆོས་དགེ་བར་རྗེ་རིང་ལ་ཡི་གེར་བཏབ་པ་དགེ་ལེགས་འཕེལ། ཏ་རེ་ཀ་ཧྲ་ཤུ་ཀྲུ་གའང་སྦྱིན་བདག་རྩུན་ཧྭ་དགེ་དབང་བུ་རྒ་མགྲིན་སྐྱབས། ཕུར་གེད་སོགས་ཀྱི་ཟླ༤ཚེས༡སྤྱོད་མཆོད་ཐེབས་སུ་དངུལ་སྲང་བརྒྱ་འཕྱུལ་ཡོད་ལགས།

༄༅༅། །ཨོཾ་སྭ་སྟི། མཆོག་གསུམ་བཀའ་སྡོམ་བཅས་པར་སྙིང་ནས་བདུད། །འདི་སྤྱིའི་སགའི་མཆོད་པ་གཏོང་ཐེབས་སུ། །ཆ་ཏར་ཀུ་ལུ་ཆ་སྟན་ཏོ་ཤོ་གི །ཤིམ་ཆི་བླ་མའི་གཉེར་པ་སྡོམ་པ་བརྩོམ་པ། དད་ལྡན་དགེ་སློང་དཀོན་མཆོག་སྐྱབས་རང་གི །ལྷག་བསམ་ཀུན་ནས་འཛིན་པའི་ དངུལ་སྲང་བརྒྱ། །དགེ་བར་སྤེལ་བའི་རྣམ་དཀར་ཟླ་ཟེར་གྱིས། །རང་གཞན་ས་ལམ་ཀུ་མུད་བཞད་གྱུར་ཅིག །བཀྲ་ཤིས་འཛམ་དབྱངས་གོང་མ་བཀའ་ཕྱུང་ཞུ་ཕྲི་ལོ༡༡ཟླ༧ཚེས༡ཉིན་ཟེ་ན་ཚེ་བའི་ཚོགས་ཆེན་ཞལ་ངོ་ངོས་བློ་བཟང་རྒྱལ་མཚན་དང་ཆོས་རྗེ་བསོད་ནམས་དར་རྒྱས་ཀྱིས་མཆོད་པའི་ཐེབས་སུ་དངུལ་སྲང་ལྔ་བཅུའི་རྟ་སྐྱིག་མ༡འཕྱུལ་ཡོད།

༄༅། །གསེར་སྡོང་ཆེན་མོར་སགའི་ཆོས་བརྒྱད་ལ། ། ༄༅ །ཇི་སྲིད་བར་དུ་སྡོང་མཆོད་ཉམས་མེད་ཐེབས། ལྕགས་མོ་གླང་ལོར་ཟླ༤ཚེས་ལྔའི་ཉིན་ཆེ་ཀྲུ་རབ་འབྱམས་པ་དོན་གྲུབ་བསོད་ནམས་དང་རྒྱ་རྩེ་དགེ་སློང་ངག་དབང་ཉི་མ་ཡིས། །རྒྱ་དངུལ་ཕྱུར་སྲང་ལྔ་བཅུ་མ་གཅིག་ཕྱུལ། །དགེ་སློང་ཚེ་དན་འཛིག་མེད་རྒྱ་མཚོའི་གཞིས་ནས། ཟླ༤མཆོད་པའི་གཏོང་ཐེབས་སུ་དངུལ་སྲང་ལྔ་བཅུ་ང་གཅིག་བཞག །

【提要】

此碑立于塔尔寺文殊殿下前面辩经院北侧回廊下。拱形碑额上刻“五福捧寿”图案，周边为云纹。碑文为蒙藏两种文字合璧，佚名抄刻。碑文记述阿巴嘎、喀尔喀僧人布施银两之事，反映鸦片战争前夕塔尔寺与蒙古族僧人在经济上的相互联系。

碑今在青海省湟中县塔尔寺辩经院北侧回廊下，保存完好。碑面 160 厘米 ×76 厘米，藏文 21 行，蒙古文 17 行，楷体。碑文收入陈庆英、马林编著《中国西北文献丛书》第十二卷，兰州古籍出版社 1990 年版。

【碑文】

སྟོབས་བཅུའི་ཡོན་ཏན་དཔལ་སྨུག་རྫོགས་སངས་རྒྱས། ཉོན་མོངས་རིམས་ནད་དྲུང་འབྱིན་དམ་པའི་ཆོས།
རིག་གྲོལ་ཡོན་ཏན་མཛོད་འཛིན་དགེ་འདུན་ཏེ། སྐྱབས་མཆོག་རིན་ཆེན་གསུམ་གྱིས་ཤིས་པ་སྩོལ། དེ་
ཡང་ཕྱོགས་ཐམས་ཅད་ལས་རྣམ་པར་རྒྱལ་བའི་ཆོས་སྡེ་ཆེན་པོ་སྐུ་འབུམ་བྱམས་པ་གླིང་གི ། གདན་སའི་
མཁན་པོ། ཚོགས་ཆེན་ཞལ་ངོ་། བླ་བྲང་ཕྱག་མཛོད། སྤྱི་སོའི་སྡེ་བ་རྣམ་གསུམ། ཚོ་དྲུག་རྒན་པ་བཅས་
འདུས་སྤྱི་ལྷན་འཛོམས་ཀྱི་ཡི་གེ ། ཨ་བྷཀ་ཙང་ཧྲུན་ཏཱ་ཕང་རཏྣ་ཨཪྻ་སིདྡྷི་ནི་ཧོ་ཤོའི་དད་གུས་འགྱུར་བ་མེད་
པའི་སྦྱིན་བདག་སྨན་རམས་པ་དགེ་སློང་རྣམ་དག་རྒྱ་མཚོ་དང་། ཨ་བྷ་ཏ་གར་པེའི་ལེའི་ཧོ་ཤོའི་ཐོ་ཡོན་དགེ་
སློང་བློ་བཟང་བསམ་གཏན་དང་དེའི་ནུ་བོ་ཐོ་ཡོན་ཆོས་རྗེས་དགེ་སློང་བློ་གྲོས་བཟང་པོ་རྣམས་ནས་རྒྱུ་འགྲོ་
གཏོས་ཆེ་བའི་ཁྲུར་ལེར་གཙོ་བོར་བྱས་ཤིང་། དེ་མཚུངས་དད་འབུམ་གྱི་བསྟན་པའི་སྦྱིན་བདག་ཆེན་པོ་
ཏལ་ཏ་ཆི་ཆེན་ཏང་ནར་ཨས་མག་ཇ་སག་འཛིགས་མེད་རྡོ་རྗེའི་ཧོ་ཤོའི་ཡོ་ག་ཙ་རི་ཨ་ཆི་ཐུ་ཨེ་རྡེ་ནི་མེ་རྒན་
ཆི་ཆེན་མཁན་པོ་ཧོ་ཐོག་ཐུ་ཧོ་པིལ་གན་བློ་བཟང་བསྟན་འཛིན་རྣམ་རྒྱལ། ཆོས་རྗེ་ཏཱ་བླ་མ་དགེ་འདུན་
རབ་བརྟན། ཐོ་ཡོན་དགེ་སློང་བློ་བཟང་དར་རྒྱས། དད་ལྡན་བསྟན་པའི་སྦྱིན་བདག་ཨ་བྷ་ཏ་ནར་པེའི་ལེ་
ཕུན་ཚོགས་བཟང་པོ། མ་ཡུམ་ཨུལ་ནུས་ཏཱ་ར་ལྕང་སྐྱ་རིན་པོ་ཆེའི་ལྷ་སྡེ་ཨེར་ཁེ་ཆོས་རྗེ་ངག་དབང་བརྩོན་
འགྲུས། ལྕམ་སྲིང་བཅས་དང་། གུ་ཤྲཱི་བློ་བཟང་། དགེ་བསྐོས་དཔལ་ལྡན། དགེ་སློང་མཆོག་ལྡན། ཐོན་
ཡོན་བསྟན་པ། ཐོན་ཡོན་དགེ་འདུན། དགེ་སློང་ལེགས་ལྡན། ཇ་ལང་མགོན་པོ་ཇང་གི་བླ་ཡར་ཐུ་སོགས།
སེར་སྐྱ་མཆོག་དམར་དུ་མ་ནས། ལྷག་བསམ་རྣམ་པར་དག་པས་ཀུན་ནས་བསླངས་ཏེ། ཐུབ་བསྟན་སྙིང་པོ་
བློ་བཟང་རྒྱལ་བ་གཉིས་པའི་བསྟན་པ་རིན་པོ་ཆེ་དང་། དེ་འཛིན་གྱི་སྐྱེས་ཆེན་དམ་པ། དགེ་འདུན་གྱི་སྡེ་
དང་བཅས་པའི་ཞབས་པད་བརྟན་ཅིང་། མཛད་འཕྲིན་རྒྱས་པ། མཁའ་མཉམ་འགྲོ་བའི་བདེ་སྐྱིད་དཔྱར་
མཚོ་ལྟར་འཕེལ་ཞིང་། རང་ཉིད་ལྟོས་བཅས་འབྲེལ་བ་ཐོག་ཚད་དང་བཅས་པའི་འདི་ཕྱིའི་ལེགས་ཚོགས་
རྒྱས་པ་སོགས་རྣམ་དཀར་གྱི་སྨོན་དུ་མར་དམིགས་ནས། རྒྱལ་བ་གཉིས་པའི་འཁྲུངས་གནས་ཆོས་སྡེ་ཆེན་པོ་
སྐུ་འབུམ་དགེ་ལྡན་བྱམས་པ་གླིང་དུ་རྒྱལ་བསྟན་ནམ་གནས་ཀྱི་བར་ལོ་ལྟར་བཞིན་ཆོ་འཕྲུལ་ཟླ་བའི་ཆོས་

བཞི་ནས་ཚེས་བཅུའི་བར་ཉིན་བདུན་ཕྲག་གཅིག་གི་རིང་ལ་ཚོགས་ཆེན་དུ་དགའ་ལྡན་རིལ་སྒྲུབ་འཛུགས་རྟེན་དུ་དངུལ་སྲང་སྟོང་ཕྲག་གཅིག་དང་། དེ་མཚུངས་ལྷ་ཁང་ཆེན་མོའི་ནང་དུ་རྒྱུན་པར་གྱི་མཆོད་རྟེན་ཚོག་པ་རྣམས་ཀྱིས་ཉིན་ལྟར་དམིགས་བརྩེ་མའི་རིལ་སྒྲུབ་གསུང་རྟེན་དངུལ་སྲང་བརྒྱ་ཐམ་པ་བཅས་དེ་ལྟ་བུའི་རྣམ་དཀར་རླབས་ཆེན་བསྒྲུབས་སོང་བར། བླ་མ་དགེ་འདུན་ཚོས་སྲུང་བཅས་ནས་གོང་གསལ་སྦྱིན་བདག་རྣམས་ཀྱི་གནས་སྐབས་མི་འདོད་པའི་ཉེར་འཚེ་ཞི་ཞིང་། ཚེ་བསོད་སྟོབས་འབྱོར་མངའ་ཐང་སོགས་ལེགས་ཚོགས་ཐམས་ཅད་ཡར་ཟླ་ལྟར་གོང་འཕེལ་དུ་རྒྱས་པ། མཐར་ཐུག་བླ་མེད་བྱང་ཆེན་མྱུར་དུ་ཐོབ་པ་སོགས་ཀྱི་སྐྱབས་འཇུག་རྒྱུན་བསྒྲིངས་བྱེད་རྒྱུ་དང་། ཕྱིན་ཆད་བླ་མ་ལས་སྣེ་རིམ་ནས་ཀྱང་ཚོས་སྡེ་ཆེན་པོའི་ལ་རྒྱ་སེམས་ལ་བཟུང་སྟེ། གོང་གསལ་སྦྱིན་བདག་རྣམས་ཀྱི་འདོད་མོས་ལྟར་ཚེ་འཕྲུལ་གྱི་དུས་དང་རྒྱུན་པའི་རིལ་སྒྲུབ་སོགས་སྐབས་གང་དུ་ཡང་། དགེ་འདུན་གྱི་གཏོང་སྒོ་མཐའ་དག་ཉམས་ཆག་མེད་ངེས། གོང་འཕེལ་དུ་གཏོང་བའི་ཐབས་ལ་འབད་དགོས་ཤིང་སྐད་ནས་བསྔན་པ་ནམ་གནས་ཀྱི་བར་འགྱུར་མེད་ཡོང་ཆེད། གོང་མ་སྲིད་གསལ་ཁྲིར་བཞུགས་གནམ་ལོ་བཅུ་དྲུག་པ་མེ་ཕོ་སྤྲེལ་ལོར་གདན་སའི་མཁན་རིན་པོ་ཆེ། ཚོགས་ཆེན་ཞལ་ངོ་། བླ་བྲང་ཕྱག་མཛོད། སྤྱི་སོ་ཆེན་མོའི་སྡེ་པ་རྣམས་གསུམ་ཚོ་དྲུག་རྒན་པ་བཅས་ལས་སྣེ་ཕྱུན་མོང་ནས། ཟླ་ཚེས་དགེ་བར་རྗེ་རིང་ལ་ཡི་གེར་བཏབ་པ་དགེ་ལེགས་འཕེལ། ཏ་རེ་ཀཱཀྲ་སུ་ཏུགའང་སྦྱིན་བདག་ཙུན་ཏཱ་དགེ་དབང་བུ་ཧ་མཁྲིན་སྐྱབས། ཕུར་གེད་སོགས་ཀྱི་ཟླ༥ཚེས༤སྟོང་མཆོད་ཐེབས་སུ་དངུལ་སྲང་བརྒྱ་འཕུལ་ཡོད་ལགས།

༄༅༅། །། ཨོཾ་སྭ་སྟི། མཆོག་གསུམ་བཀའ་སྩོམ་བཅས་པར་སྙིང་ནས་བདུད། །འདི་སྡེའི་ས་གཞི་མཆོད་པ་གཏོང་ཐེབས་སུ། །ཆ་ཧར་ཀུ་ལུ་ཆ་སྔན་ཧོ་ཤོ་གི །ཨེམ་ཆི་བླ་མའི་གཉེར་བ་སྡོམ་པ་བརྩོམ་པ། དད་ལྡན་དགེ་སློང་དཀོན་མཆོག་སྐྱབས་རང་གི །ལྷག་བསམ་ཀུན་ནས་འཛིན་པའི་ དངུལ་སྲང་བརྒྱ། །དགེ་བར་ཕུལ་བའི་རྣམ་དཀར་ཟླ་ཟེར་གྱིས། །རང་གཞན་ས་ལམ་ཀུ་མུད་བཞད་གྱུར་ཅིག །བཀྲ་ཤིས་འཛམ་དབྱངས་གོང་མ་བཀྲད་ཞུ་ཁྲི་ལོ་༡༡ཟླ༧ཚེས༡ཉིན་ཟེ་ན་ཚོ་བའི་ཚོགས་ཆེན་ཞལ་ངོ་ཁོངས་བློ་བཟང་རྒྱལ་མཚན་དང་ཆོས་རྗེ་བསོད་ནམས་དར་རྒྱས་ཀྱིས་མཆོད་པའི་ཐེབས་སུ་དངུལ་སྲང་ལྔ་བཅུའི་ཧ་སྒྲིག་མ་༡འཕུལ་ཡོད།

༄༅། །གསེར་སྟོང་ཆེན་མོར་ས་གཞི་ཚེས་བརྒྱད་ལ། ། ༄༅། །ཇི་སྲིད་བར་དུ་སྟོང་མཆོད་ཉམས་མེད་ཐེབས། ལྕགས་མོ་གླང་ལོར་ཟླ༥ཚེས་ལྔའི་ཉིན་ཆེ་ཀླུ་རབ་འབྱམས་པ་དོན་གྲུབ་བསོད་ནམས་དང་རྒྱ་རྩེ་དགེ་སློང་ངག་དབང་ཉི་མ་ཡིས། །རྒྱ་དངུལ་ཐུར་སྲང་ལྔ་བཅུ་མ་གཅིག་ཕུལ། །དགེ་སློང་ཚེ་ཧན་འཛིག་མེད་རྒྱ་མཚོའི་གཞིས་ནས། ཟླ༥མཆོད་པའི་གཏོང་ཐེབས་སུ་དངུལ་སྲང་ལྔ་བཅུ་ང་གཅིག་བཞག །

【译文】

蒙藏僧俗布施银两碑文

十力功德园密之佛陀，
去除烦恼时疫之佛法，
执掌解脱学识之僧伽，
祈愿依佑三宝赐吉祥！

殊胜于诸方之佛法大寺衮本强巴林之法台堪布、磋钦协敖、拉章强佐、吉索三位执事、六部落千巴等共同商议，写成此文。

以阿巴嘎将军达王仁特那阿尔塔什迪旗下虔信不移之施主曼仁巴格隆南达嘉措、阿巴哈纳尔贝勒旗之托因格隆罗桑山丹及其弟托因却杰格隆洛追桑布等人为首，奉献大量布施，与彼等相同之虔信佛法之大施主喀尔喀车臣汗部扎萨克济克莫特多尔济旗下瑜伽扎利阿齐图额尔德尼墨尔根、车臣堪布呼图克图呼必勒罕罗桑丹增南木吉力、却杰大喇嘛根敦拉布丹、托因格隆罗桑达杰、虔信佛法之施主阿巴哈纳尔贝勒绷楚克桑布贵夫人乌勒努塔蟛、章嘉活佛之教民额尔克却杰阿旺尊追兄妹等人以及固实洛桑、格贵贝丹、格隆却丹、托因丹巴、格隆立格登、托因根敦、扎兰官布、章京巴雅尔图等僧俗贵贱人等，以洁净之虔诚，为佛法慈悲之主第二佛陀之教法以及执掌教法诸大德及僧伽健康长寿、功业增盛，量等虚空之众生福德如夏季之海涌溢，为自己及有关之人众今生后世善业资粮增盛，在第二佛陀降生之处佛教大寺衮本强巴林，于佛法住世之时，每年于神变之月的初四日至初十日的七天之中在大经堂建立具喜丸药成就修法，捐白银一千两，同时，各大经堂之日常供养以及用诸种仪轨修习穆则珥丸药成就，捐白银一百两。因完成如是巨大善行，喇嘛、僧伽及诸护法神常时护佑上述诸位施主眼下诸种违碍灾难平息，寿数、福德、财源、权势等善缘如上弦之月增盛，迅速证得最终之无上大菩提！

今后之历任喇嘛执事等人，亦应心记佛法大寺之声誉，依照上述诸位施主之心愿，于每年神变月及平时修习丸药成就之时将给予僧众的布施全部发放，不使减损，并努力使之增加。为使此项规定在今后佛法住世之时永远不生变易，于道光皇帝在位的第十六年阳火猴年经法台堪布、磋钦协敖、拉章强佐、大吉索三位执事、六族千巴等管事人员一致议定于某月吉日刻于石碑。愿吉祥增盛！

另有达里岗爱苏鲁克之施主准达格旺、布尔达准扎布、布尔格特等人为四月八日之千灯供之基金献白银一百两。

祈愿吉祥！

虔心顶礼三宝经典教诫！为本寺四月法会之基金，察哈尔正白旗之额木齐喇嘛之管事、持戒诚信之比丘却扎布出于虔信，以自己之白银一百两敬献于善业，祈愿此洁白月光催开自他地道之睡莲！

吉祥文殊皇帝光绪十一年（1885 年）三月一日，西纳部落之磋钦协敖洛桑坚赞与却吉索南达杰捐五十两重马蹄银一枚。祁家热绛巴顿珠索南与甲孜比丘阿旺尼玛于阴铁牛年四月五日捐五十两重白银一锭用于大金瓦殿于佛法住世时每年四月初八千灯供之基金。比丘才旦晋美嘉措为四月法会之基金捐银五十一两。

当彩呼图克图、孟克席吉布施银两碑

སྙག་མཚེར་ཧོ་ཐོག་ཐུ་སོགས་ཀྱིས་དངུལ་ལོ་ཕུལ་བའི་རྡོ་རིང་།

༄༅། །འཇམ་དབྱངས་གོང་མ་བཀྭང་ཞུ་ཁྲིར་བཞུགས་ལོ་བླ་ཆེས་དགེ་ལ་རྗེ་ཡིག་བཞག་པའི་དོན། རྒྱལ་བསྟན་གསལ་མཛད་སྣག་མཆེར་རྡོ་ཐོག་ཐུས། བསྟན་རྒྱས་འགྲོ་རྣམས་བདེ་ཆེན་ལེགས་དགོངས་ནས། དཀའ་ལྡན་གཉིས་པ་སྐུ་འབུམ་བྱམས་པ་གླིང་གི །དབྱར་གནས་ཆོས་ཐོག་ཆེན་མོར་འདུས་ཚོགས་ལ། ལོ་ལྟར་བཞིན་དུ་སྐུ་འགྱེད་དོང་ཙེ་བརྒྱ་གཏོང་ཐབས་རྒྱ་དངུལ་རྗེ་ཅེ་ཞི་ཤུ་ལ། སྲང་གྲང་ཆིག་སྟོང་གཉིས་བརྒྱ་ལྔ་བཅུ་ཐོག །སྤྱི་འཛོག་གནང་བ་གོ་ཕྱིར་ཡི་གེར་བྲིས།། དེ་མཐུས་དམ་པ་མཆོག་གི་སྐུ་ཚེ་བརྟན། རྣམ་དག་མཛད་འཕྲིན་བླ་མེད་གོང་འཕེལ་དང་། གཞན་ཡང་བསྟན་དང་བསྟན་འཛིན་ཡོན་མཆོད་ཀྱི།། གང་བཞེད་ལེགས་གྲུབ་མི་མཐུན་ཀུན་ལས་རྒྱལ།། །དགེ་ལེགས་འཕེལ།།

༄༅། །ཕྱོགས་ཐམས་ཅད་ལས་རྣམ་པར་རྒྱལ་བའི་ཆོས་སྡེ་ཆེན་པོ་སྐུ་འབུམ་བྱམས་པ་གླིང་གི་སྤྱི་སོ་ཆེན་མོའི་ཡི་གེ །།

༄༅། །ཁྲི་ཀླུ་བླ་མའི་ཞབས་བརྟན་ལ་དམིགས་ནས། ཟླ་བ་བཞི་བའི་མཆོད་པའི་གཏོང་ཐེབས་སུ། ཆེ་ཤོག་གི་དད་པ་དང་གཏོང་བའི་རྒྱན་གྱིས་མཛེས་པའི་བསྟན་དངུལ་སྲང་སུམ་བརྒྱ་དང་སུམ་ཅུ་སོ་བཞི་དེའི་དད་པའི་ཀུན་ནས་སླངས་ཏེ་དགེ་བར་ཕུལ།།

པན་སྦྱིན་བདག་ནུད་ཁ་ཤེ་ཅིའི་ནས། གོང་མ་ཀླུ་ཆིང་ཁྲི་ལོ་བཅུ་བདུན་པའི་ཆུ་བྱ་ལོའི་ཟླ་ཕྱི་ཤེ་ལེགས་ཚོགས་སུ་དམིགས་ནས་དགེ་འདུན་སུམ་སྟོང་གི་ཐོག་ཐེབས་སུ་དངུལ་སྲང་སྟོང་ཕྲག་གཅིག་དང་། དེའི་རྗེས་གོང་མ་ཏའོ་བཀྭང་ཁྲི་ལོ་བཞི་བ་ཤིང་སྤྲེལ་ལོར་རྗེས་འཇུག་གདུགས་དཀར་ཐུ་ཡན་གྱི་དངུལ་སྲང་བཞི་བརྒྱ་བཅས་འཛོག་པ་བྱེད་པ། ས་ཞིང་སོགས་བསྒྲིགས་ནས། རྗེ་སྲིད་རྒྱལ་བསྟན་གནས་པར་གྱི་བར་ཟླ་བ་དང་པོའི་དཔྱིད་ཆོས་སྟེང་དགེ་འདུན་ལ་འབུ་ཤིང་གང་རེའི་ཐོག་ལོ་ལྟར་བཞིན་འབུལ་ཕྱིར། ཚོགས་ཆེན་ཞལ་ངོས་གཙོ་བའི་བླ་བྲང་ཕྱག་མཛོད་སྤྱི་གཉེར། ཚོ་དྲུག་གྲྭ་ཚན་རྣམས་ཀྱི་གྲོས་མཐུན་གྱི་སྒོ་ནས་ཡི་གེ་འདི་གཉིས་འདི་གར་རྗེ་རིང་ཡིག་ལྡན་བཅས་བཞག་པ་བཞིན། དེང་ཕྱིན་ཆད་ལས་སྣས་རྣམས་ཀྱིས་དང་ལེན་བྱས་ཏེ། རྗེ་སྲིད་བསྟན་པ་གནས་ཀྱི་བར་དུ། དགེ་འདུན་གྱི་སྡེ་རིན་པོ་ཆེ་ནས། སྦྱིན་བདག་རྣམས་ཀྱིས་འགལ་རྐྱེན་ཞི་ཞིང་། མཐུན་རྐྱེན་སྒྲུབ་ཕྱིར། རིམ་འགྲོ་དང་། སྐྱབས་འཇུག་རྒྱུན་པར་བགྱི། ཅེས་ཤིང་བྱ་བླ་ཆེས་དགེ་བར་སྐུ་འབུམ་སྤྱི་སོ་ཆེན་མོ་ནས་བྲིས།།

【提要】

此碑立于塔尔寺九间殿前辩经院北侧墙下。藏文、蒙古文合璧石刻碑文。佚名抄刻。碑文记述当彩呼图克图、孟克席吉每年给塔尔寺驻夏辩经大法会布施银两，祈祷降福，保佑平安。

碑今在青海省湟中县塔尔寺辩经院北侧回廊下，保存完好。碑面168厘米×80厘米，石刻，藏文15行，蒙古文10行，楷体。碑文收入陈庆英、马林编著《中国西北文献丛书》第十二卷，兰州古籍出版社1990年版。

【碑文】

༄༅། །འཇམ་དབྱངས་གོང་མ་བཀའ་ཞུ་ཁྲིར་བཞུགས་ལོ་ཟླ་ཚེས་དགེ་ལ་རྗེ་ཡིག་བཞག་པའི་དོན། རྒྱལ་བསྟན་གསལ་མཛད་སྟག་མཚེར་ཧོ་ཐོག་ཐུས། བསྟན་རྒྱས་འགྲོ་རྣམས་བདེ་ཆེན་ལེགས་དགོངས་ནས། དགའ་ལྡན་གཉིས་པ་སྐུ་འབུམ་བྱམས་པ་གླིང་གི །དབྱར་གནས་ཆོས་ཐོག་ཆེན་མོར་འདུས་ཚོགས་ལ། ལོ་ལྟར་བཞིན་དུ་སྐུ་འགྱེད་དོང་ཙེ་བརྒྱ་གཏོང་ཐབས་རྒྱ་དངུལ་རྗེ་ཙེ་ཉི་ཤུ་ལ། སྲང་གྲང་ཚིག་སྟོང་གཉིས་བརྒྱ་ལྔ་བཅུ་ཐོབ། །སྤྱི་འཇོག་གནང་བ་གོ་ཕྱིར་ཡི་གེར་བྲིས། །དེ་མཐུས་དམ་པ་མཆོག་གི་སྐུ་ཚེ་བརྟན། རྣམ་དག་མཛད་འཕྲིན་ཟླ་མེད་གོང་འཕེལ་དང་། གཞན་ཡང་བསྟན་དང་བསྟན་འཛིན་ཡོན་མཆོད་ཀྱི། །གང་བཞེད་ལེགས་གྲུབ་མི་མཐུན་ཀུན་ལས་རྒྱལ།། །།དགེ་ལེགས་འཕེལ། །

༄༅། །ཕྱོགས་ཐམས་ཅད་ལས་རྣམ་པར་རྒྱལ་བའི་ཆོས་སྡེ་ཆེན་པོ་སྐུ་འབུམ་བྱམས་པ་གླིང་གི་སྤྱི་སོ་ཆེན་མོའི་ཡི་གེ། །

༄༅། །ཁྲི་ཀཱུ་བླ་མའི་ཞབས་བརྟན་ལ་དམིགས་ནས། ཟླ་བ་བཞི་པའི་མཆོད་པའི་གཏོང་ཐེབས་སུ། ཆེ་ཤོག་གི་དད་པ་དང་གཏོང་བའི་རྒྱན་གྱིས་མཛེས་པའི་བསྟན་དངུལ་སྲང་སུམ་བརྒྱ་དང་སུམ་ཅུ་སོ་བཞི་དེའི་དད་པའི་ཀུན་ནས་སླངས་ཏེ་དགེ་བར་ཕུལ། །པན་སྦྱིན་བདག་མུ་ད་ཁ་ཤི་ཅིའི་ནས། གོང་མ་ཀྱཱ་ཆིང་ཁྲི་ལོ་བཅུ་བདུན་པའི་ཆུ་བྱ་ལོའི་ཞུག་ཕྱི་ཤི་ལེགས་ཚོགས་སུ་དམིགས་ནས་དགེ་འདུན་སུམ་སྟོང་གི་ཐོག་ཐེབས་སུ་དངུལ་སྲང་སྟོང་ཕྲག་གཅིག་དང་། དེའི་རྗེས་གོང་མ་ཏའོ་ཀཱང་ཁྲི་ལོ་བཞི་བ་ཤིང་སྦྲུལ་ལོར་རྗེས་འཇུག་གདུགས་དཀར་ཐུ་ཡན་གྱི་དངུལ་སྲང་བཞི་བརྒྱ་བཅས་འཇོག་པ་བྱེད་པ། ས་ཞིང་སོགས་བསྒྲིགས་ནས། ཧི་སྲིད་རྒྱལ་བསྟན་གནས་པར་གྱི་བར་ཟླ་བ་དང་པོའི་དཔྱིད་ཆོས་སྟེང་དགེ་འདུན་ལ་འབྲུ་ཤིང་གང་རེའི་ཐོག་ལོ་ལྟར་བཞིན་འབུལ་ཕྱིར། ཚོགས་ཆེན་ཞལ་ངོས་གཙོ་བའི་བླ་བྲང་ཕྱག་མཛོད་སྤྱི་གཉེར། ཚོ་དྲུག་གྲྭ་ཚན་རྣམས་ཀྱི་གྲོས་མཐུན་གྱི་སྒོ་ནས་ཡི་གེ་འདི་གཉིས་འདི་གར་རྗེ་རིང་ཡིག་ལྡན་བཅས་བཞག་པ་བཞིན། དེང་ཕྱིན་ཆད་ལས་སྣས་རྣམས་ཀྱིས་དང་ལེན་བྱས་ཏེ། ཧི་སྲིད་བསྟན་པ་གནས་ཀྱི་བར་དུ། དགེ་འདུན་གྱི་སྡེ་

རིན་པོ་ཆེ་ནས། སྦྱིན་བདག་རྣམས་ཀྱིས་འགལ་རྐྱེན་ཞི་ཞིང་། མཐུན་རྐྱེན་སྒྲུབ། ཕྱིར། རིམ་འགྲོ་དང་།
སྐྱབས་འཇུག་རྒྱུན་པར་བགྱི། ཅེས་ཤིང་བྱ་ཟླ་ཚེས་དགེ་བར་སྐུ་འབུམ་སྒྲི་སོ་ཆེན་མོ་ནས་བྲིས།།

【译文】

文殊天子光绪帝，吉祥岁月来登基；当彩呼图克图佛，只为众生祈平安，每岁复事承费用；一次银圆百二五，总计银两千二五。为此诸君身康泰，无尚慧业得发展。但愿佛门众施主，万事如意获殊胜。

善哉！

四方殊胜大佛刹塔尔寺大吉索告僧众书

众生追仰裴家喇嘛，为四月法会奉银三百三十两，以为善事。

追仰阿鞠祁薛，我法门施主蒙古台吉于嘉庆七年之水狗年之平安吉祥，向三千僧众布施口粮基金白银一千两。此后又于道光皇帝在位四年之木猴年增施供养白伞盖佛法事之白银四百两，又购置土地等，于佛法住世之时，在正月的春季法会上每年向每名僧人布施口粮一升。故此，经磋钦协敖为首之拉章强佐、吉哇管事、六部落老僧等一致议定，书写文书凭执，并勒石以记，以便当今及以后执事人等遵行。凡有佛法住世之时，僧人大众当常时护持诸位施主，息灭违缘，成就顺缘。

木鸡年一月二十三日塔尔寺大吉索刻石。

达尔罕察汗呼图克图布施银两及阿嘉呼图克图禁止僧人住夏期中作泥土活而布施银两碑

ཆ་གན་ཧོ་ཐོག་ཐུ་སོགས་ཀྱིས་དངུལ་ལོ་ཕུལ་བའི་རྡོ་རིང་།

༄༅། །ཨོཾ་སྭ་སྟི། འདོད་དགུ་སྩོལ་མཛད་ཙ་བརྒྱུད་བླ་མ་དང༌། དངོས་གྲུབ་རྣམ་གཉིས་སྩོལ་མཛད་ཡི་དམ་ལྷ། བསླུ་མེད་གཏན་གྱི་སྐྱབས་གནས་དཀོན་མཆོག་གསུམ། གསུང་མའི་ཚོགས་བཅས་རྟག་ཏུ་སྐྱབས་གྱུར་ཅིག །ཅེས་ཕྱག་མཆོད་སྔོན་ཚིག་བརྗོད་པར་བྱས་ཏེ་སྤེལ་བར་བྱ་བ་ནི། ས་སྐྱོང་མི་དབང་ཞུར་ཧོར་ཆེན་ཕང་ཐོག་གི་བླ་མའི་འཇམ་མགོན་བསྟན་པའི་གསལ་བྱེད་དམ་པ་འཇམ་དབྱངས་གོང་མ་ཆེན་པོའི་རིགས་ཀྱི་ཅོད་པན་ཕུ་ཡིན་བླ་མ་དར་ཧན་ཆ་གན་ཧོ་ཐོག་ཐུ་ངག་དབང་ལུང་རྟོགས་ཡོན་ཏན་རྒྱ་མཚོ་དཔལ་བཟང་པོའི་ཞབ་སྔ་ནས་ཕན་བདེའི་འབྱུང་གནས་རྒྱལ་བའི་བསྟན་པ་སྤྱི་སྒོས་བཅས་ཕྱོགས་དུས་ཀུན་ཏུ་དར་ཞིང་རྒྱས་ལ་ཡུན་རིང་དུ་གནས་པ་དང༌། དེ་འཛིན་ཀུན་གྱི་གཙུག་རྒྱན་རྒྱལ་དབང་རྣམ་གཉིས་གཙོས་བསྟན་འཛིན་སྐྱེས་ཆེན་དམ་པ་རིམས་ཀྱི་སྐུ་ཚེ་ཞབས་པད་བརྟན་ཅིང་མཛད་འཕྲིན་རྒྱལ་བ་འཇམ་མགོན་བླ་མའི་གདན་ས་སྐུ་འབུམ་དགའ་ལྡན་བྱམས་པ་གླིང་འདིས་མཚོན་པའི་ཕྱོགས་བཅུར་བཞུགས་པའི་བླ་སློབ་དགེ་འདུན་གྱི་སྡེ་རྣམས་ཐུགས་མཐུན་ཞིང་ཁྲིམས་གཙང་ཆེད་མདོ་སྔགས་ཀྱི་འཆད་ཉན་གོང་འཕེལ་དུ་རྒྱས་པ། འཇིག་རྟེན་གྱི་ཁམས་ཀུན་ཏུ་ནད་ཡམས་འཁྲུག་རྩོད་མུ་གེ་མི་འབྱུང་ཞིང་ལུས་ཅན་མཐའ་དག་རྫོགས་ལྡན་སྡེ་བཞིའི་དཔལ་ལ་བདེ་འཇགས་སུ་འཚོ་བ་དང༌། སྒོས་སུ་གོང་གསལ་ཕུ་ཡིན་ཧོ་ཐོག་ཐུ་དེ་ཉིད་ཀྱི་སྐུ་ཚེ་ཞབས་པད་གཞིག་བྲལ་རྡོ་རྗེའི་རང་བཞིན་དུ་བརྟན་ཅིང་གསང་གསུམ་མི་ཟད་རྒྱན་གྱི་འཁོར་ལོའི་མཛད་འཕྲིན་རྣམས་དགོངས་པ་ལྷུར་རྒྱས་པ་དང༌། ཞར་བྱུང་རབ་འབྱམས་པ་དངོས་གྲུབ་རྒྱ་མཚོ་དེའི་མཆེད་བློ་གྲོས་རྒྱ་མཚོ། དེའི་མཆེད་མདུས་བསྟན་པ་ཟེར་བ་རྣམས་དང༌། དགེ་ཙ་འདི་ལ་རྒྱུ་ཁ་ལག་གི་འབྲེལ་བ་ཐོགས་ཚད་རྣམས་ཀྱི་ཚེ་འདི་ཕྱིའི་ལེགས་ཚོགས་གོང་འཕེལ་དུ་རྒྱས་པ་སོགས་སྒོ་དུ་མར་དམིགས་ནས་དངུལ་སྲང་སྟོང་ཕྲག་གསུམ་དང་ལྔ་བརྒྱ་ལྔ་བཅུ་ཐམ་པ་དགུ་བའི་སྨོན་ལམ་གྱི་སྤྱན་ཐེབས་སུ་སྦྱོར་འཛུགས་མཛད་པས། མ་དངུལ་རྒྱུན་གཏན་དུ་གནས་པའི་འཕེལ་ཁ་ལས། རྒྱལ་བསྟན་ཇི་སྲིད་གནས་པ་དེ་སྲིད་དུ་ལོ་རེའི་དགུ་བའི་སྨོན་ལམ་ཆེན་པོ་ཉིན་བདུན་གྱི་རིང་ལ་ཚོགས་དང་པོ་དང་རྗེས་མ་བཅས་ལ་མར་ཡོད་པའི་མང་ཇ་ལོ་ལྟར་བཞིན་འབུལ་དགོས་ཤིང་ཉམས་ཆག་འགྱུར་མེད་ཀྱི་ཆེད་དུ། ཚོགས་འདུས་ལྷན་རྒྱས་ནས་རྗེ་རིང་གི་ཡི་གེ་འདི་ནི། རབ་རྒྱས་ཆུ་སྤྲེལ་ལོ་ཟླ་བ་གསུམ་པའི་ཚེས་དྲུག་ལ་བྲིས་པ་དགེ་ལེགས་འཕེལ་གྱུར་ཅིག །

༄༅། །འཇམ་དབྱངས་གོང་མ་བཀྭང་ཞུ་ཁྲི་ལོ་བཞུགས་གནམ་ལོ་སོ་གསུམ་ཟླ་ཚེས་ལ། བཀའ་དྲིན་མཚུངས་མེད་སྐྱབས་རྗེ་ཨ་ཀྱ་ཧོ་ཐོག་ཐུ་སྐུ་འཕྲེང་གོང་མ་བློ་བཟང་བསྟན་པའི་དབང་ཕྱུག་བསོད་ནམས་རྒྱ་མཚོའི་ཞལ་སྔ་ནས། ཡུ་ཙག་ཆོས་སྡེ་འདིའི་བླང་བྱ་གཞི་གསུམ་གྱི་ཉམས་ལེན་གཙོ་བོ་ཡིན་པའི་སྐབས་ཀྱིས་དབྱར་གནས་སྐབས་སུ་དགེ་འདུན་མང་གིས་ས་ལས་ཀྱི་ཁུར་བྱེད་པ་ནི། ཤིན་ཏུ་མི་ལེགས་པའི་གནས་སུ་གཟིགས་ཏེ། དེ་ལ་ཐུགས་སྐྱོ་མང་དུ་མཛད་ཅིང༌། བསྟན་འགྲོར་སྨོན་པའི་ཐུགས་དམ་ལྷུར་བཞེས་ཀྱིས། ས་ལས་ཀྱི་ཐེབས་སུ་དངུལ་སྟོང་ཕྲག་གཅིག་དང་བཞི་བརྒྱ་ཚོགས་འདུས་ལ་གནང་སྟེ། ཇི་སྲིད་བསྟན་པ་ནམ་གནས་ཀྱི་བར་མ་ཙ་གཏན་ཆགས་སུ་གནས་རྒྱུ་དང༌། འཕེལ་ཁས་ལོ་ལྟར་བཞིན་དབྱར་གནས་སྐབས་ཀྱི་ས་ལས་ཆེ་ཆུང་ཇི་འདྲ་བྱུང་ཚེ་མི་གཞན་གླ་བ་མ་གཏོགས་དགེ་འདུན་མང་ལ་ལས་བྱེད་དུ་བཙུག་མི་ཆོག་པའི་ཕྱིར་དུ། སྐྱབས་རྗེ་ཨ་ཀྱཱ་རིན་པོ་ཆེས་དབུས་མཛོས་ཚོགས་འདུས་ལྷན་རྒྱས་ནས་ཐག་བཅད་དེ་རབ་རྒྱལ་ཤིང་བྱི་ལོའི་ཟླ་བ་བཅུ་བའི་ཚེས་བཅོ་ལྔ་ཉིན་ལ་བྲིས་པ་སྟེ། སྐྱབས་རྗེ་ཨ་ཀྱཱ་རིན་པོ་ཆེའི་ཕྱག་ཏུ་འདིའི་འདྲ་ཡི་གེ་དང་བཅས་པ་ཡོད་པའི་འགྱུར་མེད་ཀྱི་གནས་སུ་ཚོགས་འདུས་ཐུན་མོང་གྲོས་མཐུན་གྱི་སྒོ་ནས་བྲིས་པ་ཛ་ཡ་ནྟུ། །

【提要】

此碑立于塔尔寺文殊殿前辩经院北侧廊下。藏文石刻碑文。佚名抄刻。碑文记载宗教上层人士捐献自己的一部分资金作为某项开支，这一方面反映了宗教上层人士在寺内的影响，另一方面也反映放债生息在维持塔尔寺经济方面有重要的地位。

碑今在青海省湟中县塔尔寺辩经院北侧回廊下，保存完好。碑面145厘米×70厘米，藏文21行，楷体。碑文收入陈庆英、马林编著《中国西北文献丛书》第十二卷，兰州古籍出版社1990年版。

【碑文】

༄༅། །ཨོཾ་སྭ་སྟི། འདོད་དགུ་སྩོལ་མཛད་རྩ་བརྒྱུད་བླ་མ་དང་། དངོས་གྲུབ་རྣམ་གཉིས་སྩོལ་མཛད་ཡི་དམ་
ལྷ། བསླུ་མེད་གཏན་གྱི་སྐྱབས་གནས་དཀོན་མཆོག་གསུམ། གསུང་མའི་ཚོགས་བཅས་རྟག་ཏུ་སྐྱབས་གྱུར་
ཅིག །ཅེས་ཕྱག་མཆོད་སྔོན་ཚིག་བརྗོད་པར་བྱས་ཏེ་སྤེལ་བར་བྱ་བ་ནི། ས་སྐྱོང་མི་དབང་ཞུར་ཧོར་ཆེན་
ཕང་ཤོག་གི་བླ་མའི་འཇམ་མགོན་བསྟན་པའི་གསལ་བྱེད་དམ་པ་འཇམ་དབྱངས་གོང་མ་ཆེན་པོའི་རིགས་
ཀྱི་ཅོད་པན་ཕུ་ཡིན་བླ་མ་དར་ཧན་ཆ་གན་ཧོ་ཤོག་ཐུ་ངག་དབང་ལུང་རྟོགས་ཡོན་ཏན་རྒྱ་མཚོ་དཔལ་བཟང་
པོའི་ཞ་སྔ་ནས་ཕན་བདེའི་འབྱུང་གནས་རྒྱལ་བའི་བསྟན་པ་སྤྱི་སྒོས་བཅས་ཕྱོགས་དུས་ཀུན་ཏུ་དར་ཞིང་
རྒྱས་ལ་ཡུན་རིང་དུ་གནས་པ་དང་། དེ་འཛིན་ཀུན་གྱི་གཙུག་རྒྱན་རྒྱལ་དབང་རྣམ་གཉིས་གཙོས་བསྟན་
འཛིན་སྐྱེས་ཆེན་དམ་པ་རིམས་ཀྱི་སྐུ་ཚེ་ཞབས་པད་བརྟན་ཅིང་མཛད་འཕྲིན་རྒྱལ་བ་འཇམ་མགོན་བླ་མའི་
གདན་ས་སྐུ་འབུམ་དགའ་ལྡན་བྱམས་པ་གླིང་འདིས་མཚོན་པའི་ཕྱོགས་བཅུར་བཞུགས་པའི་བླ་སློབ་དགེ་
འདུན་གྱི་སྡེ་རྣམས་ཐུགས་མཐུན་ཞིང་ཁྲིམས་གཙང་ཆེད་མདོ་སྔགས་ཀྱི་འཆད་ཉན་གོང་འཕེལ་དུ་རྒྱས་པ།
འཇིག་རྟེན་གྱི་ཁམས་ཀུན་ཏུ་ནད་ཡམས་འཁྲུག་རྩོད་མུ་གེ་མི་འབྱུང་ཞིང་ལུས་ཅན་མཐའ་དག་རྫོགས་ལྡན་
སྡེ་བཞིའི་དཔལ་ལ་བདེ་འཇགས་སུ་འཚོ་བ་དང་། སྒོས་སུ་གོང་གསལ་ཕུ་ཡིན་ཧོ་ཤོག་ཐུ་དེ་ཉིད་ཀྱི་སྐུ་ཚེ་
ཞབས་པད་གཤེག་ཐལ་རྡོ་རྗེའི་རིང་བཞིན་ཏུ་བརྟན་ཅིང་གསང་གསུམ་མི་ཟད་རྒྱན་གྱི་འཁོར་ལོའི་མཛད་
འཕྲིན་རྣམས་དགོངས་པ་ལྟར་རྒྱས་པ་དང་། ཞར་བྱུང་རབ་འབྱམས་པ་དངོས་གྲུབ་རྒྱ་མཚོ་དེའི་མཆེད་བློ་
གྲོས་རྒྱ་མཚོ། དེའི་མཆེད་མདུན་བསྟན་པ་ཟེར་བ་རྣམས་དང་། དགེ་རྩ་འདི་ལ་རྒྱུ་ཁ་ལག་གི་འབྲེལ་བ་
ཐོགས་ཚད་རྣམས་ཀྱི་ཚེ་འདི་ཕྱིའི་ལེགས་ཚོགས་གོང་འཕེལ་དུ་རྒྱས་པ་སོགས་སྨོ་དུ་མར་དམིགས་ནས་
དངུལ་སྲང་སྟོང་ཕྲག་གསུམ་དང་ལྔ་བརྒྱ་ལྔ་བཅུ་ཐམ་པ་དགུ་བའི་སྨོན་ལམ་གྱི་སྒྲུབ་ཐེབས་སུ་སྦྱོར་འཇགས་
མཛད་པས། མ་དངུལ་རྒྱུན་གཏན་དུ་གནས་པའི་འཕེལ་ཁ་ལས། རྒྱལ་བསྟན་ཇི་སྲིད་གནས་པ་དེ་སྲིད་
དུ་ལོ་རེའི་དགུ་བའི་སྨོན་ལམ་ཆེན་པོ་ཉིན་བདུན་གྱི་རིང་ལ་ཚོགས་དང་པོ་དང་རྗེས་མ་བཅས་ལ་མར་

ཡོད་པའི་མང་ཧ་ལོ་ལྷར་བཞིན་འབུལ་དགོས་ཤིང་ཉམས་ཆག་འགྱུར་མེད་ཀྱི་ཆེད་དུ། ཚོགས་འདུས་ལྷན་རྒྱས་ནས་རྗེ་རིང་གི་ཡི་གེ་འདི་ནི། རབ་རྒྱས་ཆུ་སྤྲེལ་ལོ་ཟླ་བ་གསུམ་པའི་ཚེས་དྲུག་ལ་བྲིས་པ་དགེ་ལེགས་འཕེལ་གྱུར་ཅིག །

༄༅། །འཇམ་དབྱངས་གོང་མ་བཀྲང་ཞུ་ཁྲི་ལོ་བཞུགས་གནམ་ལོ་སོ་གསུམ་ཟླ་ཚེས་ལ། བཀའ་དྲིན་མཚུངས་མེད་སྐྱབས་རྗེ་ཨ་ཀྱ་རྡོ་ཐོག་ཐུ་སྐྱ་འཕྲེང་གོང་མ་བློ་བཟང་བསྟན་པའི་དབང་ཕྱུག་བསོད་ནམས་རྒྱ་མཚོའི་ཞལ་སྔ་ནས། ཨུ་ཅག་ཆོས་སྡེ་འདིའི་བླང་བྱ་གཞི་གསུམ་གྱི་ཉམས་ལེན་གཙོ་བོ་ཡིན་པའི་སྟབས་ཀྱིས་དབྱར་གནས་སྐབས་སུ་དགེ་འདུན་མང་གིས་ས་ལས་ཀྱི་ཁྱུར་བྱེད་པ་ནི། ཤིན་ཏུ་མི་ལེགས་པའི་གནས་སུ་གཟིགས་ཏེ། དེ་ལ་ཐུགས་སྐྱོ་མང་དུ་མཛད་ཅིང་། བསྟན་འགྲོར་སྨོན་པའི་ཐུགས་དམ་ལྷུར་བཞེས་ཀྱིས། ས་ལས་ཀྱི་ཐེབས་སུ་དདུལ་སྟོང་ཕྲག་གཅིག་དང་བཞི་བརྒྱ་ཚོགས་འདུས་ལ་གནང་སྟེ། ཇི་སྲིད་བསྟན་པ་ནམ་གནས་ཀྱི་བར་མ་རྩ་གཏན་ཆགས་སུ་གནས་རྒྱུ་དང་། འཕེལ་ཁས་ལོ་ལྷར་བཞིན་དབྱར་གནས་སྐབས་ཀྱི་ས་ལས་ཆེ་ཆུང་ཇི་འདྲ་བྱུང་ཚེ་མི་གཞན་གླ་བ་མ་གཏོགས་དགེ་འདུན་མང་ལ་ལས་བྱེད་དུ་བཅུག་མི་ཚོག་པའི་ཕྱིར་དུ། སྐྱབས་རྗེ་ཨ་ཀྱཱ་རིན་པོ་ཆེས་དབུས་མཛོས་ཚོགས་འདུས་ལྷན་རྒྱས་ནས་ཐག་བཅད་དེ་རབ་རྒྱལ་ཤིང་ཕྱི་ལོའི་ཟླ་བ་བཅུ་བའི་ཚེས་བཅོ་ལྔ་ཉིན་ལ་བྲིས་པ་སྟེ། སྐྱབས་རྗེ་ཨ་ཀྱཱ་རིན་པོ་ཆེའི་ཕྱག་ཏུ་འདིའི་འདྲ་ཡི་གེ་དང་བཅས་པ་ཡོད་པའི་འགྱུར་མེད་ཀྱི་གནས་སུ་ཚོགས་འདུས་ཐུན་མོང་གྲོས་མཐུན་གྱི་སྒོ་ནས་བྲིས་པ་ཛ་ཡ་ནྟུ། །

【译文】

祈愿吉祥！
满足一切善愿的根本上师，
赐予两种成就的本尊神灵，
可靠之皈依处佛法僧三宝，
祈愿常时护佑虔诚祝祷者！
如此礼供祝愿，复记述如下！

护持一方之人主阿鲁科尔沁王旗下之怙主上师、显扬佛教之大德、文殊大皇帝尊为群伦冠冕之宝音喇嘛达尔罕察汗呼图克图阿旺隆多云丹嘉措贝桑布为使利乐之源泉、佛教之总体及部分在时时处处都兴隆昌明、长久驻世以守持佛教之项饰达赖喇嘛、班禅大师两位活佛为首的历辈执掌教法的佛教高僧、大德都能足连永固，功业昌隆，以怙主上师宗喀巴之道场十万佛身慈氏洲塔尔寺为代表的十方喇嘛，轨范师、众僧之佛刹辑睦和洽、戒律清净、显密之讲修繁荣昌盛，世间随处瘟疫灭迹、纷争永息、灾荒不起，一切有情平安享受四部圆满之福德，特别为祈愿上述宝音呼图克图足莲不坏，固若金刚，无漏三密所饰法轮之功德如愿昌隆，同时也为热绛巴欧珠嘉措、丹祁洛追嘉措、丹祁堆丹桑哇等人以及所有与此善事结有缘分之人今生后世之资粮增益等缘故，特捐银三千五百五十两作为支付九月祈愿法会的费用基金，由此项固定本金所得之利息，凡有佛教存在之时，于每年九月为期七天的祈愿法会期间，为首末两次集会布施加酥油之茶饭。为使此项布施不生衰损为期七天的祈愿法会期间，为首末两次集会布施加酥油之茶饭。为使此变故，经全体僧人聚说，于第十六饶迥水猴年(1932年)三月六日勒石以记。

祈愿吉祥昌盛！

文殊皇帝光第三十三年某月某日，具无比恩德之情主，前世阿嘉呼图克图洛桑丹贝旺秀索南嘉措吩咐本寺之所为应以修持三事仪规为主。但目前不少僧人承揽泥土活计，实属不合情理，为从根本上解决此事，出于利益教法及众生的誓愿，为僧众捐献白银一千四百两，作为泥土活计之基金，于佛法住世之时，以此项银两的固定本金，每年住夏期间的所有大小泥土活计均以所增利息雇佣他人，僧众不得承作泥土活计。为此以怙主阿嘉活佛为首，全体僧众议决，于第十六饶迥木狗年(1934年)十月十五日刻于石碑。

怙主阿嘉活佛谨存文书之副本是为永不变易之故，经僧众一致决议后所记。

祈愿胜利！

蒙古族僧人献银买地供给寺僧口粮碑

སོག་པོ་དགེ་འདུན་པ་རྣམས་ཀྱིས་ཞོག་འབྲུ་འབུལ་བའི་རྡོ་རིང་།

༄། །སྤྲངས་རྟོགས་མཛད་པ་མཐར་ཕྱིན་རྫོགས་སངས་རྒྱས། །
ཉོན་མོངས་ཚ་གདུང་ཀུན་སེལ་དམ་པའི་ཆོས། །
རིག་དང་གྲོལ་བའི་མངའ་བདག་དགེ་འདུན་བཅས། །
དཀོན་མཆོག་རིན་ཆེན་གསུམ་གྱིས་ཤིས་པར་མཛོད། །

༄༅། །ཆད་བྱུང་བློ་གྲོས་དཀྱིལ་འཁོར་ཡོངས་རྫོགས་ཤིང་། །
མཁས་བཙུན་བཟང་པོའི་འོད་དཀར་ཕྱོགས་བརྒྱར་སྤྲོ། །
གྲགས་སྙན་རི་དྭགས་མཚན་མས་ཉེར་མཛེས་པ། །
སྨྲ་བའི་ཟླ་བ་བློ་བཟང་གྲགས་པར་འདུད། །

དེ་ཡང་ཧལ་ཧ་མེར་གེན་ལྤང་རྡོ་རྗེ་སྐྱབས་ཀྱི་ཤོག་དད་པ་དང་གཏོང་བའི་རྒྱུན་གྱིས་མཛེས་པ་སྨན་རམ་པ་ཆོས་རྗེ་བློ་བཟང་སྐལ་བཟང་དང་། ཆ་ཧར་ཀུ་ལུ་ཨུ་ལན་གྱི་ཤོག་ཨུས་ཅིང་ཤི་ནྡྲ་ཐུ་མཁན་པོ་ཆོས་རྗེ། ཆེ་ཆེན་ཆོས་རྗེ་བློ་བཟང་དགེ་ལེགས། ཁུ་བྲི་ཐུ་ཨུ་ལན་གྱི་ཤོག་ཇ་ལན་ནོམ་ཐུ་བཅས་ནས་ཡབ་རྗེ་རྒྱལ་བ་གཉིས་པའི་འབྱུངས་གནས་ཆོས་སྡེ་ཆེན་པོ་སྐུ་འབུམ་བྱམས་པ་གླིང་གི་དགེ་འདུན་ཕྱེད་གསུམ་སྟོང་ལ་ཐོག་ཞབས་སུ་དངུལ་སྲང་སྟོང་ཕྲག་གཅིག་དང་ཉིས་བརྒྱ་ལྔ་བཅུ་ཕུལ་བར་ས་ཞིང་ཉོས་ཏེ་དེའི་ངོ་ཐོག་སྟེང་ནས་ཆེན་ལུང་ང་གཉིས་པའི་མེ་ལུག་ཟླ་བ་གཉིས་པའི་ཚེས་ནས་མགོ་བརྩམས་ནས་ཇི་སྲིད་བསྟན་པ་གནས་ཀྱི་བར་དུ་ལོ་རེ་བཞིན་ཟླ་བ་གཉིས་པའི་ནང་དུ་དགེ་འདུན་རེ་རེ་ཐོག་འབྲུ་ཤིང་ཅེ་གང་རེ་འབུལ་རྒྱུ་དང་། ཚོགས་ཆེན་ནས་ཀྱང་ཉིན་རེ་བཞིན་མ་ཎི་ཡི་གེ་དྲུག་མ་བརྒྱ་རྩ་བརྒྱད་རེ་གསུང་རྒྱུར། བསྟན་པའི་རྩ་ལག་དམ་པ་མཁན་པོ་གདན་ས་པ་ངག་དབང་ཚུལ་ཁྲིམས་དར་རྒྱས། ཚོགས་ཆེན་དགེ་བསྐོས། ཕྱག་མཛོད། སྤྱི་བའི་གཉེར་བ། ཚོགས་དྲུག་གནས་པ་བཅས་གྲོས་ཐོག་ནས་ཐག་བཅད་པ་ཡིན་པས། ཕྱིན་ཆད་ལས་སྡེ་ན་རིམ་ནས་ཀྱང་ཆོས་སྡེ་ཆེན་པོའི་ལ་རྒྱ་སེམས་ལ་བཟུང་སྟེ་དགེ་འདུན་གྱི་གཏོང་སྒོ་ཉམས་ཆག་མེད་ངོས་གོང་གསལ་ལྟར་གོང་འཕེལ་དུ་གཏོང་བའི་ཐབས་ལ་འབད་འཚལ། །འདིས་མཚོན་རྣམ་དཀར་ལམ་བཟང་ལ་བརྟེན་ནས། །རྒྱུ་སྦྱོར་སྦྱིན་བདག་འབྲེལ་བ་ཐོགས་པ་ཀུན། །སྡུག་བསྔལ་ཀུན་འབྱུང་རྒྱ་མཚོ་རབ་བརྒལ་ཏེ། །རྣམ་གྲོལ་རིན་ཆེན་གླིང་དུ་སོན་པར་ཤོག །ཅེས་པ་འདི་ནི་བཙུན་པ་དཀོན་མཆོག་འཇིགས་མེད་དབང་པོས་སྦྱར་བའོ།། །།

༄། །སྐབས་པ། ཨོ་ཐོག་ཕང་གི་ལུང་གིས་ནང་སོ་ཅེས་འབོད་པའི་དགེ་སློང་སངས་རྒྱས་རབ་བརྟན་གྱིས། །རྗོ་གཞིའི་ངོས་ལ་ཡིག་རིགས་དུ་མའི(××××)རྣམ་གྲོལ་བར་ཤོག །

【提要】

此碑立于文殊殿前面辩经院北侧墙下，碑额及边缘一周刻有装饰图案，碑额正中刻有一方八思巴字，其文为：“ཨོཾ་བདེ་ལེགས་སུ་གྱུར་ཅིག(唵！祈愿吉祥)”，碑文两侧竖刻八思巴字两行，其文为：“༄། 　འཇམ་མགོན་བླ་མ་རྗེ་བཙུན་ཙོང་ཁ་བའི་ཞྭ་སེར་བསྟན་པ་ཕྱོགས་བཅུར་རྒྱས་པར་ཤོག(祈愿怙主上师尊胜宗喀什巴之黄帽教法十方增盛！)”藏文与蒙古文合璧石刻碑文。官其克济克关特旺布撰文，比丘桑结拉布丹抄刻。碑文记载了一种比较少见的布施形式，即献给寺院的钱财直接在施主所在地区购置土地，以土地的收入每年供给寺僧额定口粮，塔尔寺不用投入资金和管理，就可以每年收入数量可观的粮食。这种形式与藏传佛教寺院在牧区募化到牲畜后就地出租，每年坐收牧租的形式颇为相似，是研究塔尔寺寺院经济的重要参考资料。

碑今在青海省湟中县塔尔寺辩经院北侧回廊下，保存完好。碑面130厘米×65厘米，藏文15行，蒙古文14行，楷体。碑文收入陈庆英、马林编著《中国西北文献丛书》第十二卷，兰州古籍出版社1990年版。

【碑文】

༄༅། །སྤངས་རྟོགས་མཛད་པ་མཐར་ཕྱིན་རྫོགས་སངས་རྒྱས། །
ཉོན་མོངས་ཚ་གདུང་ཀུན་སེལ་དམ་པའི་ཆོས། །
རིག་དང་གྲོལ་བའི་མངའ་བདག་དགེ་འདུན་བཅས། །
དཀོན་མཆོག་རིན་ཆེན་གསུམ་གྱིས་ཤིས་པར་མཛོད། །
༄༅༅། །སྲིད་བྱུང་བློ་གྲོས་དཀྱིལ་འཁོར་ཡོངས་རྫོགས་ཤིང་། །
མཁས་བཙུན་བཟང་པོའི་འོད་དཀར་ཕྱོགས་བརྒྱར་སྤྲོ། །
གྲགས་སྙན་རི་དྭགས་མཚན་མས་ཉེར་མཛེས་པ། །
སྨྲ་བའི་ཟླ་བ་བློ་བཟང་གྲགས་པར་འདུད། །

དེ་ཡང་ཏལ་ཏ་མེར་གེན་ལྕང་རྡོ་རྗེ་སྐྱབས་ཀྱི་ཤོག་དད་པ་དང་གཏོང་བའི་རྒྱན་གྱིས་མཛེས་པ་སྨན་རམ་པ་ཆོས་རྗེ་བློ་བཟང་སྐལ་བཟང་དང་། ཚ་ཏར་ག་ལུ་ཨུ་ལན་གྱི་ཤོག་ཨུས་ཅིང་ཤི་ནྲ་ཐུ་མཁན་པོ་ཆོས་རྗེ། ཆེ་ཆེན་ཆོས་རྗེ་བློ་བཟང་དགེ་ལེགས། ཁུ་བྲེ་ཐུ་ཨུ་ལན་གྱི་ཤོག་ཇ་ལན་ནོམ་ཐུ་བཅས་ནས་ཡབ་རྗེ་རྒྱལ་བ་གཉིས་པའི་འཁྲུངས་གནས་ཆོས་སྡེ་ཆེན་པོ་སྐུ་འབུམ་བྱམས་པ་གླིང་གི་དགེ་འདུན་སྡེ་གསུམ་སྟོང་ལ་ཕོག་ཐེབས་སུ་དངུལ་སྲང་སྟོང་ཕྲག་གཅིག་དང་ཉིས་བརྒྱ་ལྔ་བཅུ་ཕུལ་བར་ས་ཞིང་ཉོས་ཏེ་དེའི་འོ་ཐོག་སྟེང་ནས་ཆེན་ལུང་ང་གཉིས་པའི་མི་ལུག་ཟླ་བ་གཉིས་པའི་ཚེས་ནས་མགོ་བརྩམས་ནས་ཇི་སྲིད་བསྟན་པ་གནས

གནས་ཀྱི་བར་དུ་ལོ་རེ་བཞིན་ཟླ་བ་གཉིས་པའི་ནང་དུ་དགེ་འདུན་རེ་རེ་ཐོག་འབྲུ་ཤིང་ཚེ་གང་རེ་འབུལ་རྒྱུ་དང་། ཚོགས་ཆེན་ནས་ཀྱང་ཉིན་རེ་བཞིན་མ་ཎི་ཡི་གེ་དྲུག་མ་བརྒྱ་རྩ་བརྒྱད་རེ་གསུང་རྒྱུར། བསྟན་པའི་རྩ་ལག་དམ་པ་མཁན་པོ་གདན་ས་བ་ངག་དབང་ཚུལ་ཁྲིམས་དར་རྒྱས། ཚོགས་ཆེན་དགེ་བསྐོས། ཕྱག་མཛོད། སྤྱི་བའི་གཉེར་བ། ཚོགས་དྲུག་རྒན་པ་བཅས་གྲོས་ཐོག་ནས་ཐག་བཅད་པ་ཡིན་པས། ཕྱིན་ཆད་ལས་སྣེ་ན་རིམ་ནས་ཀྱང་ཆོས་སྡེ་ཆེན་པོའི་ལ་རྒྱ་སེམས་ལ་བཟུང་སྟེ་དགེ་འདུན་གྱི་གཏོང་སྒོ་ཉམས་ཆག་མེད་དོས་གོང་གསལ་ལྟར་གོང་འཕེལ་དུ་གཏོང་བའི་ཐབས་ལ་འབད་འཚལ། །འདིས་མཚོན་རྣམ་དཀར་ལམ་བཟང་ལ་བརྟེན་ནས། །རྒྱུ་སྦྱོར་སྦྱིན་བདག་འབྲེལ་བ་ཐོགས་པ་ཀུན། །སྡུག་བསྔལ་ཀུན་འབྱུང་རྒྱ་མཚོ་རབ་བརྒལ་ཏེ། །རྣམ་གྲོལ་རིན་ཆེན་གླིང་དུ་སོན་པར་ཤོག །ཅེས་པ་འདི་ནི་བཙུན་པ་དཀོན་མཆོག་འཇིགས་མེད་དབང་པོས་སྦྱར་བའོ།། ||

༄༅། །ཟློས་པ། ཨོ་ཐོག་ཕང་གི་ལུང་གིས་ནང་སོ་ཅེས་འབོད་པའི་དགེ་སློང་སངས་རྒྱས་རབ་བརྟན་གྱིས། །རྫོ་གཞིའི་དོས་ལ་ཡིག་རིགས་དུ་མའི(××××)རྣམ་གྲོལ་བར་ཤོག །

【译文】

修行断证最终成就的佛陀，
消除一切烦恼苦热的佛法，
学识智慧解脱之主的僧伽，
祈愿这珍贵三宝赐给吉祥！
如同那殊胜的智慧坛城，
贤哲的光芒已照遍各方，
妙音使野兽也变得柔驯，
向讲论主罗桑扎巴顶礼！

在此，有喀尔喀墨尔根王多尔济扎布旗下以信仰和布施之严饰而知名的曼仁巴却杰罗布藏噶桑以及察哈尔正红旗梅京席力图堪布却杰、车臣却杰罗布藏格勒、镶红旗扎兰诺木齐等人，为尊胜祖师第二佛陀之诞生地衮本强巴林之二千五百名僧人的口粮之故，奉献白银一千二百五十两，购置田地。从此项布施田产，自乾隆五十二年火羊年（公元 1787 年）二月某日起，凡有佛法住世之时，每年于二月之中，供给每一名僧人一升粮食作为口粮，僧伽大众亦应因此每日诵六字真言一百零八遍。

以上是作为教法根枝的尊者、堪布法台阿旺楚臣达尔杰、磋钦格贵、强佐、吉哇管事、六部落干巴等人商议决定。故今后之历任管事人等，应心记此大寺院之声望威信，勿使僧众此项收入减损不足，当依以上议定，努力设法使之增加。由此，祝愿凡是依止佛法善道、以财物布施而结下善缘之所有施主，都得渡过产生所有苦难之苦海，到达彼岸之解脱宝地。

以上文字由僧人官其克济克美特旺布撰写。

说明被鄂托克王尊奉为囊素之比丘桑结拉布丹将此文刻于石碑八愿因此善根速得解脱！

青海西左前旗扎萨克银印

【提要】

此印为清代青海蒙古族二十九旗之一的西左前旗扎萨克印。该旗俗称青海王旗，是清政府管理青海蒙古族的特设建置。此印边长 10.5 厘米，高 11 厘米，重 3780 克。银质，正方形，虎形钮，虎前腿直立，后腿卧地，呈半蹲状。双耳竖起，抬首前视，虎视眈眈，印面阳刻满、蒙古两文，汉译为“管理青海西左前旗扎萨克之印”，印前侧面阴刻汉文楷书“礼部造”。左侧面阴刻“雍正二十一年造”字样。今收藏于青海省博物馆。

青海北左翼末旗扎萨克银印

【提要】

此印为清代青海蒙古族二十九旗之一的北左翼末旗扎萨克印。该旗俗称茶卡扎萨克。此印边长 10.7 厘米，高 11.0 厘米，重 3780 克。银质，正方形，虎形钮，虎前腿直立，后腿卧地，呈半蹲状。双耳竖起，抬首前视，虎视眈眈，印面阳刻满、蒙古两文，汉译为“管理青海北左翼末旗扎萨克之印”，印前侧面阴刻汉文楷书“礼部造”，左侧面阴刻“雍正二十一年造”字样。今收藏于青海省博物馆。

青海南右首旗扎萨克银印

【提要】

此印为清代青海蒙古族二十九旗之一的南右首旗扎萨克印。该旗俗称尔里克贝勒旗。此印边长 10.7 厘米，高 11.0 厘米，重 3780 克。银质，正方形，虎形钮，虎前腿直立，后腿卧地，呈半蹲状。双耳竖起，抬首前视，虎视眈眈，印面阳刻满、蒙古两文，汉译为“管理青海南右首旗扎萨克之印”，印前侧面阴刻汉文楷书“礼部造”，左侧面阴刻“雍正二十一年造”字样。今收藏于青海省博物馆。

青海西左后旗扎萨克银印

【提要】

此印为清代青海蒙古族二十九旗之一的西左后旗扎萨克印。该旗俗称宗加扎萨克。此印边长10.7厘米，高11.0厘米，重3780克。银质，正方形，虎形钮，虎前腿直立，后腿卧地，呈半蹲状。双耳竖起，抬首前视，虎视眈眈，印面阳刻满、蒙古两文，汉译为“管理青海西左后旗扎萨克之印”，印前侧面阴刻汉文楷书“礼部造”，左侧面阴刻“雍正二十一年造”字样。今收藏于青海省博物馆。

青海西右后旗扎萨克银印

【提要】

此印为清代青海蒙古族二十九旗之一的西右后旗扎萨克印。该旗俗称巴隆扎萨克。边长 10.7 厘米，高 11.0 厘米，重 3780 克。银质，正方形，虎形钮，虎前腿直立，后腿卧地，呈半蹲状。双耳竖起，抬首前视，虎视眈眈，印面阳刻满、蒙古两文，汉译为“管理青海西右后旗扎萨克之印”，印前侧面阴刻汉文楷书“礼部造”，左侧面阴刻“雍正二十一年造”字样。今收藏于青海省博物馆。

管理青海南右翼末旗扎萨克银印

【提要】

此印为清代青海蒙古族二十九旗之一的南右翼末旗扎萨克印。该旗谷称居里盖扎萨克。边长 10.7 厘米，高 11.0 厘米，重 3780 克。银质，正方形，虎形钮，虎前腿直立，后腿卧地，呈半蹲状。双耳竖起，抬首前视，虎视眈眈，印面阳刻满、蒙古两文，汉译为“管理青海南右翼末旗扎萨克之印”，印前侧面阴刻汉文楷书“礼部造”，左侧面阴刻“雍正二十一年造”字样。今收藏于青海省海南藏族自治州博物馆。

管理青海南右中旗扎萨克银印

【提要】

青海南右中旗扎萨克银印，雍字二十九号。该旗俗称达参扎萨克旗。边长10.7厘米，高11.0厘米，重3780克。银质，正方形，虎形钮，虎前腿直立，后腿卧地，呈半蹲状。双耳竖起，抬首前视，虎视眈眈，印面阳刻满、蒙古两文，汉译为“管理青海南右中旗扎萨克之印”，印前侧面阴刻汉文楷书“礼部造”，左侧面阴刻“雍正二十一年造”字样。今收藏于青海省黄南藏族自治州河南蒙古族自治县档案馆。

管理青海南部土尔扈特前旗扎萨克银印

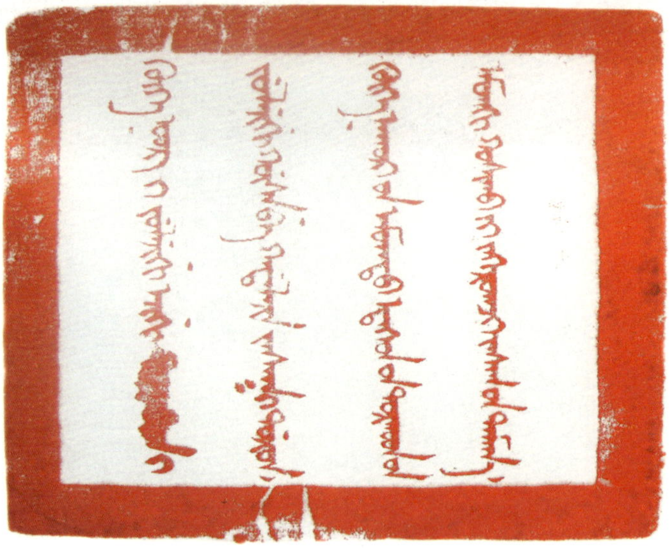

【提要】

青海南部土尔扈特前旗扎萨克银印，雍字十六号。该旗俗称土尔扈特扎萨克。边长 10.7 厘米，高 11.0 厘米，重 3780 克。银质，正方形，虎形钮，虎前腿直立，后腿卧地，呈半蹲状。双耳竖起，抬首前视，虎视眈眈，印面阳刻满、蒙古两文，汉译为“管理青海南部土尔扈特前旗扎萨克之印”，印前侧面阴刻汉文楷书“礼部造”，左侧面阴刻“雍正二十一年造”字样。今收藏在青海省黄南藏族自治州河南蒙古族自治县档案馆。

管理青海南部前旗扎萨克银印

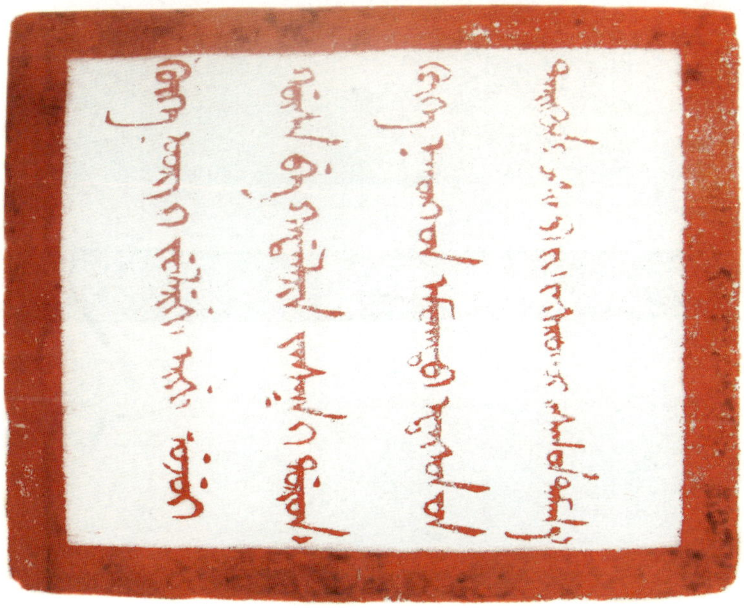

【提要】

青海南部前旗扎萨克银印，雍字二十二号。该旗俗称河南亲王旗。边长 10.7 厘米，高 11.0 厘米，重 3780 克。银质，正方形，虎形钮，虎前腿直立，后腿卧地，呈半蹲状。双耳竖起，抬首前视，虎视眈眈，印面阳刻满、蒙古两文，汉译为“管理青海南部前旗扎萨克之印”，印前侧面阴刻汉文楷书“礼部造”，左侧面阴刻“雍正二十一年造”字样。今收藏于青海省黄南藏族自治州河南蒙古族自治县档案馆。

管理青海北翼右旗扎萨克之印

【提要】

青海北翼右旗扎萨克印，该旗俗称宗贝子旗，道光十年闰四月，道字三十三号（1831年颁发）。铜质，正方形，印面阳刻满、汉、蒙古三种字，满、蒙古两文汉译为“管理青海北翼右旗扎萨克印”，今收藏于青海省海北藏族自治州海晏县档案馆。

青海南部左翼末旗管辖扎萨克之印

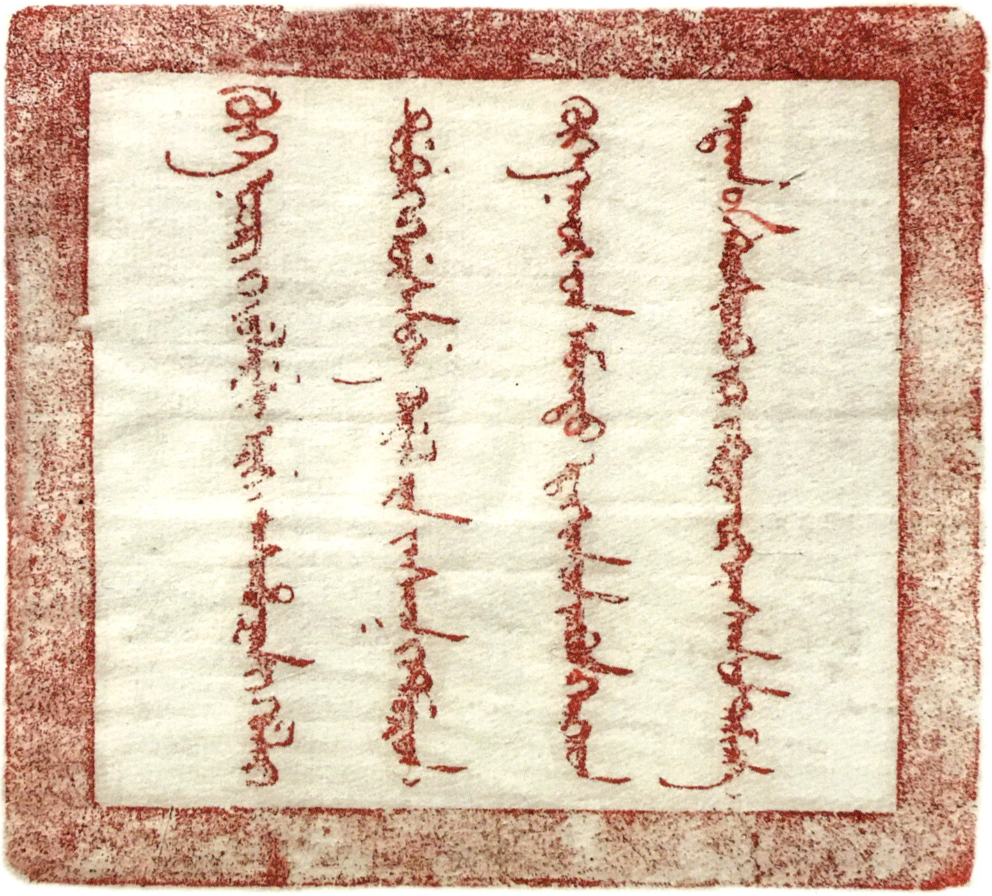

【提要】

青海南部左翼末旗管辖扎萨克之印，铜质。该旗俗称群科扎萨克。此印今收藏于青海民族大学博物馆（原民族学与社会学学院民族博物馆）。

青海南部左翼首旗管辖扎萨克之印

【提要】

青海南部左翼首旗管辖扎萨克之印，铜质。该旗俗称默勒王旗。此印今收藏于青海民族大学博物馆（原民族学与社会学学院民族博物馆）。

青海南部土尔扈特后旗管辖扎萨克之印

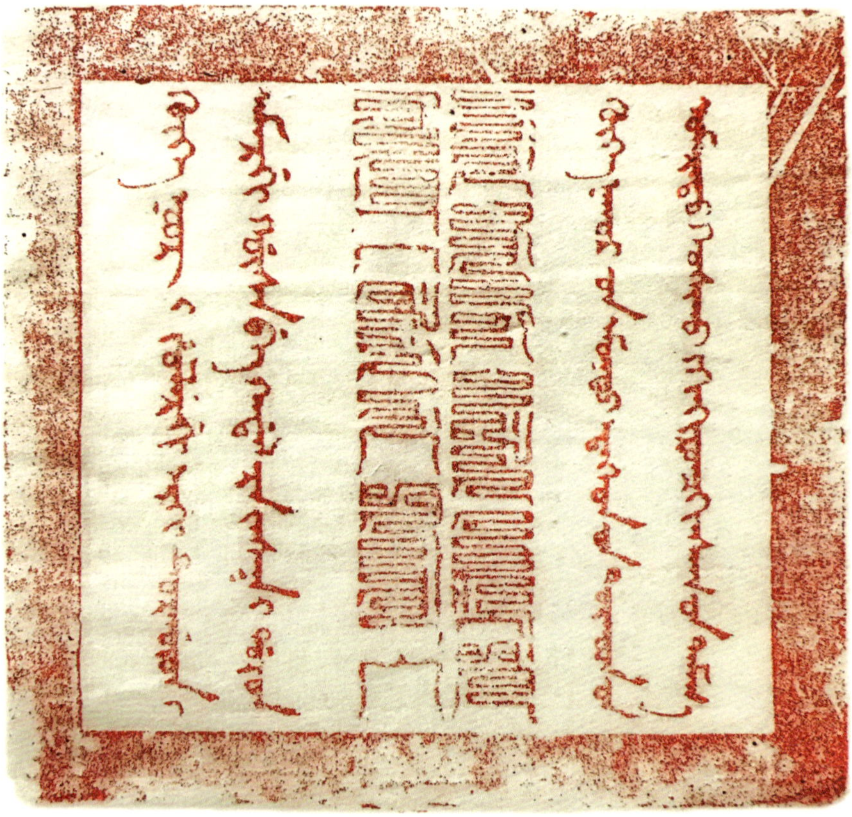

【提要】

青海南部土尔扈特后旗管辖扎萨克之印，铜质。该旗俗称角昂扎萨克。此印今收藏于青海民族大学博物馆（原民族学与社会学学院民族博物馆）。

青海南部土尔扈特中旗管辖扎萨克之印

【提要】

青海南部土尔扈特中旗管辖扎萨克之印，俗称永安扎萨克，铜质，字体清晰可读。此印今收藏于青海民族大学博物馆（原民族学与社会学学院民族博物馆）。

青海西部右翼南旗管辖扎萨克之印

【提要】

青海西部右翼前旗管辖扎萨克之印，俗称默勒扎萨克，铜质。此印今收藏于青海民族大学博物馆（原民族学与社会学学院民族博物馆）。

青海霍硕特西右翼前旗旗政府印

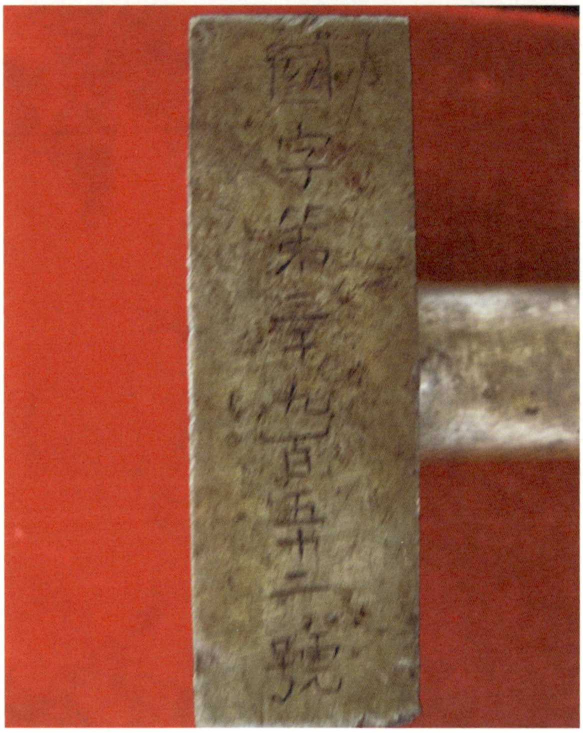

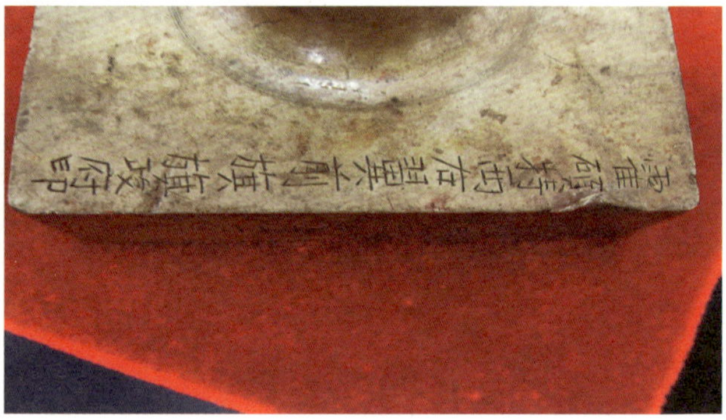

【提要】

霍硕特西右翼前旗旗政府印，国字第 3952 号。该旗俗称青海王扎萨克。铜质，正方形，印面阳刻汉、蒙古两文，蒙古文汉译为“青海西右翼前旗政府印”，印前侧面阴刻汉文楷书“印铸局造”，此印于中华民国二十三年（1934 年）十一月印铸局造，今收藏于青海省海西蒙古族藏族自治州公安局。

青海霍硕特南左翼末旗旗政府印

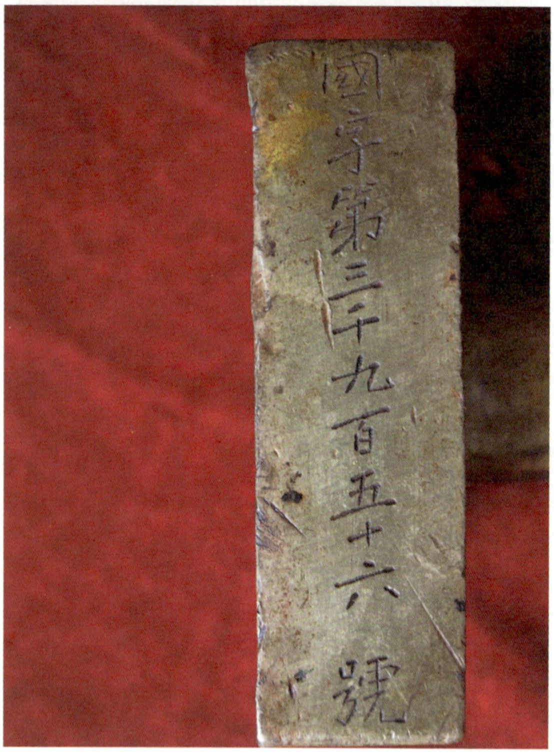

【提要】

霍硕特南左翼末旗旗政府印，国字第3956号。该旗俗称群科扎萨克。铜质，正方形，印面阳刻汉、蒙古两文，蒙古文汉译为“青海南左翼末旗政府印”，印前侧面阴刻汉文楷书“印铸局造”，此印于中华民国二十三年（1934年）十一月印铸局造，今收藏于青海省海北藏族自治州祁连县档案馆。

青海霍硕特前左翼首旗旗政府印

【提要】

霍硕特前左翼首旗旗政府印，国字第 3944 号。该旗俗称默勒王旗。铜质，正方形，印面阳刻汉、蒙古两文，蒙古文汉译为“青海前左翼首旗政府之印”，印前侧面阴刻汉文楷书“印铸局造”，此印于中华民国二十三年（1934 年）十一月印铸局造，今收藏于青海省海北藏族自治州祁连县档案馆。

青海南部土尔扈特南中旗旗政府印

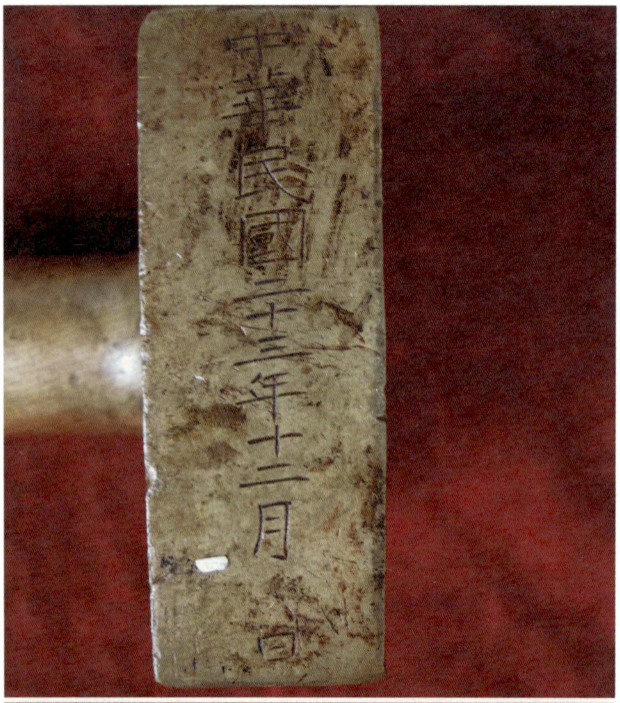

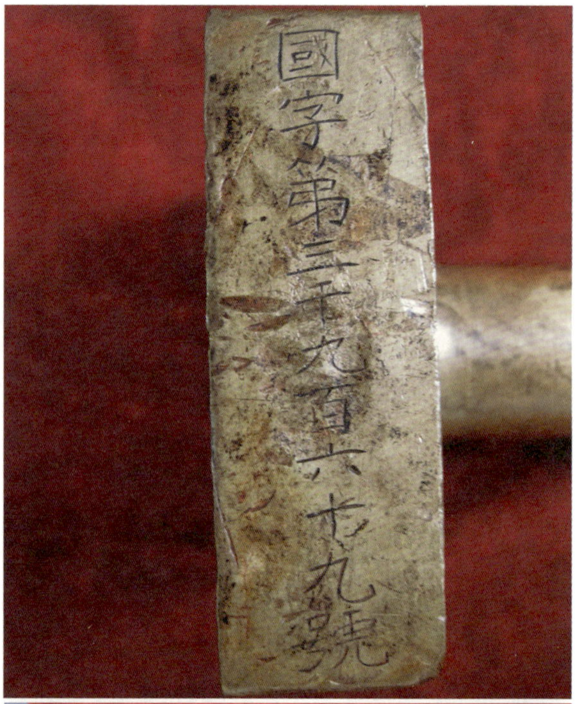

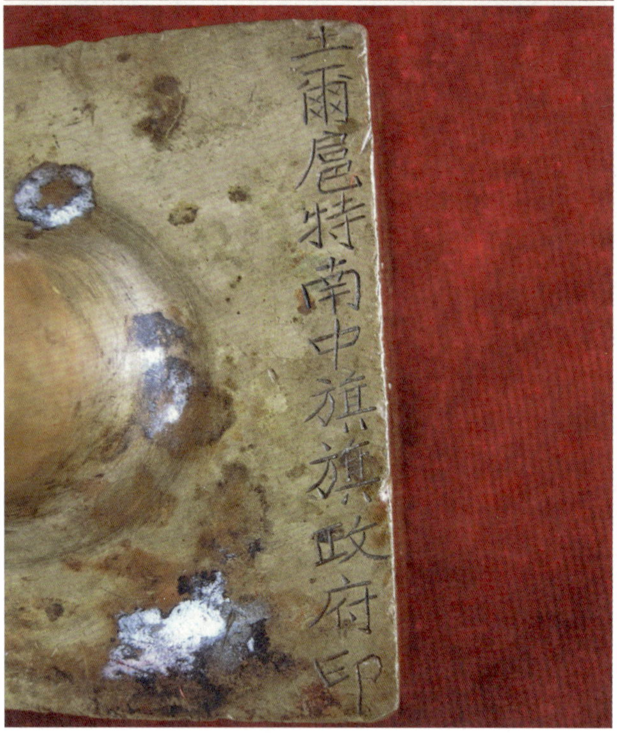

【提要】

青海南部土尔扈特南中旗旗政府印，国字第 3969 号。该旗俗称永安扎萨克。铜质，正方形，印面阳刻汉、蒙古两文，蒙古文汉译为“青海南部土尔扈特南中旗旗政府之印”，印前侧面阴刻汉文楷书“印铸局造”，此印于中华民国二十三年（1934 年）十一月印铸局造，今收藏于青海省海北藏族自治州祁连县档案馆。

青海喀尔喀南右翼旗旗政府印

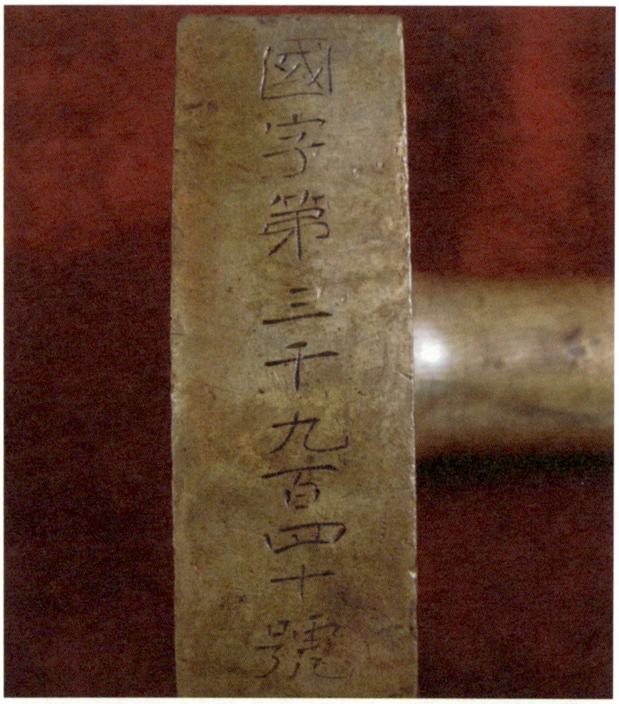

【提要】

喀尔喀南右翼旗旗政府印，国字第3940号。该旗俗称哈里哈扎萨克。铜质，正方形，印面阳刻汉、蒙古两文，蒙古文汉译为“青海喀尔喀南右翼旗旗政府之印”，印前侧面阴刻汉文楷书“印铸局造”，此印于中华民国二十三年（1934年）十一月印铸局造，今收藏于青海省海北藏族自治州祁连县档案馆。

青海绰罗斯北中旗旗政府印

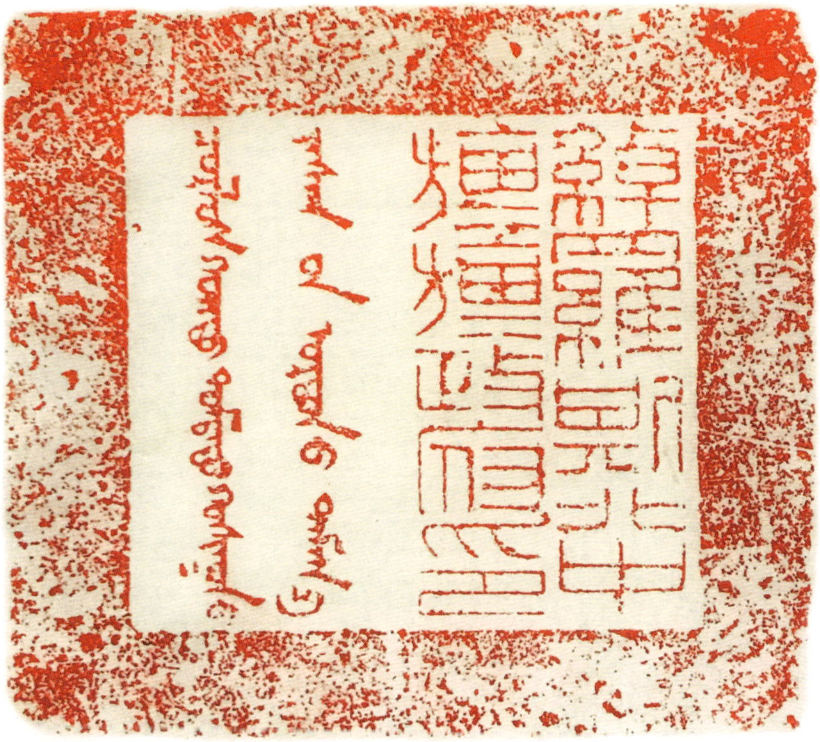

【提要】

绰罗斯北中旗旗政府印，国字第 3946 号。铜质，该旗俗称水峡贝子旗。此印于中华民国二十三年（1934 年）十二月印铸局造，今收藏于青海省海北藏族自治州海晏县档案馆。

青海察汉诺罕旗旗政府印

【提要】

察汉诺罕旗旗政府之印。该旗俗称白佛旗。此印于中华民国二十三年（1934 年）十二月印铸局造，今收藏于青海省博物馆。

青海霍硕特西右中旗旗政府印

【提要】

霍硕特西右翼中旗旗政府印，国字第 3962 号。该旗俗称台吉乃尔扎萨克。铜质，正方形，印面阳刻汉、蒙古文两种文字，印前侧面阴刻汉文楷书“印铸局造”，此印于中华民国二十三年（1934 年）二月印铸局造，今收藏于青海省海西蒙古族藏族自治州公安局。

青海河南亲王府印

【提要】

河南亲王府印。满、汉、藏三种文字合璧，今收藏于青海省黄南藏族自治州河南蒙古族自治县档案馆。

五世阿嘉呼图克图禅师银印

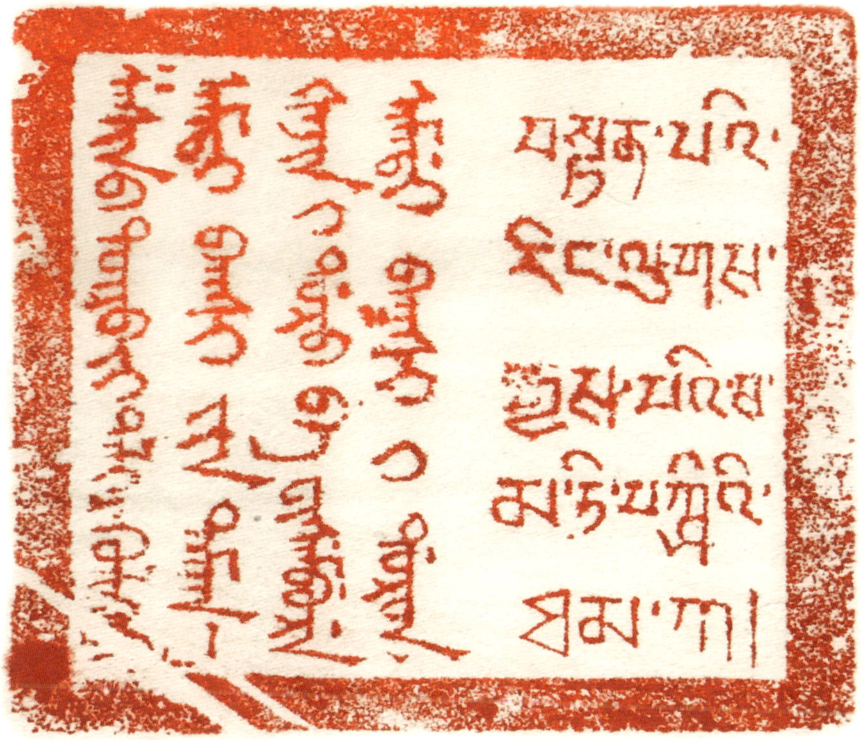

【提要】

五世阿嘉呼图克图禅师银印，纯银质，重约 1 公斤，方形，圆钮，朱文，印面是 7.8 厘米 ×7.8 厘米，每一种文字面刻平均 2.2 厘米 ×6.5 厘米，道光十五年（1835 年）八月礼部造，道字 47 号。此印今收藏于青海省塔尔寺阿嘉尕日瓦。

青海世居少数民族金石录

土族

敕赐李英金书铁券文

【提要】

金书铁券，又叫“丹书铁券”。封建帝王颁赐给有功之臣并世代保持优遇及免罪等特权的证件。券用铁制成，用朱砂书写，或刻字而嵌以黄金。《汉书·祭遵传》：“丹书铁券，传于无穷。”亦作“丹书铁契”。《汉书·高帝纪下》：“又与功臣剖符作誓，丹书铁券，金匮石室，藏之宗庙。”此制始于汉代，为后世帝王所效仿。帝王在誓文中肯定、赞扬受赐人的功绩，并明确规定应享有的特权，以此激励受赐人和他人永世效忠朝廷。

颁赐给李英的“金书铁券”文，不见于史志记载，只录于李土司后裔李培业先生所编《西夏李氏谱》中，弥足珍贵。这不仅是研究明代历史的重要资料，而且对于研究青海地方历史和土族历史，有莫大的参考价值。

【铭文】

奉天承运皇帝制曰：朕维人臣能效劳于国者，必有封爵以贵之。所以彰其绩，报其功，至公之道也。尔右军都督府左都督李英，蕴器深宏，秉性方直，世守西土，效忠朝廷。事我皇祖皇考，屡著勤诚。暨朕纂承大统，益克尽臣职，常效劳于征伐，亦殚力于抚绥，酬厥勋庸，宜隆恩命。今特授尔推诚宣力武臣特进荣禄大夫柱国会宁伯，食禄一千一百石，子孙世袭。仍与尔誓：除谋逆不宥，其余杂犯死罪，免尔一死，以报尔功。于戏！锡爵推恩，固国家逮下之典。建功奉职，实臣子事君之忠。朕既不忘尔功，尔尚无忘朕训，永保富贵，以励贞诚。钦哉！

宣德二年十月二十四日

高阳伯李文铁券铭文

【提要】

此铁券形制如瓦，呈半弧形，生铁质，铁色如墨。左右长37.5厘米，上下高21.2厘米，厚0.25厘米，重1300克。正面（凸）面镌有明英宗诰命之文，字嵌以金，金书灿然，颜体字。每字大约1平方厘米，分17行，每行13字，共216字，正面有206字，反面有10字。是西府李土司后裔李永蔚老人于1986年5月14日捐献给青海省档案馆的。据1994年7月出版的《档案学词典》介绍，现存铁券实物有四件：一是唐昭宗颁赐钱镠铁券，藏于中国历史博物馆；一是明英宗赐李文铁券，藏于青海省档案馆；另外两件是明宪宗成化年间（1465～1487）颁赐给朱永铁券，现藏于北京故宫博物院。此铭文录自青海省档案馆《李文金书铁券》原文。但在开头文字上无“维天顺二年岁次戊寅三月戊子，朔越十八日乙巳”字。此券于2003年3月被收入《中国档案文献遗产名录》。

【铭文】

维天顺二年岁次戊寅三月戊子，朔越十八日乙巳，皇帝制曰：国家于武臣之有劳绩者，必封爵以贵之，此报功效能之圣典也。尔右军都督府右都督李文，负资忠义，秉志纯良，将略素闲，战功克著。兹朕复位之初，受以边防之寄，因胡虏之侵犯，遂克敌以成功，顾兹茂勋，宜隆恩典，特封尔为奉天翊卫宣力武臣特进荣禄大夫柱国高阳伯，食禄一千石。乃与尔誓：除逆谋不宥外，其余若犯死罪，免尔本身一次，以酬尔勋。于戏！爵禄有加，用尽报功之义，忠勤不替，方资事上之诚，朕既不忘尔勋，尔亦毋忘朕训，往励尔节，益懋徽猷，钦哉！

背面文字：若犯死罪禄米全不支给

增修巴暖三川堡寨山城记

【提要】

明李复初撰，碑文收入〔顺治〕《西宁志·艺文考·碑记》及《西宁府新志》卷三十五《艺文志·记》。

【碑文】

谈兵御戎，术亦多矣。我皇明既定河朔，恢拓诸镇，列戍屯兵[1]，战守并用，得上策矣。圣天子轸念三边重地[2]，简命都御史松石刘公[3]，以左司马督军务。公练兵畜士，除器缮城，兵威大振，夷众惊遁，烽火偃然。三边既靖，乃念西宁素号内地，而巴暖三川[4]，延袤二百余里，又内附河兰，西距大小山[5]，北阻大通河。每岁雪消冰澌[6]，山润河流，任意耕牧。散处荒野，虽有堡寨十八所，山城六所，率寡邈颓坏。往年夷贼得深入肆掠，无备故也。遂檄兵备副使及公往修筑焉[7]。及公悉心经理，遍历险要，形相画野，因水以山。以分水岭之北，厥水皆趋大通河，中径钮儿都沟、米剌沟、巴州沟、暖州沟；岭之东南，厥水径趋黄河，径美都沟、三川及支溪小涧。计可聚落创居者得二十余地，复择其平原旷野者[8]，则筑堡焉；临壑附岩者，则筑寨焉；山巅坦平，四壁可削，则短以垣为之山城焉。其旧寨之颓坏者，则修补之；旧壕之壅填者，则挑浚之。高深缭绕，皆可守可居焉。工费之计，则巡抚御史东梧牛公画也。工事之役，则土居番汉诸民力也。创筑者凡十七所，修葺者十八所。始于丁酉春二月，终秋七月也。

会余按部湟中，省方问俗，乃见川陵襟带，形胜据矣。垣堑高峻，保障崇矣。星布络降，守望便矣。当时立览三叹，已复许之。兵法曰："先为不可胜，以待敌之可胜。"故李牧修边，日飨士习射，匈奴入道[9]，则急令收保，一战大败之，十余岁不敢近赵边。顾刘公之谋、牛公之力，乃公之贤劳与得策于一时，有功于百世，不可泯也。余又闻松石公曰："边民勇于守业[10]，一可当百，更欲给之甲胄，则所向无前。戍守之利，愿次第允蹈之。边民实，则藩篱固；藩篱固，则盗贼远，而中原高枕无虞矣。"

松石公，讳天和，楚麻城人。东梧公，讳天麟，齐聊城人。兵备公，讳宦，燕交河人。佥谓役事孔艰[11]，匪述罔鉴，后之君子，其永保无释也哉！

【注释】

[1] 列戍屯兵："戍"，（顺治）《西宁志》作"攻"。

[2] 圣天子轸念三边：轸，音 zhěn，怜悯、体恤之意。三边，明代专指榆林、宁夏和甘肃三镇，是为防御河套蒙古而特设的军事堡垒。

[3] 刘公：此初指御史刘天和。和，字养和，湖广麻城（今湖北麻城）人。正德进士。嘉靖十五年（1536 年）以兵部左侍郎兼都察院右副都御史总督三边军务。

[4] 巴暖三川：指今民和南部黄河北岸的下川、中川、赵木川。

[5] 西距大小山：（顺治）《西宁志》作"西有文小山"。梁份《秦边纪略》关于巴暖三川曰："黄河堧限于东，小文山阻乎西。"此处应为"小文山"。

[6] 澌：音 sī，尽。

[7] 及公：此处指西宁兵备副使及宦。宦，交河（今山西太原市西）人。嘉靖十五年任西宁兵备副使，第二年总督刘天和修治巴暖三川等处堡寨时，尽心协助。

[8] 复择其平原旷野者：（顺治）《西宁志》无"其"字。

[9] 匈奴入道：（顺治）《西宁志》无"道"字。

[10] 边民勇于守业："勇"，（顺治）《西宁志》作"永"。

[11] 佥谓往事孔艰："艰"，（顺治）《西宁志》作"难"。

广福观修建记[1]

【提要】

明翰林侍读学士曾棨撰，碑文收入〔顺治〕《西宁志·艺文考·碑记》及李培业《西夏李氏谱》卷五《艺文谱》。

【碑文】

太宗文皇帝入正统之初[2]，以北极真武之神，尝有阴翊默相之功，命修建太岳、太和山诸宫观[3]，以奉祠事。仍于京师立庙，俾土民之乞灵祈福者[4]，咸有归焉。永乐壬寅秋八月[5]，驾车自沙漠还，次榆林御武帐中，召今推诚宣力武臣、特赐荣禄大夫、柱国、会宁伯李公英，咨问西宁风土。公具对[6]："臣叨荷国恩，镇戎西陲[7]，幸遇朝廷清明，边鄙无事，由是民阶丰富逸乐[8]，克享太平之福，恩德至广矣。"因请建真武庙，以为边人岁时祝寿祈祷之所，诏许之。

公既还镇，卜日，命匠治材，为正殿、周回廊庑，后殿东西两傍，为众屋凡若干楹，以为主司者之所栖止。逾数月而告成。宣德改元，冬十二月[9]，公始克以庙讫工奏之，敕赐观额曰："广福"，仍命所司宣道士孙思忠等五人以主祠事[10]。先是，公奉命经营之际，一夕，梦人告云："真武之神将出。"即肃衣冠以俟。有一人具素馐[11]，将邀公食于其家。公以迓神之故[12]，弗之许。其人携至公所，请食。未下箸，前告又云："神已至。"公遂趋出迎，见冕服执圭[13]，朱鞍白马，导从甚众，仪物类王者。复有道士何诏宗者[14]，博衣角巾，挟簿书以问公曰："神先至李王庙，何如？"公曰："宜先至宁蕃寺。"遂转骑从徐行。时天日开朗，纤尘不惊。良久，前至一所，高垣峻宇，丹碧照耀，殆非常人所居者。既及寺门，公下马，矍然惊悟。实永乐癸卯七月之八日也[5]。

今年冬，公以事入觐，遂授封爵，赏赉以归。既将行，具述营建始末与梦感之事，请余为记。盖公在永乐中，屡从亲征漠北，累勋积劳，有宝刀名马之赐。洪熙改元，奉诏领兵，剿除安定边寇。公克奋勇敢，身先士卒，深入寇垒，翦戮擒获无算，得其马、驼、牛、羊十有三万而还。今皇上嘉其功能，遣礼部主事杨镛弛往晏劳，降敕褒美。则公之忠义激切，报效于国家者如此。至其所感通神明，以彰其灵应者，亦岂偶然者哉！故自建庙以来，雨旸时顺[16]，岁谷屡登，边人安居，寇盗屏迹。是维朝廷盛德所加，而公所以效忠竭力，神之所以护国福民者，可谓至矣。是以勒之于石，俾后之人得有所考焉。

【注释】

[1] 广福观：此观址在明代时在西宁城东北隅。宣德元年（1426 年）由会宁伯李英主持兴建。正统中都指挥汪清重修。嘉靖二十一年（1542 年）守备崔麒再此重修。咸丰元年（1851 年）西宁绅民重新修葺。此碑文 《李氏谱》中题为《敕赐广福观梦感记》。

[2] 太宗文皇帝：即明成祖朱棣，公元 1402—1424 年在位。

[3] 太岳太和山诸宫观：太岳，又称为霍泰山、霍山，在今山西霍县东南。太和山，即今湖北、陕西两省交界处的武当山。

[4] 俾土民之乞灵祈福者："土"，《西夏李氏谱》作"士"，据文意，《西宁志》误。

[5] 永乐壬寅：永乐二十年，即公元 1422 年。

[6] 公具对："对"，《西夏李氏谱》作"言"。

[7] 镇戎西陲："戎"，《西夏李氏谱》作"戍"。

[8] 由是民阶丰富逸乐："阶"，《西夏李氏谱》作"皆"，据文意，《西宁志》误。

[9] 宣德改元：这里指明宣宗朱瞻基即位，书记在公元 1426 年。

[10] 仍命所司宣道士孙思忠等人："宣"，《西夏李氏谱》作"选"。据文意《西宁志》误。

[11] 有一人具素馐："馐"，《西夏李氏谱》作"馔"。

[12] 迓：音 yá，意为迎接。

[13] 见冕服执圭：《西夏李氏谱》作"见神冕服执圭"。

[14] 道士何诏宗者："诏"，《西夏李氏谱》作"绍"。

[15] 永乐癸卯：永乐二十一年，即公元 1423 年。

[16] 旸：音 yáng，天晴。

重修宁番寺记

【提要】

清周时滲撰，原碑文录自李培业整理《西夏李氏谱》卷五《艺文谱》。

【碑文】

佛氏于后汉明帝时入中华，梁武宗其教，唐宪迎其骨。而人敬信奉礼者，逐遍端倪，粤自圣朝开始。斯谓城中是有寺基，惟存三佛像而无殿宇。土官指挥佥事李南哥者，以是城西达番夷，尊信佛教，兹寺之建起，彼向善者则号令易施。乃募缘创建，蒙赐名“宁番”。为一城之胜概，为百世之壮观，为四夷之瞻仰，殆百年矣。弘治改元，八月二十有三日夜四鼓，致仕总兵官高阳伯李公文，梦三大佛言曰：“我祸患脚疾，愿汝为一治之。”及曙，公命子指挥佥事镛，往视于寺，殿宇倾漏，佛足有损，兼相貌模糊，衣金剥落。镛归白公，公喟然叹曰：“是寺吾先祖南哥公所重建，而今将颓，佛感吾梦，则有自来矣！”即捐金鸠工，整饬其门。无僧舍，垣牖阶砌[1]，亦无全备。公遍告亲识，广募擅缘，葺甍砻甓[2]，装以金彩赭垩，俾佛像焕然荧煌，殿宇灿然轮奂。盖南哥公建于前，而会宁伯续之今，今公夏饬于后，可谓能继志述事者也。

由此推之，会宁伯者，公之叔父也，声振华夷。凡有征剿，公必随侍戮力，故公之名望日隆，播诸朝野，自舍人特升指挥佥事。领敕抚夷，复讨安定、曲先等番族，历升督府。树旐旗，悬金章。镇守大同，屡献奇捷。其忠肝义胆，超出人表。我英宗皇帝，睿哲神武，委以腹心。进职伯爵，食禄千钟，加以蟒服玉带，赐以金书铁券，与其忠勇之劳，褒以太史之典。则位极人臣，功盖天下。及乞骸骨，解组荣归，优游田里之间，笑傲宗祖之上。寿八十有五，皓首童颜，年高德邵。桂子兰孙，罗列堂膝。而忧国之心，未尝稍杀，惟公之忠爱若是，与南哥公一气而相传矣。不然，神之去今，以千余年，岂复能以灵感人而形诸梦寐者耶！

呜呼！二公阐扬佛教，保障斯民，而掳忠之诚，先后一揆[3]。遵化番俗，巩固皇图，而报本之义。若合符节，追见开昌厥后。衮衮公侯，抑非愚言所能赘，故述其忠并识不朽云。

弘治二年[4]岁次己酉秋七月上浣之吉 清世散人布衣周时滲述并书

前总兵官致仕高阳伯李文同诸弟男侄　舍人李通
右军都督府都督佥事李昶、进士第中书舍人玑、太学生瑁　立

【注释】

[1] 牖：音 yǒu，窗户。

[2] 葺甍砻甓：葺，修理；甍，音 méng，指屋脊。砻，这里是磨、打磨的意思；甓，音 pì，砖，砖块。

[3] 揆：音 kuí，准则，道理。

[4] 弘治二年：公元 1489 年。

会宁伯李公墓志铭

【提要】

明礼部尚书金善撰。此文载于明代《金文靖公集》第九卷（明成化四年金氏家刻本，现藏于台湾大学）。作者金善（1368 ～ 1431 年），字幼孜，号退闇。江西新淦（今江西新干县）人。建文二年（1400 年）进士，累官至礼部尚书。谥号文靖，《明史》有传。

编者特此注明：这篇碑文资料是陕西经贸大学李培业先生提供的，据李先生讲，是台湾一位学者从原刻本中复印后邮寄来的。此碑文又载于台湾影印文渊阁《四库全书》集部别集类《金文靖公集》。关于此碑文的研究，可参见王继光《跋〈李南哥墓誌〉》载《青海社会科学》，1994 年第 3 期。

【碑文】

推诚宣力武臣特进荣禄大夫柱国会宁伯李英，以所述先考会宁伯之官封事迹，一通泣拜，请余为铭，以志其墓。余辞再三不获，则为按状而序之。

曰：公讳南哥，姓李氏，其先世居西夏，后有居西宁者，遂占籍为西宁人。祖讳梅的古，考讳管吉禄，皆追封会宁伯。母公氏[1]，赠夫人。公姿貌丰伟，性质直，自幼志气超卓，为乡人所推。比长，颇习武事，番族部落皆信爱之。我太祖高皇帝既定中原，薄海内外皆称臣奉贡。公远处西檄，独能识察天命，率所部来归，特授西宁卫管军土官所镇抚。其后，西宁建卫置官府，公屡效劳力，招徕西纳诸族，先后来朝者不可胜计。既又奉命建罕东、安定、曲先三卫，令岁入马三千余匹，至今号“金牌马”云。已而千户析者孙构逆谋[2]，祸延于众，公独檄旨无扰，复升卫镇抚，阶武德将军，且给公符验。但有以无理相加者，许驰驿来奏。及西纳族指挥板麻领直答儿、千户领真奔协比为恶，不守礼度，太祖高皇帝命公禽二人以献[3]，特升指挥佥事、阶怀远将军，重加赉赐。

其后，公老，退休于家，遂以子英代其职。英克承公教，尽心朝廷，屡从太宗皇帝北征索虏，累升陕西行都司都指挥佥事。今上皇帝莅阼之初，复右军左都督。公两膺封秩，皆如其子。又以英封，由都督进封会宁伯。然公虽耆龄，其心拳拳，不忘朝廷。时英奉朝廷诣京师，公匍匐万里，备良马方物来贡，上嘉其诚，优赐银币，即遣其西还。比至家，数月而卒，时宣德五年正月十四日也，享春秋九十有三。上为感悼，特遣中使谕祭，且命官司营葬事，以某年某月某日葬西宁之巴州山。公娶王氏，赠夫人。子男二人，长英；次雄，锦衣卫千户。女三人 ，长适指挥班贵；次适汪福；次赘婿薛。孙男三人，长文，陕西行都指挥使；次武，次泉；孙女三人。为之铭曰：

侃侃李公，夙秉忠义。来归太祖，累效劳勋。

至于太宗，益勤弗替。既昌厥家，以畀其子。

子有禄位，寔公所致。公享其福，恩宠荐至。

冠缨峨峨，照耀乡里。寿考令终，无憾生死。

公去日远，九原难起。录事以铭，属于太史。

巴州之原，公葬于此。奕世有闻，尚来告裔。

【注释】

[1] 公：《李氏世谱》中作“龚”。

[2] 析：《明实录·太祖洪武实录》卷八十三洪武六年七月己巳条作“祈”，应为“祁”。

[3] 禽：同“擒”。

钦依南川[1]守备署都指挥佥事陈公墓志

【提要】

明文林郎、知云南依佐县事刘明徵撰，儒学廪膳生张于渐书丹。陈转墓志铭是在1985年发现于青海省互助县五峰乡陈家台村，碑志除个别字难以辨认外，基本完整。志盖篆书阴刻“钦依南川守备署都指挥佥事陈公墓志”。据墓志，墓主人陈转应为陈土司后代。

【碑文】

余龆齿与陈公契，知公才雄三河，声施五郡，息今称淳朴长者，余盖得其素矣。亡何今上丁巳九月二十一日，公损馆舍而遽为鼎湖游，伤哉！其长子三略、次三谟、三奇，皆缞绖造余曰[2]：“先大人一夕之疾，奄弃诸孤，唯是终天之恨，即须臾不死以从逝者，将无废先美以示后世。倘得关幽一言为先人志，则死且不朽，生亦不朽！”余闻而哀之曰：“志以徵信传远，必名世手乃任，而余岂人哉。”因固逊不得辞。

谨按状，公讳转，别号天衢。其先直隶淮安山阳人。洪武初有名义者来西宁[3]，遂家焉。义生斌，斌生镛，镛生策，策生凤。凤举三子：长忠，参戎；次孝，即公之父也；次魁孝。娶李恭人而生公。蝉联贯珠，辉映后先。叙公之颖□：方应悬孤，产而歧嶷。孺子时，父以英物拊宁馨儿。稍长，嗜骑射，兼读书。识者奇曰：“此公耸□昂霄，当为国器。”异者曰：“即不封侯万里，必授钺一方。”未几，公袭户侯，多伟绩焉。叙公之功名年卯，适郑司马经略西事之日[4]，委公督兵，夺击斩馘[5]，焚仰华，公霍然有声。当事者危公，题赏记录，此公囊脱之始、发轫之初以。丙申，海虏大犯边疆，公当先锋，与虏血战，斩首报捷，授付千户侯。公自此愈振衣自言曰：“丈夫当□手功名，毫不假借，敢不锐意前途，以肩王事哉！”戊戌[6]，调兵允吾，而龙昙之战，又复奇捷，遂授正千户侯。是以屡登荐牒，有欲灭犬羊，难掩骐骥，天闲上驷，苍海遗□之称也。后统兵则军即挟纩[7]，署政则民措衽席，□泽洽于边关，声誉动于朝端。天子以拊髀思颇[8]，牧者思公未敢以户侯少之。蒿目时事者谓：“伏羌□为戎夷接壤之区，必择重臣，以抚兹土。”辛亥，遂择公。书上，上嘉公绩而擢之。公奉玺书以任兹地，趾未及疆，羌人惮其先声，潜踪敛首，以避其威。且□善甲兵，完城廓，明斥候，一切戒备无不惮厥心力，久任而成。更晋秩超擢之，谁曰不宜。无奈娥眉见，如见锦中伤，见方正之容也。一旦去公，公闻报无难也。趋装即还，还之之外无长物，其行礼澹如也。叙公之行谊：自处奥堞，翼翼自将，不妄言笑，不轻与人群。遇兄长则谦逊，□弟盖严甚之。子姓不敢逾礼，恒以业儒者业。三子秩佚于教，必恚甚尤之[9]。曰："武而不学，是为坚匏，即习技艺，为一人敌。吾翼多读书，将昌大吾户也！"三子亦慓慓[10]，思愤矣。叙公之隐兴：公抱烟霞，癖□游□，挟湟郡名公，钜望挥尘谈玄，把臂于山亭水阁之间，逍遥录野，乐意琴樽，不必鼎食者得而家食者，失轩冕者是而巾车者非。公忽鹏集箕骑。当归化之先数日，独长呼侄兆瑞君同三子在侧曰："吾上不负君，次不负身，膺宠特爵，腰黄金，盖即死何憾焉！惟继吾志者吾子也，兆侄当严而有责成焉，吾且瞑目逝乎。"兆瑞君泣下曰："唯！唯！"九月二十一日申时，公急呼沐栉具衣，即正终长往矣。呜呼！公生，受正命没就正；终，不移情于宠辱，不易情于穷达。轩昂秉性旷达，廪质者也。叙公之后裔：公生嘉靖乙卯二月二十五日，卒万历丁巳秋九月二十一日[11]，享春秋六十有三。娶贺恭人，生三子：长三略。娶李氏；次三谟，娶莫氏；次三奇，娶谈氏。生五女：长适星光显；次适实授百户王懋功：三适指挥使莫负时；四适董增恩；五适千户陈正。侧室康氏生一子，早殇；女一，室舍人张尔彦。孙男四，孙女一。长陈光道，三略出也；次一子一女，三谟出也；次二子，三奇出也。桂兰郁郁，花萼辉煌，乃孙乃子，有继有述。《易》曰："积善之家，必有余庆。"天之报善人不昌且远哉？三略等谨卜以卒之年十一月十一日附葬于北山祖茔之次。余述其实行而铭之。铭曰：

陈氏之系，系于阳山。占籍河西，衍传始章。

人孰无逝，同归北邙。惟公合德，巨阙掩芒。

胡云弗极，锡命辉煌。胡云不享，特爵赐赏。

生值间气，没逝垂光。矧厥后之益昌，谁谓哲令云亡。

三略

不肖男　三谟　泣血立石

三奇

【注释】

[1] 南川，即今西宁南川。《明史·地理志》："洪武六年（1373 年）改西宁州为西宁卫，下属西宁、碾伯、镇海、北川、南川和古鄯六个千户所。"西宁卫在行政建置上属陕西布政使司，在军事上隶陕西都指挥使，兼管军民，属于"军民卫所"。万历十八年（1590 年）明朝加强军事部署，不仅将碾伯、古鄯操守官升格为游击、守备，增设西川、北川游击和守备，而且在西宁卫地要害地区分汛防官十三处，南川即是其中之一。

[2] 缞绖：缞，音 cuī ，古代的丧服。绖，音 dié ，古代用麻做的丧帽、丧带。

[3] 洪武初有名义来西宁：指陈氏第一代土司陈子明之子。

[4] 适郑司马经略西事之日：此处郑司马指郑洛，字禹秀，安肃（今河北徐县）人。嘉靖进士。万历年间以兵部左侍郎总督宣大、山西军务，款抚蒙古右翼土默特部俺答汗。累官至右督御史，经略陕西、甘肃军事政务。

[5] 馘：音 guó ，古代作战时割取所杀敌人的左耳，以计数报功。

[6] 戊戌：此"戊"应为"庚"，根据本墓志庚戌为万历三十八年，即公元 1610 年。

[7] 纩：音 kuàng，絮，丝绵。

[8] 髀：音 bì ，大腿。

[9] 恚：音 huì ，怨恨，发怒。

[10] 慓慓：音 piáo，矫捷勇猛。

[11] 公生嘉靖乙卯二月二十五日，卒万历丁巳秋九月二十一日：乙卯为明世宗嘉靖三十四年，即公元 1555 年；丁巳为明神宗万历四十五年，即公元 1617 年。

追赠特进荣禄大夫右军都督府左都督李公神道碑

【提要】

明朝列大夫兼修国史总裁国子祭酒胡若思撰，翰林朱孔阳书。此碑在青海民和享堂前佳城。碑额篆“赠夫人王氏墓碑”七字。转录自李培业《西夏李氏世谱》。

【碑文】

天者，自然之理也；地者，亦自然之理也。人秉天地形气，生乎两间，而三才之道分，五行之理具。盖天之道、地之道、人之道，岂一言而尽也。其为物不贰，则其生物不测。人即物也，为万物之灵也。且夫人得五行纯粹正气之清者人必贤，物得五行中和正气之清者物必贵。贤而贵，则世间之所钟矣。是故物贵人贤，皆本乎天地一气之原，祖宗一气之积。然人与物殊，而理不异，则人万一有能全天地之道哉！

端蒙大荒落之岁，特进荣禄大夫李英，过吾成均，匍匐含泣，手执行状而相告曰：英祖宗殁世既久，愿发潜辉，勒诸金石。俾名有闻于生前，德不泯于死后，千载而无磨也。吾嘉其敦世励俗而孝行纯至，谨按状而为之记。

其始祖唐季赐姓，显宦大宋。迄元，祖任王府教授，父任西宁州同知。运革归附皇明，平定海宇，擢西宁卫镇抚。历事年深，累功而升佥西宁卫土官指挥使。居官则宽而栗，抚下则简而无傲，德被乡党，威知戎虏。怡然乐善，而膺五福之福也。母王氏，脱脱国公女也，有操略，执妇道。时父公出，偶罹祁者孙之叛，诸亲诱其从，母独不允。毅然骂曰：“尔背顺向逆，必不祥。吾夫受国之重任，吾受夫之重托，宁死而不忍去！”遂保宗祖家业，乡人贤之。永乐甲辰，寝疾而终。吾为撰志存焉。

是冬，赐诰追赠曾祖李梅的古，赠特进荣禄大夫右军都督府左都督，曾祖母吴氏，赠夫人。祖父李管吉禄，赠特进荣禄大夫右军都督府左都督，祖母龚氏，赠夫人。父李南哥，赠特进荣禄大夫右军都督府左都督，母王氏，赠夫人。妻朵氏，封夫人，指挥朵公之长女。生一女，尚幼。宗侄七人，俱备武职。吾闻一门六叶，感恩万万，乃积累之荣幸哉。所谓天地之一气，即祖宗之一气。请以木本水源譬之[1]，其来尚矣。

始若昆仑之水，经月窟而自天根，过三危而导九曲，千流万派，不舍昼夜；盈科后进，放乎四海。其沃土济旱，润物泽民，有补于世者，吾知其源之深。源之深，则流派远大矣。徂徕之木，起亭末而至合抱，凌云霄而傲霜雪，千枝万叶，不怯寒暑。盘根错节，郁然百丈。其为栋作梁，擎天架海，有用于时者，吾知其本之固。本之固，则枝叶崇茂矣。二者皆本天地造物，端本澄源，自然而然之理也。今观英之家世，父母之德，实果符天地一气之原，祖宗一气之积，而贤而贵辈出者有若是乎！况英柔远讨叛而立大志，策功建勋而登极品。为栋作梁，擎天架海，此人必贤物必贵之效乎？节用而爱人，尽忠而推恕，忧以天下，乐以天下，沃土济旱，润物泽民，此亦人必贤物必贵之效乎？则非樗栎潢潦之类[2]，无补无用于时世者。抑非庸人孺子之徒，侥幸夸耀于闾里者。必然富贵资于天地耶，功名资于祖宗耶。盖滋培有素，钟毓有常，绳继有庆，遂致尊崇爵禄，光贲幽明，箸竹帛而播声诗。呜呼盛哉，乃铭之曰：

泰山岩岩，景星煌煌。天显人道，厥类维彰。

地载天物，厥气孔扬。人修天德，厥后其昌。

父兮母兮，节义贞良，乃生贤哲，以兆馀庆。

承胤谱系，颙显庙堂[3]。丘陇之卜，巴州之阳，

阴阳界聚，松楸郁苍[4]。腾今耀古，百世流芳。

大明宣德二年岁在丁未八月十六辛未上吉立石。

【注释】

[1] 譬：音 pí，比喻。

[2] 樗栎潢潦：樗栎，音 chū　lì ，樗，臭椿树。指不能成材之木，比喻无才能之人。潢潦，音 húang lǎo，指积水池，积水。

[3] 颙：音 yóng ，大，景仰之意思。

[4] 楸：音 qiū，指落叶乔木，其木材细致耐湿。比喻人才。下面宣德二年指公元 1427 年。

明故前推诚宣力武臣特进荣禄大夫柱国会宁伯李公神道碑

【提要】

明奉议大夫巡抚陕西都察院左副都御使阳翟马文升撰文，政大夫通政使司右参议翰林编修广阳赵昂书丹，奉政大夫尚宝司卿宣文华殿广平陈洛篆额。会宁伯碑残石发现于1997年春，现藏于民和县博物馆。此碑文完整地保存在《李氏世谱》中，亦见于张维《陇右金石录补》卷二中，题以《乐都会宁伯李英神道碑》。其中残碑“通政使司右参议”之“右”在《陇右金石录补》中作“左”，应为“右”；“宣文华殿”之“宣”在《陇右金石录补》中作“直”，应为“宣”；“广平程洛”之“程”应为“陈”，张维先生亦是之。

【碑文】

柱国会宁伯李公殁，几三十稔[1]，墓上之碑未立。今成化十年夏五月八日[2]，公夫人卒于京，子昶掌右军都督府事，得请于朝，将扶柩为祔公葬于西宁之祖茔[3]。道出长安，奉大理寺左寺正刘君约之，所状公暨夫人事行，谒予文之于碑。

按状：公讳英，字士杰。其先出于元魏，至唐拓拔思恭，以平黄巢功，赐姓李氏。世长西夏，自宋及元，以武勋显白者甚众。其居西宁曰赏哥，元祁王府官，子孙传袭。至管吉禄为司马，司马生南哥，为西宁州同知。我朝太祖高皇帝，平定天下，南哥率所部于洪武初内附，授西宁卫管军所镇抚。卫治城池，皆所增修。招抚西番八族有功，升卫镇抚。后累功进指挥佥事。夫人王氏生公，自少聪颖不凡。及长，体貌魁杰，臂力过人，精于骑射；尤好儒术，韬钤经史[4]，讲肆无暇逸。永乐初，父老辞职。岁辛卯，文皇帝亲总六师出沙漠，剿本雅失里于玄冥河，获阿鲁台于广漠虏，公皆与焉。还，论功定赏，升指挥同知，赐钞二百锭，白金六十两。又明年八月，老的罕据沙金城，扰凉州永昌，诏公截捕。公麾偏师，至摆通与贼遇，力战败之，获人口驼马无算。上赐手敕曰：“尔收捕叛贼，克效勤劳，特升都督佥事。”乙未，驾复北征，公领所部从，以捕获过当，屡敕奖谕。仍有银、钞、镀金铜佛之赐。自是扈驾者再，必贾勇为前锋。

公夙负才略，有胆气，部下皆西边精锐士，故所当者罔不摧败。而所虏获者，比诸将恒多为是。上心简注眷赉之恩，亦独厚焉。凯旋，升都督同知，赐钱三万六千贯，彩缎三十二，表里金织蟒衣一袭，绣春刀一事。良马一匹，羊三十六腔[5]。洪熙改元，安定、曲先诸番部，结聚强寇，害使臣，掠赐物，边土纷扰。诏公率番汉兵剿之，副将而下，咸听节制。公即选锋，分据要害，设伏出奇，直捣其巢穴，掳安定王，生擒男女千余人，得驼马牛羊十有三万，边患悉平。捷报，赐敕褒嘉有曰："朕嗣位之初，方任将帅以靖边境。使皆如尔尽力，何寇不灭，何功不成。虽古有良将，又何以过也！遣礼部主事杨镛赍敕往劳之。就以所得牛羊，给赏士卒。仍趣入觐。"冬十月，公陛见，超拜右军都督府左都督。宣德二年，西番即儿加族扰边，公奉命剿平之。

朝廷最其前后功，加绩阶推诚宣力武臣特进荣禄大夫柱国会宁伯，食禄一千一百石，赐诰券，俾子孙世袭[6]，取赴京赐第一区田百顷。追赠曾大父的古、大父吉禄、父南哥皆会宁伯。曾祖妣吴、祖妣龚、妣王皆夫人。明年，奉制谕充总兵官。偕阳武侯薛禄，修筑宣府、怀来沿边城堡，六年竣事。还，时亲属有争职者，殴伤人。词逮公，因坐免官。英庙登极，念公旧勋，赐米禄如故。寝欲起用，竟以七年十月二十七日，以疾终于正寝，归葬西宁之巴原，享年六十。配朵氏，先公卒，赐会宁伯夫人。女一，适恭顺侯吴瑾。次刘氏，女一，适西宁卫指挥吉祥。今故夫人夏氏，子一，即昶，都督佥事掌右军都督府事。夏氏以子贵，封夫人。孙男六，曰瑁、曰玑、曰珊、曰璠、曰玓、曰珵。孙女一，尚幼。夏氏，故神武右卫千户夏公之侄，有懿德，年十九归公。公弃世，昶甫十二，家计日削。太夫人恶笄蔬食，勤俭自将，遣子从名师，亲益友，冀其成立，以图回先世之基业，无所不用其心。忧虞艰险，盖备尝之矣。昶用能服其教诲，克自树立，以光复上杰公之声迹者，太夫人之功也。太夫人临终之日，谕昶曰："吾死之后，汝当谨事朝廷，尽忠图报。"言毕遂逝。太夫人仙游之日，距生之年，得寿六十有四。端谨仁厚，揭贞扬徽，始终一致，可谓不愧公于地下矣。兹昶扶柩西归，柎公葬于故土，得礼之宜。墓碑之文，予何可辞。呜呼！公真一代奇伟人也。茂著勋烈，受知列圣。重沐褒扬，古名将不是过也。矧得内助之贤[7]，佑导厥子，亢宗复先，益振辉光。是可尚也已。为之铭曰：

猗欤李氏，世长西土。休光伟烈，昭耀前古。

桓桓会宁，远绍令绪。才武绝人，威名大著。

身提虎旅，佐我太宗。廓清沙漠，屡建殊功。

即涤腥膻，益隆眷命。锡赉使番，勋绩日盛。

历事仁皇，暨于宣庙。惟慎惟勤，赤心图报。

诸番弗靖，旌纛西征[8]，掳王斩将，边患悉平。

玉音宠褒，古将莫及。铁券金书，茅土是锡。

貤[9]赠先芬，如公之贵。家声振扬，国恩汪濊[10]。

中罹外尤，官以坐免。闭户省愆，义理自遣。

年才六秩，孰谓长终。西宁归葬，若堂斯封。

公虽云逝，内助实贤。教导阙子，亢宗复先。

巴原奥区，山川巩固。伉俪并葬，以笃终祜[11]。

我作铭辞，刻于贞石。召德垂休，用示无极。

大明成化十一年岁次乙未春三月望日立石[12]

【注释】

[1] 成化十年：公元 1474 年。

[2] 稔：音 rěn，一年之意。

[3] 祔：音 fù ，合葬之意。《礼记·檀弓上》：“周公盖祔。”孔颖达疏：“周公以来，盖始祔葬。祔，即合也。言将后葬合前葬。”

[4] 钤：音 qián，印，锁。

[5] 腔，一作羫。

[6] 俾：音 bǐ，使，让。

[7] 矧：音 shěn，况且。

[8] 纛：音 dào，古代军队中的大旗。

[9] 貤：音 yì，重叠、反复。

[10] 濊：音 wèi，通“秽”。《汉书·李寻传》：“诛放佞人，防绝萌牙，以荡涤浊濊，消散积恶。”颜师古注：“濊与秽同。”《淮南子·齐俗训》：“故日月欲明，浮云盖之；河水欲清，沙石濊之。”

[11] 祜：音 hù，福。

[12] 成化十一年：公元 1475 年。

明故奉天翊卫推诚宣力武臣特进荣禄大夫柱国高阳伯李公墓志铭

【提要】

此碑文录自《西夏李氏世谱》卷二《碑志谱》。

【碑文】

尔雅李公者，赋资颖异。乃承世德，幼任陕西行都司都指挥使，以功封高阳伯，挂征西前将军印，节制山西大同等处军马。后以疾辞，归田里者二十余年。弘治己酉岁季冬上旬，享年八十有四，疾复作，遂不可药，卒。其令嗣西宁卫指挥佥事镛等，托其甥甘肃等处游击将军都指挥使鲁侯麟，乃公之外孙也，遣人执礼币踵吾门，请志以词，将刻诸石，以树于冢前，庶永久之有考也。

按状：李公远祖讳赏哥，西夏国主裔。初以金吾官守宁夏，嗣驻扎鄯州，卒赠鄯善王。高祖讳梅的古，曾祖讳管吉禄，俱任西宁州同知。祖讳察罕铁木尔。叔祖南哥。祖元时以功荫授西宁州同知；叔祖归我太祖文皇帝，以功升西宁卫佥事。考讳观音保，未授官，卒。娶郭氏，生三子：长即高阳公，讳文，字尔雅。次通，次赟。叔祖南哥，娶王氏，生英，封会宁伯。娶夏氏，生昶，任右军都督。李公娶夫人陈氏，继张氏。生十男三女。长铎，早卒。次镛，任西宁指挥佥事。次铉、钊、铨，陈出；次铸、锐、铠、鈜、锦，张出。皆恩荣锦衣卫冠带官。长女适某，即求志之父。次俱适指挥使祁英、陈云。从兄昶，娶夫人胡氏。庶室陈氏、崔氏、董氏。生男十三。长瑁，监生。次玑，成进士，授尚宝司卿。若珊、璠、玓、珵、琦、璘、珂、珮、瓘、瑞、瑢，悉未仕。女一，适广义伯家子某。其余支出高曾、派分伯叔、家世源流、爵秩始末，载在行状，兹不赘述。且见于谱志者备矣。

余尝诵（下缺五字）大同诗云，须知"一木能双干"，始信千儿与万孙。夫造化之生物，惟其源远者流必长，本深者叶自盛。今观李氏，一祖而下，生二子焉，后支分派别，胤祚蕃衍。男娶妇，女适人，皆名门右族。嗣续少则一二，多则十余，其显者则联姻玉牒。或名登金榜，是则不惟族类众而且贵，亦且贵而复贤。夫贤乃德之本，福之基。

由是而观李氏之传家，赫奕显荣，则其祖功宗德之大。暨高阳君之赐爵受封，荫及孙裔。而克先后济，美以永世德者，千载可睹矣。《易》曰：“积善之家，必有庆余”。李公之家世，洵所谓有余庆者矣。乃为之铭曰：

先人积德兮，惟忠与孝。后世食报兮，荣华以耀。

先后承替兮，永绥吉碣。一德绵绵兮，公侯可列。

大明弘治八年岁次乙卯仲春月谷旦[1]

敇授中宪大夫知保定府事前湖广道监察御使金城逯 英顿首拜撰

敇授中宪大夫江西等处提刑按察使司佥书陈 祥顿首篆额

山东清吏司主事李 宽顿首书丹

敇西宁卫指挥佥事男李 镛 百户孙李 璋 琏 奉祀

恩荣锦衣卫冠带官诸男铉、钊、铨、铸、锐、 铠、鋐、锦 泐石

宗人府仪宾亚中大夫诸孙琬、琰、瑞、珣、珪、镌刻[2]

【注释】

[1] 弘治八年：公元 1495 年。

明故诰封昭毅将军锦衣卫指挥使守村李公暨孙淑人合葬墓志铭

【提要】

明赐进士出身资善大夫礼部尚书兼东阁大学士诰经筵起居注玉牒总裁云中王家屏撰，赐进士出身资政大夫都察院事左都督御史侍经筵泾阳李世达书，特进荣禄大夫柱国太子太保临淮侯奉敕命总督京营戎政兼督大工侍经筵官前奉敕南京守备掌两京守备都督府事盱眙李言恭撰。此碑文录自《西夏李氏世谱》卷二《碑志谱》。

【碑文】

余以万历癸未典试武闱[1]，得今锦衣卫管卫事都指挥佥使李君光先，皙而广颡[2]，丰颐硕眪[3]，伟如也。私心器之，已询知为会宁、高阳二伯后，尚宝玑曾孙。乃衍其文武传世，盖有本云。时都佥君父昭毅将军殁二纪[4]，葬西宁里中，配孙淑人丧未祔也，都佥君数为余言。父母异厝[5]，于人子心中不安。则谋奉母丧西归，启昭毅公之窀而合窆[6]焉，久不获请。岁壬辰二月，援故事，力请于上，许之。将行，持宫檐盛凤冈公所为状，过余乞铭。余既习公家世，不可辞。

按状：公讳崇文，字辅国。守村，其别号也。先世西宁人。胜国时有讳南哥者，仕为西宁州同知。值天兵定关辅，率众归服。高皇帝嘉其诚，授忠显校尉，命佐长兴侯耿秉文，经略西宁，并置规画，甚称上意。已而安抚番部巴沙等族，各受金牌符信，纳贡比内臣，上以为能，悉以西事委之。又以收纳罕东有功，晋秩本卫世袭指挥佥事。文皇帝时，督申藏等三十族，进贡至京，大被宠幸。二祖诏中，皆呼南哥名，语甚温，眷注若此。南哥生英，英袭父职。随驾出剿虏，陷阵登先，俘获以数十万计。擢都督同知，先后受赐予无算。洪熙间，率村官骑士，出昆仑寨逐虏，以大捷闻，俘名王桑尔失加等，槛送京师。诏封会宁伯，食禄一千一百石，给世袭诰券。而是时会宁伯犹子文，亦以战功起家，封高阳伯，挂征西前将军印，镇守大同。一姓二伯，簪组蝉联，西平人荣之，谓近世所未有。殁而并祀世忠祠，予赠谥焉。

会宁伯之殁也，子昶应继封会宁伯，妒功者抑而不予，仅得袭指挥同知。然朝廷不忘其功，寻晋都指挥使。又以捕盗功，晋都督佥使事、右军都督府等事。昶生玑，登进士第，授中舍，历官尚宝符台丞。盖李氏之业，以功顺开先。而会宁、高阳，以百战勋伐，益光大之。至符丞公，更用儒术，崛起制科，为天子侍从臣。于是李氏家声，赫然雄五郡矣。符丞公二子，长宁，袭锦衣卫指挥使，晋都督佥事，是为东村公。次寘，娶狄氏，即公父母。公生而有英气，猿臂善射。年几冠，喜游猎。从二三节侠，走马长安道中，酣歌慷慨，睥睨一世[7]，时人莫测也。会东村殁，亡嗣，而公父早卒，公即承伯考秩，为锦衣卫指挥使。值虏内乱，公躬率健骑，驰往逐之。虏望风遁去。人谓充其才气，得一当虏，万户侯不足为公原。乃遭时承平，武诎[8]而无所用，竟挟志以殁。惜哉！公虽骛于豪举，平时与人交，和易可亲。党族几二千人，无长少贤愚，待之咸有恩意。饮食笑语，欢然如一人。里中人赴京师者，并肩摩踵属于门，疑接饷遗。应酬不少厌，其厚如此。

公元配孙氏，锦衣卫都指挥使锦女，封淑人。精女红，佐内政，井井有条。岁时辄西望拜，拜辄泣下，以不逮尊章为憾。一时誉公者并誉淑人，称贤配焉。淑人先公卒，继支氏，金吾卫指挥镛女，封太淑人，子男一，即光先。孙淑人初娶刘氏宁晋伯斌女。继藩氏，武骧卫百户震女。女二，长适豹韬卫指挥王缙。次适山东都司佥书署都指挥佥事谷子奇。孙男一，化龙，娶许氏，忠节公曾孙女；女二，长适锦衣卫千户王遇，次许聘锦衣卫管卫事挥佥继祖长男弘道。公生嘉靖癸巳正月二十日，卒癸丑四月二十七日，得寿二十有八[9]。孙淑人生嘉靖辛卯十二月二十三日，卒癸丑十一月二十日，得年二十有三。[10]以万历壬辰年八月初三日[11]，合葬与西宁祖茔之次。而都佥君又不为佞道公庭训时事，甚言诵习稍懈，辄怒而挞之，或裁其饮食以示诫。孙淑人之疾革也，嘱公云："尔生多佳徵，宜都令成立，勿隳家声，奈我不及见矣。"公颔之。今都佥君以武科上第执金吾，领禁卫，天子以心腹视之。异日者，乘时建竖，以昭会宁、高阳之烈，其勋业讵可量哉！李氏为有子矣。乃为之铭曰：

为将无种，会宁之裔。公材且勇，谓材有用。

天生公材，厥事未竟。岂其数奇，万户可封。

惜不遇时，匪时则遭河清，可俟而不永年。

虽诎于躬，有子桓桓。如虎如熊，庆祉方隆。

归葬于宗，传美不穷。

大明万历二十年岁次壬辰仲秋上尝之吉旦立石

【注释】

[1] 万历癸未典试武闱：万历癸未，即公元1583年；典试，也叫廷试，科举制度中皇帝对会试取录的贡士在殿廷上亲发策问的考试；武闱，科举制度中专为选拔武官而设的科目。闱，音wéi，指科举考场。

[2] 顙：音sǎng，额，脑门。

[3] 眄：音miàn，这里指眼睛。

[4] 纪：古代以十二年为一纪。后来指很长时间。

[5] 厝：音cuò，旧时把棺材停放待葬或者浅埋以待改葬。

[6] 竁而合窆：竁，音cuì，挖地造墓穴。《周礼·春官·冢人》："大丧既有日，请度甫竁。"窆，音biǎn，落葬。《周礼·地官·乡师》："及窆，执斧以莅匠师。"

[7] 睥睨：音bì nì，斜着眼睛看，表示看不起。

[8] 诎：音qū，通"屈"，冤枉、委屈之意。

[9] 公生嘉靖癸巳，卒癸丑：此处记李崇文生年有误，嘉靖癸巳年即公元1533年，卒于癸丑年即1553年，时间上推断只活了20岁，而不是28岁。如果是只活28岁的话，其生年应在丙戌年即1526年。

[10] 嘉靖辛卯年：公元1531年。

[11] 万历壬辰年：公元1592年。

怀远将军万程李君墓志铭

【提要】

此碑文录自《西夏李氏世谱》卷二《碑志谱》。

【碑文】

万程李君者，湟之胄裔也，亦伟人也。系出唐夏国公拓拔思恭，历宋、元、明，代有爵秩，史册班班可考也。一世祖讳赏哥，二世讳梅的古，三世讳官吉禄，四世讳察罕贴木尔，五世讳观音保，俱仕于元。六世讳文，李公在明功封高阳伯，即世袭会宁伯英之侄也。高阳伯生七世铎、镛等。一本十支，铎未嗣职，不禄。次弟镛，袭实授百户。若铉、钊、铨、铸、锐、铠、鋐、锦，皆为宗属。镛生八世璋，璋生九世桢，桢生十世继勋，继勋生十一世世显，嗣世职，出征阵亡。十二世愈茂，因父阵亡，功加指挥同知，授武威泗水都司。单传至十三世洪远，袭职。历任西宁协镇营中军守备，罹闯贼难，偕恭人祁氏，尽节操死。皇清定鼎，许以忠臣烈妇题旌。

之十四世，为世袭土司指挥同知讳珍品者，君父也。元配谈氏，明总兵谈公世德之侄女、怀远将军怀德之长女。生子二，一即万程君，厥弟冲霄，字鹏程，先兄而逝。生子三，长问彭，与君立嗣，潜承家绪。次问聃、问周，各承父祧焉[1]。君七岁，慈母见背[2]。十一，严父早逝。十六，承膺世爵替职。后躬组绶，志山林，职武弁，行文士，兹其概已。且牙笺盈几，词客满座，不事荣显，而有逸乐之怀。居常语亲友知己，以为人生几何，胡终日攒眉戚戚为耶。是以花晨月夕，美景良宵，或剪烛秋窗，或围炉雪洞，拉闲谈古话，拈韵咏新诗，此皆不可医之癖。与夫亭池台榭茵萝松石之间，总无虚度一时，以故脱略世事。旷达心胸，每作世外想。今春正月，以疾不起。永诀时，绰有视死如归状。因嘱其舅父谈国公绅及宗之知契者曰："祖茔非吾愿，别创安厝所外，垣内庭妆饰朴素，列植松竹，清洁幽雅，庶可以绥吾魂也。"仍诫遗孤，毋被绮缟而服疏布，毋饷梁肉而厌粗粝。延师力学，惟其要也。外此无他嘱。噫嘻豪哉！其不为弥留而作可怜态者，亦自分为可以逝耳。于是受托者一一如遗命。卜宅兆于村后之圹[3]，乃君存日所亲检者也。今启穴于已巳八月朔。安葬于季冬八日。

君讳凌霄，字万程。元配祁氏，世袭指挥同知诰赠骠骑将军祁公国屏之仲女、甘肃提标中营副将祁伯豸、西宁城守营游击祁仲豸之妹也。虽无所出，而以犹子问彭为己子。侧室申氏、刘氏、杞氏，俱不乳。君姊三妹二，俱适指挥世家。君生于顺治壬辰四月十二日，终于康熙己巳正月二十七日。盖历年仅得三十有八云。谨按状而志之，爰为之铭：

不啬其福，而靳其寿。彼苍有心，期昌厥后。

不血其传，而子其侄。一体之裔，孰云有二。

不翱翔于王路，而乐泉石以知还。

夫亦留有余之泽，欲绵带砺于河山。

赐进士第翰林院庶吉士王吉相顿首拜撰。

【注释】

[1] 祧：音 tiāo，原指祭远祖的庙，后来指经常继承上代。

[2] 见背：背，离开。谓父母去世。李密《陈情表》：“生孩六月，慈父见背。”

[3] 圹：音 kuàng，墓穴。

捐募重立会宁伯碑叙

【提要】

此碑文录自《西夏李氏世谱》卷二《碑志谱》。

【碑文】

古人歌功颂德，大师陈诗，垂名著勋，史官立册。自会稽蝌蚪一出，而山头片石，无非为后世坠泪之遗况。昔之视今，亦犹今之视昔焉。历观汉唐而下，代代名臣将相，或功系社稷，或忠激血腔，或心盟金石，或光争日月。其丰功伟烈，阅千载而生气犹存者，皆由于颂于庙堂，歌于田路间而然也。

在明中叶，如我祖会宁、高阳二伯者，原其所自出之始祖，自唐季五代而后，窜于西夏，自立为夏国，与宋并峙，自号改元，至于宋末。元兴，其国亦亡于元。故谓与宋为始终，嗣后皆归于元，而为元祁王府教授者。即在宋、夏国之苗裔，在元立享堂。始祖赏哥公也，后封公为西宁州同知，积功累仁，作求世德。历四世而皆奉元代军政司马之爵。洎[1]我四世祖南哥公，时大明初兴，南哥祖率众归附。迨我英祖，克断果决，继成父志，威镇青海，屏藩边塞，明宣帝敕授柱国会宁伯爵。又与其侄文祖，敕授高阳伯爵。此叔侄二人，扫定西陲，奠安陇右。并宠赐光禄大夫之职，食禄二千石，金符铁券，荫袭后嗣指挥同知，掌印西、碾番汉土务。

至我大清龙兴数百年，佑我后嗣躬逢盛世，又为国家世世推诚宣力食禄，仍袭前明之职。考今之西府指挥，为高阳伯文祖之裔，其后嗣分为十门，另有享堂墓志。而我东府大宗即会宁伯英祖之裔，其后分为十三门，散住于西、碾二县，为西湟望族。其享堂在浩、湟间，为西藏通京大衢之所。其先后有会宁伯望碑，望如银屏。天下征旅，瞩目其功，赫赫达于中外。不惟史册垂勋不朽，而尤为西人岘[2]山之迹。不幸地邻回鹘，花门起衅，将此地屡作蹂躏之场者数十年。

我后裔值春拜扫，望断碣残碑，字迹明灭，能不为之坠泪哉！故我大宗感先人之德，吊哀凄怆，发为仁孝诚敬，因纠各门后嗣等捐募，族中各地方集腋成裘之助，重立会宁伯望碑。庶几先人丰功伟烈，生气犹存，斯其后人食德服畴勿替。引之为是自叙。

光绪二十八年八月中旬[3]

	贡生	李荫武	
后嗣	军功	李朝英	李靖武
	督工	李秉才	李承襄

【注释】

[1] 洎：音 jì，到，及。

[2] 岘：音 xiàn，山名。

[3] 光绪二十八年：公元 1897 年。

敕赐广福观梦感记

【提要】

明赐进士及第翰林院侍读学士兼修国史庐陵曾棨撰文，赐进士出身奉议大夫北京吏部朗广平程南云篆额，钦差守备西宁地方昭毅将军都指挥行事指挥佥事金台鲁铎立石。此碑文见清代顺治《西宁志》卷七《碑记》，及《西夏李氏世谱》卷二《碑志谱》。

【碑文】

太宗文皇帝入正统之初，以北极真武之神，尝有阴翊默相之功。命修建太岳太和山诸宫观，以奉祠事。仍于京师立庙，俾士民之乞灵祈福者，咸有归也。永乐壬寅秋八月[1]，驾车自沙漠还，次榆林御武帐中，召今推诚宣力武臣特赐荣禄大夫柱国会宁伯李公英。咨西宁风土，公具言："臣叨荷国恩，镇戍西陲，幸遇朝廷清明，边鄙无事。由是民皆丰富逸乐，克享太平之福，恩德至广矣。"因请建真武庙以为边人岁时祝寿祷祈之所，诏许之。公即还镇，卜日，命工治材，为正殿周回廊庑，后殿东西两榜，为众屋凡若干楹，以为主司者之所栖止。逾数月而告成。宣德改元，冬十二月工始克[2]。以庙讫工奏之，敕赐额曰"广福"，仍命所司选道士孙思忠等五人以主祠事。先是公承命经营之际，一夕梦人告云："真武之神将出。"既肃衣冠以俟，有一人具素馔，将邀公，食于其家，公以迓[3]神之故，弗许之。其人携至公所，请食。未下箸前告云："神已至。"公遂趋出迎，见神冕服执圭，朱鞍白马，道从甚众，仪物类王者。复有道士何绍宗者，博衣角巾，挟簿书以问公曰："神先至李王庙如何？"公曰："宜先至宁番寺。"遂转骑从徐行。时天日开朗，纤尘不惊。良久前至一所，高垣峻宇，丹碧照耀，殆非常人所居者。即至寺门，公下马，矍然惊寤，实永乐癸卯七月之八日也[4]。今年冬，以事觐，遂授封爵，赍赏以归。即将行，具述营建始末与梦感之事，请余为记。盖公在永乐中，屡从亲征漠北，累勋积劳，有宝刀名马之赐。洪熙改元，奉诏领兵，剿除安定边寇，公克奋勇敢，身先士卒。深入寇垒，剪戮擒获无算，得其驼马牛羊十有三万而还。今皇上嘉其功能，遣礼部主事杨镛弛往宴劳。降敕褒美，则公之忠义激切报效于国家者如此。至其所感动神明以彰其灵应者，亦岂偶然者哉。故自建庙以来，雨旸时顺，岁谷屡登，边人安居，寇盗屏迹。是虽朝廷盛德所加，而公所以效忠竭力，神之所以护国福民者。可谓至矣。

弘治十一年岁次戊午孟冬吉旦[5]

【注释】

[1] 永乐壬寅：公元 1422 年。

[2] 宣德改元冬十二月工始克：是年为公元 1425 年。

[3] 迓；音 yà，迎接。

[4] 永乐癸卯：公元 1423 年。

[5] 弘治十一年：公元 1498 年

新修札都水渠记

【提要】

此碑文录自《西夏李氏世谱》卷二《碑志谱》。

【碑文】

天下事，有心者能为之。古之圣贤，开物成务，是宁偶然。盖其将立一矩度，不为耳目图，必竭其精神心术之妙，而曲为□□□□出而泽被当时，功流万世。使后有作者，要亦不出吾之范围，此其苟务集事者之所能为哉。世之君子，非不知昔人经□□□□精微朴固，可以兴复。往往以为时移俗变，卒不可起，而竟弃置之。是非其力不足，势不便也，心不存焉耳。巴州札都古沟，□□□□赵充国屯田于此，以困先零。想当其时，举朝以为不便，而充国力主其议，至于往返者数四。意其措置规模，展转于胸中。□□□其沟途封值脱一米，良不足以广储蓄而养士锐，则何以服缙绅之心，屈其口而夺之气哉。然而卒振旅还都，而不遗一镞者，□□□为其谋深而法善，可以传之千百代而不朽者也。由汉而唐，斯地没于吐蕃，至宋而收服。蒹葭极目，而鞠为茅草。古人之宏模懿范，□□□□其仿佛哲人硕士，履屣纵横其上。非无有触于目而动于心者，曾不一缨之虑，咸因陋就简，消磨岁月而已。事之无所遭际，□□□此于同年尚宝司丞李君德贞，以其曾祖讳南哥者，元末为州同知，国初率众内附，官封会宁伯，并锡以札都土田。五代之藏，胥在乎此。

弘治初，因慨念丘陇荒芜，请命西归，洒扫事就竣，乃理先业而维新之。值岁苦旱，循疆之西南睹有古沟，痕迹微存，遂渤然感发，即按迹逆上，直穷水源，行十五□□后得。爰命家中，决壅引水。过山间断隔，则刳槽百余，首尾相续，如长虹横跨。以济多方设法，期于必达。工两月而告成，试溉原□□顷，禾茂过他稼，收获济济，公私俱足。虽其周旋曲折，要不尽还其旧，而利之及物则一也。倘使九泉可作，充国亦当莞尔。而□□□宣帝至于今日。殆千载有奇，古人埋没于淡烟野草之陈迹，一旦振举而无遗，是宁岂适然而已哉。盖其心之神明，实符暗合，□□□相先后有不约而同也。予视政凉土，闻其事甚喜，乃为之撰其大略。俾勒诸石。以遗其邦人，使知古今人之心，不相谋而□□自有期也。

弘治十六年岁次癸亥季秋上浣立

东至古纳原白土坡

本原田土四至 西至本园龙王新庙

南至速海秃马场脑

北至海石湾大河边

官亭渡口红崖路碑

【提要】

此碑立于嘉庆二十年（1815 年），碑在今青海省民和回族土族自治县官亭镇渡口路北山崖腰。碑文转录自《民和县志》。

【碑文】

夫红崖，北山面河，其形向下而陡，且矸石白土沙，易于倾颓，何况淋雨乎。盖自黄古以至挽近，凡兴费之赀，不计其数，而工工之苦，亦不胜其劳。所以然者，赀资少、工微之故。□□□大兴工作，何以得长平之久乎？是以介人赵昌命户与本处善士，并募于□□，系赖善士仁人君子捐资成美，土石工作，砌石补缺，路阔长平，舒往来之愁眉，过永年之苐烦，不亦美乎！今大功告竣，勒碑刻名，以志不朽之尔。

古鄯生员杨乘方施身一千二百□，赵□□户□□□□更冬三□□施身三千□：特授循化监督府捐银贰两，鸿化寺□□施身一千二百□。□□□□□□□□□□□□施身一千麦禾三升，西宁府碾伯县正堂黄捐银五□；总理募化人□□□、赵□□□六千；张殿荣一千二百□；□□□□□□□□□□□□麦禾五升；河州西都府川口生员张殿魁施大钱一千□百；马令广、张□□、赵□□施身一千二百。生员张凤仪一千二百，赵昌□□施一千□豆；□□□施□□二□□□□施身一千□；无顺施厘钱壹拾贰千；吕孟臣施厘钱二千四百；赵文秀施厘钱六串五百、麦子四升、青禾四升；□□户施厘钱五千二百、麦子四升；鸿化客民宏美当施厘身一千文；□石太平保施身二百文；德盛当施厘钱五千；杜家庄腊月保施身四百；美户施身一百二十；养成当施厘钱五千；锁同庄施厘身一串一百；协成当施厘钱四千四百；他撒坡木场二庄厘身五千五百；清盛协泰号施厘身四千；众僧施身三千；孟达庄施厘身五百；□□寿施身一千二百；赵□□施身一千□□□□施身六百、麦子二升；赵福星保施身一千二百、青禾三升；郭□□施身□□二□□□化成施□一千二；□马尕明有施身一千□百、麦禾六升；□□□施□□□二□□有长施身六千；马大明志施身一千二百、麦禾四升；□□□□□□□□户哇施身□□麦二升；□□□施身一千二百；余冲孙户施身施身一千；赵□保施身一千二百、麦二升；□□□施身一千二百，麦子一升；□□施身一千二百；赵六十九施身一千、麦子二升；郭□□施身一千二百，麦子一升：□□施身一千二百；余四十户施身土百□□；□□施身一千，麦六升；□□□三施身一千二百；□□□施身六百；□宗施身一千二百，大麦三升；□□□□□身一千二百；□□代施身□百，麦二升；元□施身一千二百，麦禾二升；□泰号施身一千二百；张昌保施身五百，麦禾六升；郭五十施身一千二百，麦禾二升；□□号施一千二百；赵信堂保施身一千二百，麦子二升，且典布施厘身两千四百；白口施厘身一串八百。

大清嘉庆二十年六月十五日立

甘氏墓志碑

【提要】

此碑在今青海省湟中县西堡乡堡子村。

【碑文】

盖闻人道之大在亲亲，亲亲在尊祖，尊祖故敬宗，故睦族。当此风俗日下之时，残薄寡恩恬不知怪，方且博声闻于里闾，币小惠于群氓，结纳士大夫以为一时光宠，辄且夸耀而震警知佥，谓大丈夫行事类如此。而按之一，本九族之谊□如也，尚得尔为仁人孝子乎哉，甘氏世袭指挥。良贵公长发之后焉，謦香者数百祀，散处者数十家，而木本木源地之墓，鼻祖肇始之基也。今天一□之子数十而渐于无服至数十而渐为途人，此无他其所历者尽也。然推而上之，至于古则祖，且推而上之，至于天则同亲。此无他其所系者一也，永□惧先泽之渐以泯也，世数□无从稽者也，树立碑铭俾垂世于无穷。《诗》曰："孝子不匮，永锡尔类。"岂沾沾籍是以表见于后人，而庇赖其子孙者欤？盖祖宗深仁后泽，休养生息、涵煦数百世以来，得永功父子而追述焉，贤可知也。无奈户众墓多，无从认其孰昭孰穆，孰考孰妣，不敢以疑传疑。于是总其宗派，大书始祖，良贵公迄及如璠公而止焉。呜呼！是举也，推见仁人孝子之用心。尊祖者在其中，敬宗者在其中，睦族者在其中，所谓人道之大在亲亲。其功莫盛于是若，乃前寒素后丰裕、性敦礼义族党所依，重为□以劝农缙绅先生。至其门者握手盘施不忍去，莫非祖功宣德之所贻也。第念世远年湮家贫，无力承荫，以致先人汗马之勋，亘寂然为可惜也。始祖西宁卫世袭指挥良贵公，二世祖景旺公，三世祖宗详公，四世祖廷秀公，五世祖棠公，六世祖如璠公，七世祖明士公。

岁进士吏部候铨儒学训导眷弟□杜润泽之甫拜撰

县儒学生员眷晚祁惟明潮远氏敬书

大清道光二十八年春二月十二日土旦八世孙司农甘永功

九世孙积学　　十世孙清灵　　新正娃敬勒碑铭